NOMOKEN 3
건프라 완전공략 가이드

1. 공구·용구 카탈로그 — 007
- 건프라의 종류와 경향 …… 005
- 1. 공구 …… 008
- 2. 접착제 …… 011
- 3. 퍼티 …… 012
- 4. 플라스틱 재료·금속 재료 …… 013
- 5. 도료 …… 014
- 6. 도색용구 …… 015

2. 마커&붓 테크닉 — 017
- 1. 간단한 웨더링 기법 …… 018
  - 1:48 메가 사이즈 모델 건담 …… 022
- 2. 세세한 부분 구분도색 1 …… 024
- 3. 붓을 사용해 사실적인 도색하기 1 …… 026
  - 1:100 MG 샤아 전용 즈곡크 …… 030
- 4. 붓을 사용해 사실적인 도색하기 2 …… 032
  - 1:35 U.C.HARD GRAPH 사우로펠타 …… 034
- 5. 에나멜 도료로 먹선 넣기 …… 035
- 6. 데칼 붙이기 …… 036

3. 레벨 업 공작 테크닉 — 039
- 1. 사포질의 기초 …… 040
- 2. 부품을 샤프하게 가공 …… 044
- 3. 후조립 가공 …… 046
- 4. 메우기 …… 048
- 5. 관절 가공 …… 049
- 6. 패널라인 파기 …… 054
- 7. 디테일 새기기 …… 058
  - 1:144 HGUC 지옹 …… 060
- 8. 디테일 업 …… 062
- 9. 디테일 업 부품 카탈로그 …… 065
- 10. 서페이서와 바탕색 처리 …… 072

4. 에어브러시 테크닉 — 073
- 1. 에어브러시 도색의 기초 …… 074
- 2. 그라데이션 도색 …… 077
  - 1:100 MG 구프 Ver.2.0 …… 079
- 3. 세세한 부분 구분도색 2 …… 080
- 4. 위장 도색 …… 083
  - 1:144 HGUC 돔 트로펜 외 …… 086
- 5. 광택도색 …… 088
  - 1:100 MG 시난주 …… 092
- 6. 펄 도색 …… 093
- 7. 메탈릭 도색 …… 095
  - 1:100 MG 백식 …… 098

5. 키트 개조 테크닉 — 099
- 1. 대미지 표현 …… 100
  - 1:144 HGUC 구프 커스텀 …… 104
- 2. 프로포션 변경 …… 106
  - 1:144 RG 샤아 전용 자쿠 개조 …… 110
- 3. 키트 합치기 …… 112
  - 1:144 RG 건담&HGUC 짐 …… 116
- 4. 구판 키트 업데이트 …… 118
  - 1:144 가르스J …… 124
- 5. LED 이식 1 …… 126
  - 1:144 HGUC 가자C …… 130
- 6. LED 이식 2 …… 132
  - 1:100 MG 유니콘 건담 …… 134
- 7. 레진 부품으로 키트 개조 …… 136
  - 1:100 MG 자쿠 Ver.2.0 개조 데저트 타입 …… 141

6. 스크래치 빌드 — 143
- 1. 1:100 도·다이YS 제작 …… 144
  - 1:100 도·다이YS …… 149

7. 작품이 완성되면 — 151
- 1. 전시와 보관 …… 152
- 2. 포즈 잡기의 달인이 되어보자 …… 154
- 3. 사진촬영을 해보자 …… 156
- 4. 장면을 연출해 보자 …… 158

- 색인 …… 160

첫 발매 후 30년이 넘도록 여러 세대에 걸쳐 사랑을 받고 계속해서 만들어진 반다이의 프라모델, 『기동전사 건담』시리즈. 그 동안 많은 상품이 발매되어, 충실한 라인업과 함께 계속 진화해 왔습니다. 확실한 조립성과 디자인의 재현도, 완성 후 다양하게 움직이는 가동 기믹 등, 설명서에 나와있는 대로 조립하는 것만으로 누구든지 높은 완성도를 즐길 수 있게 만들어져 있습니다.

그러나 건프라 제작의 재미는 이것뿐만이 아닙니다. 스트레이트 빌드로 키트를 조립하는데 그치지 않고, 도색이나 추가 공작으로 자신이 추구하는 이미지에 더욱 가까운 모델을 만들거나 더욱 정밀하게 연출하는 등, 가공을 하는 것 역시 크나큰 즐거움입니다.

이 책은, 건프라를 '자신의 작품'으로 완성시키려는 분들께 드리는 가이드북입니다. 작품을 조금 더 돋보이게 만드는 가벼운 공작부터, 리얼리티나 분위기를 높이는 도색 방법, 프로포션이나 기믹의 변경, 다른 기체로 만드는 개조공작. 한발 더 나가서, 키트로는 없는 것을 자작하는 방법까지. 건프라의 표현을 넓혀주는 여러 가지 테크닉을 소개하고 있습니다.

건프라를 어떻게 완성시킬 것인가는 여러분들의 손에 달려있습니다. 이 책을 구입하신 여러분들의 작품표현에 도움이 될 수 있기를 기원합니다.

노모토 켄이치

건프라의 종류와 경향

현재 건프라는 영상작품 별로 구분되어 있는 것과는 별도로, 스케일이나 사양의 차이에 의한 '그레이드', 혹은 '시리즈' 전개가 되어있다. 그래서, 이 책으로 들어가기 전에 먼저 각각의 라인업에 따른 특징을 소개하고자 한다. 제품의 사양을 이해하고 파악해두면, 그 키트를 사용해서 어떤 제작방식, 완성도를 즐길 수 있는지를 쉽게 알 수 있을 것이다. 키트를 선택하는데 참고하도록 하자.

※ 여기서는 각 그레이드나 시리즈에서, 대표적이라 할 수 있는 RX-78 건담을 중심으로 선택, 각각의 사양을 소개한다.

HGUC
하이 그레이드 유니버셜 센츄리

▲ 1:144 RX-78-2 건담, 1050엔. 우주세기에 등장하는 MS 키트를 리뉴얼 하는 전개로 시작된 1:144 시리즈. 대부분의 색상 구분은 사출색으로 표현되어 있고, 세세한 부분은 호일씰을 붙여서 표현한다. 이 건담은 허리가 비틀어지는 것도 재현되었으며, 분할식 허리 아머를 채용해서 다리 부분도 잘 움직인다. 비행 형태의 코어 파이터도 들어가 있다.

RG
리얼 그레이드

▲ 1:144 RX-78-2 건담, 2625엔. MG나 PG와 같은 대형 스케일 키트에서 개발된 기술을 도입시킨 궁극의 1:144 모델이다. 키트를 스트레이트 빌드로 제작하는 것만으로 이 정도의 완성도를 보여준다. 가동 프레임을 내장함으로써 유연한 포즈를 연출하는 것도 가능하다. 형태와 디테일은 1/1 건담에도 채용된 'G30th 사양'이다. 변형하는 코어 파이터도 내장된다.

◀ 1:144 RX-78-2 건담, 315엔. 초창기의 건프라 스타일인 단색 플라스틱 부품이라는 간단한 키트이지만, 스냅 핏 방식으로 되어있는 점은 초창기의 건프라와 다르다. 각 관절 부분도 가동식이다. PG건담을 바탕으로 하고 있어서, 형태와 디테일은 현대풍이다. 입문자 지향으로 되어있는 자리에 위치하고 있지만, 도색이나 접합선 수정 연습용으로 제작하는 것도 좋을 것이다.

FG
퍼스트 그레이드

◀ 1:100 GN-0000 더블오 건담, 2940엔. 특정 그레이드가 붙어있지 않은 일반적인 상품 라인업이라 하더라도, 스냅 핏이나 다색사출, 관절 가동 등은 충실하게 들어가 있다. 이 1:100 키트의 구성은 1:144HG의 대형판이라고도 할 수 있지만, 스케일이 큰 만큼 색상 구분이나 기믹 재현도 충실하다. 또한 GN드라이브의 발광 기믹도 내장되어 있다.

노 그레이드

◀ 1:100 RX-78-2 건담 Ver.2.0, 4410엔. '궁극의 건프라를 만든다!'라는 구호로 발매된, 건프라의 완성도를 비약적으로 향상시킨 시리즈. 초기의 MG는 모형 독자적으로 외관을 어레인지 하였으나, Ver.2.0은 애니메이션 분위기에 가깝게 발매되었다. 독립된 내부 프레임에 의해 가동범위가 한층 더 넓어졌고, 변형식 코어 파이터도 내장되었다. 여기에 'G아머'와 합체도 가능하다는 확장성을 가지고 있다.

MG
마스터 그레이드

■ HGUC (하이 그레이드 유니버셜 센츄리)
스케일은 1:144. 스냅 핏(Snap-pit)이나 다색사출, 각 부분의 가동도 재현하는 등, 현대 건프라의 표준이라고 할 수 있는 구성이다. 접근하기 쉬운 가격과 간편한 조립, 풍부한 라인업 역시 매력적이다. HGUC는 『기동전사 건담』에서 『UC(유니콘)』으로 이어지는 '우주세기'에 나오는 모델이 대상이다. 퍼스트 건담에 나오는 MS는 모두 제품으로 나왔다. 접합부 수정이나 도색이 필요한 부분도 있지만, 이 부분은 모델러의 실력을 보여줄 수 있는 곳이라 하겠다. 부품 개수가 어느 정도로 제한되어 있기 때문에 쉽게 개조를 할 수 있다는 장점도 가지고 있다. 비 '우주세기' 작품의 경우, 같은 사양의 키트 구성으로 'HG'나 'HG FC', 'HG AW'도 전개되어 있다.

■ RG (리얼 그레이드)
최신기술을 집결해서 1:144 스케일로 표현할 수 있는 모든 것을 표현한 아이템이다. 조립이 간단한 '어드밴스드 MS조인트'로 넓은 가동 범위를 실현했다. 형태와 디테일의 재현에 있어서도 매우 높은 완성도를 보여주는 제품이다. 일단 설명서에 나온 대로 조립을 해서 완성도를 체험하자. 도색을 할 때는 맞물리는 부분이 빡빡해지지 않도록 주의하자. 실력에 자신이 있다면, HGUC 키트와 합쳐서 다른 MS의 'RG화'에 도전해보는 것도 재미있을 것이다.

■ FG (퍼스트 그레이드)
FG는 당초에 '건담 20주년 기념' 모델로서, 1999년에 건담과 자쿠를 단색 성형한 300엔 키트로 발매되었다. 이후 『00』시리즈의 초기 주역 4기도 제품화 되었는데 이쪽은 폴리캡 내장, 다색사출, 터치 게이트 채용 등, '간이 HG'적인 내용으로 되어있다. 건프라를 만들어본 적이 없는 사람에게 선물 하거나, 체험하는데 있어서 최적이다.

■ 노 그레이드 키트
'HGUC'와 같은 그레이드 구성에 속하지 않은, 신규 영상작품 별 시리즈도 있다. 1:144나 1:100과 같이 스케일 별로 라인업이 되어 있으며 다색사출, 스냅 핏, 넓은 가동부 등의 특징은 다른 현행상품과 마찬가지다. 내용적으로 'HG'클래스와 같다고 생각해도 될 것이다. 라인업이 충실한 것도 매력적이다. 1:100은 1:144에 비해 다색사출이나 기믹이 더욱 상세하게 만들어졌다.

■ MG (마스터 그레이드)
MS의 특징을 재현하고자 한 그레이드로, 첫 등장은 1995년이다. 현재는 1:100 스케일의 스탠다드로 되어있다. 형태나 디테일, 기믹 역시 훌륭하지만, 조립하는데 있어서 특징은 절묘한 부품 분할로 인해서 접합선 수정이 거의 필요 없다는 점이다. 색상 별로 부품이 분할되어있기 때문에, 도색은 1:144보다 MG가 더 쉽다고도 할 수 있다. 요즘에는 프레임에 외장 부품을 장착하는 사양이 표준화되어, 베리에이션 모델로 개조하기도 쉽다. 다만, 프로포션을 바꾸려면 프레임 쪽에도 손을 대야만 한다. 더욱 세밀한 디테일 업이나 도색 표현 등, 덧붙이기가 쉬운 모델이기도 하다.

건프라의 종류와 경향

▶ 1:60 RX-78-2 건담, 12600엔. PG는 그 시대의 최신 기술로 만들어내는, 최고봉의 건프라다. 애니메이션 설정 이상으로 메카닉으로서의 사실성을 구조적으로 재현하고 있다. PG건담 역시 지금으로부터 10년 전에 발매된 키트이지만 지금도 최고의 정밀도를 자랑하는 건프라여서, 각 해치 부분의 개폐나 손가락의 모든 관절이 가동하는 등, 조립하는데 있어 높은 만족감을 느낄 수 있는 구성으로 되어있다.

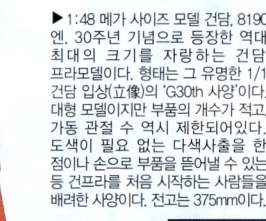

PG
퍼펙트 그레이드

■ PG (퍼펙트 그레이드)

모빌슈트의 외관이나 디테일, 가동은 물론이고, 각 기체의 구조적 특징까지 재현한 궁극의 그레이드다. 이것을 조립하는 것은 건프라 모델러에게 있어서 정상등극이라고도 할 수 있겠다. 조립을 하면서 대상MS를 '체험'할 수 있는 것이다. 발광기믹이나 각 부분의 해치 개폐 등, 완성한 뒤에 즐길 수 있는 요소도 많다. 내부까지 도색을 하면 더욱 높은 정밀도를 자랑하는 작품이 될 것이다.

■ 메가 사이즈 모델

1:48이라는 큰 스케일의 모델이다. '1:1 건담 입상(立像)'을 모티브로 한 건담과 자쿠(샤아 전용, 양산형)가 나왔다. 부품의 개수는 줄이면서 터치 게이트나 런너를 통째로 조립할 수 있는 등, 건프라 초보 모델러들도 조립하기 쉬운 구성으로 되어있다. 디테일 업을 하는 것도 좋지만, 면적이 넓기 때문에 도색 표현에 힘을 쏟는 것도 좋을 것이다. 내부에 공간이 있으니 발광 기믹을 설치하는 것도 좋을 것이다. 장식해 놓으면 존재감이 넘치는 모델이다.

■ U.C. HARD GRAPH

『기동전사 건담』의 무대인 '1년 전쟁'에 등장한 조연 메카닉이나 캐릭터를 1:35 스케일의 밀리터리 모델 풍으로 표현한 시리즈다. 피규어와 각 메카닉의 대비가 가능한 것이 특징이다. 베이스를 만들어서, 완성한 메카닉이나 피규어를 배치해보자. 본격적인 디오라마도 좋지만, 간단한 베이스만으로도 분위기가 살아날 것이다. 스케일 모델 용품과 조합하거나, 부분재현 되어있는 자쿠의 머리 부분이나 건담의 팔 등을 만드는 것도 재미있다.

■ EX모델

기존에는 키트로 만들기 어려웠던 마이너 메카닉을 제품화한 시리즈다. 다색사출은 적은 편이고, 디테일이 애니메이션 설정 이상으로 추구된 마니아를 위한 키트다. 차량이나 항공기, 함선 등의 라인업을 갖추고 있다. 단품으로 만드는 것 이외에도, MS와 같이 극 중 장면을 재현할 수 있는 아이템도 있다.

■ SD건담

SD건담 시리즈는 리얼 계열의 건프라와는 별도의 계열로 오랜 세월 동안 인기를 자랑했다. 세대에 따라서는 여기서부터 건프라에 입문한 사람도 많을 것이다. 손쉽게 조립해서 모아놓는 것도 좋지만, 장식을 도색하거나 본격적으로 완성시키는 것도 즐겁다.

■ 구판 키트

접착식의 초기 건프라다. 이 시대의 키트는 조형이나 가동부 모두 지금처럼 세련되지는 않지만 조립도 간단하고 가격도 싸다. HGUC나 MG로 리뉴얼이 진행되고 있는 지금에도, 구판 키트로밖에 구할 수 없는 것도 있다. 구판 키트에 가동부를 늘리거나, 프로포션을 고쳐서 되살리는 것도 베테랑 건프라 모델러라면 해보고 싶은 작업일 것이다. 예전에는 제대로 만들지 못했던 키트를, 지금의 기술로 완성도를 높여서 만드는 것도 재미있을 것이다. 몇 년을 주기로 재생산 된다.

▶ 1:48 메가 사이즈 건담, 8190엔. 30주년 기념으로 등장한 역대 최대의 크기를 자랑하는 건담 프라모델이다. 형태는 그 유명한 1/1 건담 입상(立像)의 'G30th 사양'이다. 대형 모델이지만 부품의 개수가 적고, 가동 관절 수 역시 제한되어있다. 도색이 필요 없는 다색사출을 한 점이나 손으로 부품을 뜯어낼 수 있는 등 건프라를 처음 시작하는 사람들을 배려한 사양이다. 전고는 375mm이다.

Mega Size Model
메가 사이즈 모델

U.C. HARD GRAPH
U.C.하드 그래프

▶ 1:35 FF-X7 코어 파이터, 4725엔. '1년 전쟁'에 등장하는 조연 메카닉이나 캐릭터를 1:35 스케일로 재현한 시리즈다. 코어 파이터가 실제로 존재한다는 것으로 상정하여 디테일이나 디자인 어레인지를 해서, 스케일 모델에 지지 않는 완성도를 보여준다. 코어 블록으로 변형이 가능하고, 미사일 부분도 가동식이다. 파일럿과 유도원 피규어도 들어가 있다.

SD
SD건담

▶ 진 용장 유비 건담, 630엔. TV 애니메이션 『SD건담 삼국전 Brave Battle Warriors』 시리즈에서 '연기자'로 나오는 RX-78-2 건담의 아이템. 키트는 스냅 핏+터치게이트로 조립도 간단하다. 다색사출과 호일 실로 장식 문양도 재현했다. 검이나 갑옷을 다른 캐릭터와 교환해서 즐길 수 있다.

EX
EX모델

▶ 1:1700 화이트 베이스, 3990엔. EX모델은 MS 이외의 조연 메카닉이나 함선 등을 제품화 한 시리즈다. 스케일은 여러 가지가 있으나, 1:1700으로 건담 작품에 등장한 함선이 다수 발매되어 있다. 화이트 베이스는 MS덱 등, 각 격납고도 재현되어 있다. 키트에 들어가 있는 MS로 발진 신도 재현할 수 있다.

구판 키트

◀ 1:144 건담, 315엔. 초창기의 건프라다. 조립은 접착식이며 사출색도 단색이다. 관절도 가동하긴 하지만, 부품 형태는 애니메이션 설정을 따르고 있기 때문에 가동범위가 좁은 부분도 많다. 그래도 당시로서는 상당히 잘 움직이는 것이었다. 입체화된 MS라는 매력과 그것을 실제로 만지는 즐거움으로, 폭발적인 인기를 얻은 기념비적인 모델이다.

공구·용구 카탈로그

1. 공구
2. 접착제
3. 퍼티
4. 플라스틱 재료·금속 재료
5. 도료
6. 도색용구

CHAPTER 1

CHAPTER 1 : 공구·용구카탈로그

1. 공구 TOOL

■ 니퍼

프라모델을 만들 때 가장 먼저 하는 것이, 부품을 런너에서 떼어내는 것이다. 이때 사용하는 공구가 니퍼다. 일반적인 니퍼는 철사나 전기배선을 절단하는데 사용되지만, 프라모델용 니퍼는 플라스틱과 같은 비교적 부드러운 재료를 절단하기 위해서 날을 날카롭게 만들었기 때문에 딱딱한 재료의 절단에는 적합하지 않다. 프라모델용 니퍼는 날의 옆면이 얇고, 또한 날의 바깥쪽이 평평한 것이 특징이다. 이러한 특징으로 날이 런너의 틈새로 쉽게 들어가서 간단하게 게이트를 절단할 수 있고, 또한 절단 시 부품이 비틀어지는 것을 막아준다. 건프라 중에서는 니퍼가 필요 없는 키트도 있지만, 기본적으로 사용빈도가 높은 공구인 만큼 가능한 좋은 것을 구입하도록 하자.

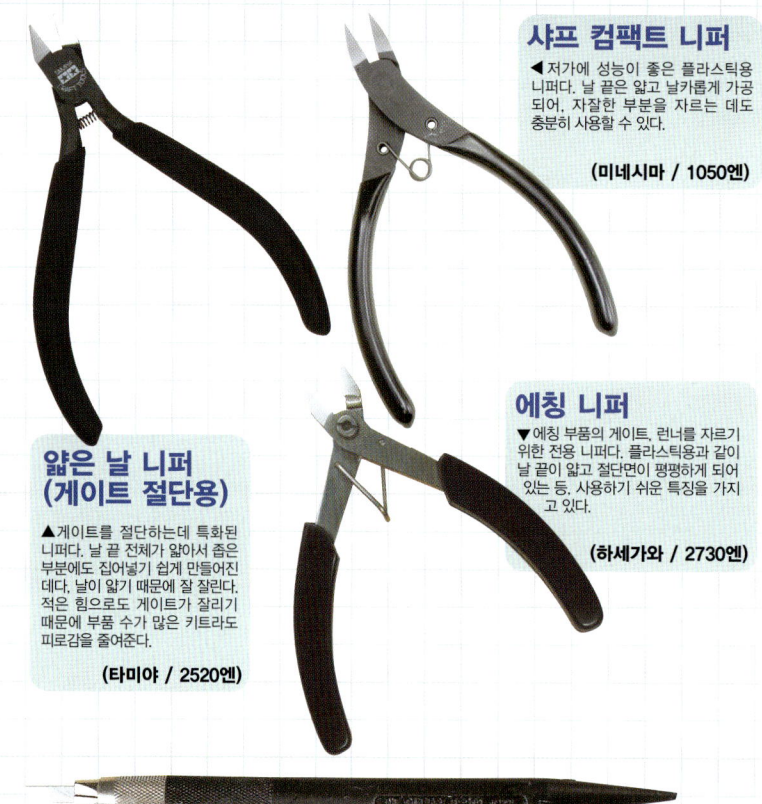

샤프 컴팩트 니퍼
◀ 저가에 성능이 좋은 플라스틱용 니퍼다. 날 끝은 얇고 날카롭게 가공되어, 자잘한 부분을 자르는 데도 충분히 사용할 수 있다.
(미네시마 / 1050엔)

얇은 날 니퍼 (게이트 절단용)
▲ 게이트를 절단하는데 특화된 니퍼다. 날 끝 전체가 얇아서 좁은 부분에도 집어넣기 쉽게 만들어진 데다, 날이 얇기 때문에 잘 잘린다. 적은 힘으로도 게이트가 잘리기 때문에 부품 수가 많은 키트라도 피로감을 줄여준다.
(타미야 / 2520엔)

에칭 니퍼
▼ 에칭 부품의 게이트, 런너를 자르기 위한 전용 니퍼다. 플라스틱용과 같이 날 끝이 얇고 절단면이 평평하게 되어 있는 등, 사용하기 쉬운 특징을 가지고 있다.
(하세가와 / 2730엔)

⚠ CHECK POINT
게이트는 2번 자르는 것이 기본이다

▲ 부품 잘라내기. 처음에는 날의 평평한 쪽이 부품을 향하게 하여 게이트를 자른다. 조금 여유를 남기고 자른다.

▲ 다음으로 날을 부품에 딱 맞추고 남은 게이트를 잘라낸다. 필요하다면 이 다음에 사포질을 해서 마무리한다.

▲ 니퍼 날을 넣기 어려운 곳은, 방해가 되는 런너를 먼저 잘라낸다.

■ 나이프

얇은 자루 끝 부분에 소형 날을 고정하는 날 교환식 나이프다. 날이 얇고 매우 예리하기 때문에 잘 든다. 게이트나 파팅 라인 처리, 부품의 절삭가공, 씰이나 데칼의 절단 등, 프라모델 제작에 있어서 매우 많이 등장하는 공구이다. 현재는 각 사에서 같은 사양의 제품이 발매되어 있으며, 날 폭이 4mm인 것이 '디자인 나이프', 6mm인 것이 '아트 나이프'라 불린다. 날이 날카로운 만큼 쉽게 이가 빠지거나 날이 무뎌지기 때문에, 날카로운 상태를 유지하기 위해 빈번하게 교환하도록 하자.

디자인 나이프
▲ 날 폭은 4mm로, 이런 타입의 나이프 중에서는 가장 작다. 날 끝의 각도는 30°와 45°의 2종류 다. 이 나이프 한 자루로 데칼 잘라내기부터 조각까지 폭넓게 활용할 수 있다. 자루의 뒤쪽 끝 부분은 건식 데칼을 붙이기 위해서 문지르는데도 사용할 수 있다.
(NT / 420엔)

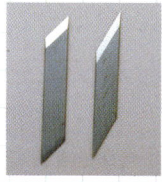

디자인 나이프 교체용 날
◀ 각도는 30°와 45°의 2종류다. 날이 무뎌진 날을 사용하면 생각지도 않게 힘이 들어가서 위험하기 때문에, 날이 무뎌졌다고 느껴지면 새로운 날로 바로 바꿔주도록 하자.
(NT / 각 210엔)

⚠ CHECK POINT
정형이나 절단에 사용

▲ 부품에 남아있는 게이트 자국을 잘라내는 예. 세밀한 절단, 정형 작업에는 소형 나이프가 가장 좋다.

아트 나이프 프로
◀ 일반적인 아트 나이프보다 더 큰 날을 장착할 수 있기 때문에, 힘이 많이 들어가는 작업을 할 수 있다. 날은 3종류가 준비되어 있어서, 잘라내는 것보다 조각 작업을 중시한 타입이다.
(올파 / 1344엔)

아트 나이프 프로 교체용 날
◀ 왼쪽부터 곡선 날(3장 들이), 직선 날(5장 들이), 평 날(10장 들이)이다. 특히 곡선 날은 곡선적인 칼집을 넣을 수 있고, 날의 배 부분을 사용해서 쓸데없는 흠집을 내지 않고 잘라내는 등, 사용법이 많아서 편리하다.
(올파 / 각 367엔)

▲ 데칼 절단. 새 날을 사용하면 얇은 종이 형태라도 깨끗하게 잘라낼 수 있다.

■ 커터

날 절단식의 커터 나이프는 가장 흔히 접할 수 있는 절삭공구다. 프라모델을 일반적으로 조립하는데 있어서는 사용빈도가 그렇게 높지 않은 공구이지만, 프라판과 같은 재료를 잘라내거나 대강의 절삭 작업에는 매우 중요한 공구다. 가능하면 소형 커터와 대형 커터 2가지 타입을 준비해두면 좋다.

크래프트 커터
▲ 일반적인 소형의 날 절단식 커터이지만, 날은 이가 잘 빠지지 않고 녹슬지 않는 스테인리스 제를 채용하는 등 모형 작업을 배려한 제품이다. 교체용 날은 5장에 315엔.
(타미야 / 399엔)

날 절단식 커터(대형)
◀ 날 폭이 넓어서 강성도 높기 때문에, 날을 길게 빼서 사용할 수 있다. 재료를 자르거나 퍼티를 크게 깎아내는 등, 힘이 들어가는 작업에 사용된다. 교체용 날은 10장에 300엔 정도부터다.
(범용품 / 500엔~)

CHAPTER 1 : 공구·용구 카탈로그

■ 사포

사포(샌드 페이퍼)는 부품의 흠집을 없애고, 울퉁불퉁한 부분을 평평하게 만드는 조형과 완성 작업에 반드시 필요한 공구다. 사포로 깎아내는 작업을 '사포질'이라 한다. 물로 적셔서 '물 사포질'을 하면 사포의 눈이 막히지 않고, 절삭면에 나는 상처도 줄일 수 있다. 그런 만큼, 사포는 내수성이 있는 물건을 고르도록 하자. 또한, 사포의 눈이 가는 정도는 숫자로 표시되어 있어서, 숫자가 크면 클수록 사포의 눈이 곱다. 부품 표면을 평평하게 만들 때는, 번호가 작은 거친 사포부터 차츰 번호가 큰 사포로 갈아주는 것이 기본이다.

내수 사포
▲내수성이 있는 사포다. '물 사포질'을 할 수 있기 때문에 사포 눈이 잘 막히지 않고, 절삭면에 쓸데없는 상처도 주지 않는다. 물론 '일반 사포질'용으로도 사용할 수 있다. 번호는 60~2000번으로 매우 폭넓다.

(범용품 / 70엔~)

타미야 피니싱 사포
▲사포 종이가 부드러워서 부품에 잘 감기는 고품질의 내수 사포. 거친 눈 세트(180~320번), 고운 눈 세트(400~1000번), 마감용 세트(1200~2000번) 이외에, 단품으로 판매하기도 한다.

(타미야 / 126엔~262엔)

타이라
▲손잡이가 달려있는 내수 사포. 절삭면은 완만하게 휘어져 있어서, 튀어나온 곳만을 쉽게 깎아낼 수 있다. 번호는 240(핑크), 320(오렌지), 400(옐로), 600(블루), 800(그린)이 있다.

(Gesse / 각 294엔)

! CHECK POINT
사포에는 버팀판을 붙인다

▲사포는 평평한 판을 '버팀판'으로 삼아, 여기에 사포를 감아서 사용하는 것이 기본이다. 상황에 따라 여러 가지 버팀판을 사용해보자.

스폰지 사포
▶유연한 스폰지가 베이스인 연마재. 곡면의 절삭 작업에 딱 들어맞는 것이 특징이다. 번호는 매우 거친 눈(120~180번), 거친 눈(240~320번), 고운 눈(320~600번), 아주 고운 눈(800~1200번), 매우 고운 눈(1200~1500번)의 5종류다.

(고토부키야 / 각 506엔)

크래프트 줄 PRO
▼높은 절삭성과 부드러운 절삭 흔적이 특징이다. 따로 사포질을 하지 않아도 될 정도다. 종류는 평줄(16mm, 10mm, 6mm 폭), 반원줄(15mm, 10mm폭), 원줄(6mm, 3mm경)이 있다.

(타미야 / 1260엔~2100엔)

! CHECK POINT
줄을 밀면서 깎는다

▲줄의 '눈'은 밀었을 때 깎이도록 되어있다. 눈에 찌꺼기가 끼는 것을 막기 위해서 밀 때만 살짝 힘을 주고, 다시 돌릴 때는 가볍게 당기도록 하자.

■ 줄

키트를 개조하거나 부품을 자작할 때, 딱딱한 재료를 깎아내거나 특정 형태로 가공할 때 사용하는 금속제 줄(금속 줄)이다. 패턴이나 형태는 여러 가지 종류가 있지만, 모형공작에서 자주 사용하는 형태는 평줄, 반원줄, 원줄 정도다. 처음에는 쉽게 다룰 수 있는 크기의 '줄 세트'를 사용하는 것이 좋을 것이다. 또한 줄로 깎아낸 후 남은 흠집은 사포로 다듬어 준다.

베이직 줄 세트
▶플라스틱 뿐만 아니라, 금속이나 퍼티 종류 등 폭 넓은 재료의 절삭에 사용할 수 있는 줄이다. 사용빈도가 높은 평줄, 반원줄, 원줄 3자루가 세트로, 길이는 16cm 정도로 다루기 쉬운 크기다. 처음으로 쇠줄을 마련할 때 가장 좋을 것이다.

(타미야 / 630엔)

■ 끌

모델링 치젤
▲모형용 소형 끌이다. 날 끝 부분의 모양은, 평·세, 환·세, 삼각·세, 평(폭 3mm)의 4종류로, 정밀한 조각이나 정형, 홈파기에 사용된다. 숫돌이 같이 들어있기 때문에 무뎌지면 다시 갈아서 사용할 수 있다.

(하세가와 / 각 1575엔)

■ 핀셋

작은 부품을 접착하는 데는 물론, 좁은 부분에서의 작업이나 데칼 등을 다룰 때도 활약하는 것이 핀셋이다. 형태를 크게 구분하자면 '스트레이트 형'과 '새부리 형'이 있어서, 용도에 따라 구분해서 사용한다. 양쪽 다 중요한 것은 끝 부분의 정밀도다. 이 정밀도가 떨어지면 작은 부품을 잡을 수 없다. 또한 가격이 싼 것은 전체가 휘어져서 정밀한 작업에는 적합하지 않기 때문에 주의해야 한다.

정밀 핀셋 (스트레이트 타입)
▲자루가 끝 부분으로 갈수록 좁아지는 스트레이트 형의 핀셋이다. 끝 부분이 바늘 형태로 좁아져서, 시야를 방해하지 않는다는 이점도 있다. 스테인리스 제로 길이 115mm이다.

(타미야 / 1260엔)

정밀 핀셋 (새부리 타입)
▲끝 부분이 완만하게 구부러진 핀셋이다. 잡는 기능은 스트레이트 타입과 같지만, 각도가 있는 쪽이 부품 접착에 사용하기 쉬운 경우도 있다. 길이 115mm이다.

(타미야 / 1260엔)

■ 철필

모델링 스크라이버
▲패널라인 파기 등에 사용하는 스크라이버 침(Scriber NK)이다. 경질의 스틸제로, 손잡이에서 침 끝까지 일체형으로 깎아낸 것이기 때문에 강성이 높아 딱딱한 재료라 하더라도 힘을 주어 파낼 수 있다.

(하세가와 / 1365엔)

009

CHAPTER 1 : 공구·용구카탈로그

■톱

커터로는 날이 통과하지 않을 정도의 두꺼운 재료나 딱딱한 재료를 자르는데 사용한다. 절단할 때는 날의 두께만큼의 '톱밥'이 생기기 때문에, 잘라낸 부품의 양쪽을 전부 사용하고 싶을 때는 가능한 톱날이 얇은 것을 사용하는 것이 바람직하다. 여기서는 모형용으로 판매되고 있는 것에서 대중소 3가지 타입을 소개하고자 한다. 또한, 에칭 톱은 절단 이외에 패널라인 파기용 공구로도 활약한다.

얇은 날 크래프트 톱
▲플라스틱이나 목재, 알루미늄 등, 폭 넓은 재료의 절단이 가능한 만능 톱이다. 날 두께는 0.25mm로, 이러한 타입의 톱 가운데에서는 얇은 편이다. 날의 길이는 16cm이다. 교체용 날도 한 개 포함되어 있다. 교체용 날은 1개 315엔.

(타미야 / 1365엔)

커터 톱
▶다루기가 편리해서, 키트 개조에 사용하기 매우 좋은 소형 톱이다. 날 폭이 4mm인 좁은 날, 6mm폭의 넓은 날 2종류가 포함되어 있다. 좁은 폭을 살려서 좁은 부분의 절단에도 활약한다. 교체용 날은 367엔.

(타미야 / 630엔)

모델링 소우 세트(왼쪽) 모델링 스크라이버(오른쪽)
▲왼쪽은 플라스틱용 에칭 톱이다. 판 두께 0.25mm의 스테인리스 제로, 여러 가지 형태가 세팅 되어 있다. 오른쪽의 「스크라이버」는 판 두께 0.15mm로 매우 얇아서, 절단보다 패널라인을 파내는데 더욱 중점을 두고 있다.

(하세가와 / 각 1260엔)

■핀 바이스

둥그런 구멍을 파기 위한 수동 드릴이다. 끝 부분에 있는 십자모양 홈(콜레트 척)에 드릴 날을 장착하고, 본체를 손가락으로 돌려서 구멍을 판다. 드릴 날의 구경은 여러 종류가 준비되어 있으며 일반적으로는 0.3~3mm 정도다. 극세 드릴 날은 쉽게 부러지기 때문에 가벼운 힘으로 돌리는 것을 명심해야 한다. 또한 구멍을 뚫기 전에 철필 같은 것으로 눌러서 자국을 만들어 놓는 것이 바람직하다.

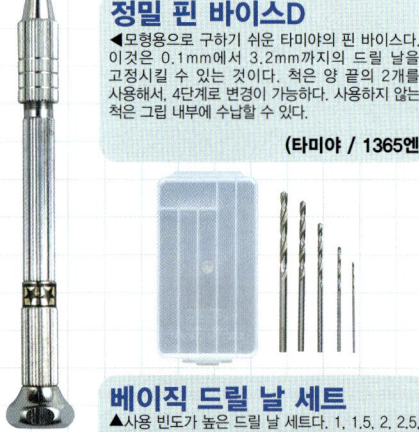

정밀 핀 바이스D
◀모형용으로 구하기 쉬운 타미야의 핀 바이스다. 이것은 0.1mm에서 3.2mm까지의 드릴 날을 고정시킬 수 있는 것이다. 척은 양 끝의 2개를 사용해서, 4단계로 변경이 가능하다. 사용하지 않는 척은 그립 내부에 수납할 수 있다.

(타미야 / 1365엔)

베이직 드릴 날 세트
▲사용 빈도가 높은 드릴 날 세트다. 1, 1.5, 2, 2.5, 3mm로, 0.5mm 간격의 드릴 날이 5개 갖춰져 있으며 폴리에스틸 수납케이스를 함께 주는 것도 매력적이다.

(타미야 / 1365엔)

■전동공구

여기서 이야기하는 전동공구란, 라우터라 불리는 전동 모터를 내장한 공구다. 회전축의 끝 부분에 드릴 날이나 각종 비트(절삭날)를 장착해서 사용한다. 본격적인 공구는 고가이지만 수작업으로는 매우 어려운, 딱딱한 재료의 절삭이나 조형, 구멍 뚫기, 연마 등의 작업 효율을 대폭 향상시켜주는 공구다. 비트는 커터, 샌더, 숫돌, 버프 등 여러 가지가 있어서, 용도에 따라 골라 쓸 수 있다.

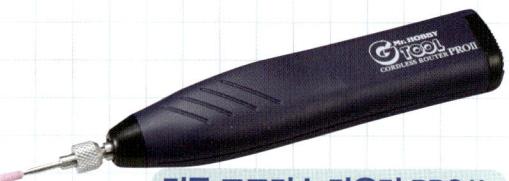

전동 코드리스 라우터 PRO II
▲척으로 비트를 고정하는 방식의 코드리스 타입이다. 스위치를 누르고 있을 때만 회전하기 때문에 안전성도 높다. 비트는 소형 원기둥의 숫돌 타입이 들어가 있다. AAA사이즈 건전지 2개를 사용한다.

(GSI크레오스 / 4095엔)

핸디 라우터 Mk.1-AC
▶AC어댑터를 사용하는, 경량 소형인 전동 라우터다. 가는 몸체에는 스피드 컨트롤러를 장착했다. 척은 축 지름 2.35~2.6mm / 3~3.2mm에 대응한다. 비트는 스틸 커터, 다이아몬드 비트, 숫돌 타입 등, 8종류가 들어있다.

(웨이브 / 9240엔)

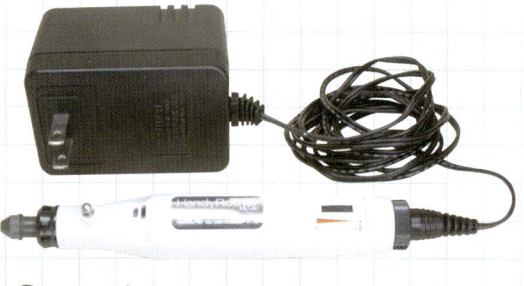

■펀치

펀치
▲천이나 가죽, 종이 등에 둥그렇게 구멍을 내는 도구다. 원통의 테두리에 날이 달려있어서, 뒷부분을 망치로 때려서 사용한다. 모형 공작에서는 마스킹 테이프나 씰, 얇은 프라판에 돌려서 눌러서 구멍을 낸다. 직경은 2mm에서 2cm정도이다.

(범용품 / 200엔~)

■자

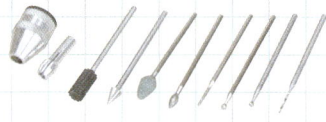

스틸 자
▲프라판을 자를 때는, 커터 날에 상처를 입지 않고, 일그러짐이 적은 금속제 자를 사용하는 것이 바람직하다. 15cm정도 길이가 사용하기 편하다.

(범용품 / 340엔~)

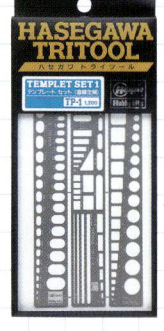

템플릿 세트1
▶에칭 제품으로 되어있고 패널라인을 팔 때 쓰는 템플릿이다. 얇기 때문에 어느 정도의 곡면에는 구부려서 사용할 수 있다. 「템플릿 세트2」는 여러 가지 곡률의 곡선자 세트다.

(하세가와 / 1260엔)

■커팅 매트

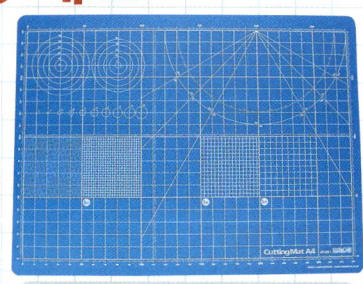

커팅 매트 A4
▲책상에 상처가 나지 않도록 절단 작업 시에 까는 매트다. 각종 눈금이나 가이드가 출력되어 있어서, 효율적인 작업을 도와준다. 두께는 3mm로, 사이즈는 30cm×22cm이다.

(웨이브 / 819엔)

CHAPTER 1 : 공구·용구카탈로그

2. 접착제 CEMENT

■ 플라스틱 접착제

플라스틱 접착제는, 프라모델의 재료인 스티롤 수지(폴리스틸렌)를 녹여서 붙이는 전용 접착제이다. 마르는데 시간이 조금 걸리기는 하지만, 녹여서 붙이기 때문에 접착력이 매우 강력하다. 일반적인 플라스틱 접착제는 용제성분에 '점성'을 위해 스티롤 수지가 들어있는 '끈적끈적'한 타입으로, 부품의 접착면에 바르고 붙이는 방법으로 접착한다. 한편, 수지가 들어있지 않은 '찰랑찰랑'한 타입의 플라스틱 접착제는, 유동성이 높고 건조가 빠른 것이 특징이다. 이쪽은 부품을 조립한 순간에 흘려 넣는 방법으로 접착한다. 부품이나 상황에 따라, 이 두 가지 접착제를 나눠서 사용하는 것이 좋다.

Mr.시멘트
◀ 합성수지 성분이 포함된 일반적인 프라모델용 접착제이다. 접착면에 바르고, 붙이는 방식으로 사용한다. 사진은 25㎖짜리 제품이다. 사각형 병에 들어있는 「Mr.접착제 알뜰형」(40㎖,189엔)도 있다.

(GSI크레오스 / 157엔)

Mr.시멘트S
(흘려 넣는 타입)
▶ 수지가 함유되어 있지 않은 타입의 프라모델용 접착제. 부품을 조립하고 그 틈새에 흘려 넣어 접착한다. 뚜껑에 달린 솔을 쓰지만, 접착제 용으로 면상필을 준비해두면 편리하다. 용량은 40㎖.

(GSI크레오스 / 262엔)

CHECK POINT
접착제로 접합선 수정

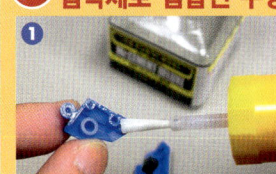

▲ 수지가 들어간 타입의 플라스틱 접착제로 접착한다. 일단 부품의 접착면에 접착제가 조금 삐져나오게 발라준다.

▲ 플라스틱이 녹을 때까지 조금 기다렸다가 부품을 접착하면, 접합선에 수지가 볼록하게 삐져나온다.

▲ 건조된 후, 삐져나온 것을 사포질로 깎아낸다. 이것으로 접착과 접합선 수정이 한 번에 해결된다.

■ 순간 접착제

순간 접착제는 공기 중이나 접착면의 수분에 의해 화학반응을 일으켜서 경화하는 '시아노 아크릴레이트 계열 접착제'라는 것이다. 여러 가지 재료를 빠르고 강력하게 붙일 수 있는 것이 특징이다. 프라모델 조립에서는, 접합선의 접착이나 서로 다른 재료를 접착할 때 활약한다. 경화촉진제와 같이 사용하면, 퍼티처럼 메우는 목적으로 사용할 수도 있다. 현재는 많은 브랜드로 판매되고 있어, 흘려 넣기에 알맞은 저점도 타입을 시작으로 접착강도가 높은 고점도 타입, 잘 스며들지 않는 젤리타입 등, 그 종류가 매우 다양하다. 용도에 적합한 제품을 선택하자.

X3S 하이스피드
◀ 흘려 넣는 접착에 적합한 저점도 타입의 순간 접착제다. 용량 2g짜리 3개가 세트로, 알루미늄 팩에 들어가 있다. 노즐도 2개 들어 있다. 이외에도 「X3G고점도」(472엔)가 있는데, 이쪽은 고점도에 접착력이 강해서 레진이나 금속 부품 접착에 적합하다.

(웨이브 / 472엔)

검은 순간 접착제
▶ 새카만 색깔의 순간 접착제다. 고점도 타입으로, 일반적인 접착은 물론 경화촉진제와 같이 사용하면 두께감을 주거나 틈새를 메우는데 최적의 세움이나. 굳은 뒤에는 일반적인 순간 접착제 보다 더 부드럽기 때문에, 플라스틱 재료에 가까운 느낌으로 절삭할 수 있다. 용량 20g, 노즐 3개가 포함되어 있다.

(웨이브 / 1260엔)

CHECK POINT
노즐을 써서 흘려 넣기

▲ 순간 접착제를 흘려 넣을 때는 노즐이 반드시 필요하다. 접착제가 불필요한 곳에 흘러 들어가지 않도록, 반드시 부착해서 사용하도록 하자.

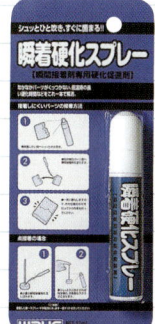

순간경화 스프레이
◀ 소형 용기에 들어있는 순간 접착제의 경화촉진제. 용기의 끝 부분은 일반적인 스프레이 노즐로 되어있어서, 필요한 곳에만 재빠르게 뿌릴 수 있기 때문에 편리하다. 단, 많이 사용하면 플라스틱 재료를 녹이게 되니 주의하도록 하자.

(웨이브 / 682엔)

K·노즐
▶ 순간 접착제 용기의 끝 부분에 장착하는 폴리에스털로 된 선단 노즐이다. 작은 부품의 접착이나, 흘려 넣기를 할 때 반드시 필요하다. 굳은 접착제로 막히면, 그 부분을 나이프로 잘라내고 다시 사용할 수 있다. 10개 들이.

(웨이브 / 210엔)

■ 에폭시 접착제

플라스틱 이외의 것을 접착할 때 순간 접착제로는 접착강도가 불안한 경우에는 에폭시 접착제를 사용하면 좋다. 이것은 두 개의 접착제 같은 분량을 섞어서 화학반응을 일으켜 굳히는 접착제로, 높은 접착강도를 얻을 수 있는 것이 특징이다. 이 때문에 금속 부품이나 레진 부품 등의 접착에 위력을 발휘한다. 굳는 시간은 수 분에서 수십 분으로 제품마다 다르니, 사용목적에 따라 고르도록 하자.

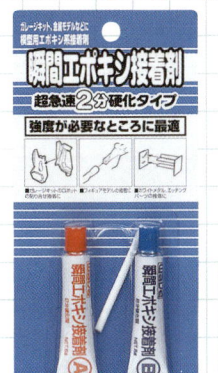

순간 에폭시 접착제
◀ 경화 시간이 2분으로 매우 빠른 에폭시 접착제다. 부품을 잡고 있는 시간이 짧아서 작업이 편한 반면, 큰 면적에 바를때는 너무 빨리 굳기 때문에, 조금씩 나눠서 사용하는 경우에 적합한 제품이다. 색상은 투명하며, 10g이 들어있다.

(웨이브 / 472엔)

CHECK POINT
투명 부품의 접착

▲ 무색 투명한 에폭시 접착제라면 접착흔적이 눈에 띄지 않는 만큼, 클리어 부품의 접착에 사용하는 것도 편리하다.

011

3. 퍼티 PUTTY

■ 락커 퍼티

락커 계열의 용제가 들어가 있어서, 이 용제가 기화하면서 딱딱해지는 반고체 상태의 퍼티다. 용제로 인해 플라스틱에 쉽게 접착하는 것이 특징으로, 모형용으로는 '플라 퍼티'라고 불린다. 작은 흠집이나 파인 부분을 메우거나, 표면에 발라서 질감을 바꾸는 용도로 사용한다. 락커 계열 도료의 희석액으로 녹인 '녹인 퍼티'로서도 사용한다. 조형용 퍼티와는 다르게, 많이 발라서 조형하는 것에는 적합하지 않다.

타미야 퍼티 (베이직 타입)
▲프라모델용 락커 퍼티로서 가장 일반적인 제품이다. 색깔은 상태를 확인하기 쉬운 회색이다. 튜브에서 짜낸 상태에서 바로 비비기 편한 점도로 되어있다. 사용 중에는 자주 뚜껑을 덮어서 안에 있는 퍼티가 마르지 않도록 주의한다. 용량 32g.

(타미야 / 262엔)

Mr.화이트 퍼티
▲급속건조 타입으로 수축이 적은 락커 퍼티다. 결이 곱고 다소 끈적임이 있는 질감이다. 색깔은 흰색이기 때문에, 도색용 밑바탕을 만들 때도 편리하다. 삐져나온 퍼티를 정리하거나 점도 조절을 할 때는 같은 회사에서 나온 「Mr.컬러 희석액」을 사용하면 좋다.

(GSI크레오스 / 241엔)

> **CHECK POINT**
> **'녹인 퍼티'로써 사용한다**
> ▲락커 퍼티는 그대로 사용하는 것이 아니라 락커 계열의 희석제로 녹여서 사용하는 것이 기본이다.

■ 폴리 퍼티

폴리 에스텔 수지를 주성분으로 하는 조형용 퍼티다. 페이스트 상태의 주제에 경화제를 섞으면 화학반응을 일으키며 굳는다. 경화시간이 짧은 것이 특징으로, 굳은 뒤에는 적당히 딱딱해서 절삭성이 매우 뛰어나다. 조형 방법으로는 '붙이고 깎는' 것이 기본이다. 점토와 같이 세세하게 모양을 만드는 것은 어렵기 때문에, 적당히 붙여서 굳은 뒤에 깎아야 한다. 부품의 개조나 자작을 할 때 든든한 재료가 될 것이다.

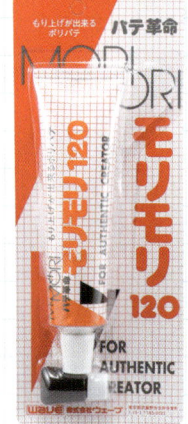

퍼티혁명 모리모리
◀모형용 폴리 퍼티로는 개척자적인 존재로서, 가장 일반적인 만능 타입의 폴리 퍼티다. 붙이거나 깎는 가공에 적합하고, 플라스틱에 잘 붙는다. 사용 가능 시간은 6~10분, 연마 가능 시간은 25~40분이다. 용량 120g. 이외에도 40g(609엔), 1kg(3990엔), 4kg(13650엔)도 있다.

(웨이브 / 1029엔)

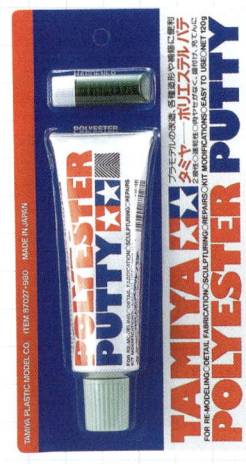

타미야 폴리에스텔 퍼티
▶일반적인 폴리 퍼티다. 단단한 느낌으로, 조각을 하기 쉽다. 캡 색깔이 섞였을 때의 퍼티 색깔로 되어 있는 등, 초보를 위한 배려가 되어있다. 사용 가능 시간은 5~10분, 연마 가능 시간은 60분이다. 용량 120g.

(타미야 / 1029엔)

> **CHECK POINT**
> **폴리 퍼티냐 에폭시 퍼티냐**
>
> ① ▲폴리 퍼티는 굳은 뒤에 나이프나 줄로 깎고 다듬어 사용한다. 부품 개조에 큰 힘이 된다.
>
> ② ▲에폭시 퍼티는 굳기 전에 어느 정도의 형태를 만드는 것이 가능하다. 목적에 따라 어느 한쪽을 선택하도록 하자.

■ 에폭시 퍼티

점토 형태의 조형·충전용 퍼티다. 주제인 에폭시 수지와 경화제를 같은 분량 섞으면 화학작용이 일어나서 굳는다. 굳기 전에는 점토와 같이 손으로 자유롭게 조형할 수 있는 것이 큰 특징이고, 굳고 난 다음에는 깎을 수 있다. 일반적으로 수십 분 정도로 굳기 시작하고, 완전 경화는 몇 시간에서 하루 정도의 시간이 필요하다. 경화시간, 질감, 절삭성, 조형의 용이성 등, 성질이 다른 여러 가지 타입이 판매되고 있기 때문에, 사용법에 적합한 제품을 고르는 것을 추천한다.

에포파 PRO-L (초경량 타입)
▲경량·급속경화 타입이다. 굳은 뒤에 쓱쓱싹싹 잘라낼 수 있는 저밀도 에폭시 퍼티다. 경화시간은 3시간. 용량은 38g. 이외에도 고밀도·급속경화 타입의 「에포파 PRO-H」(용량 78g, 1050엔)도 있다.

(GSI크레오스 / 1050엔)

에폭시 조형 퍼티 (급속경화 타입)
▶1~2시간이면 경화가 시작되어, 6시간으로 완전히 경화가 된다. 반죽하기 쉽고 모양도 쉽게 만들 수 있기 때문에 사용하기 매우 용이하다. 절삭 가공에도 적합하다. 용량은 25g. 이외에도, 조금 탄력이 있는 「고밀도 타입」도 판매되고 있다.

(타미야 / 420엔)

■ 순간접착 퍼티

순간 접착제에 파우더를 섞어서 사용하는 독특한 퍼티다. 매우 강력한 접착력을 보이며, 경화시간은 매우 짧다. 그 덕분에 곧바로 절삭 작업을 할 수 있는 것이 큰 특징이다. 붙여서 조형하는 것에는 적합하지 않기 때문에, 틈새를 메우는데 활용하면 좋을 것이다.

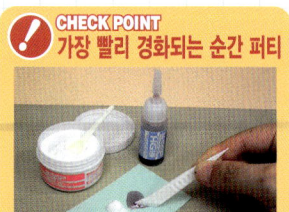

> **CHECK POINT**
> **가장 빨리 경화되는 순간 퍼티**
> ▲다른 어떤 것보다 바로 가공할 수 있는 것이 가장 큰 장점이다. 시간에 쫓기는 프로 모델러 들도 많이 애용한다.

Mr.SSP (Mr.순간접착 퍼티)
◀HG액과 파우더를 섞어서 페이스트 상태가 된 퍼티를 대상에 바르면, 몇 분 후에 굳는다. 경화된 다음에 절삭가공이 가능하다. 내용은 HG액(10g) 2개, HG파우더(4.5g), 경화지연제(2g)가 들어있다.

(GSI크레오스 / 1848엔)

CHAPTER 1 : 공구·용구카탈로그

4. 플라스틱 재료·금속 재료 PLASTIC & METALLIC MATERIAL

■ 플라스틱 재료

프라모델과 같은 스티롤 수지제 판 재료나 봉 재료는, 절단이나 절삭, 접착을 같은 공구나 요령으로 작업할 수 있기 때문에, 키트 개조나 스크래치 빌드에 사용하기 가장 적합한 재료라고 할 수 있을 것이다. 일정한 두께나 형태로 성형되어 있으니 잘 조합하면 기준이 되는 치수를 쉽게 만들 수 있는 것도 장점이다. 당연히 직선적으로 평면을 조합하는 형태를 만들기는 편하지만, 얇거나 혹은 자잘한 것을 구부려서 사용하는 것도 가능하다. 또한 가열해서 특정 형태에 대고 눌러서 변형시키는 '히트 프레스'나 '버큠 폼'과 같은 테크닉도 있다.

프라판
▲ 대표적인 타미야의 프라판이다. 사이즈는 B4판(364mm x 257mm)이다. 두께 별로 0.3mm(5장 들이, 630엔), 0.5mm(4장 들이, 630엔), 1mm(2장 들이, 630엔), 1.2mm(2장 들이, 756엔), 1.5mm(1장 들이, 756엔), 2mm(1장 들이, 882엔)가 있다. '투명 프라판'은 0.2mm, 0.4mm, 1.7mm가 나와있다.

(타미야 / 441~882엔)

패턴 플라스틱 판
▲ 미국 에버그린사 제품이다. 사진 밑에서부터 「깊은 홈 타일형」, 「바텐」, 「랩사이딩(경사진 단의 차이)」이다. 두께는 1mm으로, 패턴의 폭은 여러 종류가 나와있다. 이외에도 「얕은 홈 타일」, 「V 그루브(세로 홈이 있는 것)」 등을 포함해 여러 가지로 가공된 판 재료나 봉 재료가 발매되어있다.

(쿄쇼 / 893~1260엔)

0.14mm 두께 프라 스트라이프
▲ 띠 모양으로 잘라낸 두께 0.14mm의 프라판이다. 길이는 364mm로, 폭은 0.5mm, 1mm, 1.5mm, 2mm, 2.5mm, 3mm, 4mm, 5mm, 10mm, 20mm 등이 있다. 0.5mm과 1mm은 15장 들이고, 나머지는 10장 들이다. 이 외에도 「0.14mm 두께 플라스틱 시트」도 있는데 B4판(3장)과 B5판(4장), 각 500엔이다.

(하비 베이스 / 각 400엔)

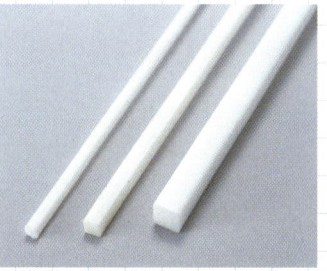

프라 재료(사각봉)
▲ 길이는 40cm다. 1mm사각(10자루), 2mm사각(10자루), 3mm사각(10자루), 5mm사각(6자루)이 있다. '원형봉'은 1mm지름(10자루), 2mm지름(10자루), 3mm지름(10자루), 5mm지름(6자루)이 있다. 가격은 각 378엔이나. 이외에도 심각단면의 '삼각봉', L형 단면의 'L형봉'도 있다.

(타미야 / 378~420엔)

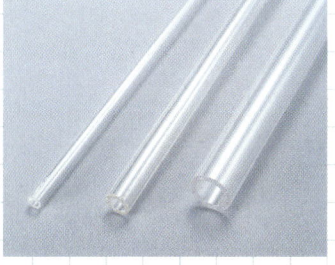

투명 프라 재료
▲ 무색 투명한 파이프형 프라 재료다. 니퍼로 자르면 깨지기 쉬우므로, 칼집을 내서 부러뜨리거나 톱으로 자르는 것이 좋다. 사이즈는 3mm지름(내지름 2mm, 6자루), 5mm지름(내지름 3mm, 5자루), 8mm지름(내지름 5mm, 3자루)이 있다. 연질 수지로 만들어서 자유자재로 구부릴 수 있는 '투명 소프트 프라 재료' (지름2mm, 지름3mm)도 있다.

(타미야 / 각420엔)

앵글 재료
▲ 미국 플라 스트럭트 사에서 나온 건축 모형재료. 사진은 일례로 「H형」, 「T형」, 「U형」, 「Z형」 앵글 재료다. 이외에도 삼각형에서 육각형까지 다각형의 봉 재료, 각종 파이프부터 여러 가지 형태와 패턴이 새겨진 판 재료도 있으며, 더 나아가서는 사다리, 인형, 수목을 본 따 만든 것까지, 약 1000종의 제품이 발매되어 있다.

(제마 코퍼레이션 / 73엔~199엔)

! CHECK POINT
플라스틱 재료의 열 가공

① ▲ 향불로 달궈서 프라봉 재료를 구부린 모습이다. 좀 더 가열해서 잡아 당기면, 얇게 늘일 수도 있다.

② ▲ 가열해서 부드러워진 프라판을 원형에 대고 눌러서 특정형태로 만들어낸다. 이것이 '히트 프레스'라는 기술이다.

■ 금속 재료

금속 재료는 플라스틱보다 더 단단하고 강도도 높기 때문에, 아주 얇고 가늘어도 튼튼해서 정밀도가 높은 부품을 만드는데 적합하다. 보강용 심 재료로 사용하는 것은 물론이고, 예를 들어 봉이나 파이프 형태의 부품을 금속 재료로 바꾸는 공작은, 강도뿐만 아니라 정밀도를 높여 주는데 있어서도 매우 효과적인 디테일 업 수단이다. 이외에도 스프링이나 메쉬와 같이, 실물과 같은 형태를 그대로 작게 만든 제품도 판매되고 있다. 금속에도 여러 가지 재료가 있으니 강도나 질감, 가공성 등을 고려해서 알맞은 것을 사용하도록 하자.

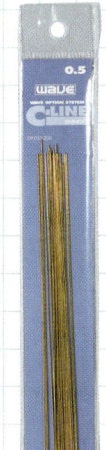

C·라인
◀ 손잡이나 혹을 자작, 설치할 때 많이 사용하는 황동선이다. 길이는 15cm로 사용하기 편리하다. 지름은 0.3mm, 0.5mm, 0.8mm, 1mm, 1.5mm, 2mm이다. 각 5~10자루가 들어있다.

(웨이브 / 각 210엔)

C·파이프
▶ 매우 가는 황동제 파이프다. 길이는 12cm로, 직경은 0.9mm, 1.1mm, 1.3mm, 1.6mm가 있다. 각각 한 사이즈 밑의 파이프를 끼워서 조립할 수 있도록 되어있다.

(웨이브 / 각 262엔)

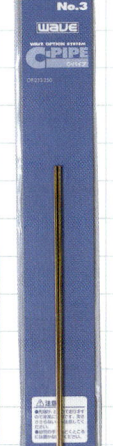

스프링 유닛
◀ MSG(모델링 서포트 굿즈) 시리즈의 파이프 형 스프링이다. 길이는 20cm로 대형 모델에도 사용하기 쉽다. 지름은 0.5mm, 1mm, 1.5mm, 2mm, 2.5mm, 3mm, 4mm, 5mm로 풍부하다. 각 2자루가 들어 있다.

(고토부키야 / 각 210엔)

모델링 메쉬
▶ 스테인리스 재질의 메쉬(그물)다. 금속선을 엮은 그물과는 다르게 에칭 가공으로 판에 구멍을 뚫어서 그물눈을 재현한 것이다. PA21마름모꼴(M), PA22정사각형(M), PA23육각형(M), PA41마름모꼴(L), PA42정사각형(M), PA43육각형(L)의 6종류이다. 사이즈는 44mm×84mm다.

(하세가와 / 각 630엔)

013

5. 도료 PAINT

■ 락커 계열 도료

프라모델용 도료로 가장 일반적으로 사용되는 것이 락커 계열 도료다. 유기 용제가 사용되기 때문에 건조가 빠르고, 플라스틱에 접착성이 좋은 것도 특징이다. 다른 도료에 잘 침식되지 않는 장점도 있다. 대표적인 도료인 「Mr.컬러」는 색상수가 매우 풍부해서, 건프라 전용 색으로 「건담 컬러」라는 라인업도 발매되어 있다. 가동부가 많은 건프라는 부품끼리 마찰될 가능성이 있기 때문에, 색이 벗겨지는 것을 방지한다는 의미에서도 도색막이 강한 락커 계열 도료를 사용하는 것을 추천한다.

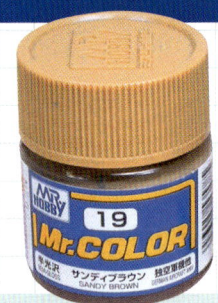

Mr.컬러
▲가장 널리 보급된 모형용 도료다. 색상 수도 가장 많고, 기본 색 이외의 각 장르별 전용색도 풍부하다. 이외에도 더욱 뛰어난 발색을 추구한 「Mr.컬러 GX」, 펄 도료인 「Mr.크리스탈 컬러」, 고급 금속 미립자를 섞은 「Mr.컬러 슈퍼 메탈릭」, 도색면을 닦아서 금속광택을 표현하는 「Mr.메탈 컬러」도 있다. 용량은 10㎖다.
(GSI크레오스 / 168엔~945엔)

Mr.컬러 희석액
▶「Mr.컬러」전용 희석액. 소 50㎖, 중 110㎖, 대 250㎖, 특대 400㎖다. 에어브러시 도색을 위한 희석액인 「Mr.컬러 레벨링 희석액」도 있다.
(GSI크레오스 / 157엔~945엔)

건담 컬러
▲건프라의 도색용으로 조합된 전용색이다. 취급 방법은 Mr.컬러와 마찬가지로, 현재는 전부 13색이 발매되어 있다. 용량 10㎖.
(GSI크레오스 / 210엔)

■ 수성 도료

물로 희석과 용구의 손질이 가능한 수용성 도료이다. 건조 후에는 물론 내수성이 생기고, 냄새도 순하다. 친환경적인 도료라고 할 수 있겠다. 락커 계열 도료와 비교하면 건조가 늦고, 잘 퍼지기 때문에 기본적으로 붓 칠에 적합하다. 물론 에어브러시 도색도 가능하다. 다른 도료를 잘 침식하지 않기 때문에, 락커 계열 도료 위에 그대로 덧칠해도 문제가 없다. 원색 계열, 메탈릭 계열의 발색이 조금 모자란 것이 약점이다. 또한, 도료막 역시 그렇게 강하다고 할 수 없기 때문에, 가동부가 많은 건프라에 사용할 경우에는 세세한 부분의 구분도색이나 부분적으로 덧칠하는 것이 바람직할 것이다.

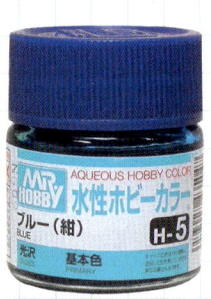

수성 하비 컬러
▲색상 수는 매우 많아서, 거의 Mr.컬러의 표준색에 필적한다. 도료의 농도는 붓 칠에 적합하기 때문에 에어브러시로 도색할 때는 약간 묽게 하는 편이 좋다. 물로도 희석을 할 수 있지만, 접착성이 떨어지기 때문에 전용 희석액을 사용하는 편이 좋다. 용량은 10㎖다. 희석액은 중(110㎖, 262엔), 대(400㎖, 630엔)가 있다.
(GSI크레오스 / 157엔)

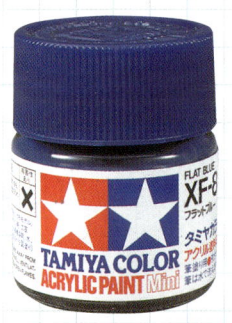 

타미야 컬러 아크릴 도료 미니
▲수성용 타미야 컬러다. 도료의 희석이나 손질은 전용 용제를 사용한다. 농도는 붓 하기 적당한 정도다. 특히 양호한 것이 무광택 색으로, 표면이 일어나지 않고 깨끗하게 무광 표면을 만들 수 있다. 용량은 10㎖다. 기본색에 한해서 대용량(23㎖, 252엔)도 있다. 용제는 미니(10㎖, 157엔), 대(46㎖, 315엔), 특대(250㎖, 525엔)가 있다.
(타미야 / 157~210엔)

■ 에나멜 계열

유성으로, 건조에 다소 시간이 걸리긴 하지만 도료의 발색이 좋고 잘 칠해지는 것이 특징이다. 붓 칠에 가장 적합한 도료지만, 에어브러시로 도색을 하는 것도 가능하다. 용제는 침투성이 높기 때문에, 도료를 희석해서 작업하는 '먹선 넣기'에도 적합하다. 단 건프라와의 상성은 좋다고 말할 수 없다. 에나멜 계열의 용제는 재질인 플라스틱에 스며들어가서 약하게 만드는 약점이 있다. 따라서, 용제를 다량으로 사용해서 먹선 넣기나 워싱을 하는 것은 반드시 피해야 한다. 사용할 때는, 락커 계열 도료 등으로 도색을 한 다음에 세부 도색만을 하는 것이 무난할 것이다.

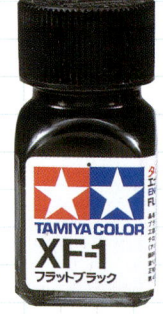 

타미야 컬러 에나멜 도료
▶일본에서 가장 일반적인 에나멜 계열 도료이다. 기본색과 함께 밀리터리 색이나 금속색이 충실하게 갖춰져 있다. 특히 금속색이 매우 아름답다. 클리어색도 있지만, 형광도료는 없다. 용량은 10㎖다. 전용 용제는 보통(10㎖, 157엔), 대(40㎖, 210엔), 특대(250㎖, 525엔)가 있다.
(타미야 / 157엔~210엔)

■ 마커

건프라는 사출색으로 색상이 구분되어 있다고는 하지만, 조금 더 도색을 하고 싶을 때 편리한 것이, 여기서 소개하는 「건프라 마커」다. 색상이 구분되어 있지 않은 부분의 도색이나 패널라인 등에 먹선 넣기, 웨더링 도색 등을 손쉽고 안전하게 할 수 있다. 여러 가지 타입과 색상이 갖춰져 있으니 목적에 맞춰서 구매하는 것을 추천한다.

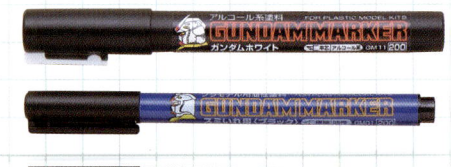

건담 마커 리얼터치 마커
▶잉크는 수성으로, 칠한 다음 닦아낼 수 있는 펜이다. 웨더링이나 블렌딩 표현을 할 수 있다. 5색+블렌딩 펜의 세트로 2종류가 발매되어 있다. 단품으로 팔기도 한다. (210엔)
(GSI크레오스 / 1260엔)

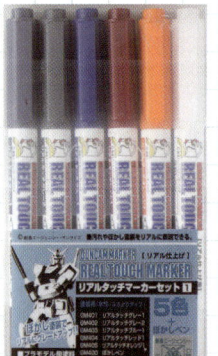

건담 마커
▲건프라를 도색하기 위해서 조합된 각종 전용 마커다. 사진 위에서부터 순서대로 「건담 마커 도색용」(알코올 계열, 전 16색, 삐져나온 도료 수정용의 「지우개 펜」도 있음), 「건담 마커 먹선용/극세」(유성, 전 3색), 「건담 마커 먹선용 붓펜」(수성, 전 2색)이다. 이외에도 간단히 먹선을 넣을 수 있는 0.3mm의 극세 샤프펜, 「건담 먹선 샤프」(630엔)도 있다.
(GSI크레오스 / 각 210엔)

CHAPTER 1 : 공구·용구카탈로그

■ 캔 스프레이

손쉽게 '분사 도색'이 가능한 것이 캔 스프레이의 매력이라 할 수 있다. 전용색도 나와 있으며, 특히 광택 도색을 할 때 활약한다. 클리어 스프레이도 전체적으로 광택을 조절할 때 편리하게 사용할 수 있다.

Mr.컬러 스프레이
◀「Mr.컬러」와 마찬가지로 일반적인 락커 계열 스프레이 도료다. 색상 수도 풍부하다. 일부 색을 제외하면 「Mr.컬러」와 색감이 같기 때문에 보완용으로 사용할 수도 있다. 용량은 100㎖다.

(GSI크레오스 / 630엔)

건담 컬러 스프레이
▶건프라를 위해 조색된 전용색의 스프레이 버전이다. 병에 든 제품과 마찬가지로 전 13색이며, 인기 MS의 지정색을 재현한다. 용량은 100㎖다.

(GSI크레오스 / 735엔)

Mr.슈퍼 클리어
▲광택의 조절에 사용하는, 락커 계열의 클리어 도료다. 「유광」, 「반광」, 「무광」의 3종류가 있다. 용량은 170㎖다. 별도의 수성 클리어 도료인 「탑 코트」도 있어서, 이 역시 3종류가 발매되고 있다. (용량 100㎖, 525엔)

(GSI크레오스 / 735엔)

■ 서페이서

서페이서는 도색 전의 밑칠에 사용한다. 가공 후의 확인, 미세한 흠집을 메우기, 그리고 도료의 착색이 좋아지는 바탕 만들기 등, 서페이서가 하는 역할은 많다. 금속이나 레진 부품을 칠할 때는, 도료가 잘 먹도록 프라이머를 뿌려주도록 하자.

Mr.서페이서
▲병에 들어있는 서페이서다. 붓으로 칠하는 것 이외에 에어브러시로 뿌릴 수도 있다. 「500」, 「1000」, 「1200」의 3종류로, 용량은 각각 40㎖다.

(GSI크레오스 / 315엔)

Mr.서페이서
▲프라모델용 서페이서로서 가장 일반적인 제품이다. 색상은 회색. 사진의 「1000」 이외에도 더욱 입자가 고운 「1200」, 입자가 거칠어서 흠집을 메우는 효과가 높은 「500」, 흰색의 「Mr.화이트 서페이서 1000」, 은폐력이 높은 바탕용 도료 「Mr.베이스 화이트 1000」이 있다. 용량은 100㎖~170㎖다.

(GSI크레오스 / 420엔~630엔)

Mr.메탈 프라이머
▶금속용 바탕도료. 본 도색 전에 이것을 뿌려주면 도료의 착색이 좋아진다. 용량은 100㎖다. 레진 키트용 「Mr.레진 프라이머 서페이서」(180㎖, 735엔)도 있다.

(GSI크레오스 / 420엔)

6. 도색용구 PAINTING TOOL

■ 에어브러시

아름다운 도색면을 바란다면, 역시 에어브러시를 사용해서 칠하는 것이 가장 바람직하다. 에어브러시를 갖추면 도색 표현의 폭이 비약적으로 넓어질 것이다. 에어브러시에는 비교적 저렴한 간이 모델도 있지만, 모처럼 장만한다면 분사되는 공기와 도료를 각각 컨트롤 할 수 있는 '더블 액션' 타입의 본격파 에어브러시를 구입하는 것을 추천한다. 여기서는 버튼조작 타입과 트리거 타입의 대표적인 2가지를 소개한다. 또한 에어브러시의 구조나 취급에 대해서는 P.074~에서 해설한다.

프로콘 BOY WA 트리거 더블 액션 타입
◀트리거 타입의 더블 액션 타입으로, 구경은 0.3mm다. 레버를 당기는 것만으로 도료의 양과 공기를 조절할 수 있기 때문에 조작이 간단하다. 장시간 작업에 적합한다. 구경 0.5mm의 「LWA」(16275엔)도 있다.

(GSI크레오스 / 14700엔)

프로콘 BOY WA 플래티넘 Ver.2 더블 액션 타입
▲버튼 타입 더블 액션의 고급기종이다. 구경은 표준적인 0.3mm로, 공기압을 손에서 조절할 수 있는 어저스트 시스템, 공기를 조절하기 위한 에어 업 기능이 탑재되어 있다. 컵 용량은 10cc다.

(GSI크레오스 / 13965엔)

■ 컴프레서

컴프레서는 에어브러시에 압축공기를 공급하기 위한 장비다. 상당히 고가의 장비이지만, 취미생활로 모형을 오랜 기간 계속 할 계획이라면 에어 캔을 계속 사용하는 것보다 압도적으로 비용이 적게 드니 반드시 구입하도록 하자. 레귤레이터나 수분 필터와 같은 보조용구도 반드시 구입하도록 하자.

Mr.리니어 컴프레서 L5
▶보급률이 높은, 인기 있는 소형 컴프레서다. 리니어 구동 방식으로 작동음이 조용한 것이 특징이다. 최대 공기압은 0.12MPa로 낮지만, 모형용으로서는 충분한 압력이다. 주위의 바에는 옵션을 장착할 수 있다.

(GSI크레오스 / 26250엔)

웨이브 컴프레서 517
▲컴프레서의 최고급 모델이다. 최대 공기압 0.5MPa로 고출력이면서 철저하게 저작동음, 저진동을 실현했다. 그립 부분은 에어 탱크를 겸하고 있다. 과열방지를 위한 자동정지·자동복귀 기능이 있다.

(웨이브 / 102900엔)

Mr.에어 레귤레이터 MkIII
▲0.2MPa까지 측정 가능한 압력계가 일체화 된 에어 레귤레이터. 수분 필터, 에어 필터 기능도 포함되어 있다. 에어브러시 스탠드도 세트로 판매된다.

(GSI크레오스 / 7140엔)

■ 에어 캔

Mr.에어 슈퍼 190, 480
▲분사가스에 DME(디메틸 에테르)를 사용한 에어 캔이다. 용량은 각각 190㎖, 480㎖다.

(GSI크레오스 / 630엔, 1050엔)

015

CHAPTER 1 : 공구·용구카탈로그

■붓

모형의 도색에 사용되는 붓은 주로, 넓은 면을 칠하는 '납작붓'과 세밀한 부분을 칠하는 '면상필'이다. 붓의 사이즈도 필요에 따라 갖춰두자. 붓털의 종류에는 천연모(동물의 체모)와 합성모(나일론)의 2종류가 있다. 천연모는 저가의 제품부터 고가의 제품까지 다양하지만, 특별히 자신이 즐겨 쓰는 것이 없다면 가격도 적당하고 품질도 안정적인 합성모로 된 붓을 사용하는 것이 무난할 것이다.

Mr.브러시
▲손잡이 부분이 실리콘으로 코팅 되어서 적당한 탄력이 있기 때문에 손에 쥐기 쉽다. 붓끝은 PBT라는 화학섬유로 탄력이 강하다. 둥근붓은 000호, 2호, 4호, 6호가 있다. 납작붓은 2호, 4호, 6호, 8호가 있다. 이외에도 면상필의 세, 극세 사이즈도 있다.

(GSI크레오스 / 578엔~735엔)

타미야 모델링 브러시 HF
▼모형용 도료의 사용에 맞춰 합성모로 만든 붓이다. 면상필의 극세 사이즈는 고가품이기 마련이지만, 비교적 저렴한 것이 장점이다. 이외에도 천연모를 사용한 「타미야 모델링 브러시」(105엔~525엔)라는 것도 발매되어 있다.

(타미야 / 262엔~315엔)

■도료접시

Mr.도료접시
▲도료를 덜거나, 농도 조절이나 조색에 사용하는 금속제 도료접시다. 테두리 폭이 넓어서 붓에 묻은 도료를 훑어 주기도 좋다. 10개입.

(GSI크레오스 / 126엔)

■마스킹 재료

마스킹 재료는, 구분도색을 할 때 도료가 묻으면 곤란한 부분에 씌워두는 것이다. 여기에는 마스킹 테이프라 불리는 얇은 종이 재질의 테이프를 사용하는 것이 일반적인 방법이다. 적당한 접착력을 가지고 있고, 나이프 등으로 자르기 쉬워서 사용하기 편하다. 액상 타입의 마스킹 졸은 건조하면 밀착되어 막을 형성하는 제품이다. 상황에 따라 구분해서 사용하도록 하자.

타미야 마스킹 테이프
▲사용하기 편한 얇은 종이 재질의 테이프다. 커터가 달려있는 전용 케이스에 수납되기 때문에 먼지가 잘 붙지 않는다. 폭은 6mm, 10mm, 18mm다. 또한, 무선조종RC용 제품으로 40mm의 폭이 넓은 테이프도 있다.

(타미야 / 262엔~367엔)

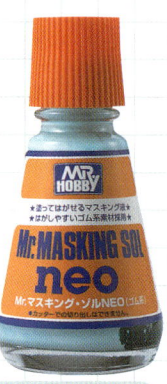

Mr.마스킹 졸 NEO
▶부틸 고무 계열로 도료에 대한 내성이 강하고, 잘 벗겨지는 마스킹 졸이다. 용량은 25㎖다. 이외에도 건조 후에 나이프로 자를 수 있는 「마스킹 졸[개]」도 있다. 이쪽은 420엔이다.

(GSI크레오스 / 210엔)

■스페어 보틀

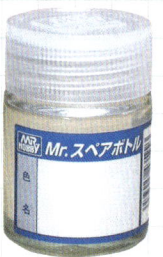

Mr.스페어 보틀
▲조합한 도료를 보관해두는데 편리한 빈 병이다. 용량은 사진의 18㎖ 이외에도 40㎖(157엔), 80㎖(210엔)도 있다.

(GSI크레오스 / 84엔)

■데칼 연화제

습식 데칼을 부드럽게 만들어서, 접착면에 잘 밀착시켜주는 보조제다. 사용 방법은, 데칼을 붙인 이후에 밀착되지 않는 곳에 바르거나 붙이는 곳에 먼저 바르기도 한다. 연화제를 바르면 데칼이 부드러워져서, 곡면이나 세세한 굴곡에도 잘 붙는다. 또한 연화제에 데칼 접착제를 더한 제품도 있다.

Mr.마크 세터
◀데칼 연화제에 데칼 접착제를 더한 제품이다. 데칼을 접착하기 전에 발라두면 정착력이 떨어진 데칼이 쉽게 정착된다. 또한 「질버링」도 막을 수 있다. 용량은 40㎖다.

(GSI크레오스 / 262엔)

Mr.마크 소프터
▶데칼 연화제로서의 효과는 강력하지는 않지만, 일본산 데칼에는 잘 맞는다. 그렇지만 너무 많이 바르면 데칼이 쉽게 주름지기 때문에 주의가 필요하다. 용량은 40㎖다.

(GSI크레오스 / 210엔)

■도색 부스

분사 도색을 하면 공기 중에 도료 미스트(안개)가 확산된다. 도색 부스는 이 안개를 실외로 배출하기 위한 장비다. 전동 팬이 도료를 빨아들여서, 덕트를 통해서 배출시켜준다. 자신의 건강을 지키고 실내를 더럽히지 않기 위해서, 반드시 설치할 것을 추천한다.

■연마제

컴파운드는 부품 표면을 닦아서 광택을 내기 위한 것이다. 페이스트형과 액체형이 있으며, 극세연마입자나 용제가 들어있다. 양쪽 다 부드러운 천에 묻혀서 사용한다. 1000번 이상의 사포로 입힌 미세한 흠집이나 도료막의 미세한 굴곡을 지우는 것 이외에도, 클리어 부품의 투명성을 높이는 일도 가능하다.

타미야 컴파운드
▲모형용 컴파운드로서 가장 일반적인 제품이다. 연마력이 큰 「조목」, 중간 타입의 「세목」, 마감용인 「마감목」의 3종류가 있다. 용량은 각 20g이다.

(타미야 / 315엔~630엔)

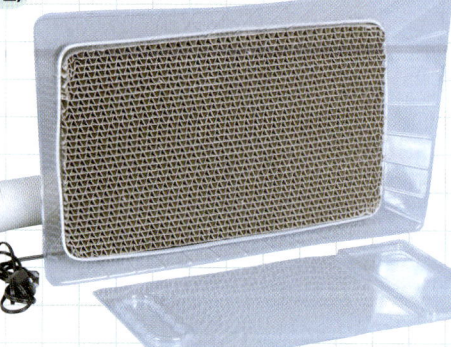

Mr.슈퍼 부스
▲얇고 후드면이 넓은 것이 특징인 도색 부스다. 후드 뒷면 한가운데에 팬이 붙어 있고, 호스는 왼쪽으로 뻗어있다. 사이즈는 폭 620mm×높이 370mm×깊이 330mm다.

(GSI크레오스 / 18900엔)

마커&붓 테크닉

1. 간단한 웨더링 기법
2. 세세한 부분 구분도색1
3. 붓을 사용해 사실적인 도색하기 1
4. 붓을 사용해 사실적인 도색하기 2
5. 에나멜 도료로 먹선 넣기
6. 데칼 붙이기

CHAPTER 2

MSM-07S
Z'GOK
BANDAI 1:100 scale plastic kit
"Master Grade"

CHAPTER 2 : 마커&붓 테크닉

❶ 간단한 웨더링 기법
~간단한 제작으로 본격적인 웨더링 도색~

최근 몇 년간의 건프라는 사출색(프라 소재 그 자체색)의 단계에서 제법 구분도색이 되어 나오기 때문에, 도색을 하지 않더라도 어느 정도의 완성도를 보여준다. 여기에 작품의 분위기를 한층 더 높이기 위해, 웨더링(더럽힘) 도색을 더해보자. 여기서는 「메가 사이즈 건담」을 바탕으로, 웨더링 표현을 위해 발매되어 있는 각종 웨더링 매터리얼을 사용한다. 이것을 사용하면 용제로 인한 '플라스틱 갈라짐'과 같은 문제를 피할 수 있어서 손쉽게 웨더링 도색을 할 수 있을 것이다.

● 먹선을 넣어서 정밀감을 더해준다

「먹선 넣기」란 부품 표면의 패널라인이나 굴곡 몰드를 강조해서, 정밀감을 더해주기 위한 작업이다. 본격적인 웨더링에 들어가기 앞서, 일단 먹선 넣기를 해보자.

▲먹선 넣기에는 「건담 마커 먹선용」이나 「건담 마커 먹선용 붓펜」과 같은 마커류가 편리하다. 여기서는 좋아하는 색과 붓끝의 선택이 가능하다는 장점을 생각해 「리얼터치 마커」의 리얼터치 그레이2을 사용했다. 패널라인을 따라서 바르고 남은 부분을 닦아내면 완성이다.

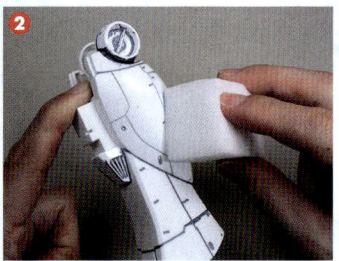

▲먹선을 닦아낼 때는 일반적으로 휴지나 지우개를 사용하지만, 멜라민 스펀지로 부품 표면을 문지르면 쉽고 깨끗하게 닦아낼 수 있다. 큰 블록을 사용하면 한 번에 넓은 범위를 처리할 수 있기 때문에, 이번에 만드는 것과 같은 대형모델에는 특히 편리하다.

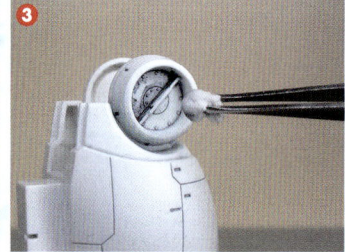

▲멜라민 스펀지는 움푹 들어간 곳을 닦아내는 데도 사용할 수 있다. 사진은 스펀지를 작게 자른 다음, 반으로 접은 것을 핀셋으로 잡아서 사용하는 모습이다. 면봉과는 다르게 잉크가 번지는 것처럼 되지 않아서 꽤 깨끗하게 닦아낼 수 있다.

CHECK POINT 멜라민 스펀지?

▲주방 청소용으로 판매되고 있는 것으로, 눈이 가는 스펀지 그 자체가 연마재가 된다. 일반적으로 물을 묻혀서 사용하지만, 여기서는 묻히지 않고 사용하고 있다. 커터나 가위로 간단하게 잘라서 크기를 바꿀 수 있다. 가격은 100~500엔 정도다. (*국내에는 '매직블록'이란 상표로 알려져있다.)

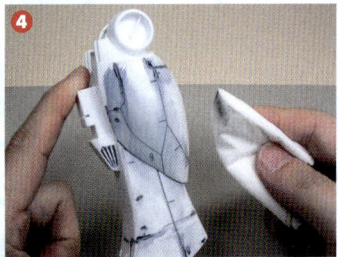

▲이것은 먹선을 넣은 것을 휴지로 대강 닦아낸 상태이다. 마커의 잉크가 지저분하게 퍼졌다. 일단 이런 상태가 되면, 휴지로 닦아내도 옅게 남아 웬만해서는 깨끗하게 닦아낼 수 없다.

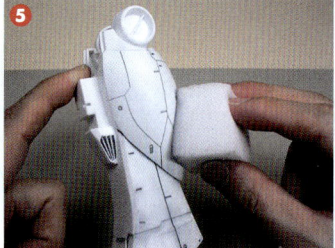

▲이런 상황에서라도, 멜라민 스펀지로 가볍게 쓰다듬듯 문질러주기만 하면 깨끗하게 닦인다. 빠르게 먹선을 넣고 싶다면, 세심하게 그려 넣는 것보다 일부러 이런 방법을 택하는 것도 괜찮을 것이다. 이러한 방법이 가능한 것은 부품 표면에 도색이 되어있지 않기 때문이다.

▲먹선 넣기는 색에 따라 부품이 다르게 보인다. 이 예는 빨간색 부품 전체에 리얼터치 옐로1을 사용해서 같은 계열 색의 농담을 표현하는 것으로, 소극적으로 주변과 동화되는 표현을 했다. 중앙의 들어간 면에는 리얼터치 그린1을 사용했다. 진하게 먹선을 넣어, 주위와는 다른 블록이라는 분위기를 내보았다.

● 웨더링을 위한 사전 준비

플라스틱 부품의 표면에 웨더링 매터리얼로 더러움을 표현해도, 플라스틱 부품 자체는 정착성이 낮다. 그래서 웨더링 매터리얼이 잘 붙을 정도의 정착성을 만들기 위해, 전체에 클리어 스프레이를 뿌려둔다.

▲「리얼터치 마커」를 프라판에 바르고, 면봉으로 닦아보았다. 왼쪽에서부터 아무런 가공도 하지 않은 플라스틱 재료, 반광 클리어를 뿌린 것, 무광 클리어를 뿌린 것이다. 반광은 프라 표면보다 잘 정착하고 닦아낼 수도 있다. 무광택의 경우 정착성은 좋으나, 닦아내기 어렵다.

▲이러한 이유로, 부품 표면에 반광 클리어(락커 계열)를 뿌리고 웨더링을 하기로 한다. 클리어 도색은, 먼저 붙여 두었던 데칼이나 넣어둔 먹선을 웨더링으로부터 보호하는 이점도 있다. 경우에 따라서는 「무광」을 선택하는 경우도 있다.

▲락커 계열의 스프레이를 뿌리면, 마커로 넣은 먹선이나 데칼이 녹을 위험성이 있다. 캔 스프레이를 뿌리는 방법은, 오른쪽 페이지에서 설명하도록 한다.

▲조립, 먹선 넣기를 하고, 여기에 데칼을 붙여서 일단 완성한 메가 사이즈 건담. 이것은 반광 클리어 스프레이를 뿌린 상태다. 일단은 웨더링 도색을 하지 않은 기본적인 모습을 확인해두자. 이후에는 각각의 웨더링 매터리얼 별로, 그 용법과 완성 모습을 소개하고자 한다.

CHAPTER 2 : 마커&붓 테크닉

클리어 도색

클리어 도색은 부품 표면에 투명한 도료를 바르는 것으로, 밑의 도색이나 마크를 보호하거나, 표면의 광택(반짝이는 정도)을 바꾸는 등의 목적으로 사용한다. 이것을 쉽고 빠짐없이 부품에 처리하기 위해서는 캔 스프레이를 사용하는 것이 편리하다. 또한 클리어 도료에는 용제의 종류나 광택의 차이가 있기 때문에, 특징을 파악해두고 상황에 맞춰 사용하자.

▲락커 계열의 클리어 스프레이「Mr.슈퍼 클리어」(GSI 크레오스 / 735엔). 부품에 직접 뿌리는 경우나, 락커 계열 도색의 마감 단계에 사용한다. 수성도료, 에나멜 도료나 데칼 위에 뿌리면, 도료나 데칼을 녹이므로 위험하다.

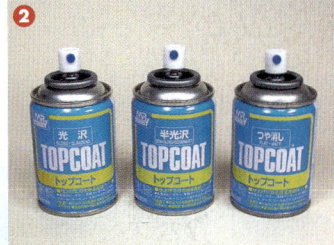

▲수성도료의 클리어 스프레이인,「탑 코트」(GSI 크레오스 / 525엔). 다른 도료나 데칼 위에 덧칠해도, 도료나 데칼을 손상시키지 않는 것이 특징이다. 도색의 최종 마무리에 적합하기 때문에, 탑 코트 처리를 했으면 그 위에는 아무것도 바르지 말아야 한다.

▲광택의 차이를 같은 부품으로 비교해보자. 왼쪽에서「유광」,「반광」,「무광」을 스프레이로 칠한 모습이다.「유광」은 빛의 반사로 광택이 들어가서 깨끗한 느낌을 준다.「반광」은 광택이 억제되어 있는 느낌이다. 키트의 부품 표면은 반광에 가깝다.「무광」은 광택이 없어서 차분한 인상을 준다. 작은 몰드가 눈에 잘 들어오지 않는 등, 입체감이 살짝 부족해진다. 또한, 도료에 포함되어 있는 무광제 때문에 색이 하얗게 보인다.

■ 캔 스프레이 뿌리는 방법

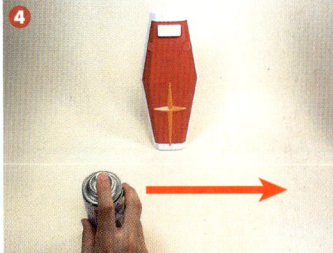

▲클리어 스프레이뿐만이 아닌, 캔 스프레이 도색의 기본동작을 소개하고자 한다. 시작은 도료가 부품에 닿지 않는 곳에서 뿌릴 준비를 한다. 여기서 분사를 시작해서, 평행하게 이동한다. 분사 종료도 부품에 도료가 닿지 않는 곳에 한다. 이것을 부품의 방향을 바꿔가며 반복한다.

▲부품의 정면에서 뿌리는 것은 금물이다. 이렇게 하면 뿌리기 시작한 순간에 도료가 듬뿍 묻어버리고, 전체를 균일하게 칠하는 것도 어려워진다. 아무리 작은 부품이라 하더라도 이런 방식으로는 칠하지 말고, 움직이면서 칠하도록 하자.

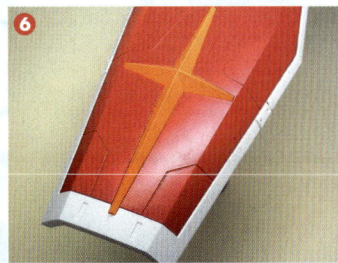

▲스프레이 도색의 처음 단계에서는, 도료가 바로 마를 정도로 전체적으로 얇게 뿌리고 일단 끝을 낸다. 이렇게 하면 이후에 뿌리는 도료의 착색이 좋아진다. 잘 흘러내리지 않는다. 클리어의 경우에는 상태를 보기 힘들기 때문에, 갑자기 많이 뿌리는 것에는 특히 주의를 하자.

▲이어서, 두껍게 겹쳐 바른다. 이때는 부품 표면이 도료로 젖는 느낌으로, 바로는 마르지 않는 상태로 끝내는 것이 이상적이다. 이렇게 하면 건조 후의 도색면이 부드러워지기 때문에「유광」이나「반광」에서는 중요하다.「무광」의 경우에는 이렇게까지 하지 않아도 된다.

리얼터치 마커로 웨더링 도색

손쉽게 다룰 수 있고 다채로운 웨더링 표현이 가능한「리얼터치 마커」. 먼저, 키트 전체를 옅게 더럽혀 주는데 이 마커를 사용해보자. 닦아내기나 블랜딩의 조절, 색 사용이 포인트다.

▲「건담 마커 리얼터치 마커」(GSI크레오스 / 1260엔). 5색+블랜딩 펜이 세트로. 양쪽 끝에 두껍고 가는 펜이 각각 들어가 있어서 상황에 맞춰 사용할 수 있다. 블랜딩 펜은 그려 넣은 잉크를 옅게 블랜딩 할 때 사용한다. 2종류의 세트 이외에도, 단품으로 팔기도 한다. (210엔)

▲「리얼터치 마커」의 잉크는 바탕색이 잘 비쳐서서, 그 색을 칠한다기보다는 색감을 더한다는 느낌이다. 사진은 대표적인 색을 각 사출색 러너에 시험 삼아 칠해본 것이다. 이렇게 해두면 사용할 때 기준이 된다.

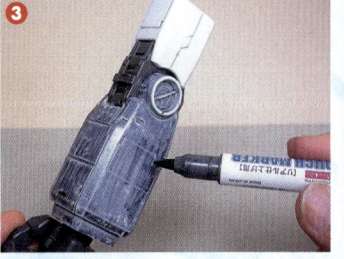

▲그러면 웨더링을 시작해보자. 먼저 부품 전체를 옅게 더럽히기 위해, 대담하게 마커를 전면에 바른다. 사용하고 있는 색은 리얼터치 그레이2다. 실제로는 부품에 바르기 전에, 쓸모 없는 부품에 먼저 발라서 시험해보자.

▲색칠이 끝나면 마커가 마르기 전에, 휴지로 문지르듯 닦아낸다. 닦아내는 방식은 마커의 터치가 남아서, 상당히 더러워진 분위기가 되었다. 어느 정도 남겨둘 것인가는 취향에 따라 다르다. 마커가 말라버리면 닦아내기 어렵기 때문에, 이 방법은 단시간에 끝내도록 하자.

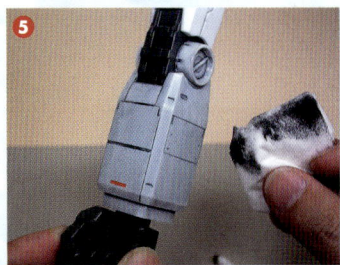

▲이번에는 앞의 예보다 더욱 강하게 닦아낸 상태다. 더러움의 색조가 가라앉아서, 미묘한 느낌이 들어가자 상당히 분위기가 변한다. 전체적으로는 옅게 더럽혀져 있고, 잉크가 남기 쉬운 움푹 들어간 곳에 진하게 더러워져 있다. 관절 부분 주변의 세밀한 부분을 닦아낼 때는 면봉도 사용했다.

▲닦아내는 방식으로도 표현을 바꿀 수 있다. 이 예는 부품 표면에 농담을 주기 위해, 휴지를 두껍게 접어서 두드리듯 닦아낸 모습이다. 물론 옅게 만들고 싶은 곳은 몇 번이고 두드린다. 패널이나 에칭 주변에 진하게 남도록 표현해준다.

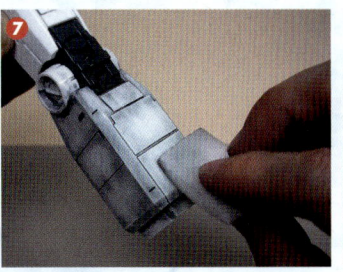

▲옅은 부분에 농담을 표현할 때도, 멜라민 스펀지가 편리하다. 가볍게 닦아내거나 문지르면 표면이 닦여서 색이 옅어진다. 두드려서 블랜딩을 하거나, 옅게 더럽히는 것을 손쉽게 할 수 있다. 이때는 스펀지를 얇게 자르는 편이 사용하기 쉽다.

▲한 단계 더 나아가서 응용해보자. 이것도 전체에 리얼터치 그레이2를 바르고 닦아낸 후, 부품 표면을 멜라민 스펀지로 가볍게 닦아낸 것이다. 각진 부분의 색이 지워져서 흰색이 되자, 더러워진 부분과의 색상 차이가 커져서 음영이나 입체감이 더욱 강조된다.

019

CHAPTER 2 : 마커&붓 테크닉

▲이번에는 다른 예를 들어보자. 상반신은 각 부분의 색이 다르다. 라고 하더라도, 각 색상 별로 따로 웨더링을 하는 것도 귀찮은 일이다. 그래서 시험적으로 리얼터치를 칠해본 결과, 리얼터치 브라운1을 사용해서 전체적으로 옅게 웨더링을 하기로 했다. 굴곡이 있는 형태지만, 닦아내는 것은 기본적으로 위에서 아래로 진행한다.

▲세세한 부분으로는, 가슴 덕트 부분의 핀에는 안쪽에서 녹이 슬어서 흘러나온 것 같은 표현을 더해보았다. 각 핀으로 더러워진 위치를 맞추면, 마치 안쪽에 핀을 지지하는 부품이 있는 듯한 분위기가 난다.

▲머리 부분에서 상반신까지 「리얼터치 마커」로 옅게 웨더링을 한 상태의 마무리를 확인하고 있다. 머리 부분은 더러운 인상을 주지 않기 위해서, 푸른색이 도는 리얼터치 그레이1로 옅게 더러움을 표현했다. 방법은 팔 부분과 마찬가지이지만, 특히 머리 전체의 밑부분에 흙먼지나 기름 때가 쌓여있는 분위기를 표현했다.

! CHECK POINT
깎인 가루를 청소한다
▲멜라민 스펀지로 문지르면, 스펀지도 깎여서 작은 가루가 된다. 부품 표면에 부착된 것을 붓이나 솔로 닦아내자. 또한 가루를 흡입하지 않도록 마스크를 착용하고 작업하는 것을 추천한다.

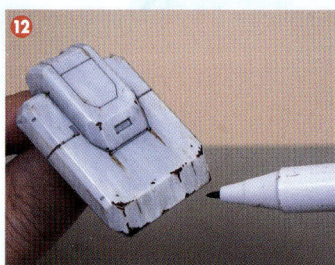
▲여기서부터는 부분적으로 웨더링을 하는 예시다. 이것은 각진 부분의 도색이 벗겨진 듯한 표현을 리얼터치 브라운1을 사용해서 얇은 펜 끝으로 그린 것이다. 닦아내지 않고, 색의 경계선이 확연히 드러나는 쪽이 색이 벗겨진 느낌이 든다.

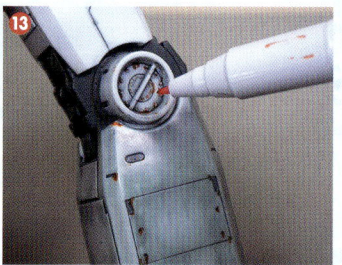
▲볼트나 안으로 들어간 부분의 주변에 빨갛게 녹이 슨 것처럼 표현해 보았다. 닦아냈을 때 알맞게 표현되도록, 색상이 화려한 리얼터치 오렌지1을 사용했다. 이것 역시 눈에 띄지 않는 부분에 먼저 시험해보고 작업하도록 하자.

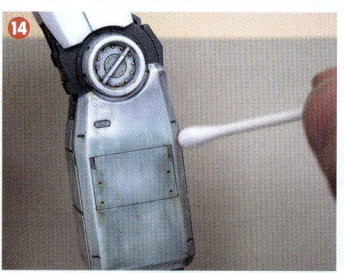
▲면봉으로 닦아낸 모습이다. 닦아내는 정도에 따라 관절 부분의 녹이 쌓여있는 느낌과, 팔 염면에는 녹이 흘러내린 것과 같은 표현을 했다. 이러한 색조를 더하는 것은 더러워진 부분을 재현하는 것뿐만 아니라, 단조로워 보이는 것을 해결하는 효과도 있다. 이러한 '모형적 요소'도 생각해서 웨더링을 하는 것이 좋다.

▲여기는 패널 테두리 부분이 더러워진 느낌을 내기 위해 옐로 마커를 겹쳐서 발랐다. 옅은 웨더링을 두 겹으로 칠해주면 색의 깊이가 표현된다. 마커를 겹쳐 바르면 밑에 바른 색을 녹이기 때문에, 옆으로 움직여서 닦아내지 않고 누르는 식으로 닦아낸다.

도색용 마커로 웨더링 도색

구분도색용 페인트 마커를 사용한 웨더링 도색. 이 경우는 진한 색이 칠해지기 때문에, 옅게 웨더링 도색을 하는 것이 아니라 더러워진 것을 확실하게 그려 넣는 느낌이다. 밑바탕의 금속 부분이 나온 것과 같은 표현을 간단하게 할 수 있다.

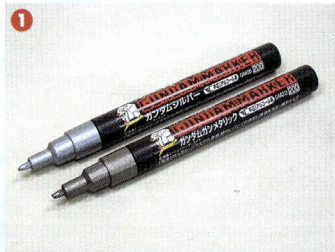
▲「건담 마커 도색용」. 왼쪽이 GM05 건담 실버(GSI 크레오스 / 210엔). 오른쪽이 베이직 6색 세트(GSI 크레오스 / 1260엔)에 들어가 있는 GM22 건담 건메탈릭이다. 이쪽은 펜 끝이 약간 넓다. 마커 자체는 알코올 계열로 쉽게 칠할 수 있다.

▲건담 실버를 사용해 '치핑'(도색 까짐)이라 불리는 표현을 넣도록 하자. 이것은 부품의 각진 부분의 도색이 벗겨져서 밑바탕의 금속이 나온 표현이다. 칠한다기 보다는, 각진 부분에 펜 끝으로 점을 찍듯이 그려준다. 이 방법이 어느 정도 찍어내야 하는지 파악하기 쉽다.

▲이쪽은 건담 메탈릭으로, 같은 표현을 실드에 해주는 모습이다. 방법은 앞의 예와 마찬가지이지만, 이쪽은 넓은 면적이 벗겨진 것처럼 발라보았다. 메탈릭 입자가 얼룩이 생겨서, 넓게 칠해도 오히려 단조로워지지 않게 칠할 수 있다.

! CHECK POINT
마커의 수정
▲「건담 마커 도색용」은 전용 「지우개 펜」을 사용하면 지우거나, 색을 옅게 만들 수 있다. 삐져나온 부분이나 너무 과하게 표현한 부분을 지우개 펜으로 수정하면 된다. 사용 방법은 잉크 대신 용액이 적셔진 펜 끝을 대고 문질러서 지워낸다.

웨더링 마스터로 웨더링 도색

화장품과 같은 방법으로 웨더링 도색을 하는 것이 「웨더링 마스터」다. 문질러서 표현하는 매터리얼 중에서는 정착성이 좋은 것이 특징이다.

▲타미야 웨더링 마스터 (타미야 / 각 630엔), 각 3색의 안료와 스펀지 브러시 세트가 8종류 발매되어 있다. 녹이나 흙때 계열, 그을음과 같은 더러움부터, 금속색의 그을림 표현, 색조를 낮추기 위한 색까지, 용도 역시 다양하다.

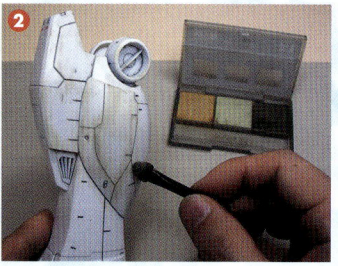
▲사용 방법은, 더하고 싶은 색의 안료를 스펀지로 문질러서 그대로 부품 표면에 바른다. 살짝 바르는 것만으로도 터치나 농담의 변화도 표현하기 쉽다. 닦아낼 수도 있지만, 닦아내는 것을 전제로 하는 것이 아니라서 초보자도 다루기 쉬울 것이다.

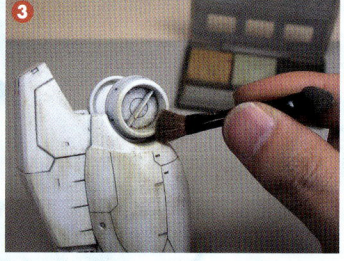
▲같이 들어있는 브러시로 안료를 묻히고 문질러서, 가루 상태로 만들어서 칠하는 것도 가능하다. 움푹 파인 곳에 더러움이 쌓이거나, 표면에 모래알갱이가 붙은 것과 같은 표현이다. 이 경우에는 표면에 부착되어 있을 뿐이라, 만지면 쉽게 벗겨진다.

▲부품과 색이 맞으면 퇴색표현이나 그라데이션 표현에도 사용할 수 있다. 이것은 진한 회색의 사출색인 손목에 비해, 사출색보다 약간 밝은 회색인 「웨더링 마스터」를 각진 부분에 발라준다. 각진 부분을 밝게 만드는 것은 퇴색 표현도 되고, 입체감을 강조할 수도 있다.

CHAPTER 2 : 마커&붓 테크닉

▲녹이나 진흙 등의 일반적인 웨더링 색이 아닌, 조금 색다른 색을 사용해보자. 빈 샤벨의 그립 끝 부분에, 그을림 표현을 해보자. 일단은 「푸른색 그을림」을 문질러 넣는다. 약간 투명한 느낌을 주는 선명한 파란색이 되었다. 그러나 이 상태로는 너무 단조롭다.

▲여기에 「붉은색 그을림」을 문질러 넣는다. 서로 다른 색을 겹쳐서 깊이 있는 색감이 되었다. 원래 은색 위에 겹치는 것으로, 밑바탕이 흰색에서는 '그을림'이라는 느낌은 잘 나지 않지만 「열로 인해 변색됐다」라는 분위기는 나고 있다.

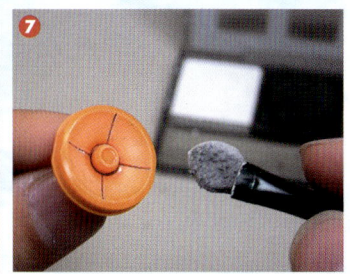
▲이것은 흰색을 라이플 조준경 부품의 노란색에 바른 모습이다. 움푹 파인 면의 중앙이 하얗게 변색된 것으로, 색에 그라데이션을 넣고 클리어 부품을 도색한 것과 같은 느낌을 표현해 봤다. 여러분들이 보기에는 어떤가?

CHECK POINT
메이크업 브러시가 편리하다
▲「웨더링 마스터」의 스펀지 겸 브러시는, 사용해보면 생각보다 빨리 소모된다. 이를 대신해서 메이크업 브러시를 사용하면 좋을 것이다. 매우 저렴한 가격으로 구입할 수 있으며, 단품이 사용하기 더욱 편하다.

웨더링 파스텔로 웨더링 도색

분말 형태의 안료를 발라서 옅게 색이 겹쳐진 건조한 질감을 표현한다. 이전에는 미술도구인 파스텔을 깎아서 가루로 만든 것을 사용하는 게 일반적인 방법이었지만, 처음부터 분말로 되어있는 제품을 사용하면 간단하게 표현할 수 있다.

▲「웨더링 파스텔」 (GSI크레오스 / 각 945엔). 「1」은 진흙, 흙, 모래에 사용할 수 있는 3색이다. 「2」는 적색 녹, 먼지, 그을림 등의 3색이다. 도료 접시 안에 있는 것과 같이, 고운 분말로 되어있다.

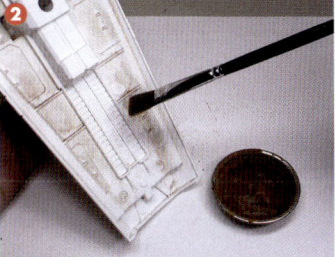
▲사용 방법은 도료 접시 등에 분말을 덜어내고, 붓으로 바르는 것이다. 색조를 더하는 것과 같이 옅게 더러움이나, 가루가 쌓인 것과 같은 더러움을 표현할 수 있다. 바를 때는 도포하는 면에서 떨어지는 것도 있으니 밑에 종이를 깔고 작업을 하면 좋다.

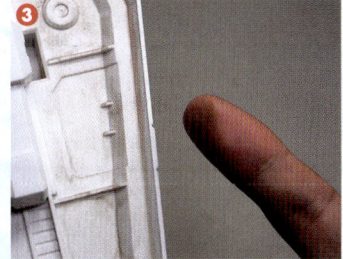
▲웨더링 파스텔을 바른 부분을 만지면 파스텔이 떨어지는 탓에 자주 만지는 부분에는 칠하지 않는 것이 무난하다. 마지막 마감의 악센트로서, 칠하고 그대로 두는 것이 좋다. 표면에 제대로 정착시키려면 클리어 도료를 뿌려서, 코팅을 해서 정착시키는 방법도 있다.

▲파스텔의 정착성을 높이는 데는, 수성도료 희석액과 섞어서 사용하는 방법도 있다. 이 방법은, 덩어리지거나 꺼끌거리는 느낌이 나기 때문에 옅은 더러움보다는, 흙이나 진흙이 늘러붙는 표현을 하는데 적합하다.

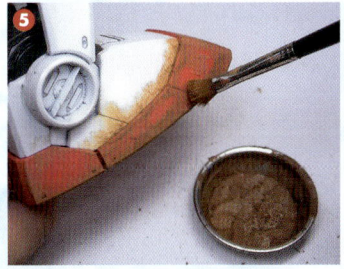
▲이러한 이유로, 발 밑 주변에 파스텔을 발라서 흙으로 더러워진 것을 표현해 본다. 마르면 칠했을 때보다 색이 옅어지니(사진의 왼쪽이 마른 느낌이다). 그것을 염두에 두고 여러 색의 파스텔을 섞는 등의 조색을 하는 것이 좋을 것이다.

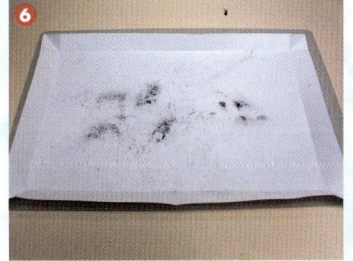
▲파스텔 사용 후에 가루가 떨어진 모습이다. 입자가 고운 가루이기 때문에, 의외로 주변에 넓게 퍼진다. 다른 부품이나 도구가 더러워지지 않도록, 이렇게 밑에 종이를 깔아두면 손쉽게 정리할 수 있다. 종이의 귀를 접은 이유는 바로 뒤에 설명한다.

▲떨어져 나온 파스텔은 의외로 양이 많아서 그냥 버리기에는 아깝다. 그렇지만 색이 섞여있어 원래 파스텔 병으로 집어넣는 것은 바람직하지 않은 만큼, 다른 용기에 담아두면 된다. 자신만의 스페셜 웨더링 재료가 될 수도 있다.

CHECK POINT
분말 형태 매터리얼의 정착
▲부품 표면에 도포한 후 정착시키기 위해서는, 무광 클리어(수성)을 스프레이로 뿌리는 방법이 있다. 두껍게 뿌리면 파스텔이 날아가기 때문에, 얇게 몇 번씩 뿌리는 것이 요령이다.

웨더링 스틱으로 웨더링 도색

페이스트 상태의 안료를 칠해서, 입체적인 더러움을 표현할 수 있는 웨더링 매터리얼이다. 진흙이나 눈 등, 덩어리라는 느낌이 있는 더러움을 표현하는데 매우 적합하다.

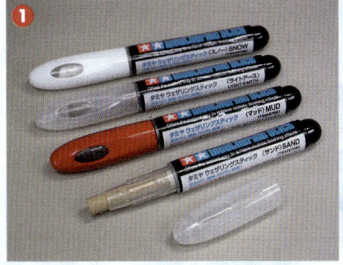
▲타미야 웨더링 스틱」 (타미야 / 각315엔). 립스틱이나 고체 풀 같은 스타일로, 본체를 돌리면 안료 심이 나온다. 색상은 스노우, 라이트 어스, 매트, 샌드 4종류가 있다.

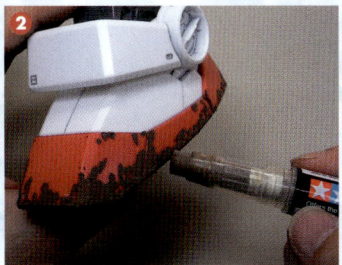
▲사용 방법은 매우 간단하다. 안료 부분을 그대로 대상물에 덕지덕지 칠하면 된다. 부품 표면에 대고 밀면 두툼한 느낌을 낼 수도 있다. 다만, 그대로 두면 너무 엉성한 느낌이 난다.

▲그래서 붓과 물을 준비한다. 「웨더링 스틱」의 안료는 물에 녹기 때문에, 물을 많이 묻힌 붓으로 쓸어주어 표면의 굴곡을 자연스럽게 만들거나, 넓게 칠하거나, 세밀한 터치를 표현할 수 있다.

▲여기에 면봉으로 닦아내 본다. 표면 부분을 닦아내면, 들어간 곳이나 가장자리에 사실적으로 들러붙은 형태를 재현할 수 있다. 두껍게 칠한 부분도 마르면, 만지는 것만으로는 벗겨지거나 하지 않는다.

CHAPTER 2 : 마커&붓 테크닉

▲「웨더링 스틱」의 안료를 물에 녹여서 칠하는 방법도 있다. 이렇게 하면 거의 도료 스타일이 되지만, 끈적거림이나 덩어리지는 느낌이 있는 것이 다르다. 이것은 붓에 묻혀서 조금 마른 상태로 만들고 표면에 문지른 것이다.

▲진흙이 튄 모습을 재현하는데, 이렇게 안료가 부착된 붓을 이용할 수 있다. 붓끝을 이쑤시개로 튀기면 작은 알갱이가 부품에 붙어서 진흙이 튄듯한 느낌을 준다. 이 방법은 다른 더러움이나 매터리얼로도 활용할 수 있는 방법이다.

▶이렇게 여러 가지 매터리얼을 활용해서 웨더링 도색을 한 작품이 완성되었다. '더러움'을 더해주는 것만으로도, 이렇게 작품의 분위기가 변하고 실감을 높여준다. 실존하는 기계가 어떻게 더러워져 있는지를 참고하는 것도 좋고, 망상을 해보는 것도 좋다. 자신만의 독특한 이미지로, 웨더링에 도전해보자.

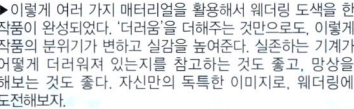

사용 키트
● 메가 사이즈 모델 건담 ● 발매원 / 반다이 하비 사업부 ● 8190엔 ● 플라스틱 키트 ● 1:48 스케일, 전고 약 37.5cm

RX-78-2 건담

대형 모델이면서, 심플한 구성으로 쉽게 조립할 수 있는 메가 사이즈 모델 건담이다. 이 작례는 키트가 가지고 있는 좋은 점을 살려서, 구분도색은 사출색을 그대로 따르고, 거기서 더욱 사실감을 높이기 위해서 웨더링 도색에 집중했다. 웨더링 도색은 단순하게 더러워진 것을 재현하는 것이 아닌, 웨더링 도색에 의해 전체의 분위기를 높이거나 디테일이나 형태를 더욱 돋보이게 만드는 등의 효과가 크다. 물론 이것은 전체 도색을 한 경우에도 마찬가지다. 여기서 사용한 여러 가지 매터리얼이나 그 활용 방법은, 전체 도색을 할 때도 참고가 될 것이다.

▼먹선을 넣은 후에 전체에 옅은 웨더링을 한 것으로, 각 부분의 디테일 강조도 웨더링의 일환으로서 주위와 조화를 이루고 있다.

▲더러운 것이 흘러내려서 테두리에 쌓이는 것과 같은 표현을 더한 머리 부분. 총구에는 파스텔로 그을음도 표현해보았다.

▲허리의 갈색 부분은 도색이 벗겨진 것을 의식해서, 「리얼터치 마커」의 리얼터치 브라운1로 세세하게 그려 넣은 것이다.

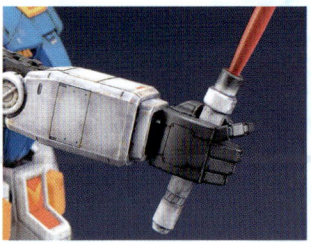

▲가슴 부분의 덕트는 핀을 지지하고 있는 구조를 떠올리도록, 2군데씩 줄을 맞춰서 녹이 흐른 느낌을 더해봤다.

▲빔 사벨의 그립 끝 부분은 금속색 「웨더링 마스터」로, 열에 의해 색의 '그을림' 표현을 해보았다.

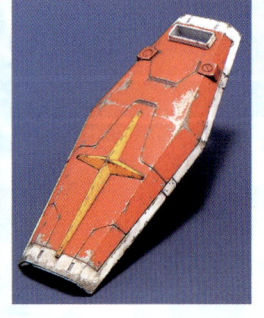

▲진흙이 묻고, 튀고, 흘러내린 발목 부분. 두께가 있는 더러움을 표현할 때는 「웨더링 스틱」이 큰 효과를 보여준다.

◀점 실드 흠히 말하는 마커의 치핑(도색 까짐) 표현을 펜 끝으로 세세하게 찍느냐가 포인트.

RX-78-2
GUNDAM
BANDAI 1: 48 scale plastic kit
"Mega Size Model"
modeled by Ken-ichi NOMOTO

▶ 대형모델인 만큼, 마커로 처리한 웨더링 터치도 전혀 위화감이 없다. 웨더링 도색을 한 후, 키트 전체에 수성 클리어 「무광」을 스프레이로 뿌렸다. 이것으로 매터리얼을 정착시키면서 광택을 조절하여 통일감이 들게 만든다.

CHAPTER 2 : 마커&붓 테크닉

❷ 세세한 부분 구분도색 1
~세세한 부분을 붓으로 도색할 때는~

생산될 때부터 어느 정도 구분도색이 되어있는 최근 몇 년 사이의 건프라라도, 세세한 부분의 구분도색이 필요한 경우가 있다. 씰로 도색을 대신하는 부분에도 색을 칠하면 완성도가 올라갈 것이다. 붓으로 도색을 할 때는, 붓이나 도료에 익숙해지거나 어느 정도 요령을 터득할 필요가 있다. 처음부터 붓으로 도색을 잘할 수 있는 것은 아니지만, 익숙해지기만 한다면 세세한 부분의 구분도색도 재빠르게 칠할 수 있게 된다. 여기서는 상황에 따른 도색 예와 함께, 도료나 붓의 취급 방법, 구분도색의 기술 등을 소개하고자 한다.

병에 든 도료의 취급

붓 칠에는 병에 든 도료를 사용하는데, 이 때 「병 안에 붓을 그냥 찔러 넣어······」와 같은 방법은 사용할 수는 없다. 도료를 적절하게 사용하기 위해서는, 잘 섞어주거나 칠하기 쉽게 농도를 조절하는 것과 같은 준비도 필요하다. 도료 취급의 기본을 먼저 배워보도록 하자.

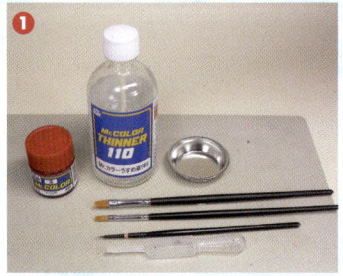
▲붓 칠에 필요한 것. 왼쪽부터 도료(이 예에서는 락커 계열 도료인 「Mr.컬러」와 전용 「희석액」, 도료를 덜어내서 사용하는 용기, 붓은 납작붓 몇 자루와 끝이 가는 면상필 정도를 준비해두자. 맨 앞의 스포이드는 희석액을 더할 때 사용한다.

▲도료는 뚜껑을 열고 그냥 사용하는 것이 아니라, 바닥까지 봉을 넣어 잘 저어주고 사용한다. 이것은 안료가 밑바닥에 가라앉아 있기 때문에, 잘 섞지 않으면 원래 색이 나오지 않기 때문이다. 섞는데 사용하는 봉은 쓸모 없어진 런너를 사용하면 된다. 흰색을 사용하면 색의 상태도 파악하기 쉽다.

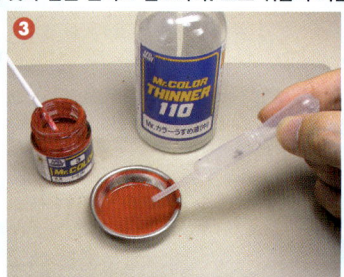
▲도료를 섞은 다음에는 농도 조절이다. 대부분의 도료는 그대로 붓 칠을 하기에는 농도가 너무 진하다. 그래서 도료 접시에 덜어내고 희석액을 더해서, 붓으로 칠하기 쉬운 농도로 조절해보자. 도료 병이 아닌 접시에서 도색하면 너무 묽어지더라도 다시 병에서 도료를 따라내서 진하게 조절할 수 있다.

▲농도가 적당한지는, 직접 발라서 판단을 한다. 넓은 면을 바를 때는, 붓이 움직이기 편하게 묽게 만든다. 시험적으로 칠해본 판 가운데가 이러한 상태다. 좁은 부분을 칠하는 등 작은 동작으로 색이 확실하게 칠해지는 것을 원한다면, 판 오른쪽과 같이 살짝 진하게 조절하자.

건담의 얼굴을 구분도색 해보자

세세한 부분의 구분도색으로 먼저 마스터해두고 싶은 것은, 건담 타입 눈의 구분도색이다. 작은 범위지만, 여기에는 면의 도색이나 구분도색, 겹쳐 칠하기 등, 구분도색의 주의점이 가득 차있다. 도색의 과정과 같이 이것들을 설명해보겠다.

▲예에서 사용하는 것은 1:144 HGUC 건담의 얼굴 부품이다. 흰색은 사출색을 사용해서 노란, 빨강, 검은색으로 구분도색을 한다. 이 예에서는 모두 락커 계열의 「Mr.컬러」를 사용하지만, 수성도료를 사용하는 경우에도 기본은 마찬가지다. 위에 겹쳐 칠하는 색만 수성도료를 사용하는 것도 좋다.

▲처음 칠하는 것은 눈에 칠하는 노란색이다. 이것은 밝은 색부터 칠한다는 겹쳐 칠하기의 기본과, 부품 형태를 보고 판단했다. 도료의 농도를 조절하면서, 시험 삼아 칠했다. 여기서는 눈의 범위를 납작붓으로 대충 칠하는 것으로 끝내는 이미지이다. 도료의 농도를 확인하는 것과 동시에 눈을 칠하기 위한 연습도 겸하고 있다.

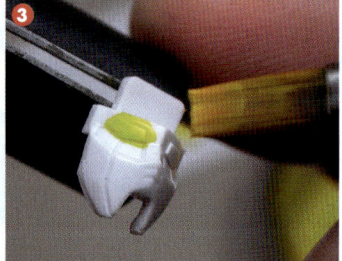
▲실제로 눈 부분을 도색한다. 다소 주위로 삐져나와도 상관없다는 각오로, 눈 부분에 대충 칠한 모습이다. 삐져나오는 것을 주의하면서 조금씩 겹쳐 칠하는 것보다는, 붓 놀림의 회수를 줄이면 붓으로 얼룩이 생기지 않고 균일하게 칠해진다. 칠하는 범위에 비해서 넓은 붓을 사용하고 있는 점에도 주목하자.

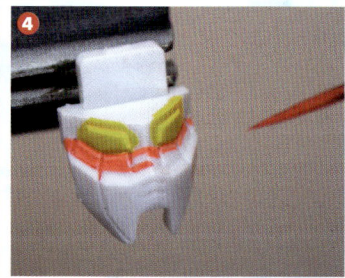
▲다음으로 눈 밑의 붉은 부분을 도색한다. 여기는 대충 칠할 수 없는 형태이기 때문에, 일단 면상필로 색깔이 나뉘지는 가장자리를 먼저 칠하고, 다음에 안쪽 부분을 칠해간다. 삐져나오지 않게 하는 기본적인 도색 방법이다.

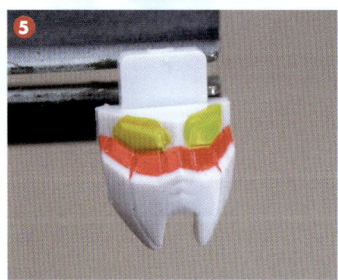
▲빨간색 범위의 도색이 끝난 모습이다. 작은 붓을 몇 번이고 움직여서 붓으로 칠했기 때문에, 여기서는 다소 붓 자국이 남게 되었다. 어느 정도는 어쩔 수 없는 부분도 있다. 노란색의 밑 부분에 삐져나온 부분도, 빨간색을 겹쳐서 칠한 것으로 수정되었다.

▲다음으로 눈 주변의 검은색 도색이다. 여기도 빨간색을 칠할 때와 마찬가지로, 색이 나뉘지는 가장자리를 따라서 선을 긋듯이 칠하고, 그리고 나서 나머지 부분을 칠한다. 맨 처음 칠한 노란색이 삐져나온 것은, 이렇게 진한 색을 겹쳐 발라서 수정한다. 칠하기 전에 거기까지 생각해 두는 것이다.

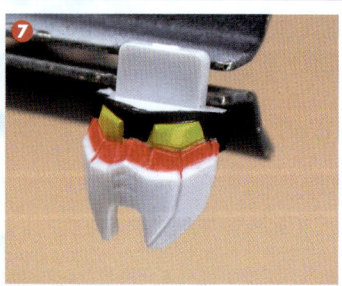
▲검은 부분은 무광 도료를 사용하고 있기 때문에, 빨간색만큼 붓 얼룩이 눈에 띄지 않는다. 이것으로 붓칠이 끝났다. 아직 눈 밑의 검은색 테두리가 모자라지만 이 부분을 붓으로 그리는 것은 어렵기 때문에, 「건담 마커 먹선용」으로 그리거나 에나멜 계열 도료를 이용한 먹선 넣기로 그려 넣는다.

⚠ CHECK POINT
작은 부품의 고정

▲세세한 부분을 붓으로 칠할 때는, 부품을 잘 고정하는 것도 중요하다. 이 예에서는 부품을 직접 들지 않고, 서류집게로 부품 뒤에 튀어나온 곳을 집어서 다루기 쉽게 했다. 도색을 할 때는 붓을 든 쪽의 손가락을 집게에 대서, 붓끝이 흔들리지 않도록 하는 것이 좋다.

CHAPTER 2 : 마커&붓 테크닉

V마크의 구분도색

건프라에 많이 있는 구분도색의 포인트로서, 허리 부분의 V마크가 있다. 여기서는 구분도색의 경계를 확실하게 구분 짓는 것과, 겹쳐 칠한 색이 깨끗하게 발색되게 만드는 방법이 필요하다. 양쪽 다 구분도색의 기본이기에, 다른 곳을 칠할 때도 응용할 수 있을 것이다.

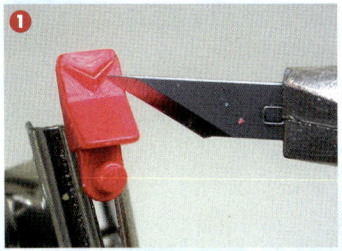

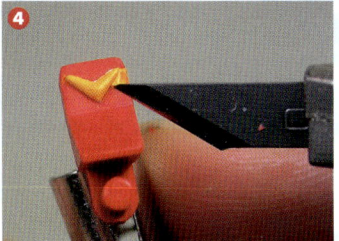

▲HGUC 건담의 허리 부품이다. V마크는 평면에서 대각선으로 조금 올라간 형태로, 가장자리에 단차나 패널라인이 없다. 여기서 경계 부분을 확실하게 해서 쉽게 구분할 수 있도록, 나이프의 칼 끝으로 가장자리를 살짝 파서 단차를 만들어 보았다. 어려운 경우에는 주위에 패널라인을 파는 것만으로도 효과가 있다.

▲빨간색 부품 위에 노란색을 직접 칠해도, 노란색이 칙칙해진다(노란색은 바탕색이 쉽게 비친다=은폐력이 약하기 때문에). 그래서, 먼저 하얀색으로 칠해 바탕색을 숨겨서 노란색의 발색이 좋아지도록 만든다. V마크는 납작붓의 각진 부분으로 각 면 별로 발라주면 삐져나오지 않고, 얼룩도 생기지 않는다.

▲흰색을 칠할 때와 마찬가지로, 이번에는 노란색을 겹쳐 바른다. 붓 칠로 색을 겹쳐 바를 때는 같은 타입의 도료를 사용하면 밑에 바른 도료와 섞일 수 있기 때문에. 여기서는 흰색은 락커 계열(Mr.컬러), 위에 칠하는 노란색은 수성(수성 하비 컬러)를 사용하고 있다.

▲삐져나온 부분의 수정. 구분도색을 위해 준비한 단차를 따라서 나이프로 긁어낸다. 사출색은 빨간색이라 다소 긁혀도 상관없다. 나이프로 긁어내는 것 이외에 눈이 고운 사포로 갈아도 된다. 다소의 흠집은 이후에 겹쳐 칠하는 수성 클리어로 눈에 띄지 않게 된다.

양각 몰드의 구분도색

부품 표면에 돌출되어 있는 양각 몰드. 이것은 튀어나온 부분의 표면과, 단차의 가장자리를 어떻게 칠할 것인가가 중요하다. 그냥 손으로 칠하기에는 어려운 면도 있기 때문에 수정 방법도 생각해보자. 또한 이러한 양각 몰드를 마스킹해서 에어브러시로 칠하는 방법은 P.080부터 나오는 「세세한 부분의 구분도색 2」에서 소개한다.

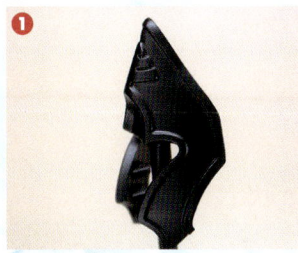

▲이것은 1:100 MG 시난주의 부품이다. 장식에 붙어있는 양각 몰드를 금색으로 구분도색하는 부분이다. 부품은 먼저 락커 계열의 무광 검은색으로 칠했다. 금색의 경우는 검은색 위에 칠해도 깨끗하게 발색이 되기 때문에, 위의 예와 같이 바탕색을 칠할 필요가 없는 것은 다행스러운 일이다.

▲부분도색에는 병에 든 도료 이외에도, 「건담 마커 도색용」(알코올 계열)을 사용한다는 선택지도 있다. 물론 펜 끝으로는 세밀하게 칠할 수 없기 때문에, 이것을 도료 접시로 덜어내서 붓으로 칠한다. 여기서는 금색을 사용해보자. 사용할 만큼만 덜어낼 수 있는 등, 간편하게 쓸 수 있는 것도 장점이다.

▲튀어나온 부분을 따라서 납작붓으로 바른다. 얇은 띠 모양을 따라 붓을 움직이면 잘 얼룩지지 않는다. 단차가 있는 가장자리까지 붓의 각진 부분으로 칠하려고 하지만, 손으로만 칠하려면 쉽게 삐져나온다. 납작붓으로는 가장자리를 칠하기 전 단계까지 작업하는 것이 좋을 것이다.

⚠ CHECK POINT
양각 면의 붓 칠 방법

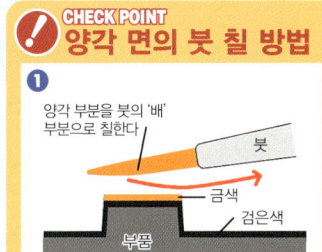

① 양각 부분을 붓의 '배' 부분으로 칠한다.
(붓 / 금색 / 검은색 / 부품)

▲양각 몰드의 도색에는, 붓의 '배' 부분을 양각의 윗부분에 얹는 듯한 느낌으로 칠하면, 손으로 칠하더라도 삐져나오지 않게 완성된다. 따라서 '양각 몰드의 윗부분만 칠한다'라고 타협하는 것도 한 가지 방법이다.

② 양각의 가장자리까지 칠하면 완성도는 높아지지만, 조금 어렵다.

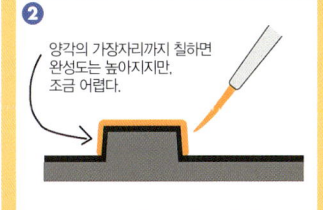

▲단차가 있는 가장자리까지 면상필로 칠한다. 이 부분은 단차를 따라가듯이 붓을 움직이면 된다. 실제로는 손끝이 떨리기 때문에, 다소 삐져나오는 것은 어쩔 수 없다. 칠을 끝내고 나서 눈에 띄지 않도록 수정하자.

▲마커를 도료로서 사용하는 경우는, 「지우개 펜」을 희석액으로 사용한다. 삐져나온 부분의 수정에는 펜을 직접 사용하지 않고, 지우개 펜의 용액을 도료 접시에 덜어내서 이것을 붓으로 칠한다.

▲삐져나온 부분을 지우개 펜의 용액을 묻힌 붓으로 문질러서 닦아낸다. 닦아낸 흔적이 조금 남기는 하지만, 그래도 삐져나온 부분이 눈에 띄지 않게 된다. 지우개 펜의 용액도 너무 많이 바르면 바탕에 칠한 락커 계열 도료도 녹이는 만큼 주의해야 한다.

▲양각 몰드의 가장자리까지 깨끗하게 구분도색을 하는 것이 완성도를 따졌을 때 가장 좋다. 가장자리를 칠한다면 삐져나오는 것을 피할 수 없기 때문에, 수정 방법을 같이 고려해서 도료나 도색 방법을 결정하도록 하자.

패인 곳의 구분도색

노즐이나 세세한 몰드 등, 패인 곳을 빈틈없이 칠하는 구분도색이다. 이러한 경우에는, 삐져나온 것을 닦아내기 쉬운 에나멜 도료를 사용하면 쉽게 구분도색을 할 수 있다. 에나멜 계열 도료로 건프라를 칠할 때는 주의점이 있으니, P.035를 참고하도록 하자.

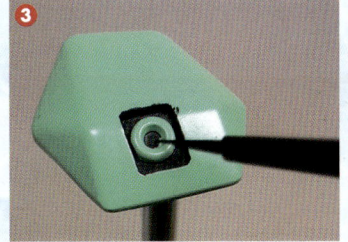
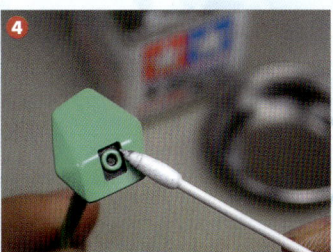

▲이것은 노즐 주위나 가운데를 검게 칠하는 예다. 구분도색용 에나멜 계열 도료인 무광 검정을 준비했다. 부품 전체 색은 미리 락커 계열의 클리어를 발라두었다. 이것은 에나멜 계열 도료의 용제가 침투하는 것을 막고, 쉽게 닦아낼 수 있게 만들어 준다.

▲패인 곳을 칠할 때, 깊숙한 부분을 붓끝으로 세세히 바르면 무광 도료라도 부분적으로 광택이 나거나 붓 얼룩이 생기기도 한다. 이것을 눈에 띄지 않게 만들기 위해서 플랫 베이스(무광제)를 약간 섞는다. 너무 많이 넣으면 칠하고 나서 하얗게 뜨니 주의하자.

▲패인 부분을 붓으로 칠하고 있다. 좁은 곳이기 때문에, 이 예에서는 면상필을 사용했다. 먼저 검게 칠하는 부분을 확실하게 칠한다. 주위에 조금 삐져나올 정도로 칠하면 된다. 노즐 안쪽 바닥에 원형을 그리듯 칠하는데, 만약 어렵다면 위쪽까지 검게 칠해도 된다.

▲부품 표면으로 삐져나온 부분은, 에나멜 계열의 용제를 면봉에 적셔서 닦아낸다. 이 때, 용제는 조금만 써도 충분하고, 주위로 퍼지지 않도록 주의해야 한다. 락커 계열 클리어가 바탕에 도색되어 있으면 닦아낸 흔적이 잘 남지 않고, 깨끗하게 정리할 수 있다. 닦아내는 요령은 P.035를 참조하자.

025

CHAPTER 2 : 마커&붓 테크닉

③ 붓을 사용해서 사실적인 도색하기 1
~ 붓 터치를 이용해서 락커 계열 도료를 칠해보자 ~

붓 칠하기는 적은 도구로 손쉽게 시작할 수 있는 도색 방법의 첫걸음이다. 얼룩지지 않고 깨끗하게 완성시키는 것은 조금 어렵지만, 붓 칠이기에 가능한 완성도, 분위기도 있다. 여기서는 붓 칠의 터치를 이용한 방법으로, 오랫동안 사용한 기체를 재현해보겠다. 멋있어 보이게 만들어 보도록 하자. 붓 칠에서는 도료 선택도 완성도를 좌우하는 중요한 포인트다. 이번 장에서는 가장 일반적인 모형용 도료로서, 전용색이 준비되어 있어서 조색을 할 필요가 없는 락커 계열 도료를 사용한다.

■ 준비할 것

붓 칠에는 건조가 느린 수성 아크릴 계열이나 에나멜 계열 도료가 적합하다고 하지만, 이번 장에서는 가장 일반적인 모형용 도료라 할 수 있는 락커 계열 도료로 붓 칠하는 것을 소개하고자 한다. 붓은 면 도색용 납작붓과 세부 도색용 면상필을 여러 종류 준비해 둔다.

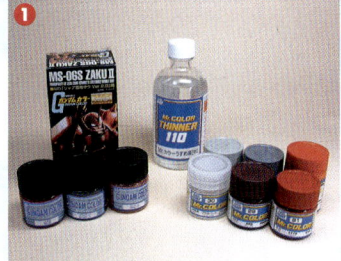

▲사용하는 도료. 왼쪽의 「건담 컬러 MG샤아 전용 자쿠 Ver.2.0용」을 기본으로 하거나, 명암을 더하거나, 세부용으로는 다른 「건담 컬러」나 「Mr.컬러」를 사용한다. 광택을 없애기 위해 플랫 베이스도 준비했다. 농도 조절이나 붓 세척용으로, 희석액도 필요하다.

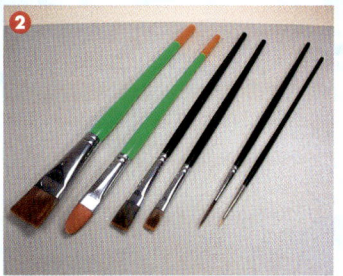

▲붓은 폭이 다른 납작붓을 여러 자루 준비했다. 붓 자루가 검은 것은 모형용으로 판매되고 있는 나일론 납작붓이다. 녹색의 2자루는 화방에서 구입한 것으로, 붓끝이 둥그런 것은 「필버드」라는 붓이다. 오른쪽의 2자루는 세세한 부분을 도색할 때 쓰는 세필과 면상필이다.

> **CHECK POINT**
> 「건담 컬러」에 대해서
>
> ●이번 장에서 사용하는 「건담 컬러」는 절판된 구 상품이다. 현재는 신규 시리즈로 리뉴얼 되어서 각 색의 색상이나 명칭도 리뉴얼되었다. 여기서는 일부러 구판의 명칭으로 게재했다. 물론 도색 방법 자체는 같으니, 양해를 바란다.

◀붓 칠이라 하더라도 밀리터리 계열의 밋밋한 색상이 아닌 채도가 높은 색을 칠하고 싶었기에, 1:100 샤아 전용 즈곡크를 작례로 선택했다. 특별히 가공을 하지 않지만 파팅 라인이나 게이트 흔적에 도료가 멍울지지 않도록, 사포질을 해서 균일하게 만들었다.

■ 붓 칠을 위한 예비지식

실제로 붓 칠을 하기 전에, 알아두면 좋은 포인트를 정리해보자. 도료의 특성이나 붓 놀림의 요령 등을 파악하고, 그것을 살려서 칠해보도록 하자.

▲병에 든 도료는 그대로 사용하는 것이 아니라 잘 섞은 다음에 도료 접시에 덜어내어 농도를 조절해서 사용한다. 희석액을 쉽게 더할 수 있도록 작은 스포이드가 있으면 편리하다. 락커 계열 도료는 건조가 빠르기 때문에, 농도 조절을 자주 해줄 필요가 있다.

▲농도 조절을 하고 시험적으로 칠해본 모습이다. 중요한 것은 색이 진하고 연한 것이 아닌, 붓에서 도료가 부드럽게 흐르는가 이다. 도료가 진하면 붓 자국이 잘 남는다(안쪽). 연하면 부드럽게 붓이 움직여서 붓 흔적이 잘 남지 않는다(앞쪽). 어느 정도가 좋은지는 어떻게 완성하느냐에 따라 다르지만, 앞쪽의 상태로 칠하는 것이 기본이다.

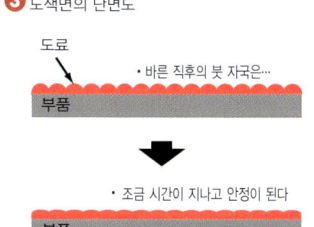

③ 도색면의 단면도
도료 → ・바른 직후의 붓 자국은…
부품
↓
・조금 시간이 지나고 안정이 된다
부품

▲칠한 직후에는 붓 자국에 작은 굴곡이 있어도, 조금 지나면 도료가 퍼져서 붓 자국이 작아진다. 그렇기 때문에 붓으로 바른 직후에 서둘러 판단하지 않는 편이 좋다. 잘 펴지는 도료는 이렇게 평평해지는 특성이 강하다.

▲도료가 잘 펴지게 만들어 주는 것이 리타더다. 사진은 「Mr.리타더 마일드」(GSI크레오스 / 210엔)다. 도료에 타면 붓이 부드럽게 움직인다. 붓 자국도 잘 남지 않게 된다. 단 건조는 늦어진다. 조금 집어넣는 것만으로도 효과가 있으니 너무 많이 넣지 말자.

▲도료의 광택에 따라 붓 얼룩이 눈에 띄는 현상을 비교. 왼쪽의 유광은 빛나는 부분에서 붓 얼룩인 굴곡이 눈에 띈다. 오른쪽의 무광은 거의 빛나지 않기 때문에, 표면의 굴곡이 눈에 잘 띄지 않는다.

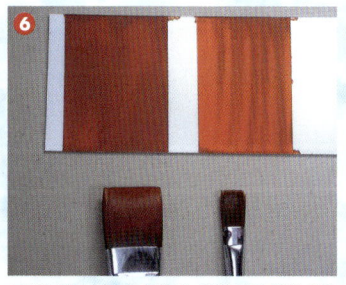

▲폭이 다른 붓으로 칠한 예. 폭이 넓은 쪽은 적은 횟수로 칠할 수 있어서 붓 자국이 눈에 잘 띄지 않는다. 폭이 좁은 쪽은 몇 번이고 붓을 움직여야 하는 탓에 붓 자국이 많이 남는다. 붓 자국을 남기지 않으려면 넓은 붓으로 칠하는 것이 좋다.

▲붓 칠로 도료가 많이 묻어나기 쉬운 것이 도색 시작부와 도색 끝 부분이다. 시작 부분은 붓에 도료가 많이 묻어있는 것이 원인이고, 끝 부분은 붓의 움직임이 멈추는 것이 원인이다. 균등하게 하려면 칠하는 움직임을 멈추지 말고, 붓을 띄우듯이 하면 된다.

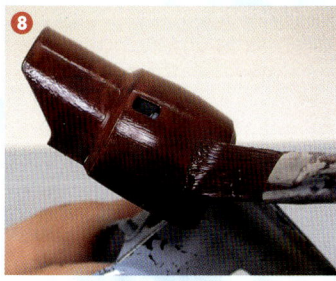

▲도료가 마르지 않은 상태에서 그 위로 겹쳐 바르거나 몇 번이고 붓을 움직이면, 표면이 질척해지거나 칠한 곳이 녹아 나오기도 한다. 일단 칠하고서 마를 때까지 건드리지 않는 것이 기본이다.

CHAPTER 2 : 마커&붓 테크닉

겹치게 칠해서 그라데이션을 표현해보자

이번 도색에는 명암의 그라데이션이 나타나도록, 각 색을 3단계로 겹쳐서 칠해보겠다. 일단은 붉은 부분부터 그 과정을 살펴보도록 하자.

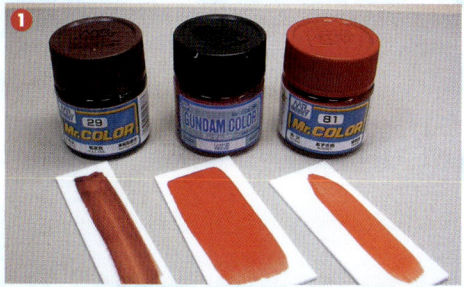
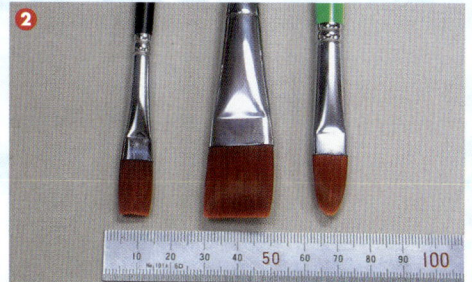

▲즈곡크의 팔 앞부분이나 허리, 무릎 밑의 붉은 부분에 사용하는 도료. 「샤아 전용 자쿠 Ver.2.0용」 레드2를 기본색으로, 더욱 어두운 색으로 「Mr.컬러」의 함저색, 밝은 색에는 팥색을 준비했다. 양쪽 다 반광이라, 여기에 플랫 베이스를 더해서 무광으로 만들어서 사용한다.

▲왼쪽의 색 샘플과 비교하면 알 수 있듯이, 겹쳐 바르는 색 별로 사용하는 붓도 바꿔 보았다. 함저색은 왼쪽의 납작붓, 레드2는 폭이 넓은 납작붓, 팥색은 끝이 둥근 붓. 각 단계의 목적에 따라서 맞춰서 골랐다.

▲시작은 어두운 색인 함저색부터 칠한다. 도료의 농도는 다른 곳에 먼저 칠해서 확인하자. 부품은 칠하기 편하게 조립한 상태에서 작업한다. 부품 표면에 손을 대지 않도록, 손잡이를 잘 만들어두자.

▲지금부터 부품 전면을 함저색으로 칠한다. 패인 곳이나 부품의 뒤쪽과 같은 칠하기 어려운 곳부터 시작한다. 이후에 넓은 면을 칠하면 깨끗하게 칠해진다. 사진은 무릎 아래 부분을, 안쪽에서 바깥 쪽으로 붓을 움직여서 칠하고 있는 모습이다.

▲계속해서 옆면을 칠한다. 붓은 기본적으로 위에서 아래로, 한 방향으로만 움직인다. 처음에는 발색이 약해도 상관없으니, 일단은 부드럽게 칠하는 것을 우선적으로 생각하자. 처음부터 두껍게 바르면 도료가 흘러내려서 위험하다.

▲전체를 한 번 칠한 모습이다. 얇게 칠하기 때문에 도료의 건조도 빠르다. 확실하게 마르고 나서, 앞에서 칠했던 것과 겹쳐서 전체를 칠한다. 2번째부터는 앞에서 칠한 도료가 녹지 않도록 주의하자. 조금 녹아 내리는 것은 어쩔 수 없지만, 붓 자국은 가능한 겹쳐지지 않도록 한다.

▲2~3회 겹쳐 칠해서, 전체적으로 색이 잘 입혀진 상태. 부분적으로 색이 진한 부분, 옅은 부분이 있다 하더라도 그렇게 신경을 쓰지 않아도 된다. 그보다 도색면이 질척거리지 않는 것이 중요하다.

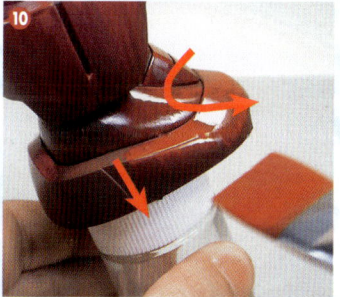

▲다음에는 기본색인, 레드2의 도색이다. 여기서부터는 붓을 더욱 신중하게 움직여야 한다. 도색면에 걸리지 않고 부드럽게 붓을 움직이도록, 도료의 농도나 퍼짐을 조절하자. 넓고 대담하게 명암을 표현하고 싶으니, 여기서는 넓은 납작붓을 사용한다.

▲기본색의 도색은, 패인 곳이나 부품의 아래쪽에 어두운 색을 남겨두듯이 칠한다. 붓은 위에서 밑으로 한 방향으로만 움직여서, 부품의 넓은 면이나 위쪽에 색이 나타나도록 한다. 위쪽에 도료가 뭉쳐있다 하더라도, 신경 쓰지 말고 말리도록 하자.

▲발목의 윗부분 등 모양이 복잡한 곳은 면의 중앙에 색이 입혀지도록, U턴하듯이 붓을 움직여서 칠한다. 여기서도 한 번 칠하면 말리고, 진하게 칠하고 싶은 부분은 겹쳐서 칠한다. 관절 부분의 안쪽에 어두운 색이 남도록 한다.

! CHECK POINT
도료가 뭉쳐있더라도 건드리지 않는다

▲도료가 뭉쳐있는 곳은, 서둘러서 붓으로 문지르면 오히려 더 질척해져서 더러워진다. 어떻게든 처리하고 싶겠지만, 완전히 마를 때까지 건드리지 않는 편이 좋다.

▲기본색을 겹쳐서, 전체에 2색의 명암이 들어간 상태이다. 마지막으로 밝은 색인 팥색을, 각진 부분이나 튀어나온 부분 주변을 하이라이트 처리를 하듯이 바른다. 부분적인 도색이기 때문에 앞 단계보다 더 얇은 붓을 사용한다. 납작붓의 경우에는 붓 자국이 확실하게 남는 탓에 끝이 둥근 붓을 선택했다.

▲더욱 밝게 강조하고 싶은 각진 부분이나 튀어나온 형태의 주변을, 붓을 쓸어 내리듯이 도색한다. 붓은 역시 위에서 밑으로 움직여 준다. 이미 찍혀있는 같은 방향을 향하고 있어서 위화감이 없다. 도중에 붓 자국도 방향을 맞춘다. 색이 연하게 칠해지더라도, 건조시키고 겹쳐서 칠하면 된다.

▲왼쪽은 기본색까지의 2단계, 오른쪽이 3단계까지 겹쳐 칠해서 완성한 상태. 붓 자국은 남아있지만, 같은 방향을 향하고 있고 도료가 뭉친 부분도, 눈에 띄지 않게 완성되었다. 명암을 넣는 정도는, 가능한 부품을 조립한 상태에서 판단하는 것이 좋다.

027

CHAPTER 2 : 마커&붓 테크닉

기체색·핑크 도색

이어서 즈곡크 상반신의 핑크 부분을 칠해보자. 여기도 마찬가지로 3색을 겹쳐서 바른다. 밝은 색을 확실하게 발색 시키고 싶고 복잡한 형태에 맞춰야 해서, 도색 방법을 조금 바꿔보았다.

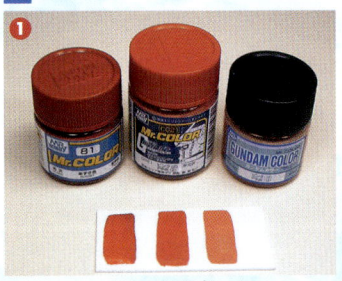

▲상반신의 핑크 부분에 사용할 도료다. 「건담 컬러」의 핑크2를 기본색으로 해서, 어두운 색으로 팥색, 밝은 색에는 「샤아 전용 자쿠 Ver.2.0용」의 핑크 12를 사용하기로 했다. 핑크2는 부품 사출색과 거의 같은 색조다.

▲어두운 색인 팥색을, 부품 전면에 바른 모습입니다. 여기까지는 다리 부분의 예와 같지만, 패인 곳에 칠하지 않은 곳이 없도록 전면을 칠했다. 콕피트 해치는 고정시켜서, 나중에 따로 구분도색을 하기로 했다.

▲다음으로 기본색인 핑크2를 도색한다. 여기서는 폭이 넓은 붓을 사용해서 패인 곳 등에 어두운 색상을 남겨두듯이 각 면을 도색한다. 방향은 역시 위에서 밑으로, 정수리 부분은 부품의 방향을 바꾸면서 방사형으로 칠하면 된다.

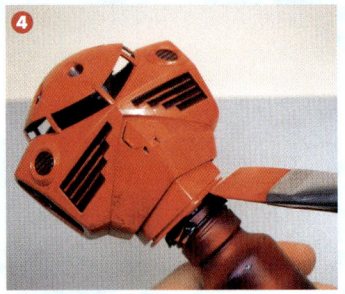

▲상반신의 앞부분은 구멍이나 면의 각도가 변하는 곳이 있어서, 한 번에 넓게 칠해서 음영을 주기가 어렵다. 그래서 각 면 별로 붓의 방향을 바꾸면서 칠하도록 한다.

▲그리고 붓을 세로 방향으로 해서 선을 그리듯이 칠한다. 붓 자국이 남기는 하지만, 이 방법이 돌출부분의 주변에만 쉽게 칠할 수 있기 때문이다. 폭을 좁게 칠하기 위해 보통 가는 붓을 생각하기 쉽지만, 납작 붓을 세로방향으로 하고 칠하는 편이 흔들리지 않고 안정감이 있다.

▲기본색까지 칠한 모습이다. 가까이서 보면 붓 자국이 자잘하게 나있는 것을 알 수 있지만, 이 정도 붓 자국은 신경 쓰지 않아도 된다. 배 부분의 관절은 각도를 바꾸면 어두운 색이 남아있는 부분이 보인다.

> **! CHECK POINT**
> **도료막에 「붓 털」이 남아있다면**
>
> ▲붓 털이 빠져서 표면에 남아있는 모습이다. 핀셋으로 잡아낼 수 있다면 재빨리 떼어내는 편이 좋다. 건조될 때까지 표면도 조금은 균일해진다. 어려울 것 같으면 건조될 때까지 기다렸다 처리하자.

▲이어서 밝은 색인 핑크12를 도색한다. 각진 부분의 형태에 맞춰서 밝게 만들고 싶기 때문에, 준비한 납작붓 중에서 가장 얇은 것을 사용한다. 기본색이 완성된 것을 따라가듯이, 붓을 세로 방향으로 해서 각진 부분이나 개구부 주변을 밝은 색으로 칠하고 있다.

▲또한 도색면을 쓸어 내리듯 움직여서, 넓은 면적을 칠하는 방법도 있다. 이 때는 붓에 묻은 도료를 약간 말려서, 한 번에 질척하게 묻지 않도록 한다. 이 예에서는 부품의 완성도를 보면서, 양쪽의 방법을 병행해서 칠하고 있다.

▲핑크 부분의 3단계 도색이 끝났다. 형태에 맞춘 그라데이션이 아닌, 붓 자국의 방향대로, 정수리 부분에서 주위로 물이 흘러내리는 것 같은 느낌을 줄 수 있도록 만들어졌다.

> **! CHECK POINT**
> **도색 후 분해할 때는**
>
> ▲구분도색을 할 때, 이미 도색한 부품을 분해할 때는, 부품끼리 도료로 들어 붙어서 잘 떨어지지 않는 경우도 있다. 부품이 비틀어지거나, 도색한 부분을 상처 입히지 않도록 신중하게 다루자.

기체색·회색 도색

남은 것은 위팔, 허벅지 등 회색 부분의 도색이다. 여기서도 3색을 겹쳐서 도색한다. 주름 대롱 모양에 맞춰서, 들어간 부분은 어둡고 표면은 밝게 칠하자.

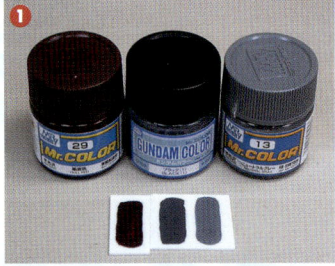

▲회색부분에 사용한 3색. 「샤아 전용 자쿠 Ver.2.0용」의 블랙1을 기본색으로 하고, 어두운 색으로는 함자색, 밝은 색으로는 뉴트럴 그레이를 골랐다. 어두운 색을 갈색 계열로 고른 이유는, 단지 어둡게 만들어버리면 색의 변화가 단조로워지기 때문이다.

▲허벅지 부품에 어두운 색인 함자색을 칠한 모습이다. 주름 대롱 부분 한 칸씩 칠하는 것보다 한 번에 이어서 칠하는 쪽이 색상을 맞추기 쉽다. 단차나 겹쳐진 부분의 안쪽도 확실하게 칠해두자.

▲이어서 기본색인 블랙1을 칠한 모습이다. 붓은 마찬가지로 위에서 아래로 움직인다. 한 칸의 윗부분을 중심으로 색이 칠해지도록 한다. 관절 부분도 잘 보이는 곳(붓을 대기 쉬운 곳)에 색을 칠하고 있다.

▲여기에 밝은 색인 뉴트럴 그레이를 겹쳐 바른다. 여기서는 표면을 쓸어 내리는 느낌으로, 붓 자국을 일부러 남기듯이 칠하고 있다. 가장 위 칸은 조립했을 때 몸통으로 들어가기 때문에, 윗부분이 밝아지지 않도록 칠했다.

세세한 부분의 구분도색

세부도색은 마스킹을 하지 않고, 붓으로 도색해 버리면 편하다. 붓의 사용법이나 도료의 농도를 잘 파악해서 도전해보자.

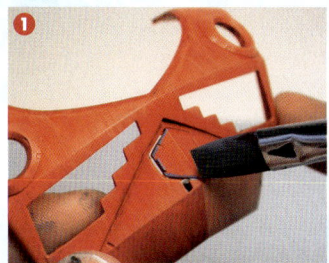
▲가슴의 중앙에 있는 육각형 해치를, 마스킹 하지 않고 칠해보자. 일단 칠하는 범위를 선을 긋는 것처럼 도색한다. 직선인 만큼 납작붓의 끝으로 찍어주거나, 붓 끝의 각진 부분으로 칠하면 된다. 색상은 뉴트럴 그레이다.

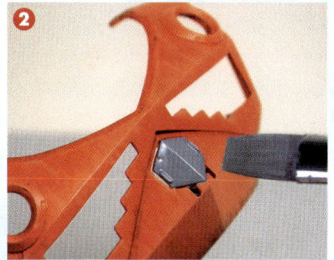
▲경계를 따라 그은 선이 마르면 안쪽 면을 칠한다. 여기서는 약간 진한 도료로, 1~2회 정도로 확실하게 색이 들어가도록 도색했으면 한다. 밑에 칠한 도료가 녹아 나오지 않도록, 붓을 움직이는 회수는 적은 편이 좋다.

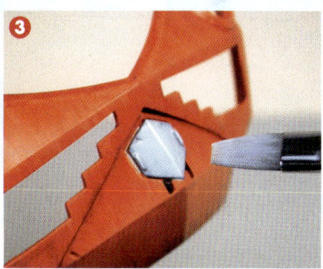
▲여기에 걸 그레이를 겹쳐 바른다. 뉴트럴 그레이로 먼저 칠한 것은, 바탕색인 빨간색을 은폐하기 위함이다. 빨간색에 걸 그레이를 겹쳐 바르면 발색이 좋지 않고 색이 섞일 위험이 있기 때문에, 뉴트럴 그레이를 먼저 칠했다.

! CHECK POINT 기체색의 도색이 완료!
▲기체 각 색의 도색이 완료되었다. 각색에 명암을 줘서 각 부분의 형태도 강조되고, 또한 기체 자체도 오래 사용한 듯한 분위기가 나고 있다. 각 부분별로 칠했을 때는 약간 각 부분별로의 표현이 과한 것이 아닌가 생각했지만, 조립해보니 딱 좋아 보인다. 이러한 사실을 염두에 두고 도색작업을 하도록 하자.

▲팔의 네모난 안쪽 부품이 보이는 부분. 패인 곳의 안쪽 평면 부분만을 납작붓의 끝 부분으로 칠한다. 면상필로 칠해주어도 되지만, 표면의 붉은 부분에 붓이 닿지 않도록 주의하자.

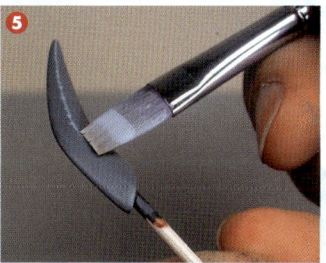
▲이쪽은 손톱 부품의 도색이다. 이것은 전체를 뉴트럴 그레이로 도색한 다음, 각진 부분에는 하이라이트를 주듯이 걸 그레이를 겹쳐 바르고 있다. 붓의 배 부분으로 도료를 얹듯이 칠하고 있다.

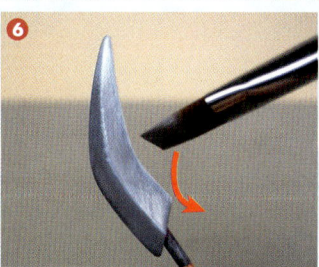
▲그리고 끝 부분이나 각진 부분에도 긁혀서 벗겨진 듯한 표현을 더해보았다. 붓을 살짝 말리고서, 각진 부분을 쓸어 내리듯이 칠한다. 이것은 웨더링을 겸한 것이기도 하다.

「먹선 넣기」도 그려 넣기로

패널 라인이나 세세한 부분의 패인 곳을 강조하는 것이 먹선 넣기다. 이것도 락커 계열로 칠해보겠다. 물론 닦아내기나 흘려 넣기가 불가능하기 때문에, 세세하게 그려 넣기로 한다.

▲부품의 경계선에 있는 패인 곳을 어두운 색으로 칠한다. 칠하는 색은 블랙1에 붉은 계열 색을 더한 것이다. 면상필로 들어간 부분에 맞춰서 칠하는데, 부품 형태에 따라서 칠하는 만큼 신중하게 칠하면 의외로 삐져나오지 않는다.

▲기체 각 부분에 있는 사각형으로 패인 곳도 같은 방식으로 칠해준다. 작긴 하지만, 일단은 바깥쪽 선을 먼저 칠해주고 다음에 안쪽을 채우는 식으로 칠하면 된다. 원형 덕트의 바깥쪽도 가장자리를 따듯이 칠해준다.

▲앞에서 구분도색을 한 패인 부분이다. 왼쪽은 구분도색만 한 것이고, 오른쪽은 먹선을 넣은 것이다. 가장자리에 음영을 넣듯이 그려 넣어서, 몰드가 강조됨과 동시에 색상의 구분이 더 잘되기도 한다.

▲왼쪽이 먹선을 넣기 전, 오른쪽이 먹선을 넣은 후의 모습이다. 발등이나 정강이 앞쪽의 홈을 칠한 것뿐만 아니라, 발목 옆의 단차나 무릎 아머 밑 부분의 가장자리에도 먹선을 넣어서 들어간 부분을 강조했다.

웨더링을 더해보자

더러움이나 도색의 벗겨짐을 표현해주는 것이 웨더링이다. 이 웨더링도 붓으로 그려 넣어보자. 기체색의 도색과는 색상 사용이나 붓의 터치가 바뀐다. 사실적인 분위기를 낼 뿐만 아니라, 정밀감이나 모형으로서의 존재감을 내는 효과도 있다.

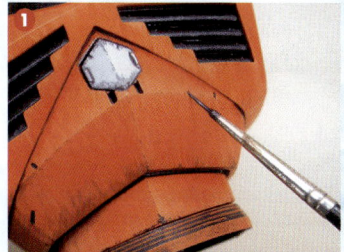
▲기체에 도료가 벗겨진 것을 표현하고 있다. 색은 먹선 넣기 용으로 만든 회색이다. 면상필의 배 부분으로 군데군데 각진 부분에 찍거나, 붓 끝으로 그려 넣는다. 밝은 색으로 마감을 한 곳에 어두운 색이 겹쳐져서, 한층 더 돋보인다.

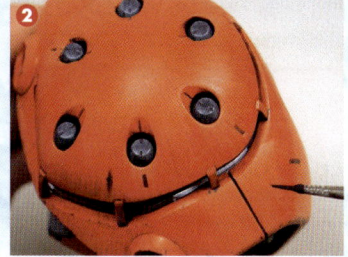
▲정수리에는 물속을 다닐 때 생긴 상처 등을 가정하고 했다. 각진 부분 이외에도 띄엄띄엄 벗겨진 것을 그려 넣었다. 여기에 회색을 옅게 만들어서, 더러워진 것이 흘러내리는 듯하게 그려 넣었다.

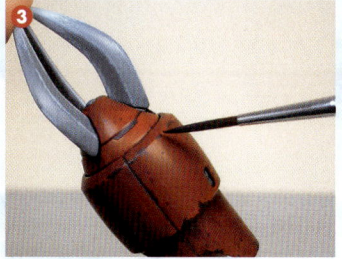
▲손발 부분에 도색이 벗겨진 표현은 더욱 대담하게 했다. 여기서는 면상필로 그리는 것보다 더 크게 그리고 싶기에, 세로로 길쭉한 붓을 사용해서 작은 점들을 그려 넣는다. 붓끝이 길면 붓이 도료를 많이 머금기 때문에 연속해서 그리기가 쉽다.

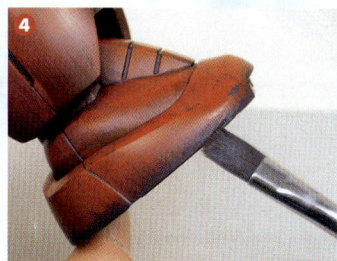
▲이어서 발 밑에 벗겨진 것을 표현한다. 넓은 면을 칠해야 하기 때문에, 납작붓의 끝을 각진 부분에 덕지덕지 바르듯이 칠한다. 도료는 농도가 진한 것을 사용하지만, 붓에는 너무 많이 찍지 않는 정도로 한다.

CHAPTER 2 : 마커&붓 테크닉

▲이번에는 녹이나 더러운 것이 붙은 것과 같은 세세한 웨더링을 해보자. 도료는 아까 먹선 넣기에 사용한 회색과 밝은 갈색을 사용한다. 여기에 희석제를 준비해서, 색조나 농도를 조절하면서 면상필로 그린다.

▲모노아이의 지지대나 핀의 밑 부분에 더러운 것이 흘러내리듯이 그렸다. 먼저 회색으로 더러워진 것을 그려주고, 여기에 갈색으로 녹이 슨 것 같은 표현을 같이 해주면 표현에 깊이가 더해진다.

▲도색이 벗겨진 표면의 주위에, 갈색으로 녹이 슨 표현을 더해준다. 벗겨진 곳은 층이 져있는 것처럼 보이는 효과가 있다. 들어간 부분에서 밑으로 흘러내리는 듯한 표현도 그려 넣었다.

▲팔이나 다리의 회색 부분은, 보이는 데에 포인트를 주기 위해 화려한 갈색으로 녹이 슨 것을 그려 넣어 보았다. 관절 부분의 패인 곳에 녹이 슬어 있거나 흘러내린 듯한 표현도 더하면 이러한 몰드도 강조가 된다.

 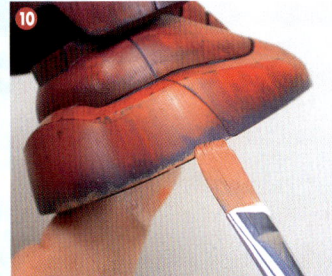 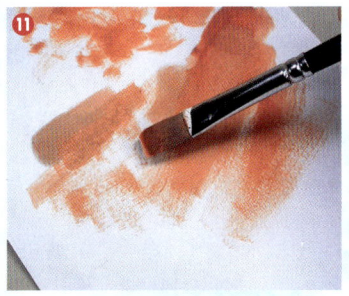 

▲다음으로 발 밑 부분에 흙먼지가 붙은 표현을 해보겠다. 색은 갈색이나 모래색을 섞은 것이다. 앞에서 칠한 기체색을 녹이지 않도록, 붓에 묻은 도료는 종이에 문질러서 살짝 말리고 도색한다.

▲발 밑의 가장자리 등 색을 진하게 칠하고 싶은 곳에는, 질척질척하게 붓끝으로 찍듯이 칠한다. 칠한 표면이 붓 자국으로 살짝 굴곡져있는 쪽이 분위기가 살아난다.

▲이번에는 표면에 옅게 웨더링을 하고 싶은 경우의 방법이다. 앞에서 칠한 것보다 도료를 묽게 해서, 붓에 묻히고 종이에 문질러서 물기를 제거한다. 물기가 아주 없는 것이 아닌 살짝 젖은 정도로 제거한다.

▲도색면을 쓰다듬듯이 색을 붙여나간다. 부분적으로 웨더링을 넣거나 방향을 넣을 때는 납작붓의 각진 부분을 사용하거나, 세로로 세워서 밑으로 쓸어 내리듯 칠한다.

> **CHECK POINT**
> **기체색의 도색이 완료!**
> ▶무광 도료로 도색을 했지만, 겹쳐 바르기 때문인지 플랫 베이스가 모자랐던 것인지 조금 광택이 나는 상태다. 이후 무광 「탑 코트」(수성 클리어 스프레이)를 뿌려서, 표면의 광택을 없애서 완성했다.

사용키트
●마스터 그레이드 MSM-07S 샤아 전용 즈곡크 ●발매원 : 반다이 하비 사업부 ●3150엔 ●플라스틱 키트
●1:100스케일, 전고 약 18cm

MSM-07S 샤아 전용 즈곡크

붓 칠의 터치를 활용한 도색으로 전신을 칠한 샤아 전용 즈곡크다. 외관을 보았을 때 이 기체가 어떻게 사용되었는지를 알 수 있는, 분위기 있는 모습으로 완성되었다. 붓 도색만으로도 이렇게 전체를 칠할 수 있다. 이 작례에서 사용한 락커 계열 도료는 건조가 빠르기 때문에, 도색 중에는 희재나 리타더를 섞는 등 붓 칠하기 편하게 조절하는 것이 포인트다. 이러한 붓 칠의 기본은 수성도료에도 응용할 수 있을 것이다.

CHAPTER 2 : 마커&붓 테크닉

MSM-07S Z'GOK
BANDAI 1:100 scale plastic kit
"Master Grade"
modeled by Ken-ichi NOMOTO

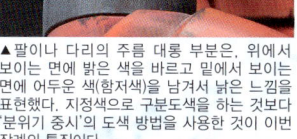

▲ 팔이나 다리의 주름 대롱 부분은, 위에서 보이는 면에 밝은 색을 바르고 밑에서 보이는 면에 어두운 색(함자색)을 남겨서 낡은 느낌을 표현했다. 지정색으로 구분도색을 하는 것보다 '분위기 중시'의 도색 방법을 사용한 것이 이번 작례의 특징이다.

▲▼ 무릎 아머의 밑 부분이나 정강이 주위에서 알 수 있듯이 3단계 그라데이션은 빛이 닿은 밝은 부분, 그림자가 되는 부분을 각각 강조하듯이 처리했다. 붓의 터치로 인한 웨더링 효과도 있다.

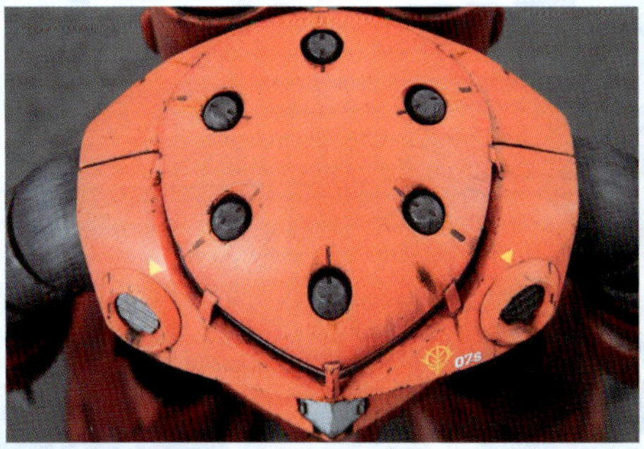

▲ 붓으로 칠한 후에 클리어를 뿌려서 완성된 상태다. 이렇게 클리어를 뿌리는 편이 광택이 덜해서, 각 부분의 색이나 그라데이션의 모습을 잘 알 수 있다. 단, 전체적으로 조금 허옇게 되고 색감 또한 붉은 부분이 조금 오렌지 색이 섞인 것처럼 변화한다.

▲ 정수리는 물속을 잠항할 때에 맨 앞으로 오기 때문에, 여기서부터 주위로 물이 흘러나오는 분위기가 나도록 방사형으로 붓을 움직여 도색했다. 이 역시 '그럴 듯 하게' 보이기 위한 연출이다. 각 미사일의 끝 부분은 팔 부분의 회색과 같은 방식으로 도색했다.

▲ 밝게 위로 올라온 느낌을 주는 각진 부분에 '치핑(색 까짐)'을 그려 넣어 사실성을 더해주고, 형태를 강조하고 있다. 한편, 원형 덕트의 바깥쪽 둘레나 가슴의 쐐기 모양의 단차는, 먹선 넣기나 어두운 색을 남겨두어 다른 부품과 같은 분위기를 내고 있다.

▲ 원형 덕트는 안쪽 벽과 같은 좁은 범위에도 그라데이션 도색을 해줌으로써 덕트의 깊이를 느끼게 해준다. 이러한 세세한 부분의 대응은 붓 칠에 매우 적합하다. 마킹은 키트에 들어있는 건식 데칼과 별도 판매의 습식 데칼을 사용했다.

CHAPTER 2 : 마커&붓 테크닉

④ 붓을 사용해서 사실적인 도색하기 2
~수성&에나멜 계열 도료로 완성해보자~

이어서 수성도료나 에나멜 도료 계열을 사용한 사실적인 도색을 소개하고자 한다. 도료가 잘 펴지고 잘 얼룩지지 않는 특징을 보면, 붓을 사용하는데 익숙하지 않은 사람에게는 이쪽이 도입하기 쉬운 방법일 것이다. 색을 겹쳐 바르는 방법, 변화를 주는 방법 등 기본적인 곳은 앞장에 들었던 예와 같지만, 여기서는 적재적소에 맞는 각종 도료를 사용하고자 한다. 작례로 고른 것은 밀리터리 차량이다. 건프라에는 이러한 주변 아이템도 매우 많다. 이러한 주변 아이템들의 도색에도 참고가 될 것이다.

도색 전 준비

도색 예로 고른 것은 1:35 스케일의 차량이다. 전장 10cm 정도의 다루기 쉬운 크기라서 붓을 사용한 도색에 적합하다. 완성 예상도로 참고한 것이 사우로펠타의 CG다. 이에 맞춰서 도료와 용구를 준비하자.

▲지온군 경기동차, 사우로펠타.「1:35 U.C. HARD GRAPH 지온 공국군 사이클롭스 부대 세트」에 포함되어 있는 차량이다. 전장 약 10cm로 다루기 쉬운 크기다. 도색에는 에나멜 도료도 사용하기 때문에, 파손을 막기 위해서 스냅핏은 느슨하게 해두었다.

▲「기동전사 건담 MS IGLOO 2 중력전선」에 등장하는 사우로펠타의 CG다. 이번에 도색 예는 이 분위기를 참고했다. 차량색의 농담이나, 움푹 들어가 있는 부분에 쌓인 흙먼지나 기름때, 각진 부분의 도색이 벗겨진 것을 표현하고자 한다.

▲준비한 도료. 왼쪽의 락커 계열 도료를 바탕색으로 하고, 주로 도색에 사용하는 가운데의 수성아크릴 도료다. 오른쪽은 마지막 먹선 넣기에 사용하는 에나멜 계열 도료다. 겹쳐서 칠해도 밑의 도료를 녹이지 않는 순서로 칠하는 것이다. 이외에도, 각 도료용 희석제, 플랫 베이스(무광제)도 준비한다.

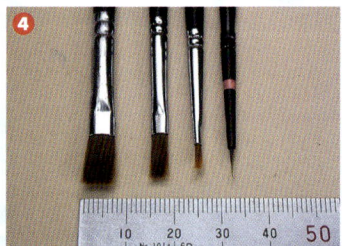

▲도색에 사용하는 붓은 납작붓 3자루와, 면상필 1자루다. 납작붓은 붓털이 나일론으로 되어있는 것이다. 이번 예에서는 붓의 터치를 살리도록 쓸어내거나 두드리기도 할 것이기 때문에, 붓끝의 탄력 등을 고려해서 골랐다.

락커 계열 도료로 바탕 도색

메인 도색은 수성아크릴 도료를 사용하지만 프라 표면에 도료가 잘 붙게 만들고, 사출색을 감추고 겹쳐 바르기의 가장 진한 색을 바탕으로 만들기 위해서 먼저 락커 계열 도료를 도색 해둔다.

▲도색 전의 부품 상태. 사출색은 도색 완료 후의 이미지보다 매우 밝은 색이다. 기본적으로는 조립한 상태에서 한번에 도색하지만, 색이 다른 부품이나 돌기 형태의 부품과 같이 붓의 움직임에 파손되기 쉬운 부분은 별도로 도색한다. 마감이 전부 끝난 단계에서, 부품을 접착한다.

▲바탕 도색에 사용하는 락커 계열 도료인「Mr.컬러」다. 색은 어두운 계열로, 플랫 블랙과 올리브 드랍을 섞은 것이다. 이 색 자체를 차체 전체에 덕지덕지 바르는 것이 아니라, 차체 전체에 얇게 발라서 색조 톤을 낮추는 정도가 좋으니 도료의 농도는 묽게 해두자.

▲넓은 납작붓으로 차체 전체에 칠한다. 진하고 옅은 차이로 얼룩이 생겨도 그리 신경 쓰지 말고 밑면까지 전체에 칠하지 않은 곳이 남아있지 않도록 한다. 패여서 도료가 고이는 부분은 그라데이션에서도 어둡게 되는 부분이기 때문에, 자연스럽게 악센트를 주게 된다.

▲바탕 도색이 끝난 상태다. 이 상태만 놓고 보면 조금 불안해질 수도 있지만, 여기서부터 조금씩 밝은 색을 겹쳐서 칠하니 걱정하지 않아도 된다. 각 부품에는 이쑤시개나 클립으로 손잡이를 만들어서 도색했다. 일단 이 상태에서 잘 건조시키자.

수성도료로 차체색 도색

지금부터 수성도료로 차체색 도색에 들어간다. 차체색을 칠하는 것뿐만 아니라 디테일의 강조나 퇴색 표현도 가미해서, 들어간 부분은 어둡고 튀어 나온 부분은 밝아지도록 색을 덧칠하자.

▲수성인「타미야 컬러 아크릴 도료」다. 차체의 색은 NATO그린을 기본으로 한다. 처음에는 이것보다 어두운 색을 칠해야 하니 올리브 드랍과 플랫 블랙을 섞어준다. 녹색의 차체색이 되는 부분 전체에 칠한다. 붓이 부드럽게 움직일 수 있도록 농도는 조금 묽게 한다.

▲폭이 넓은 붓으로 옅고 가볍게 칠해간다. 평면적인 부분은 붓을 똑바로 잡아당기는, 일반적인 면 도색 방법이다. 굴곡이 있어서 일반적인 방법으로 칠할 수 없는 부분은 붓을 세워서 칠한다. 도료가 고이는 부분이 조금 있다 하더라도 그대로 두고, 몇 번이든 붓으로 건드리는 것은 피해야 한다.

▲차체 표면의 장비품 종류도 부착한 채로 도색하고 있다. 이 색은 그림자를 표현하는 색이기 때문에, 이러한 부품의 아래쪽이나 차체와 겹치는 부분에도 확실하게 색을 칠해두어야 한다. 붓끝을 집어 넣듯이 해서 칠하도록 한다.

▲차체색보다 더 어두운 색으로 전체를 칠한 모습이다. 락커 계열로 칠한 바탕색의 단계와 비교해 보면 전체의 색 얼룩도 적어지고, 안쪽으로 들어간 부분의 색이 진해졌기 때문에 세세한 디테일도 강조되어있다. 실내나 시트 부분 등 구분도색을 해야 하는 곳은 나중에 따로 도색한다.

CHAPTER 2 : 마커&붓 테크닉

▲지금부터는 차체색을 밝게 만들기 위한 도색이다. NATO그린에 노란색이나 파란색, 라이트 그레이를 조금 섞고 발색에 더 밝은 색을 사용해서, 붓 끝으로 쓸어 내리듯이 칠한다. 도료는 조금 마른 정도로 칠한다. 종이 위에서 도료가 붙는 정도를 조절하거나, 붓을 움직이는 방법을 확인해보자.

▲차체 측면을, 붓을 위에서 밑으로 내리듯이 칠하는 모습입니다. 각진 부분이나 튀어나온 부분에 밝은 색이 칠해지고, 안으로 들어간 부분에 어두운 색이 남아있다. 이것으로 굴곡에 따라서 그라데이션이 된다. 칠하는 부분에 따라 크게 움직이거나 작게 움직인다.

▲쓸어 내리듯이 움직이는 것이 어려운 부분은, 붓끝으로 가볍게 두드리듯이 움직여서 색을 입힌다. 붓끝이 말라있지 않으면 도료가 덕지덕지 붙기 때문에 주의하도록 하자. 상황에 따라서는, 평면에도 이러한 움직임으로 도색을 하는 경우도 있다.

! CHECK POINT
붓을 자주 씻어주자
▲붓끝으로 쓸어주면서 칠하는 도색법은, 붓 털의 연결 부분에 도료가 쌓여서 탄력이 없어지거나, 붓끝이 너무 마르면 잘 칠해지지 않는다. 자주 붓을 씻어서, 좋은 상태를 유지하면서 도색을 하자.

▲여기에 각종 디테일이나 각진 부분에, 한 단계 더 밝은 색을 칠한다. 이것은 녹색을 그대로 밝게 만들어 쓰는 것이 아닌, 웨더링 적인 요소를 더해서, 퇴색한 듯한 느낌으로 도색한다. 플랫 어스, 샌드 옐로 등을 섞은 색을 준비한다.

▲지금부터는 부분적으로 더하는 도색을 한다. 이것은 미끄럼 방지 몰드 위에 마른 붓을 비벼주는 것으로, 양각 몰드 부분만 밝게 만들고 있는 것이다. "드라이 브러시"라 불리는 테크닉이다. 몰드에 맞춰서 색으로 입체감을 강조하는 효과가, 가장 잘 드러나는 부분이다.

▲앞에서와 같은 방법으로 각진 부분이나 세세한 몰드를 강조하는 것 이외에도, 도료를 옅게 해서, 패널의 가장자리 부분의 퇴색이나, 기름때나 흙먼지가 흘러 내리는 듯한 표현도 더해준다. 이것은 그라데이션이 아닌, 워싱에 가까운 표현이다.

▲여기까지의 완성모습을 확인해 보자. 각진 부분이나 몰드의 양각 부분이 밝게 된 것과 동시에, 안쪽으로 들어간 부분에는 어두운 색이 남아서, 입체감이 더욱 강조되었다. 또한 평면 부분에도 각진 부분 쪽은 밝은 색으로, 면의 중앙은 어두운 색, 그림자 부분은 그보다 더욱 어두운 색으로 칠하는 등 전체의 형태를 강조하는 그라데이션이 되어 있다.

치핑(색 벗겨짐)을 그려 넣는다

여기서 말하는 "치핑(색 벗겨짐)"은, 부품의 각진 부분의 도색이 벗겨져서, 바탕이 드러나 있는 것을 표현한 것이다. 웨더링 표현인 것과 동시에, 각진 부분을 강조하는 것으로 디테일을 더욱 돋보이게 만들어서, 정밀감을 높여주는 시각적인 효과도 있다.

▲색 벗겨짐 표현을 한다고 해서, 은색을 그대로 칠하는 것은 아니다. 은색을 그대로 바르면 광택이 심하고, 각도에 따라서는 어둡게도 보이기 때문이다. 여기서는 "은색처럼 보이는"색을 만들어서 사용한다. 흰색에 은색, 녹색을 조금 섞은 "화이트 그레이"다.

▲범퍼의 끝 부분에 색이 벗겨진 것을 칠한 모습. 여기는 벗겨진 자국을 그대로 얇은 납작붓의 터치로 재현했다. 이 도색 방법은, 차체색을 쓸어 내리듯이 칠한 방법과 같지만, 붓 자국을 남기는 식으로 해서, 색을 확실하게 입혀서 도색을 한다.

▲차체 각 부분의 치핑은 범퍼 부분과 같은 방법이 아닌, 각진 부분은 면상필의 붓끝으로 색을 "톡톡" 얹어 주듯이 그려 넣는다. 조금 떨어져서 전체를 봐가면서 작업해서, 표면을 다듬듯이 진행하자.

▲치핑을 그리는 단계까지 완성된 모습이다. 벗겨진 색이 밝아서 조금 화려해 보일 수도 있지만, 이 부분은 마지막에 차체의 색에 맞출 것이기 때문에 걱정하지 않아도 된다. 확실하게 색의 차이가 나는 편이 더 좋다.

세세한 부분의 도색

차체색의 도색이 끝나면, 세세한 부분의 구분도색이다. 일체화가 되어있는 구분도색이 필요한 부분도, 붓을 이용해서 잘 도색을 하면, 마스킹을 하지 않더라도 구분도색을 잘 할 수 있다. 또한 각 부분에 사실성을 높여주기 위한 표현도 해보자.

▲흙받이 부분을 고무 풍으로 도색한다. 차체색 과의 구분도색은 가장자리를 먼저 도색하고, 그 다음 안쪽을 도색한다. 기본적인 구분도색 방법이다. 고무 표현은 검은색 보다 회색을 칠하는 것이 더욱 사실적으로 보인다. 여기에 명암을 표현하는 것으로, 고무와 같은 질감을 얻을 수 있다.

▲후미 등의 구분도색 부분. 빨간색이나 오렌지색을 칠하는 곳은, 차체색 위에 직접 바르더라도 깨끗하게 발색되지 않는다. 차체색을 감추기 위한 것과 나중에 바를 색의 발색을 높이기 위해서, 흰색 + 은색을 먼저 발라준다.

▲이어서 빨간색, 오렌지색을 도색한다. 여기는 안으로 들어간 부분에 칠해야 하기 때문에, 주변에 도료가 묻지 않도록 주의하자. 가능한 한 수정은 피하도록 하자. 칠하는 색은 클리어 컬러를 겹쳐 바르는 방법도 있지만, 여기서는 주위와의 조화가 되도록 일반적인 솔리드 색을 사용했다.

! CHECK POINT
피규어의 도색
▲피규어의 도색도 단순한 구분도색뿐만 아니라, 차체도색과 마찬가지로, 명암을 넣어서 입체감을 강조하도록 하자. 이것은 헬멧의 가장자리를 밝은 색으로 칠하는 모습이다. 옷의 주름 등도, 이러한 표현을 살릴 수 있는 부분이다.

CHAPTER 2 : 마커&붓 테크닉

먹선 넣기

마지막 마무리는 에나멜 계열 도료를 이용해서 먹선을 넣는 것과 그 응용이다. 단순하게 음각 몰드를 강조하는 것뿐만이 아닌, 부품 표면에 얇게 남기는 것으로 기름때나 흙먼지가 쌓인 표현이나, 전체적인 톤을 통일시키는 것도 가능하다. 밝은 색조로 완성한 도색을 이 단계에서 어둡게 통일시키는 것이다.

▲「타미야컬러 에나멜 도료」. 색은 플랫 어스, 레드 브라운, 플랫 블랙을 섞었다. 먹선 넣기의 색이 검은색 계열이면, 어둡고 지저분해지기 때문에, 갈색 계열로 먹선을 넣어서, 녹이 슨 표면이나 기름때나 먼지가 쌓인 분위기를 내도록 한다. 농도는 극단적으로 묽게 만들지 말고, 조금 묽은 정도로 한다.

▲여기서 하는 먹선 넣기는, 패널라인이나 음각 몰드 부위 등 때가 잘 끼는 곳 이외에도, 평면부분이라도 부분적으로 악센트를 주기 위해서 색을 바르도록 한다. 패널라인을 강조하기 위한 먹선 넣기 와는, 그 의미가 조금 다르다.

▲도료가 조금 건조하면, 에나멜 용제를 묻힌 면봉으로 닦아낸다. 안쪽으로 들어간 부분 이외의 것 보다는, 주위에 어울리도록 흐릿하게 만들도록 하자. 흙먼지가 쌓여있는 것 같은 분위기가 나고, 평면 부분도 얇게 전체적으로 도색한 후, 닦아내는 것으로 전체적인 톤을 맞출 수 있다.

!CHECK POINT 자국을 남기지 않도록 닦아낸다

▲에나멜 계열 도료를 닦아낼 때는 도색면에 용제가 많이 남아있으면, 건조되었을 때 자국이 광택이 되어 남는 경우가 있다. 재빨리 남김없이 닦아내도록 하자.

PVN.3/2 사우로펠타

붓을 이용한 도색 제2탄은, 1:35 스케일의 사우로펠타. 전장 약 10cm라는 작은 차체를, 사실적이며 디테일을 살리도록 만들어 보았다. 본체색을 어두운 색에서 점점 밝은 색으로 칠하는 순서는 락커 계열 도료의 도색과 같지만, 수성 도료는 붓 자국의 터치가 눈에 잘 띄지 않기 때문에, 색의 변화도 주기 쉽다. 이것은 도료가 잘 퍼지고, 도색 막도 두꺼워지지 않는 수성 도료의 성질에 의한 것이다. 그렇다 하더라도, 붓 자국을 이용한 터치나 색의 변화 정도는 도색 방법에 따라 달라진다고도 할 수 있다. 어떤 방법이라도 도료의 성질을 잘 파악하고, 자기 자신만의 도색 요령을 파악하는 것이 중요하다 하겠다.

사용키트
- U.C. HARD GRAPH 지온 공국군 사이클롭스대 세트 ● 발매원 / 반다이 하비 사업부 ● 2940엔 ● 플라스틱 키트 ● 1:35 스케일, 전장 약 10cm

PVN.3/2 SAUROPELTA
BANDAI 1:35 scale plastic kit "U.C. HARD GRAPH"
modeled by Ken-ichi NOMOTO

▲몇 단계에 걸쳐 겹쳐서 칠한 차체에 맞춘 색의 변화를 주고, 사실감을 중시한 도색이다. 작업 중에는 화려하게 보였던 치핑도, 최종적으로는 차체색과 잘 어울리게 마감되었다.

◀세밀하게 재현된 내부. 이쪽 역시 구분도색과 함께 몰드가 강조되도록 도색했다. 흰색의 미터 패널도 붓으로 칠한 것이다.

▲드라이버는, 금장 같은 부분도 세밀하게 붓으로 칠했다. 머리 부분과 헬멧은 다른 키트의 것을 사용해서, 지온군의 일반병으로 개조했다.

◀펜더 부분은 검은색에 음영을 주어서 고무다운 질감을 재현했다. 넘버 플레이트의 가장자리에 쌓인 흙먼지는 먹선 넣기와 닦아내기로 표현했다.

CHAPTER 2 : 마커&붓 테크닉

❺ 에나멜 도료로 먹선 넣기
～ 에나멜 계열 도료를 사용할 때는 다음 사항에 주의하자 ～

에나멜 계열 도료를 사용한 먹선 넣기는, 모형 제작에서는 일반적인 테크닉이지만, 건프라와 같은 스냅 핏 모델에서는 상성이 나쁜 점이 있다. 그것은 용제가 플라스틱으로 침투하면서 플라스틱이 "깨지는" 문제다. 마커 류를 사용해서 먹선을 넣는다면 이러한 걱정은 하지 않아도 되지만, 본격적인 도색으로 완성도를 우선한다면 에나멜 계열 도료를 사용하고 싶어진다. 그래서, 이번 장에서는 에나멜 계열 용제로 인해서 "깨지는" 문제를 피하기 위한 대처법을 중심으로, 먹선 넣기의 순서를 소개하고자 한다.

▌플라스틱의 깨짐 방지대책

에나멜 계열 도료로 먹선을 넣을 때 플라스틱이 깨지는 이유는 2가지다. 에나멜 계열 도료의 용제는 침투성이 높은 것과, 스냅 핏 키트는 서로 맞물려 있어서 부품에 부하가 걸려있다는 것이 그 원인이다. 이러한 원인이 겹치지 않도록 대응하도록 하자.

▲에나멜 계열 도료를 이용한 먹선 넣기 방법. 용제를 사용해서 흘려 넣기 좋은 농도로 만든 도료를 붓에 적시고, 패널라인 위에 붓끝을 대면, 패널라인을 따라 도료가 흘러 들어간다. 삐져나온 곳은 용제를 적신 면봉으로 닦아내지만, 다량의 용제가 닿는 것이 플라스틱이 깨지는 원인이 되는 것이다.

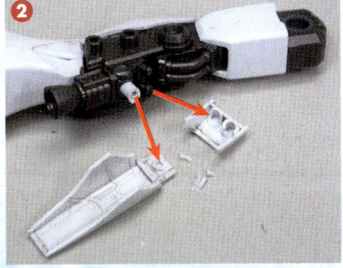

▲먹선을 넣은 부품이 깨진 예. 이 예에서는 부품 뒤의 몰드를 강조하려고 에나멜로 먹선 넣기를 하였으나, 부품을 끼워 넣는 핀이나 핀 구멍에서 깨져버린 것이다. 일반적인 조립으로는 깨지지 않으나, 깨진 부분에서, 힘이 걸리는 부분이 깨지는 것을 알 수 있다.

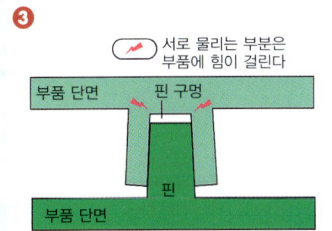

▲스냅 핏으로 부품에 힘이 걸리는 모습을 그림으로 만들어 봤다. 부품을 끼우면 핀과 핀 구멍이 조금 빡빡한 상태가 되어서, 조금이지만 벌어지거나 눌리게 된다. 이러한 힘이 걸려있는 곳에 에나멜 계열 용제가 침투하는 것으로 부품이 깨지게 되는 것이다.

⚠ CHECK POINT
먹선 넣기 용 도료

▲먹선을 넣기에 적합한 농도로 조절된 에나멜 계열 도료. 뚜껑에 붓이 달려있어서, 그대로 바로 사용할 수 있다. 일반적인 에나멜 도료보다 플라스틱이 잘 깨지지 않는 성분으로 되어있는 것이 특징이다. 색상은 블랙, 브라운, 그레이의 3종류 (타미야 / 각 378엔)

▲위와 같은 이유를 알았으니 대책을 마련해보자. 1번째 대책은, 부품에 과도한 힘이 걸리지 않도록, 스냅 핏 부분을 약하게 하는 방법이다. 사진은 부품의 핀을 얇게 만들기 위해서 깎아내고 있는 모습이다. 맞물리는 구조에 따라서는 가공이 어려운 부분이나, 부품 바깥쪽의 형태를 가공할 필요가 생길 수도 있다.

▲2번째 대책. 부품에 용제가 침투하는 것을 줄이기 위해서, 도료의 바탕으로서 서페이서를 뿌려둔다. 이것으로 완전히 침투를 막을 수 있는 것은 아니지만 효과는 있다. 단, 서페이서를 두껍게 뿌리면 부품간의 연결이 빡빡해지는 경우도 있기 때문에 주의가 필요하다.

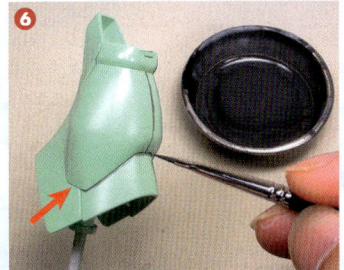

▲3번째 대책. 먹선 넣기를 할 때, 도료는 너무 묽게 만들지 않고, 쓸데없는 부분까지 흘려 넣지 않도록 한다. 또한 음각 몰드에는 칠하더라도, 부품 사이에는 흘려 넣지 않는다. 부품 사이의 틈새에 흘려 넣으면 더욱 깊은 곳으로 흘러 들어가기 때문이다. 부품 안쪽에 폴리캡이 끼워진 부분(화살표로 표시한 부분)이 특히 위험하다.

▲4번째 대책. 넣은 먹선을 닦아낼 때, 에나멜 용제보다 더 건조가 빠른 것을 사용한다. 이 방법은 조금 곰수 같은 것을 주의가 필요하지만, 라이터용 오일을 용제 대신 사용하는 것이다. 단 도료를 희석할 때는 사용하지 않는다. 또한, 어떠한 대책을 사용하더라도, 절대로 깨지지 않는 것은 아니라는 것을 유념해 두자.

▌닦아내는 요령

넣은 먹선을 닦아내는 것에 의해 깨끗해지기도 하고 지저분해지기도 한다. 에나멜이 퍼지지 않게 하는 것은, 부품이 깨지는 것도 막아주기 때문에 중요하다. 완성도를 높이기 위해서, 먹선 넣기와 닦아내기의 요령을 소개하고자 한다.

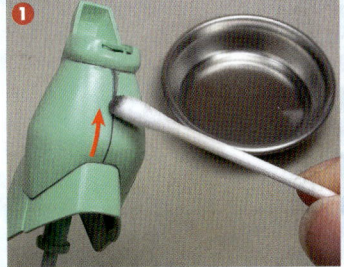

▲세로로 난 패널라인에 먹선을 넣은 다음, 닦아내는 예. 여기서부터 면봉을 옆으로 움직이면 에나멜이 퍼지지 말아야 할 곳까지 퍼지게 된다. 패널라인을 따라서 세로 방향으로 닦아내도록 한다. 면봉에는 용제를 너무 많이 찍지 않는 것이 포인트다.

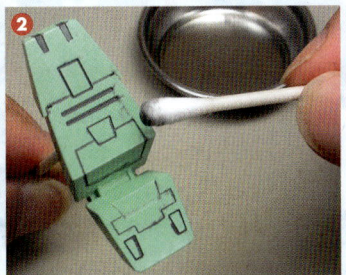

▲이것은 가로 세로 방향으로 패널라인이 있는 면이다. 가로 세로 어느 쪽으로 움직여서 닦아내도 먹선이 퍼지거나 묻어나서 지저분해진다. 이 예는 평면이지만, 굴곡이 많은 부품 등 이러한 일이 자주 있기 마련이다.

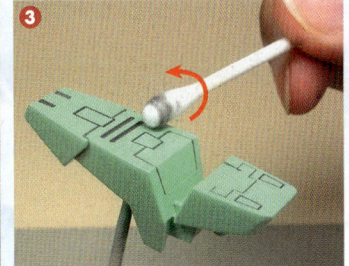

▲넣은 먹선을 주변에 퍼지지 않게 하고 닦아내기 위해서는, 면봉을 빙글빙글 돌리는 요령으로 닦아내면 된다. 면봉에 붙은 에나멜을 보면 어떻게 동작을 하는지 떠오를 것이다. 왼쪽과 같이 더러워진 면도, 이렇게 깨끗하게 닦아낼 수 있다.

⚠ CHECK POINT
먹선의 색상 선택

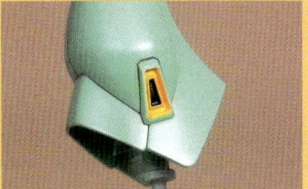

▲몰드를 강조하는 먹선 넣기는, 주위의 도색에 맞춰서 지저분해 보이지 않는 색을 선택하자. 이 부품에서는 녹색 부분은 회색으로 먹선을 넣었다. 노즐의 노란색 부분은 그림자 색이 되도록 오렌지 계열 색으로 먹선을 넣고 있다.

CHAPTER 2 : 마커&붓 테크닉

❻ 데칼 붙이기
～ 습식 데칼의 취급방법을 마스터하자 ～

데칼(습식 데칼)은, 작은 마킹에서 큰 구분도색까지, 인쇄가 가지고 있는 날카로우면서 아름다운 모양을 모형에 더할 수 있는 편리한 것이다. 건프라에서는 건식 데칼이나 씰이 들어있는 경우도 있지만, 습식 데칼은 무엇보다 얇고, 어느 정도의 굴곡에도 밀착하기 때문에, 완성도를 중시한다면 역시 습식 데칼을 추천한다. 그래서 이번 장에서는, 이 습식 데칼의 취급방법의 요령을 소개하고자 한다. 단순히 붙이는 것만이 아닌, 여백의 상태, 주위와의 위화감을 없애는 등 완성도에 힘을 쏟아보자.

데칼의 기본적인 접착방법

작은 마킹을 붙이는 예로, 데칼의 취급방법, 사용하는 용구, 접착 시 주의점 등을 상세하게 살펴보자. 부품에 붙일 때까지와 붙이고 난 이후의 미세조절까지, 의외로 많은 단계가 있다.

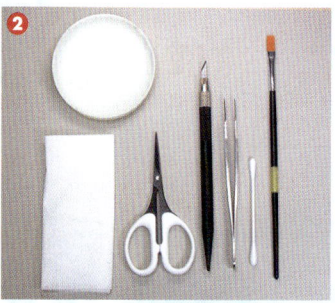

> **CHECK POINT**
> ### 이외의 씰 종류
>
>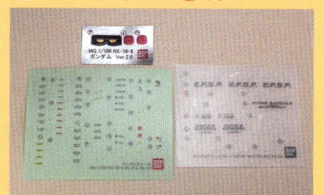
>
> ▲이번 장에서는 자세하게 다루지는 않지만, 건프라에는 습식 데칼 이외의 씰 종류가 들어있는 경우도 있다. 왼쪽 위는 「호일 씰」이다. 왼쪽 밑에는 「마킹 씰」이다. 이것들은 일반적인 접착 씰과 같은 접착 방법이다. 오른쪽의 「건담 데칼」은, 투명필름에 인쇄된 마크 위에서 문질러서 부품에 붙인다.

▲건프라용 데칼은, 키트에 들어가 있는 경우도 있고, 각 키트의 옵션제품으로 전용 「건담 데칼」도 별도로 판매되는 것도 있다. 또한 시판의 범용 마킹 등을 사용하는 것도 좋은 것이다. 습식 데칼이라면 어떤 것도 취급방법은 같다.

▲데칼을 붙이는데 사용하는 용품. 왼쪽 위의 둥근 것은 물 접시다. 그 앞에는 데칼을 일시적으로 놓는 종이. 대지에서 잘라내기 위한 가위와 나이프, 데칼을 잡는 핀셋, 여기에 데칼을 잘 붙이기 위한 면봉이나 붓도 준비해두자.

▲데칼의 필름을 부드럽게 해서 부품 표면에 잘 붙도록 도와주는 것이, 데칼 연화제다. 왼쪽부터 「Mr.마크 소프터」, 「Mr.마크 세터」(GSI크레오스 / 210엔, 262엔)다. 마크 소프터는 연화만 시키고, 마크 세터는 연화시키는 것과 동시에 정착력을 높여주는 접착제의 효과도 있다.

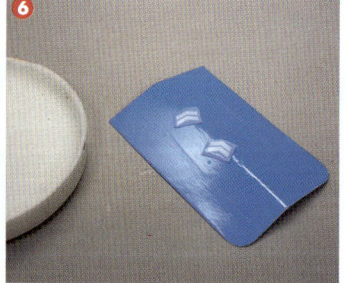
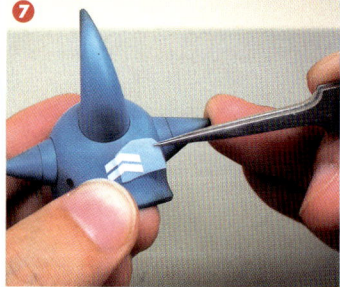

▲일단 데칼을 잘라내 보자. 대지의 표면 인쇄된 마크는, 투명한 여백에 하나의 덩어리로 되어있다. 대지에서 떼어내면 지정 번호를 알 수 없으므로, 같은 마크 별로 작업을 하는 등 알기 쉬운 구분 방법으로 잘라내도록 하자.

▲잘라낸 데칼을 물에 적신다. 작은 데칼은 물 접시에 담가버리면 다시 잡기가 힘들기 때문에, 핀셋으로 잡은 채 물에 적시는 편이 좋다. 큰 데칼이라면 그대로 접시에 담가도 된다.

▲물에 적셔서 젖은 상태가 되면 꺼내서, 그대로 수십 초 정도 기다린다. 그러면 물로 인해서 데칼과 대지 사이의 풀이 녹아서, 대지 위에서 떼어낼 수 있게 된다. 볼록하게 접은 종이 위에 올려놓으면 다시 데칼을 집기가 편하다.

▲접착. 대지째로 붙일 위치까지 데칼을 가지고 와서, 손가락으로 데칼을 가볍게 누르면서 대지를 밀어내듯이 떼어내서, 데칼을 부품 위에 올린다(이러한 이유로 데칼을 「슬라이드 마크」라고 부르기도 한다). 데칼과 부품 사이에 공기가 들어가지 않도록, 붙이기 전에 물방울을 묻혀두면 좋다.

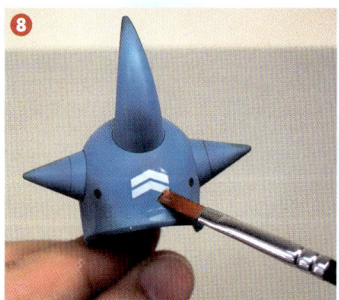
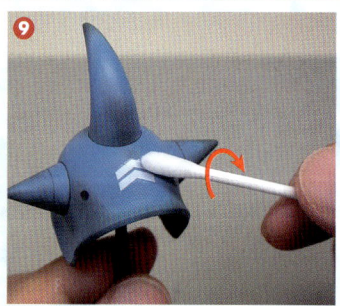
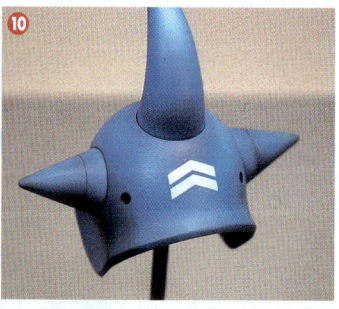

> **CHECK POINT**
> ### 데칼 접착의 원리
>
>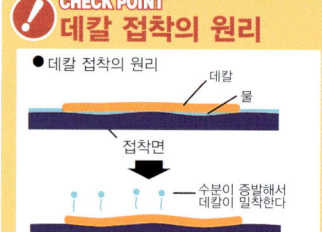
>
> ▲데칼을 부품 표면(도색면)에 올려둔 경우의 그림이다. 처음에는 부품 표면에 수분이 있어서, 데칼의 위치를 쉽게 옮길 수 있다. 그 후 수분이 증발하는 것으로, 표면에 밀착한다. 이 때 다소의 곡면에도 밀착하게 된다.

▲데칼이 부품 위에 올라가면, 붓을 사용해서 위치나 각도를 조절한다. 마크를 쓰다듬거나, 조금씩 찌르듯이 움직여보자. 여기까지는 데칼이 조금 젖은 상태다. 위치가 결정되면, 남아있는 수분을 닦아내자.

▲그대로 건조를 기다리는 것도 좋지만, 적신 면봉을 데칼의 표면에 굴리듯 움직이면, 데칼과 부품사이의 수분이 밀려나가서, 더욱 밀착되며 건조도 빨라진다. 데칼을 잡아당기지 않게 굴리는 것이 요령이다.

▲수분이 증발하면, 필름이 팽팽해져서 데칼이 밀착한다. 이것으로 부착 종료다, 건조까지는 수십 분 정도가 걸린다. 데칼의 주변에 물방울이 남아있으면 자국이 남는 일도 있기 때문에, 빨리 닦아내도록 하자.

데칼이 하얗게 뜰 경우의 대처법

데칼이 하얗게 뜨는 것은, 데칼이 건조한 상태에서 필름이 부품 표면과 완전히 밀착하지 않고 공기가 들어가서, 조금 하얗게 보이는 것이 원인이다. "실버링"이라고도 한다. 연화제로 데칼을 표면에 밀착시키는 것으로, 이 현상을 해소할 수 있다.

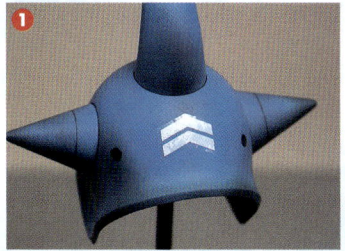

▲앞에서 붙인 데칼. 건조하자 부분적으로 하얗게 되서, 떠있는 상태가 되었다. 이것은 데칼의 완성으로서 아직 불충분하다. 데칼의 접착방법이 잘못되지 않더라도, 이러한 일은 자주 일어난다.

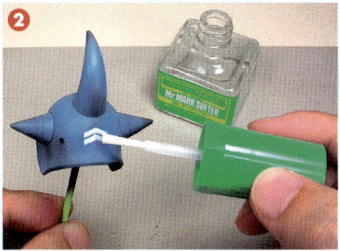

▲실버링을 해소하기 위해 데칼 연화제(마크 소프터)를 바른다. 데칼 연화제는 데칼의 필름을 부드럽게 만들어서, 부품 표면에 잘 밀착되게 만든다. 이 예에서는 도색면이 무광이었기 때문에 미세한 굴곡이 있어서, 데칼이 잘 밀착되지 않았던 것 같다.

▲연화제로 데칼을 부드럽게 만든 상태. 데칼의 필름이 조금 늘어나서, 주름이 지려고 하고 있다. 이 정도라면 건조하면서 주름도 없어지기 때문에 문제없지만, 연화제를 너무 많이 바르면, 세밀하게 주름이 나서 더 이상 되돌릴 수가 없다. 연화제를 너무 많이 바르지 않도록 주의하자.

CHECK POINT
데칼이 뜬 부분

▲제대로 붙였다고 생각해도 부품 표면의 미세한 굴곡이나 데칼의 필름 경도에 따라, 수분이 건조한 곳에 공기가 들어가 버린다. 패널라인이나 돌기에 붙이는 경우에는 좀더 주의가 필요하다. 상태에 맞춰 대응하도록 하자.

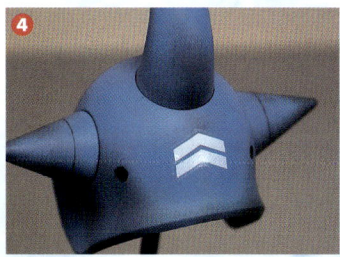

▲연화제로 부드러워진 데칼에는 절대로 손을 대지 말고, 건조를 기다리자. 사진에 나온 것이 건조한 상태. 데칼 표면을 잘 살펴보면, 도색면의 미세한 굴곡까지 반영이 되어있다. 이것으로 하얗게 뜬 부분 없이 밀착되었다.

▲붙인 데칼의 여백이 눈에 띄는 예. 이것은 단순하게 여백이 있어서가 아니라, 하얗게 떠서 눈에 띄게 되는 것이다. 이 역시 제대로 밀착시키면 주위와 위화감이 들지 않는다. 대처법은 앞에서 소개한 것과 마찬가지다.

▲여백이 하얗게 뜬 부분을 없애고 밀착시킨 상태. 여백 부분은 어느 정도 색조가 다르게 보이긴 하지만, 앞의 상태와 같이 극단적으로 눈에 띄지는 않는다. 여백이 적은 마크라도 데칼 표면이 빛나듯이 눈에 띌 때는 밀착이 부족한 경우가 많다.

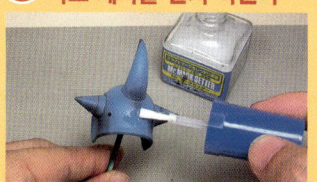

CHECK POINT
마크 세터를 먼저 바른다

▲데칼을 붙여서 하얗게 뜨는 것을 알았다면, 다음은 "연화제 + 데칼 접착제"인 「마크 세터」를 먼저 바르면 좋다. 연화 효과와 접착제 성분이 데칼과 부품면의 사이를 채워줘서, 하얗게 뜨는 일을 막아준다.

패널라인이 있는 경우의 대처법

패널라인 등, 급격한 굴곡 위에 데칼을 붙이면, 어떻게 붙여도 부분적으로 떠버린다. 이러한 경우에는 연화를 시키는 것 만으로는 밀착시키기가 어렵다. 여기서는 데칼을 부분적으로 잘라서, 밀착시키는 것이 좋은 방법이다.

▲패널라인 위에 데칼을 붙인 예. 패널라인 부분이 뜬 상태로, 하얗게 되었다. 이대로는 보기에도 좋지 않다. 패널라인 부분에도 밀착되도록 만들어보자.

▲패널라인에 밀착시키기 위해서는, 패널라인을 따라서 데칼에 칼집을 넣는다. 데칼이 움직이면 똑바로 자를 수 없기 때문에, 확실히 건조한 다음에 자른다. 나이프도 날이 잘 드는 새것을 사용하자.

▲자른 부분은 데칼이 뜨기 때문에, 그 부분이 패널라인에 밀착되도록, 연화제를 바른다. 부분적인 처리이기 때문에 연화제는 조금만 바른다. 붓으로 쓰다듬듯이 해서, 패널라인에 밀착시킨다.

▲건조되어, 밀착된 상태의 데칼이다. 폭이 좁은 패널라인의 경우에는 이렇게 붙이고서 잘라내는 것으로 대응할 수 있지만, 폭이 넓은 경우나 단차가 있는 경우에는 먼저 데칼을 자르고서 붙인다, 라는 방법으로 대응하자.

구분도색용 데칼의 부착 방법

기체의 구분도색용 데칼의 경우에도 부착 방법은 동일하지만, 부품의 형태에 맞춰서 감싸듯이 붙이거나, 단차에 대응하는 등의, 밀착시키기 위한 기술이 필요해진다. 이러한 대응법을 소개하고자 한다.

▲MG시난주의 금색을 데칼로 붙이는 예다. 대지에서 잘라내서 붙일 때까지의 방식은 동일하다. 다면체에 감싸듯이 붙일 때에도, 데칼의 밑에 공기가 들어가지 않도록 주의한다. 구분도색용 데칼은 인쇄부분이 두꺼워서, 작은 마크보다 밀착시키기가 조금 어렵다.

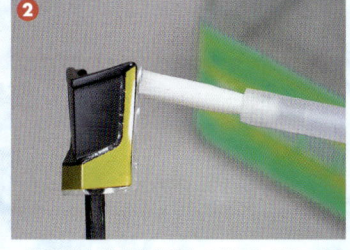

▲일단 부품 형태에 벗어나지 않도록 위치조절을 확실하게 해둔다. 그리고 건조되어 데칼이 움직이지 않게 되었을 때, 데칼의 가장자리가 떠있는 부분을 밀착시킨다. 사진은 여백이 부품에 붙도록, 마크 소프터를 약간 발라주고 있는 모습이다.

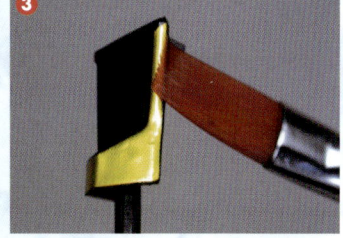

▲마크 소프터를 발라서 부드러워진 상태에서, 붓으로 밀착시킨다. 부드러워진 부분은 강하게 누를 수 없기 때문에, 연화의 정도나, 밀착의 정도에 주의를 하면서 신중히 작업한다.

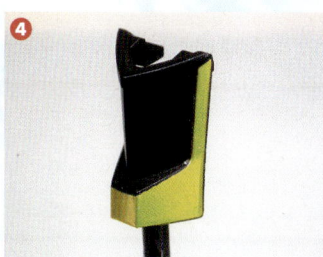

▲구분도색용 데칼을 다 붙인 상태다. 앞면에서 뒷면까지, 위치를 맞춰서 붙였다. 만약 데칼과 부품 형태에 차이가 있는 경우에는, 중심부에 맞추는 등, 눈으로 봤을 때의 밸런스로 조절하도록 하자.

■ 뜨거운 물로 밀착시킨다

⑤
▲좁은 라인을 양각 몰드에 붙이는 부분. 데칼은 여백이 넓게 자리잡고 있다. 여백을 잘라내는 방법도 있지만, 그렇게 하면 데칼을 다루기 어려워 진다. 여기서는 넓은 면에 그대로 붙여보자. 굴곡 면에 데칼을 밀착시키려면 어떻게 해야 하는가?

⑥
▲데칼을 부드럽게 만드는 데는 뜨거운 물을 사용하는 방법도 있다. 가열하는 것으로 데칼을 부드럽게 만드는 것이다. 간단하게 할 수 있는 방법은 접어서 두껍게 만든 휴지를 뜨거운 물에 적시는 방법이다. 더 넓은 면이라면 타월에 뜨거운 물을 적셔서 사용한다.

⑦
▲데칼을 붙이고, 위치를 잡은 다음에 뜨거운 물에 적신 휴지를 데칼 전면에 대고 누른다. 힘껏 누르는 것이 아닌, 열을 전달하는 느낌으로 누른다. 가열되어 데칼이 부드러워진 것으로, 굴곡에 잘 밀착이 된다.

⑧
▲이것으로 선에 따라난 굴곡에 상당히 잘 밀착되었다. 이 방법은 넓은 면적을 한번에 대응할 수 있으며, 너무 연화될 위험도 없는 것이 장점이다. 부분적으로 할 때는, "뜨거운 물 + 면봉"이라는 방법도 있다. 상황에 따라서 소프터와 구분해서 사용하면 좋을 것이다.

구분도색용 데칼의 부착 방법2

지금까지 소개한 방법을 잘 이용해서, MG시난주의 가슴 부분 문장이라는 어려울 것 같은 데칼을 붙여보도록 하자. 잘 밀착시키기 위해서는, 여백을 자르거나, 칼집을 내서 대응한다.

①
▲문장의 양각 몰드가 들어간 부품과, 그 부분의 데칼이다. 양각 몰드는 단차가 큰 편이다. 또한 데칼은 가장자리의 라인과 안쪽의 문장 부분까지가 일체형으로 되어있다. 이 부분은 잘라서 따로 붙이는 것이 좋을 것 같다.

②
▲가장자리를 잘라낸 다음, 여분의 여백을 잘라낸다. 날개 형태의 문양도 단차에 잘 밀착시킬 수 있도록, 칼집을 넣는다. 완전히 여백을 잘라내면 데칼이 잘 찢어지기 때문에, 여백을 다 잘라내지는 않는다.

③
▲부품에 붙여서 위치조절을 한 모습. 칼집을 냈기 때문에 부분적으로 비뚤어지지도 않는다. 외관을 다듬는다. 일단 긴 부분이 중요하다. 문양부분은 제대로 붙어 있지만, 여백이 하얗게 떠서 아직 밀착되지 않은 상태이다.

CHECK POINT 데칼 연화제를 희석한다
▲데칼 연화제의 효과는 데칼 필름의 두께에 따라서도 차이가 난다. 효과가 너무 강한 경우에는 물에 희석시켜서 사용하면 된다. 바르고 나서 효과가 너무 강력하다 생각되면, 빨리 수분을 더해서 희석시켜 사용하자.

④
▲여백을 밀착시키기 위해서, 희석시킨 연화제를 데칼과 부품 사이에 흘려 넣고 있다. 미세한 주름이 생겨서 부드러워진 것을 알 수 있다. 이 다음에는 수분을 더해서 연화가 진행되지 않도록 한 다음에, 붓이나 면봉으로 밀착시킨다.

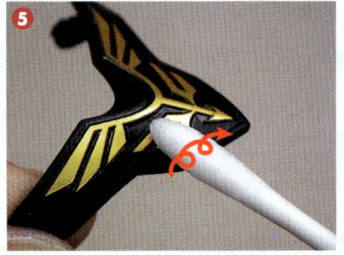
⑤
▲밀착시키는 단계의 완성이다. 데칼 표면에 면봉을 굴리면서 가볍게 눌러준다. 이 때 면봉은 데칼에 붙일 것이라면 새 것으로 한다. 이것으로 수분을 밀어내고, 흡수하면서 데칼을 밀착시켜준다.

⑥
▲문장부분의 데칼을 붙인 모습이다. 세세한 여백에 칼집을 넣어주는 것으로, 몰드에 따라 데칼이 붙어있다. 여백도 떠있는 부분이 없고, 밀착한 상태가 되었다. 이후 따로 잘라두었던 가장자리의 라인도 붙인다.

CHECK POINT 데칼을 잇는 부분
▲데칼을 잇는 부분은, 2장의 가장자리를 정확히 맞추는 것은 어렵다. 이럴 때는, 아주 약간 겹치게 붙이는 것이 좋다. 예에서는 오른쪽을 조금 위로 겹치게 붙였다.

데칼의 보호와 클리어 코트

데칼 붙이기의 마지막은, 데칼의 보호와 표면에 광택을 다듬는 클리어 코트다. 이 작업은 수성도료의 클리어로 하는 것이 안전하지만, 다소 위험이 있더라도, 일부러 락카 계열 클리어를 사용하는 경우도 있다.

①
▲문장 데칼의 마지막 마무리로서, 클리어를 뿌린다. 사진에서 사용하고 있는 것은 데칼이 상할 위험이 없는 수성도료의 「탑 코트」다. 이것으로 데칼을 보호하고, 벗겨지는 것을 방지하는 것 이외에도, 데칼과 도색면의 광택을 다듬어서, 위화감을 없앤다.

②
▲클리어 코트가 끝난 부품이다. 광택을 억제해서 도색과 일체화되어, 여백도 눈에 띄지 않는 상태가 되었다. 광택은 자신이 원하는 완성도에 따라 「유광」이나 「반광」을 선택해도 좋지만, 「무광」이 데칼의 가장자리 부분을 가장 눈에 띄지 않게 만들어준다.

③
▲락카 계열 도료의 클리어를 데칼 위에 뿌리면 데칼이 녹거나, 금이 갈 위험성이 있다. 그러나, 도료의 피막을 우선해서 락카 계열 클리어를 선택하는 경우도 있다. 이 때는 한번에 많이 뿌리지 않도록 주의해서, 바로 마를 정도로만 뿌리고 건조하면 이것을 다시 반복한다.

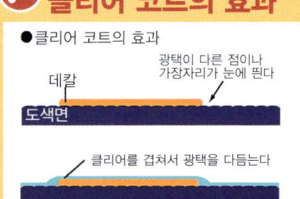
CHECK POINT 클리어 코트의 효과
▲데칼 표면은 도색면과는 광택이 다르기 때문에, 그대로 두면 완성 후에 눈에 띄기 마련이다. 클리어 코트로 광택을 같게 만드는 것으로, 광택이 다른데서 생기는 위화감을 없앨 수 있다. 또한 만져도 벗겨지지 않도록 보호하는 효과도 있다.

레벨 업 공작 테크닉

1. 사포질의 기초
2. 부품을 샤프하게 가공
3. 후조립 가공
4. 메우기
5. 관절 가공
6. 패널라인 파기
7. 디테일 새기기
8. 디테일 업
9. 디테일 업 부품 카탈로그
10. 서페이서와 바탕색 처리

CHAPTER 3

MSN-02
ZEONG
BANDAI 1:144 scale plastic kit
"High Grade Universal Century"

CHAPTER 3 : 레벨 업 공작 테크닉

❶ 사포질의 기초
～ 상황에 따른 마감법을 몸에 익히자 ～

프라모델 제작에서 완성도를 추구하게 되면, 사포를 사용해서 깎아내는 "사포질"은 필수 작업이다. 여기서는 여러 가지 상황에 있어서 사포질의 방법이나 기술을 소개하도록 한다. 사포질이 필요한 상황은, ①게이트 자국, ②파팅 라인, ③부품의 접합선, ④수축, ⑤부품의 정형, 과 같다. 구체적인 작업으로서는, 「부품의 형태를 다듬는다」와 「흠집을 없앤다」의 2단계로 나눠서 생각하면 알기 쉽다.

사포의 종류

모형용도의 사포로서는, 물을 발라서 사용할 수 있는 "내수 사포"가 주로 사용된다. 시트 형태의 제품을 적당한 크기로 잘라서 사용하는 것이 일반적이지만, 모형용으로 간단하게 사용할 수 있는 크기로 되어있거나, "버팀판"이 붙어있는 제품도 판매되고 있다.

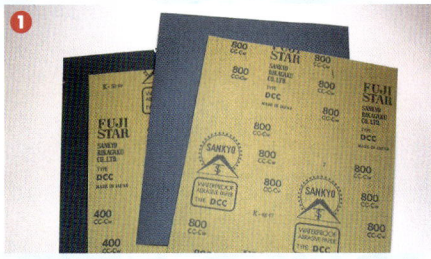

▲내수성이 있는 사포, 통칭 "내수 사포"다. 물을 묻히면서 사포질을 하는 "물 사포질"이 가능하기 때문에, 연마력이 오래가고, 또한 깎아낸 부스러기들도 쉽게 떼어낼 수 있기 때문에, 절단면에 흠집을 내는 것도 막을 수 있다. 물론 물을 묻히지 않아도 사용할 수 있다. 번호(연마입자가 고운 정도)에는 #60～2000이 있어서, 대강 갈아내는 것부터 연마작업까지 사용할 수 있다. 프라모델 작업에서 가장 많이 사용되는 것은 400～800번 일 것이다. 시트의 크기는 280 x 230mm이 일반적이다. 1장 100엔 전후로 구입할 수 있다.

▲버팀판이 같이 붙어있는 사포다. 왼쪽은 「타이라」(3개 들이, 각 294엔 / Gesse)다. 완만하게 굽은 흙손 표면에 사포가 붙어있어서, 번호 별로 (240～800) 색상으로 구분되어 있는 것이 특징이다. 오른쪽은 「줄 스틱」(3개 들이, 각399엔/웨이브)이다. 합성 수지로 된 판에 사포가 붙은 상품으로, 앞쪽에 있는 「하드」는 흰 상태로 사용할 수 있다. 안쪽의 「소프트」는 사포 밑이 스폰지 층으로 되어있어서 탄력도 있다. 작게 잘라서 사용할 수도 있고, 번호는 80～12000이 있다.

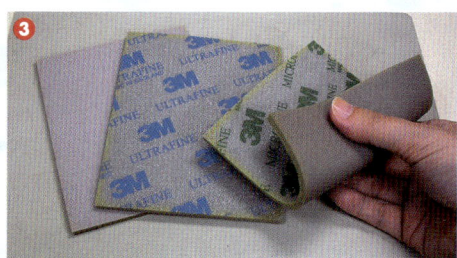

▲스폰지 연마재(스폰지 사포). 이것은 얇은 스폰지의 표면이 사포 형태로 되어있는 것으로, 구부려서 사용할 수 있는 유연성이 있다. 번호는 5종류로, 120～180, 240～320, 320～600, 800～1000, 1200～1500이다. 강하게 밀면 거친 눈, 약하게 밀면 고운 눈 번호에 상당하는 사포가 된다. 사이즈는 114 x 140mm이고, 1장 300엔 정도로 판매되고 있다. 프라모델 제작에 필수품은 아니지만, 곡면의 마감 등, 꼭 필요한 곳에 편리하게 사용할 수 있다.

사포질의 기본

구체적인 작업 전에, 사포질의 순서나 취급 방법을 확인하도록 하자. 사포질은 부품에 상처를 입히는 일도 있기 때문에, 익숙하지 않으면 주저하는 경우도 있고, 생각 없이 하다 보면 부품의 형태가 변형되는 경우도 있다. "정형"과 "흠집 제거"의 2단계를 의식하면, 깨끗하게 마감을 할 수 있을 것이다.

▲게이트 자국이나 파팅 라인, 수축이 눈에 띄는 부품들의 예. 부품 표면의 약한 단차나 뒤틀림을 사포질로 균일하게 만드는 것으로, 작품의 완성도가 높아진다. 부품의 접합선도 접착제나 퍼티로 메우고 균일하게 만들면, 분할되어 있지 않은 부품처럼 만들 수 있다.

▲사포는 "버팀판"에 감아서 사용하는 것이 기본이다. 이것으로 깎아내는 부분을 제대로 사포면을 댈 수 있어서, 목표로 하는 형태로 쉽게 다듬을 수 있다. 버팀판은 딱딱하고 평평한 것이라면 무엇이든 사용할 수 있다. 오른쪽은 두꺼운 프라판에 감은 예다.

▲버팀판은 딱딱한 것뿐만 아니라, 부드럽거나 탄력이 있는 쪽이 편리한 경우도 있다(자세한 것은 뒤에서 이야기 하겠다). 왼쪽은 얇은 프라판, 오른쪽은 지우개에 감은 예다. 역시 깎아내는 장소에 따라 크기를 조절할 수 있는 소재가 좋다. 때로는 사포만을 둥그렇게 말거나, 손가락으로 그대로 잡아서 사용하는 일도 있다.

CHECK POINT
사포의 번호와 용도

번호	용도
240	건목용
320	
400	
600	표면처리
800	
1000	
1200	
1500	연마
2000	

사포의 번호는 숫자가 작은 쪽이 거친 사포다. 숫자가 커지면 입자가 작고 일반적으로 1000번까지 준비해두면 프라모델 제작에는 적합하다. 면 작업이 남을 것이라면, 400～1000번으로 작업하면 흠집이 잘 깎이는 연마 마크의...

▲게이트 자국과 자국을 통과하고 있는 파팅 라인을 예로, 사포질의 모습을 보자. 먼저 불필요한 돌기나 단차를 밀어서 균일하게 만드는 「정형」단계다. 눈이 거친 사포(여기서는 400번)로, 높은 부분(면)을 깎아낸다. 흠집은 가능하면 적은 것이 좋지만, 일단은 형태를 다듬는 것이 우선이다. 줄로 깎는 것은 밀어서 깎아내는 것이 기본이지만, 사포질은 어느 방향으로 움직여도 깎이는 것이 장점이다. 부분적으로 깎아낼 때는 작은 동작으로 사포를 움직이는 것이 더 잘 깎인다.

▲단차가 없어지면, 다음은 "흠집 제거" 단계다. 눈이 고운 사포(여기서는 800번)로 표면을 사포질 하는 것으로, 흠집이 작아져서 눈에 띄지 않게 된다. 부품 각 면의 형태를 무너뜨리지 않도록, 사포를 움직이는데 힘을 주지 않고, 앞뒤좌우, 원운동을 같이 해준다. 실제로는 세세한 면의 뒤틀림도 같이 수정한다. 알기 쉽게 2단계로 사포질 과정을 소개하였으나, 최근의 키트에는 파팅 라인이나 접합선의 단차도 적기 때문에, 눈이 고운 사포로만 사포질을 해서 끝내는 경우도 많다.

▲내수 사포를 사용하는 것은, 수분을 묻히면서 사포질을 하는 "물 사포질"을 하기 위함이다. 물을 묻히지 않는 그냥 사포질 보다 갈아내 찌꺼기가 사포에 덜 들러붙어서 연마력이 오래가고, 깊은 흠집을 내거나, 갈아낸 찌꺼기가 날아다니는 일이 없다는 장점이 있다. 한편, 간편한 것을 따지자면 그냥 사포질이 더 간편하다. 어느 쪽을 선택하는 지는 취향차이 이지만, 갈아낸 찌꺼기가 많이 나오는 퍼티 종류의 절삭이나, 1000번 이상의 연마작업에는 물 사포질 하는 것을 추천한다. 또한, 이번 기사에서는 절삭상태가 잘 보이도록 물 사포질을 하지 않았다.

파팅 라인의 처리

파팅 라인은, 금형의 접합선이 성형품에 선 모양으로 남아있는 흔적을 가리키는 말이다. 일반적으로는 부품의 가장자리에 있지만, 부품 표면의 눈에 잘 띄는 부분에 붙어있는 경우도 있다. 게이트와 연결된 위치에 있기 때문에, 게이트 자국과 함께 사포질을 하면 될 것이다.

▲파팅 라인이 눈에 잘 띄는 부품의 예. 모두 다 게이트는 떼어 냈으며, 왼쪽과 바로 앞의 부품의 중심부분에 라인이 나 있다. 오른쪽은 부품의 각진 곳에 하얗게 보이는 곳에 파팅 라인이 나있다. 이것들을 사포질을 해서 표면을 균일하게 만들어보자. 앞쪽에 있는 동력파이프에 관해서는 P.043에서 설명한다.

▲평면 위에 나있는 파팅 라인을 지우는 작업이다. 라인 부분을 중심으로, 전체를 평면으로 깎는다. 사포를 움직이는 방법은 여러 가지이지만, 사포 표면과 부품이 완전히 겹치면 상태를 확인하기 어렵다. 버팀판의 가장자리를 사용하는 느낌으로, 좌우로 움직이면서 이동시키면 쉽게 확인할 수 있어서, 너무 많이 깎는 일도 막을 수 있다.

▲깎아낸 부분은 미세한 흠집으로 하얗게 되어있지만, 파팅 라인은 깨끗하게 없어졌다. 옆의 경사진 면도, 평면과 같이 사포질을 한다. 이 예에서 사용한 사포는 800번이다. 무광이나 반광 도색을 한다면 이 상태에서 사포질을 끝내도 된다.

CHECK POINT
돌기 주위에 주의하자

▲왼쪽이 처리 전, 오른쪽이 처리 후 사진이다. 이와 같이 사포질을 하는 면에 튀어나온 것이 있는 경우에는, 가장자리를 너무 많이 깎아서, 단차가 생기기 마련이다. 이런 곳은 사포의 방향을 자주 바꾸면서 깎아내면 될 것이다.

▲모서리에 있는 파팅 라인은 각을 없애듯이 깎아내면 간단하게 처리할 수 있지만, 그렇게 하면 부품의 샤프함이 없어진다. 모서리의 샤프함을 남겨두기 위해서는, 양쪽 면부터 갈아낸다. 모서리의 파팅 라인은 조금 휘어서 올라와있기 때문에, 이를 의식하면서 깎아내도록 하자.

▲이어서 모서리의 반대면을 깎아낸다. 원형 부품의 경우는 한 부분만 많이 깎아내서 평평해지지 않도록 주의가 필요하다. 사포질은 각도를 일정하게 하고 좌우로 움직이고, 부품 쪽을 돌리면서 깎는 것이 좋다.

▲사포질이 끝난 부품(오른쪽)과 파팅 라인을 지우기 전의 부품(왼쪽)과 비교. 비뚤어진 것이 없어져서, 정돈된 형태가 되었다. 이러한 부분은 건프라의 경우 실드나 스커트, 노즐의 가장자리 등에서 자주 볼 수 있다. 깨끗하게 다듬으면 인상도 더욱 좋아진다.

CHECK POINT
관절 근처의 파팅 라인

▲관절 주위에서 파팅 라인이 튀어나오면, 조립한 후에 문질러져서 흔적이 남거나, 도색이 벗겨지기도 한다. 이럴 때는 각을 조금 둥그렇게 만드는 것이 무난하다. 안쪽 면을 조금 깎아내면, 부품 끼리의 마찰도 줄일 수 있다.

접합선 수정

부품의 접합선을 없애기 위해서는, 접합선을 접착하고, 틈새를 메우는 것이 필요하다. 여기에는 플라스틱 접착제가 접합선 위로 올라오게 만드는 방법이나 플라 퍼티, 순간 접착제 등을 사용한다. 그 후, 튀어나온 부분을 사포질로 다듬어 준다.

■ 플라스틱 접착제로 접착한 경우

▲왼쪽은 플라스틱 접착제를 많이 발라 접착시켜서, 접착과 틈새 메꾸기를 겸한 부품이다. 삐져나온 부분은 부드러워서 쉽게 깎아낼 수 있지만, 접착제가 굳는데 시간이 걸린다. 오른쪽은 접합선에 순간 접착제를 흘려 넣어서 틈새를 메운 예다. 플라스틱 보다 딱딱하기 때문에, 깎아내기는 힘들지만, 바로 절삭 작업에 들어갈 수 있다.

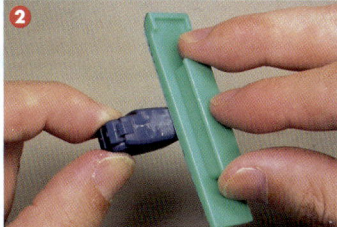

▲플라스틱 접착제를 사용한 예부터 사포질에 들어가도록 하자. 여기서는 600번의 「타이라」를 사용하고 있다. 사포의 움직임은 파팅 라인 수정과 마찬가지다. 절삭면이 곡선으로 되어있기 때문에, 튀어나온 부분에 사포를 대기 쉽다. 손잡이가 달려있기 때문에, 사포질이 익숙하지 않은 사람도 쉽게 다룰 수 있다.

▲접착제가 삐져나온 부분을 균일하게 만들고, 접착한 좌우의 면이 부드럽게 이어지도록 사포질을 하면, 다음은 흠집 제거를 할 차례다. 도색하고 난 다음에 흠집이 눈에 띄지 않기 위해서 800번으로 사포질을 한다. 여기서는 표면을 강하게 밀지 말고, 표면을 쓰다듬듯이 다룬다.

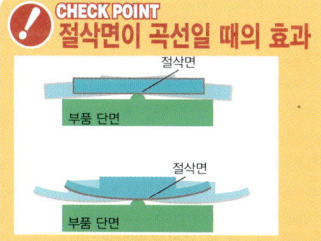

CHECK POINT
절삭면이 곡선일 때의 효과

절삭면 / 부품 단면
절삭면 / 부품 단면

▲그림의 위와 같이 평평한 버팀판을 사용하는 경우에는, 면이 흔들리면 부품의 모서리를 깎아내는 일이 일어날 수 있다. 그림의 밑과 같이 곡선으로 된 버팀판을 사용하면, 조금 흔들리더라도 잘못 깎거나 하지 않는다. 튀어나온 부분을 깎아내면 평평한 면으로 마감하면 된다.

■ 순간 접착제로 접착한 경우

▲이어서 순간 접착제로 메운 경우다. 이것은 나쁜 예다. 순간 접착제 부분은 플라스틱보다 딱딱하기 때문에, 아무 생각 없이 사포질을 하면 플라스틱 부분만 깎아내게 된다. 또한 눈이 고운 사포만으로 깎아내면 표면만 깎이고, 접합선은 깎이지 않는 일이 일어난다.

▲이런 이유로, 순간 접착제로 틈새를 메운 경우에는, 일단 그 부분을 제대로 깎아내는 것이 중요하다. 플라스틱 접착제의 경우보다 더 거친 400번을 사용해서, 순간 접착제가 올라온 부분을 제대로 깎아낸다.

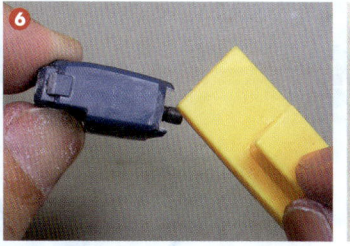

▲순간 접착제 올라온 부분이 깎여나가서, 접합선이 없어진 것을 알 수 있다. 이후, 전체 면을 균일하게 만드는 것은 플라스틱 접착제의 경우와 마찬가지다. 흠집이 크게 난 부분은 800번으로 흠집 제거를 한다.

▲왼쪽은 플라스틱 접착제, 오른쪽은 순간 접착제를 사용한 부품의 완성된 모습이다. 사포질을 잘 하면 완성도에 차이는 없다. 작업시간이나 절삭성을 따져서, 자신이 작업하기 쉬운 쪽을 선택하면 될 것이다. 사포질에 익숙하지 않은 사람에게는, 플라스틱 접착제를 사용하는 방법을 추천한다.

CHAPTER 3 : 레벨 업 공작 테크닉

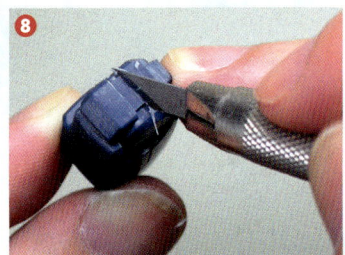
⑧

⑨

⑩
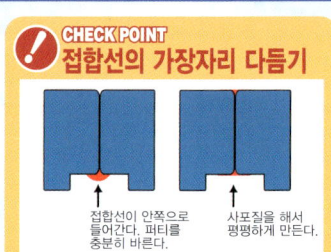

CHECK POINT
접합선의 가장자리 다듬기

▲"접합선 수정"에 대해 보충 설명을 하겠다. 이와 같이 부품이 들어간 부분 등, 사포를 대기 힘든 경우가 있다. 이럴 때는, 일단 나이프로 튀어나온 곳을 긁어 내고, 나이프의 날 끝을 밀어서 대패질을 해서 모양을 다듬으면 된다.

▲그리고 나서, 들어간 곳을 깎아내기 쉽도록 버팀판(여기서는 얇은 프라판의 가장자리)에 사포를 감아서 나이프 자국을 없애준다. 좁은 부분에서는 사포를 움직이기 어렵기 때문에, 이러한 방법이 효율이 좋다.

▲플라스틱 접착제나 순간 접착제 이외에도, 틈새가 많이 벌어진 경우에는 락카 퍼티를 넣는(바르는방법)도 있다. 깎이는 느낌은 플라스틱에 가깝다. 이 경우에는 제대로 건조시키는 것이 중요하다. 또한 사포의 눈에 찌꺼기가 잘 끼기 때문에, 물 사포질을 추천한다.

▲접합선의 부품 모서리는 조금 둥그렇게 되서, 조립을 한 것 만으로는 안쪽으로 살짝 들어가는 일이 있다. 접합선 수정을 할 때 이러한 가장자리에도 주의를 해서, 퍼티 바르기, 사포질을 하자.

수축의 처리

"수축"은 성형단계에서 생기는, 부품 표면의 들어간 부분을 말한다. 플라스틱 부품에는 다소 발생하는 일이 생기긴 하지만, 특히 광택 도료를 사용하는 등, 완성도를 추구하는 경우에는 이렇게 수축된 부분도 사포질을 해서 평평하게 만들도록 하자.

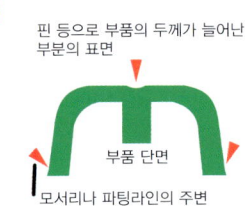
①

②

③

④

▲수축이 일어나기 쉬운 부분을 그림으로 보여준다. 이와 같이 부품의 두께가 있는 부분이나, 모서리 부분에서 일어나기 쉽다. 아주 살짝 수축이 되어있기 때문에, 일반적으로는 표면을 그대로 사포질을 해서 주위와 균일하게 만들지만, 안쪽으로 깊게 들어간 경우에는 플라 퍼티나 순간 접착제로 들어간 부분을 메우고 나서 다듬는다.

▲접합선 수정에서 사포질을 했을 때, 흠집이 나지 않은 부분을 발견했다. 흠집이 나지 않고 남아있는 부분은 안쪽으로 들어가 있는, 즉 "수축되어" 있는 것이다. 이 면은 평평하기 때문에, 접합선 수정을 하면서 계속해서 그 면 전체를 깎아내는 것으로 수축된 부분을 평평하게 만들어준다.

▲수축이 없어진 모습이다. 이와 같이 면 전체를 사포질 하는 방법 이외에도, 들어간 부분 주변에만 사포질을 해서 수축을 완화시켜서 눈에 잘 띄지 않게 만드는 방법도 있다.

▲완만한 곡면 중심에 수축이 발생한 예. 수축을 없애는 것뿐이라면 수축이 일어난 부분을 평평하게 깎아내면 되지만, 부품이 원래 가지고 있는 곡면을 없애지 않도록, 사포가 닿는 각도를 조금씩 변형시키면서 주위를 깎아낸다.

평면과 모서리를 강조하는 방법

지금까지는 목적 별로 사포질을 알아봤지만, 다음에는 여러 가지 형태에 맞춘 사포질의 요령을 소개하고자 한다. 먼저 평면이나 모서리를 강조하는 방법이다.

①

②

③

④

▲면을 평평하게 만드는 방법은, 앞에서 소개한 평평한 버팀판이나 「타이라」의 사용 예 에서도 거의 가능하였지만, 여기서는 한발 더 나아가 뒤틀림을 수정하는 방법을 알아보기로 한다. 먼저 버팀판의 가장자리를 사용해서, 절삭면에 대해 대각선으로 대고 움직인다.

▲이것을 교차하는 방향으로 계속 깎아내면, 면 중앙 부분만 높아지거나, 낮아지기 때문에 수정하기 쉽다. 사포는 이런 느낌으로 다루기 때문에, 가장자리 부분만을 사용한다. 버팀판의 가장자리를 칼날과 같이 사용하는 이미지다.

▲옆면도 마찬가지로 사포질을 하면, 모서리도 자연스럽게 날카로워진다. 이렇게 완만한 각도의 모서리를 강조하고 싶은 경우에는, 흠집 제거 단계와 마찬가지로 사포질을 하면, 모서리를 강조할 수 있다.

▲왼쪽은 평면을 강조하지 않고 둥그렇게 깎은 예다. 오른쪽은 평면을 잘 깎아서 모서리를 강조한 상태다. 왼쪽 상태라도 딱히 기울어지지는 않기 때문에 나쁘지는 않지만, 사포질을 하는 방법에 따라 이렇게 완성도가 차이가 난다.

안으로 들어간 부분에 사포질 하기

사포질에서 처리하기 힘든 것이, 굴곡이나 좁은 부분이다. 무시하고 사포질을 하면 형태가 망가지기 때문에, 이러한 부분은 세밀하게 대처하는 수 밖에 없다. 모양을 다듬을 때는 나이프나 금속 줄 등, 다른 도구를 사용하는 방법도 있다.

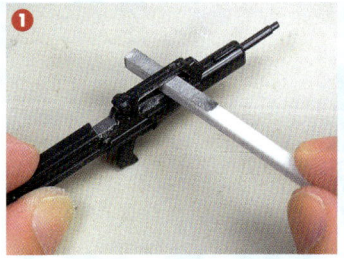
①
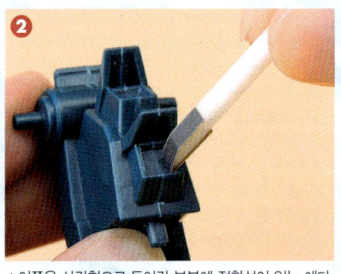
②
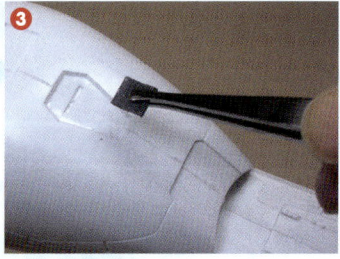
③

CHECK POINT
세세한 절삭에는 금속 줄을 사용

▲최근에 나오는 키트는 접합선이 눈에 띄지 않도록 설계되어 있지만, 총과 같은 부품은 아직 손댈 곳이 많다. 패인 곳이나 구멍 안쪽 등은, 얇은 프라판에 사포를 양면 테이프로 붙여서 봉 줄과 같이 사용한다.

▲이쪽은 사각형으로 들어간 부분에 접합선이 있는 예다. 역시 프라봉에 사포를 붙인 것을 사용하지만, 봉의 끝 부분을 대각선으로 만든 다음에, 끝 부분으로 깎으면 된다. 이렇게 하면 앞에서 소개한 평면 강조하기를 좁은 곳에서도 할 수 있다.

▲이쪽도 패인 부분의 접합선을 수정하는 예다. 사포를 작게 접은 것을 핀셋이나 부리가 좁은 펜치로 잡아서 깎아내는 것으로, 패이거나 좁은 부분을 확실하게 깎아낼 수 있다.

▲세세한 부분을 확실하게 다듬을 때는 사포만으로는 어렵다. 이럴 때는 소형 금속 줄(정밀 줄)을 사용하는 것도 효과적이다. 다음은 다음에는 사포질로 흠집을 제거해 주자.

CHAPTER 3 : 레벨 업 공작 테크닉

곡면 부분 사포질

한 마디로 "곡면"이라 이야기 하더라도 원통이나 구체, 굴곡이 연속된 것 등, 여러 가지 형태가 있다. 이러한 경우의 사포질 대처방법을 소개한다. 제대로 다듬면서, 부드럽게 면을 이어나가는 것이 포인트다.

  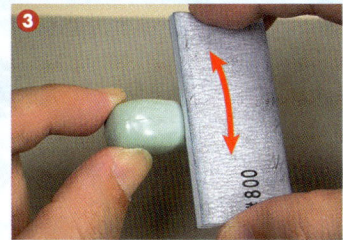 

▲원통형 부품의 파팅 라인을 깎는 예. 곡면을 무너뜨리지 않도록 사포질을 하기 위해서, 먼저 얇은 프라판에 사포를 붙여서 둥글게 만든다. 이 사포로 원운동을 하면서 부품에 대는 것으로, 곡면을 따라서 부드럽게 깎인다.

▲얇은 프라판에 붙인 사포는 적당한 탄력을 가지고 있기 때문에, 완만하게 위로 올라간 부분을 사포질 할 때도 밀착시키기 쉽다. 이 경우는 원통을 회전시키면서 사포를 앞뒤로 움직여서 깎아내면 된다.

▲플라스틱 접착제를 사용한 접합선 수정의 예. 「줄 스틱」의 「소프트」를 사용하면, 스펀지의 탄력 덕분에, 가볍게 대고 앞뒤로 움직이는 것 만으로도 곡면을 따라 사포질을 하는 것처럼 된다. 삐져나온 부분에는 사포가 세게 닿아서, 그대로 주변과 균일하게 만들 수 있다.

CHECK POINT
버팀판이 들어가 있을 때의 효과

▲왼쪽의 형태를 그림으로 나타낸 것이다. 스펀지가 안으로 들어가서 곡면에 잘 맞기 때문에, 평평한 사포를 사용하는 것 보다 더욱 부드럽게 만들 수 있다. 단, 이것은 플라스틱의 절삭성과 사포 쪽의 적당한 탄력이 있어서 가능한 것이기에, 순간 접착제로 틈새를 메운 경우에는 바람직하지 않다.

동력 파이프의 파팅 라인 제거

건프라에서 자주 볼 수 있는 주름 대롱 형태의 동력파이프. 여기에 나있는 파팅 라인을 깨끗하게 지우기 위해서는, 곡면뿐만 아니라, 안으로 들어간 부분의 대처도 필요하다.

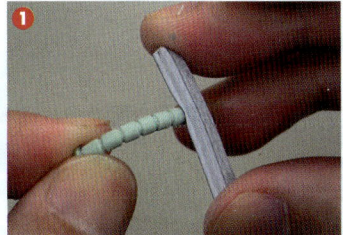  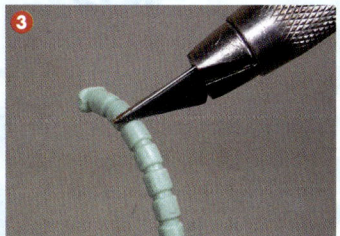 

▲파이프의 튀어나온 면의 파팅 라인을 지울 때는 앞에서 다룬 방법을 응용한다. 사진은 「줄 스틱」의 「소프트」를 얇게 자른 것으로 사포질을 하고 있는 모습이다. 사포의 폭을 파이프 1칸 정도의 크기로 하면, 안쪽에서도 같은 식으로 사포질을 할 수 있다.

▲마무리는 스펀지 사포를 작게 잘라서 파이프에 감아주고, 파이프를 돌리거나, 옆으로 움직이면서 깎아나간다. 파이프 사이의 패인 부분은 손톱으로 스펀지 사포의 가장자리를 대고 밀면서 돌린다.

▲동력 파이프 사이의 패인 부분은 사포질 하기 힘든 부분이다. 여기서는 디자인 나이프의 날 끝을 버팀판으로 사용하면 된다. 사포를 접어서 날과 같이 고정시킨다. 날 끝을 앞뒤로 움직이는 것으로 홈 안쪽에 사포질을 할 수 있다.

▲파팅 라인의 흔적도 없고, 안으로 들어간 부분도 깨끗하게 정리된 동력 파이프 부품이다. 빠르게 튀어나온 부분만을 처리하는 방법도 있지만, 수고를 들여서 깎아내면 이렇게까지 깨끗하게 다듬을 수 있는 것이다.

원통 부분의 접합선 대처

이번에는 원통 부품을 연결하는 부분이다. 간단하게 보이지만, 사실은 부드럽게 연결하는 것이 어렵다. 이런 경우에는 "손 선반"의 이미지로 정형을 하면 좋을 것이다.

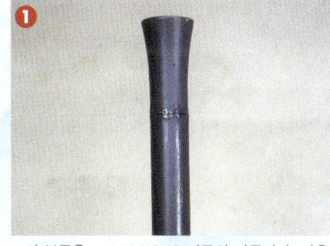   

▲이 부품은 1:144 HGUC 자쿠의 바주카다. 좌우로 붙인 본체에 포구 부분을 연결하는 방식이다. 접합선에는 틈새가 있기 때문에 순간 접착제로 채웠다. 구경은 포구 쪽이 조금 두껍다. 이것을 부드럽게 연결이 되도록 조형해보자.

▲먼저 400번의 사포를 원통형 물건에 감아준다 (여기서는 두꺼운 프라 파이프를 사용). 이것을 대각선으로 대고, 앞뒤로 움직이면서 순간 접착제가 올라온 부분에 댄다. 동시에 부품 쪽도 손을 조금씩 돌려주면서 사포질을 한다. 연필을 깎는 것과 같은 동작이다.

▲깎이는 상태를 확인하면서, 둥근 봉 사포를 대는 각도를 작게 하거나, 크게 하면서, 순간 접착제가 올라온 부분을 다듬어 간다. 절삭 자국에서 사포가 어떻게 닿는지 알 수 있을 것이다. 이것으로 꽤나 부드러워 졌다.

▲작업이 완성된 모습. 접합선의 상태는 손가락으로 만져보는 것이 가장 알기 쉽다. 그렇다고 하더라도, 보기에 신경이 쓰이지 않는다면 충분할 것이다. 정형후의 흠집 제거는 앞에서 소개한 원통 부품의 예와 마찬가지다.

굴곡이 있는 곡면을 부드럽게 만들기

마지막으로 자쿠의 어깨 아머의 접합선 수정을 예로 들어보겠다. 앞뒤로 접합하는 부품이지만, 튀어나와 있거나 움푹 파여 있고, 여기에 돌기도 있는 복잡한 형태다.

▲HGUC 자쿠의 어깨 아머. 접합선의 뿔 부분에 패인 곳이 있기 때문에, 순간 접착제로 전부 메웠다. 이 다음에는 접착제가 올라온 것을 제대로 다듬는 것이 중요하다. 볼록 튀어나온 부분은 쉽게 깎아낼 수 있지만, 너무 많이 깎아내서 평평하게 되지 않도록 주의한다.

▲들어간 면은 사포를 잘 댈 수 없기 때문에, 봉형 줄을 사용하자. 봉 줄을 사용할 때도 직선적으로 미는 것이 아닌, 곡면을 따라가듯이 방향을 바꿔서 움직이면, 일부를 많이 깎는 것을 막을 수 있다.

▲구면이나 가시 등은, 이미 소개한 방법으로 사포질을 하자. 여기에 면을 부드럽게 하려면, 버팀판에 탄력이 있는 소재(여기서는 지우개)를 사용하면 된다. 튀어나온 곳에는 사포가 강하게 닿고, 그렇지 않은 부분은 많이 깎아내지 않기 때문이다.

▲이러한 과정을 거쳐서, 사포질이 끝난 어깨 아머의 모습이다. 단순한 접합선 수정이나 단차 제거가 아닌, 이정도까지 수정하면 도색하고 나서는 어디에 접합선이 있었는지 모를 정도의 완성도를 보여준다.

CHAPTER 3 : 레벨 업 공작 테크닉

❷ 부품을 샤프하게 가공
~끝 부분이나 모서리를 깎아내도록 하자~

부품을 날카롭게 가공하는 것은, 정밀감이나 메카닉의 매력을 연출하는 첫걸음이다. 건프라에서는 안전상의 이유로 뾰족한 부분을 둥글게 만들어 놓거나, 성형의 한계로 인해서 부품의 가장자리가 그렇게 얇지 않거나, 모서리의 각도가 변경되어있는 것과 같은 일이 많이 있다. 이러한 부분을 깎아내서 수정하면, 원래 디자인이나 자신만의 이미지에 가까워질 수 있을 것이다. 살짝 가공하는 것 만으로도 의외로 이미지가 달라지기 마련이다.

안테나를 샤프하게 만든다

머리 부분의 안테나는 눈에 잘 띄는 부품이기 때문에, 이 부품을 샤프하게 만들어주는 것은 인상을 바꿔주는 효과가 크다. 키트에서는 가장자리가 두껍게 되어있거나, "플레그"라 불리는 여백이 달려있는 경우도 있기 때문에, 깎아내서 형태를 다듬도록 하자.

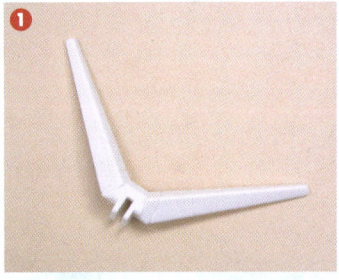
▲1:48 메가 사이즈 모델 건담의 안테나 부품을 예로 샤프하게 만드는 과정을 살펴보도록 하자. 안테나의 단면은 삼각형이지만, 모서리 부분이 미세하게 깎여져 있다. 끝 부분으로 갈수록 더욱 날카롭게 깎는 것과 동시에, 이러한 모서리도 샤프하게 가공한다.

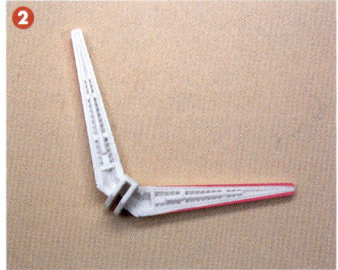
▲안테나 부품의 뒷면이다. 안테나를 어떠한 형태로 날카롭게 만드는지는, 평면으로 되어있는 뒷면을 기준으로 하는 것이 알기 쉽다. 이 예에서는 뒷면에 몰드가 있기 때문에, 이 몰드에 영향을 주지 않는 범위에서, 안테나 끝 부분을 향해서 좁아지도록 깎아내기로 한다. 빨갛게 칠한 부분이 깎아낸 부분이다.

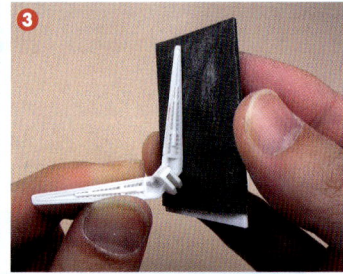
▲부품을 깎아낼 때는, 눈이 거친 사포나, 금속 줄을 사용한다. 여기서는 400번 사포로 깎아내고 있다. 접합선 수정과는 다르게, 어디까지 깎았는가를 자기자신이 판단할 수 밖에 없기 때문에, 너무 많이 깎거나 형태가 망가지는 것에 주의하자.

⚠ CHECK POINT
폭과 표면을 깎는다
1 : 폭을 좁게 만들기 위해 깎는다
2 : 끝 부분을 뾰족하게 만들고 가장자리도 얇게 만든다.
안테나 단면

▲안테나를 날카롭게 가공하는 것은, 먼저 폭을 좁게 만들기 위해 깎는 것과, 이에 맞춰서 표면의 두께를 깎는 것이 있다. 막연하게 부품을 깎는 것 보다, 이렇게 알기 쉽게 나눠서 생각하는 편이 형태를 맞추기 쉽다.

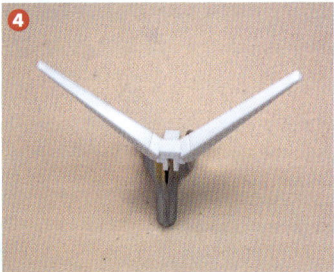
▲여러분이 보시기에 왼쪽의 안테나가 폭을 좁힌 상태다. 오른쪽은 손을 대지 않은 상태다. 폭을 좁게 만든 만큼, 앞뒤의 두께가 크게 느껴진다. 이 부분은 지금부터 두께를 줄여나간다. 이 단계에서는, 안테나의 좌우를 같은 정도로 얇게 만드는 것이 중요하다.

▲이어서 표면을 깎아낸다. 이 역시 끝 부분으로 갈수록 서서히 얇아지도록 깎아낸다. 여기에 더해서, 삼각형의 정점 부분의 모서리가 똑바로 뻗어나가도록 작업한다. 모서리를 날카롭게 만들기 위해서는, 모서리 주변만을 깎는 것이 아닌, 양쪽 주변 평면의 뒤틀림을 없애듯이 깎아나간다.

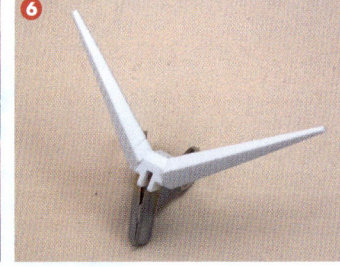
▲양쪽의 안테나의 가공이 끝난 모습이다. 손을 대지 않은 것 보다, 끝 부분으로 갈수록 좀더 많이 좁아지는 것을 알 수 있다. 작은 안테나 부품의 경우에도 이렇게 폭과 두께를 나눠서 생각하면, 깨끗하게 다듬을 수 있다.

⚠ CHECK POINT
절삭 작업 시 주의사항

▲얇은 부품을 깎을 때는, 힘을 너무 많이 줘서 부러지지 않도록, 뒷부분을 손가락으로 지탱하면서 깎아내면 된다. 자신의 손가락으로 받치는 것으로, 깎아내는 힘 조절도 쉽게 할 수 있다.

끝 부분을 뾰족하게 만든다

가시 형태의 끝 부분은 안전상의 이유로 작은 원형으로 되어있는 경우가 많다. 이것도 샤프하게 가공 하고 싶은 부분이다. 이러한 부분을 뾰족하게 만드는 데는 2가지 방법이 있다. 각각의 예를 살펴보자.

▲MG 자쿠 Ver.2.0의 왼쪽 어깨 부분의 스파이크 아머 부품이다. 왼쪽은 키트에 들어있는 상태로, 끝 부분이 둥글게 되어있다. 오른쪽은 끝 부분을 날카롭게 만든 상태다. 원추형으로 연장된 형태로 되어있다. 단순하게 부품을 깎은 것이 아닌, 윗부분을 덧댄 다음 깎은 것이다.

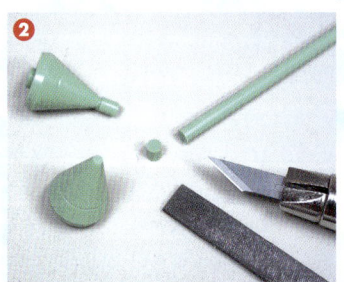
▲스파이크 끝 부분을 덧대는 모습이다. 끝 부분의 둥근 부분을 일단 평평하게 깎은 다음에, 여기에 런너를 자른 것을 붙인다. 그리고 나서 원래 원추형에 맞춰서 깎는 것이다. 덧대는 데는, 중심부에 구멍을 내서 프라봉을 통과시키는 방법도 있다.

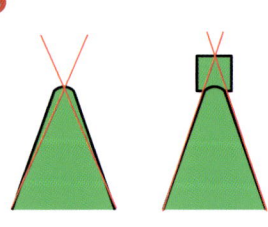
▲왼쪽은 키트 부품을 그대로 깎는 경우다. 이것은 원추면을 새로 깎아야 하기 때문에, 익숙하지 않으면 형태가 뒤틀리기 쉽다. 오른쪽은 앞에서 다룬 예다. 부품 형태에 따라 가공하기 때문에, 형태를 쉽게 다듬을 수 있다. 단 조금 길어진다.

▲이것은 깎아내서 날카롭게 만든 예다. 어깨 아머 끝 부분의 뿔은 사각 뿔로 되어 있다. 각 면을 깎아내는 것으로, 끝 부분을 날카롭게 만드는 것뿐만 아니라, 뿔의 모서리도 날카롭게 가공했다. 이 경우에는 부품의 접합선이 중심선이 되기 때문에, 깎아낼 때 기준선이 된다.

CHAPTER 3 : 레벨 업 공작 테크닉

가장자리를 얇게 만든다

프라모델의 부품은 성형의 한계로, 어느 정도 이하로 얇게 만드는 것이 어려운 부분이 있다. 그러나, 부품의 가장자리 만을 깎아내는 것으로, 전체가 얇아 보이도록 만드는 것도 가능하다. 효과적인 부분을 깎아보도록 하자.

▲왼쪽이 키트에 들어있는 원래 상태. 오른쪽이 안쪽의 가장자리를 깎아서 얇게 만든 버니어 노즐 부품이다. 노즐의 안쪽이 더욱 넓게 보이기도 하고, 가장자리가 두꺼운 대로 내버려두는 것 보다 얇게 깎는 쪽이, 더욱 정밀한 인상을 남긴다.

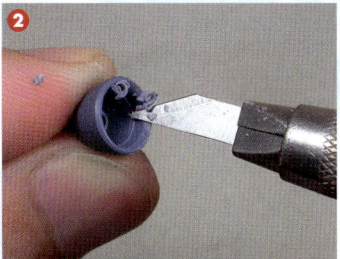

▲가장자리를 얇게 만드는 가공은, 가장자리의 두께가 얇아지도록 나이프로 경사지게 깎아나간다. 얇게 만든다고 하지만, 일정한 두께를 남겨두는 것을 의식해야 한다. 그렇지 않으면 가장자리까지 잘려버릴 수도 있기 때문이다.

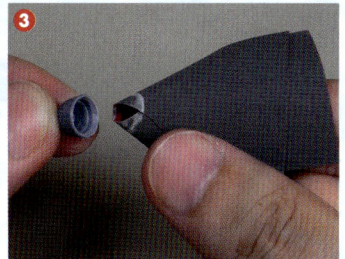

▲나이프로 가공한 다음에는 잘라낸 곳이 부드러워지도록, 사포질을 해서 다듬도록 하자. 여기서는 사포를 원추형으로 말아서, 노즐 안쪽에 끼워 넣듯이 깎아냈다.

▲가공후의 부품이다. 단순히 얇아 보이게 만들려면 뒷면이 아닌 앞면을 깎는 방법도 있다. 어느 쪽을 가공하느냐는, 부품의 형태나, 어떻게 보이는 쪽이 좋은가에 따라 바뀐다.

▲이것은 바주카의 배출구에 있는 2장의 판 형태의 핀 부품이다. 두께가 두껍기 때문에, 그렇게 인상이 좋지 않다. 이것도 얇은 판이 들어가있는 것처럼 보이도록, 가장자리를 깎아서 완성시켜 보자.

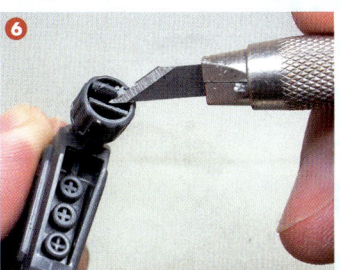

▲판의 한쪽 면을 나이프로 깎아내서 얇게 만들고 있는 모습이다. 얇게 깎는 면은, 완성 후 잘 보이지 않는 면으로 통일하는 편이 좋지만, 여기서는 둥그런 가장자리가 방해가 되어, 중심을 보고 있는 면을 가공하고 있다.

▲얇은 판이 들어가있는 것처럼 가공한 상태다. 밑의 판은 윗면을 깎았기 때문에, 판 두께의 변화가 잘 보이지 않도록, 안쪽으로 갈수록 점점 더 두꺼워지고 있다. 여기서는 깎아내서 가공했지만, 핀을 잘라내고, 얇은 프라판으로 다시 만들어버리는 방법도 있다.

> **CHECK POINT**
> **부품의 가장자리에 따른 인상**
>
> 직각에 가까운 형태 / 안쪽을 깎아서 두께가 얇아 보이게 만든다. / 단면이 넓어 보이게 두껍게 표현한다.
>
> ▲기체의 아머 류 등은, 부품의 가장자리의 각도에 따라 얼만큼 두꺼워 보이는지가 변한다. 가장자리의 각도가 수직이라면 부품 그대로의 두께. 안쪽을 향해 있으면 얇은 인상, 표면 쪽이 깎여 있으면 실제보다 더 두꺼운 인상을 준다.

가장자리의 면을 깎아내서 수정해 보자

부품의 가장자리는 성형상의 한계로, 예각이 되지 않도록 작은 면이 들어가 있는 경우가 있다. 또한, 돌아가있는 개구부는 가장자리의 각도나 폭이 일치하지 않은 경우도 있다. 세세한 부분이지만, 이런 부분도 수정해서, 면을 부드럽게 연결하는 것으로 키트가 주는 인상이 바뀐다.

▲1:144 HGUC 자쿠의 발목 부품이다. 발 위쪽 면의 부품은 밑의 검은 부품과 완만한 경사를 그리며 만나고 있지만, 그 가장자리에 미세하게 수직에 가까운 면이 있어서, 면의 흐름이 밑의 부품으로 부드럽게 연결되어있지 않다. 이 곳을 깎아서 수정해 보자.

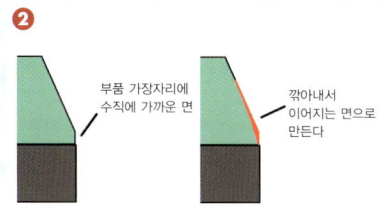

▲깎아낼 부분의 단면도. 왼쪽이 키트의 상태로, 모서리 부근에 급하게 각도가 져있다. 이것을 없애서, 오른쪽과 같이 하나의 완만한 곡선으로 밑에까지 연결되도록 수정하는 것이다. 이를 위해, 붉게 표시된 부분을 깎아낸다.

▲나이프로 가공한다. 어느 정도 깎았는지 알기 쉽도록, 가장자리 면에 색을 칠해둔다. 그 부분이 없어지도록 표면을 깎아낸다. 여기서는 나이프의 날 끝을 옆으로 이동시키는 "대패질"로 표면을 대강 깎아내고 있다.

▲여기에 사포질을 해서 부드럽게 마무리를 해서, 수정이 끝난 상태다. 부품의 가장자리까지 자연스러운 라인이 형성되었다. 장소에 따라서는 이렇게 깎아내는 것 만이 아닌, 바깥쪽의 프라판 등을 대서 조형하는 것이 좋은 경우도 있다. 어떻게 수정할 것인지는 상황에 따라 다르다.

▲1:144 HGUC 건담의 허리 아머다. 왼쪽이 키트의 상태로, 주위의 모서리가 2단계로 되어있다. 오른쪽은 애니메이션의 이미지에 가까운, 하나의 커다란 면으로 변경된 가공 예다. 이러한 처리는 하나의 작품 안에서 통일 되어 있는 편이 좋기 때문에, 변경을 한다면 각 부분을 맞추도록 한다.

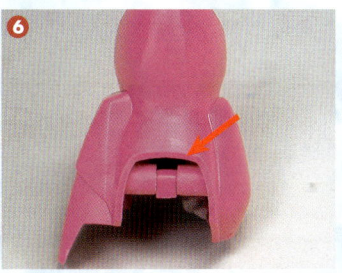

▲1:144 HGUC 가자C의 정강이 부품이다. 발목 부분의 개구부는 가장자리의 각도가 다른 얇은 면이 나와있다. 이곳은 이미지와 다르기 때문에, 가장자리까지 하나의 곡면이 되도록 깎아보도록 한다. 개구부는 윗면이 약간 네모지기 때문에(화살표 부분), 이곳도 둥글게 만들고 싶다.

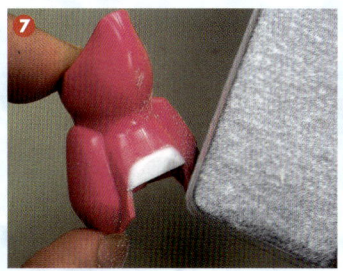

▲개구부 윗면은 부품 형태를 연장하면서 수정하고 싶기 때문에, 가장자리를 덧대었다. 거기에, 주위에서 개구부의 가장자리가 조금 둥글게 되도록 얇게 깎아나간다.

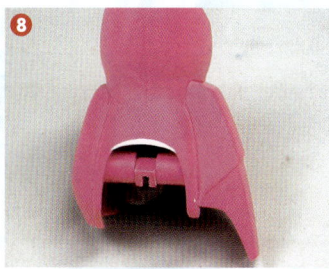

▲형태 수정이 끝난 모습이다. 키트의 상태 보다 장갑의 둥그런 인상이 강조되어서, 발목을 얇게 덮고 있는듯한 표현을 하고 있다. 단순하게 가장자리를 둥그렇게 만들고 싶으니까 없애는 것이 아니라, 이미지에 가까워지도록 가공하는 것이다. 완성후의 작례는 P.130 을 참조하자.

045

CHAPTER 3 : 레벨 업 공작 테크닉

❸ 후조립 가공
~손쉬운 마무리·도색을 위한 부품 분할 법~

"후조립 가공"은, 정형이나 도색이 끝나고서, 부품을 조립할 수 있게 만드는 가공을 가리키는 말이다. 이것은 부품이 겹치는 부분을 도색하기 쉽게 만들거나, 구분도색을 하기 쉽게 만드는 것이 주 목적이다. 어떻게 가공하는지는, 부품을 잘 살펴보고 생각할 필요가 있다. 여기서는 여러 가지 가공 예와 함께, 그 대응방법을 소개해보도록 하겠다. 다른 부품이라도 대응방법의 힌트가 될 것이다.

후조립 이란?

복잡한 구분도색이나 부품이 겹치는 부분을 도색할 때는, 색상 별로 부품을 나누거나, 겹치는 것을 해소한다면 도색이 아주 쉬워진다. "후조립"이라는 것은, 부품을 도색한 "후"에 "조립"한다는 뜻이다.

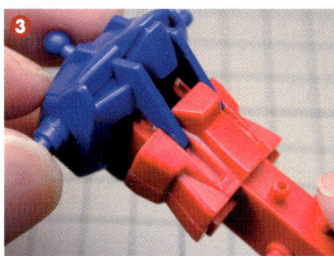

⚠ CHECK POINT
후조립화의 목적과 주의점

● 후조립화를 하는 목적과 주의점을 여기서 정리해보자.

목적
· 접합선의 처리 등, 다듬기가 쉬워진다.
· 안쪽으로 들어간 부분까지 도색하기 쉬워진다.
· 구분도색이 쉬워진다.
· 작업이「공작~도색~조립」으로 나눠진다.

주의점
· 부품의 가공에 어느 정도 기술이 필요하다.
· 좋은 해결책이 반드시 있는 것은 아니다.
· 제대로 가공하지 않으면 조립한 후 키트가 흔들리고, 조립이 느슨해 진다.

▲후조립으로 바꾸고 싶은 부품의 예. 이것은 1:144 스트라이크 건담의 상반신이다. 허리의 빨간 부품을 조립한 다음. 가슴 부분의 앞뒤 부품을 덮어 씌우는 구조로 되어있다. 조립을 끝낸 다음, 본격적으로 구분도색을 하기에는, 매우 손이 많이 갈 것 같다.

▲그래서, 장착부분을 가공해서, 가슴부품, 허리부품은 각각 앞뒤로 조립을 한 다음에, 그 후, 가슴과 허리를 위 아래로 조립하도록 가공해보자. 맞물리는 홈 부분을 깊게 파내고 있다.

▲결과, 이렇게 가슴의 밑에서 허리 부품을 끼워 넣게 되었다. 이런 방식이라면 색상 별로 부품을 칠하는 것도 편하고, 구분도색의 경계 부분도 깨끗하게 완성된다. 단, 이렇게 좋은 해결방법이 항상 존재하는 것은 아니다.

건담 페이스의 후조립

건담의 머리부분은 전체가 앞뒤로 조립해서, 그 사이에 얼굴 부품을 끼우는 것으로 되어있는 경우가 많다. 앞뒤의 접합선을 수정하는 경우나, 얼굴을 쉽게 도색하기 위해서, 후조립이 가능하도록 바꿔보도록 하자.

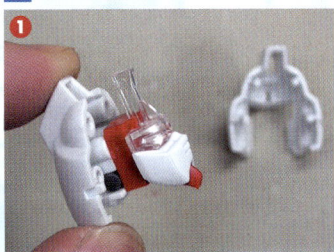

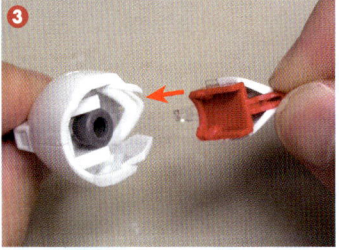
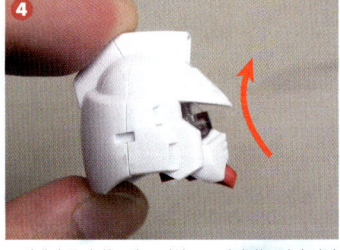

▲예로 든 것은 1:100 MG 건담 Mk.II Ver.2.0의 머리 부분 부품이다. 머리 부분 외장이 크게 앞뒤로 나눠져 있고, 안쪽에 뺨과 눈, 턱이 모여있는 얼굴 부분을 감싸듯이 되어있다. 이것을 밑에서부터 집어넣을 수 있도록 가공해보자.

▲얼굴 부분을 후조립으로 만들기 위한 변경 점. 밑에서 부품을 넣을 것이기 때문에, 그 때에 간섭하는 핀을 짧게 깎고, 또한 끼워 넣을 때 폴리캡을 피하기 위해, 빨간 부품의 윗부분을 깎아낸다. 외장 부품의 뒷면도, 얼굴 부분을 끼워 넣을 때 간섭하는 부분을 깎아낸다.

▲빨간 부품의 뒷면이 변경되어 있는 점에 주목하자. ②에서 설명한 가공으로, 이렇게 머리 부품을 앞뒤로 붙인 후에, 얼굴을 밑으로 집어넣어서 조립할 수 있게 되었다. 단순하게 집어넣는 것이 아닌, 고정하는 위치가 정해지도록 가이드가 되는 부분을 조금 남겨두는 것도 매우 중요하다.

▲밑에서 들어가는 것도 직선으로 집어넣는 것이 아닌, 화살표와 같이 방향을 바꿔서 집어넣어야 한다. 이것으로 상부의 카메라의 투명 부품도 걸리지 않고 조립된다. 부품 형태를 잘 보고, 가공과 가조립을 반복해서, 잘 끼워지는 상태를 찾도록 하자.

핀과 핀 구멍의 가공

후조립 가공은 어디를 가공하는가 라는 판단이 중요하지만, 거기에는 부품 사이를 고정하는 핀과 핀 구멍을 가공하는 것이, 가장 쉬운 방법이다. 처음에는 이런 것부터 시작하는 것이 좋다.

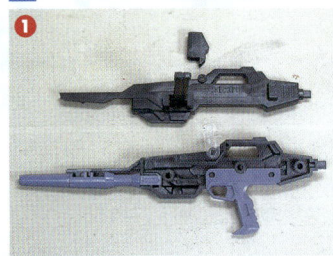

▲끼워 넣기 식 빔 라이플의 부품이다. 총신이나 그립, 센터를 본체에 끼워 넣는 형식으로 되어있다. 색이 다른 부분이기 때문에, 이것을 각각 도색하고 끼우도록 만들어보자.

▲후조립을 하기 위해서, 빨간 색으로 표시를 한 부분을 잘라낸다. 위쪽 센서 부분은 둥그런 구멍을「C」형태로 만든다. 총신의 뿌리 부분은 판 형태의 핀을 밖에서 끼워 넣을 수 있도록 홈을 파낸다. 그립부분은 핀 구멍을 넓히고, 사각형으로 잘라서 깨진 모양으로 만든다.

▲가공후의 부품. 이것으로 라이플 본체를 붙이고서 주위의 부품을 끼워 넣을 수 있다. 이러한 형태의 경우는, 접합선 수정을 하기 쉽게 만드는 효과도 클 것이다. 단, 스냅 핏이 아니게 되기 때문에, 고정할 때는 접착제가 필요하게 된다.

⚠ CHECK POINT
가공에는 소형 끌이 편리

▲핀이나 핀 구멍을 가공하거나, 부품의 뒷부분의 두꺼운 부분을 깎아내는 작업에서는, 날 끝이 정면을 향하고 있는 소형 끌을 사용하면 작업하기 쉽다. 이 공구라면 안쪽 깊은 곳 까지도 날을 댈 수 있다.

CHAPTER 3 : 레벨 업 공작 테크닉

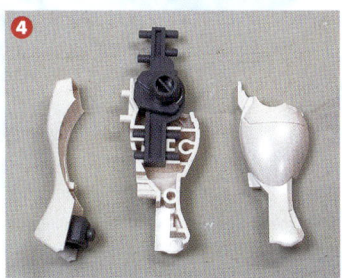

▲이것은 1:144 HGUC 짐 개(改)의 정강이, 무릎관절 부분이다. 무릎관절부터 밑으로 뻗은 프레임 형태의 부품을 정강이로 끼우도록 되어있다. 관절과 정강이를 나눠서 도색할 수 있도록, 이 부분을 후조립화 해보자. 그리고 이러한 부품을 후조립화 하지 않고 마스킹으로 구분도색하는 방법은, P.082를 참조하자.

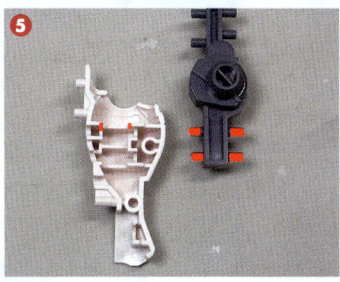

▲이 부분은 끼워져 있는 프레임 부분을 위에서 끼워 넣듯이 조립할 수 있을 것 같다. 끼워 넣기 위해서, 빨간색으로 표시를 한 부분을 잘라낸다. 프레임 쪽의 핀은 거의 잘라내지만, 위의 핀만은 위치를 결정하기 위해서 짧게 남겨두자. 정강이 쪽의 깎아내는 부분은 남아있는 핀의 두께만큼 깎아낸다.

▲가공 후에는 이렇게 된다. 프레임이 직선적인 형태가 되었기 때문에, 위에서 밑으로 그대로 끼워 넣을 수 있다. 너무 깊게 들어가지 않도록 핀을 일부 남겨두었다.

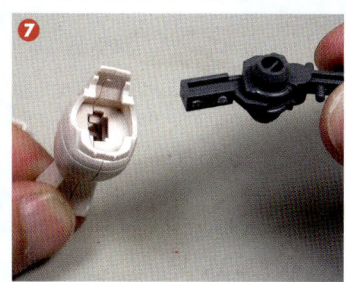

▲정강이 쪽을 조립하면, 관절 쪽을 사진과 같은 방향으로 조립한다. 정강이 쪽 부품 안쪽의 프레임이 들어가는 네모난 구멍에는, 짧게 남겨둔 핀을 피할 정도의 홈을 파낸다. 키트에 따라서는, 이렇게 간단한 가공으로 후조립이 가능한 부분을 발견할 수 있는 경우도 있다.

부품을 절단해서 후조립화 하기

후조립 가공은 끼워 넣기뿐만 아니라, 때로는 부품을 자르거나, 부착 방법을 다시 만드는 경우도 있다. 외관에 영향을 주는 경우도 있기 때문에, 더욱 신경을 써서 가공해야 한다.

▲1:144 HGUC 재간의 어깨 부품이다. 회색의 관절 부품을 어깨 아머로 감싸고 있는 구조로 되어있다. 이 구조를 해결해서, 관절과 아머를 각각 칠해서 조립하도록 만들자. 그래서, 화살표 부분의 단차로 아머의 일부분을 잘라서 나누기로 한다.

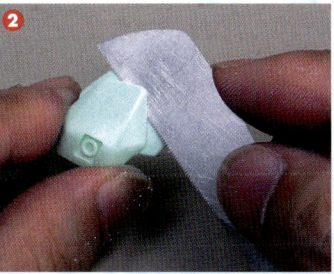

▲아머의 앞면과 중앙 부분의 단차를 에칭 톱으로 자르고 있는 모습이다. 에칭 톱은 날의 두께가 얇아서 절단 찌꺼기가 매우 적기에, 자른 부품 역시 모자란 부분이 적어서, 재이용 할 수 있기 때문이다.

▲가공이 끝나고, 어깨 아머, 관절 부품의 도색을 한 상태다. 앞면 아머는 원래 위치에 끼우기 쉽도록, 뒷면에 핀을 추가했다. 아머를 나눈 면에 빈틈이 생기지 않도록 잘 갈아두자.

CHECK POINT 내부 부품을 절단한다

▲1:144 HGUC 규베레이의 아래팔 부품이다. 흰색 외장 안에, 핑크색 부품이 끼워져 있다. 외장의 접합선을 수정하거나, 각각을 색상 별로 칠하고 싶기 때문에, 이 핑크색 내부 부품을 후조립 가능하도록 하겠다.

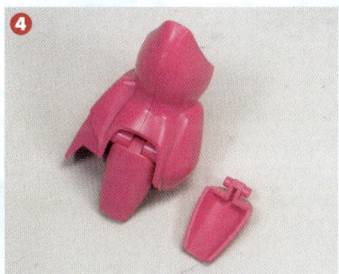

▲소형 아머가 좌우로 물려있는 구조로 되어있는 예다. 이것은 구분도색 부품이 아니지만, 후조립화를 하면 부품이 겹치는 부분까지 깨끗하게 도색을 할 수 있다. 또한, 접합선 수정 등, 정형도 각각 할 수 있어서 편리하다.

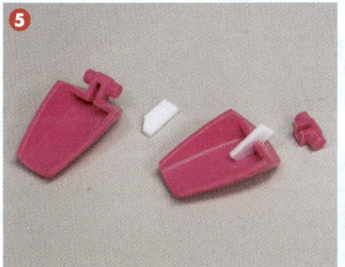

▲아머의 형태를 살펴본 모습이다. 힌지 부분과 아머 부분을 나누는 방법이 좋을 것 같다고 판단했다. 뒷면의 홈의 위치에 핀 역할을 하는 프라판을 끼우고, 힌지 부분을 잘라낸 것이 오른쪽 상태다. 절단은 역시 에칭 톱을 사용했다.

▲아머의 힌지 부분은 그대로 끼워서 조립하고, 아머 본체는 이렇게 분리해서, 도색 후에 접착하도록 한다. 접착하기 전에 가조립을 해서, 가동부나 조립 부분을 잘 확인해 두자.

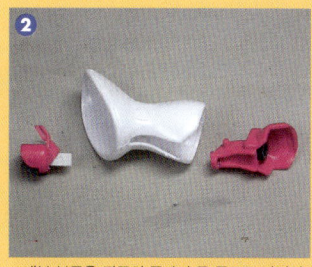

▲내부 부품을 팔꿈치 쪽과 손목 쪽으로 나눠서, 연결 가능하도록 프라봉으로 핀을 만들었다. 아래팔의 외장을 붙이고서, 양쪽에서 끼워 넣듯이 가운데에 고정한다.

끼워 넣기 연구

후조립에서는, 둥그런 축에 끼워 넣어서 고정, 회전하는 부품의 구멍을 「C」형으로 잘라내서 끼워 넣는 경우도 많다. 이것을 한층 더 살려서, 특정 방향 이외로는 빼기 힘들게 만드는 방법을 소개하고자 한다.

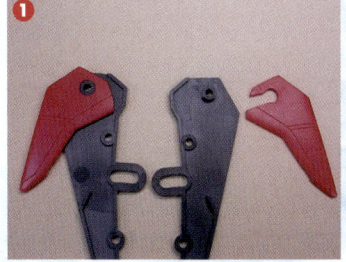

▲1:144 HGUC 제타 건담의 날개 부품이다. 끝 부분의 빨간 부품은 가동식으로, 회색의 부품에 끼워지는 구조다. 이곳을 후조립으로 하기 위해서는 회전축의 구멍의 옆을 잘라내서, 옆에서 끼울 수 있도록 만들면 된다.

▲이 날개는 수납, 전개식 이기 때문에, 홈을 만드는 위치는 어떤 상태에서도 잘 보이지 않는 곳으로 잡는 것이 중요하다. 여기에 이 예에서는 축 쪽의 일부를 평행하게 깎아서, 수납 전개의 중간 부분에서 끼우고 뺄 수 있도록 만들어 보았다.

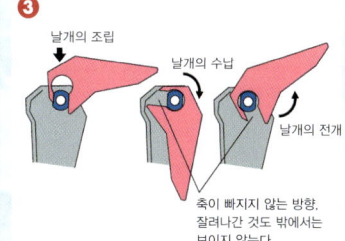

▲앞에서 설명한 것을 그림으로 만든 것이다. 왼쪽에 끼우고 빼는 방향. 수납, 전개형태에서는 홈보다 축이 굵은 방향으로 되기 때문에, 잘 빠지지 않는다. 이러한 방법은 위의 예와 같은 끼워 넣는 아머의 후조립에도 사용할 수 있다.

CHECK POINT 조립부의 자작

▲끼워 넣기 부품을 후조립화 하기 위해서는, 조립 부분을 새로 만드는 방법도 있다. 이 예는 부품 사이에 끼워 넣는 방식의 아머에 폴리캡을 넣고, 거기에 축을 끼우는 방식으로 변경한 것이다.

047

④ 메우기
~ 불필요한 패인 곳이나 구멍은 사전에 대처하자 ~

프라모델의 부품은 수mm의 두께로 성형되어 있기 때문에, 두께가 있는 형태의 부품은 부품의 뒷면이나 앞의 일부분에 들어간 형태로 되어있는 부분이 있다. 대부분은 부품끼리 접착하는 것으로 패인 곳이 보이지 않게 되도록 설계되어 있지만, 장소에 따라서는 뒤가 들어가있는 형태로 되어있는 경우도 있다. 이렇게 들어가 있는 곳을 다듬는 것이 "메우기"다. 또한, 부품을 깎아서 정형 할 때는, 부품의 두께가 없어지지 않도록 만들기 위해서, 정형 전에 두께를 더하는 작업도 "메우기"라고 부른다.

파져 있는 곳을 메운다

하나의 부품에 두께가 있는 형태를 재현하고 있는 경우, 뒷면이나 일부분이 들어간 형태로 되어있는 경우가 있다. 이러한 부분은 들어간 부분을 퍼티로 메워서, 원래 형태에 가깝게 만들어주자.

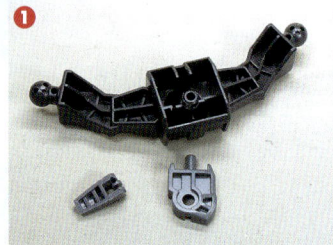

❶
▲뒷 부분을 일부러 파낸 부품의 예. 어떤 부품이던 패여 있는 곳에, 판 형태로 지지대 같은 것이 설치되어 있다. 이것은 디테일 하게 보이려는 처리이지만, 원래의 형태는 아니다. 눈에 띌 때는 퍼티로 메우고, 정형해주자.

❷
▲파져 있는 곳을 메울 때는, 에폭시 퍼티를 사용하는 것이 편리하다. 점토 상태이기 때문에 깊고 복잡한 형태도 쉽게 메울 수 있고, 정형 후에도 표면을 매끄럽게 만들 수 있다. 일단 퍼티를 빈틈없이 꽉꽉 채우고, 대강 균일하게 만든다. 딱 맞추는 것보다 살짝 삐져 나오는 정도로 해두자.

❸
▲퍼티가 굳으면, 남는 곳을 나이프로 잘라내거나, 소형 금속 줄로 깎아내서 형태를 다듬는다. 여기서는 키트의 지지 몰드가 깎아낼 때의 가이드가 된다. 퍼티의 면과 부품의 가장자리, 지지 몰드의 높이가 일치 하도록 깎아낸다.

❹
▲파진 곳을 메우고, 정형을 끝낸 상태. 메우기로는 이것으로 완성이지만, 이대로는 줄로 낸 흠집이 남아있거나, 표면의 질감도 플라스틱과는 다르게 되기 때문에, 서페이서를 뿌리는 등의 바탕처리를 해주고서 도색작업에 들어가도록 하자. 바탕처리에 대해서는 P.072를 참조하자.

아머 종류를 메운다

기체의 각 부분에 장착하는 아머 등은, 뒤가 움푹 들어간 형태로 되어있는 경우가 많다. 뒷면에 디테일이 들어있는 경우도 있지만, 장갑으로서의 두께를 표현해 주고 싶은 경우는 역시 메워주는 것이 좋다. 여기에 디테일도 추가해 보자.

❶
▲이것은 1:144 HGUC 가자C의 허리 아머 부품이다. 완성 후에도 방향에 따라서는 아머의 뒷 부분의 패인 곳이 보이기 때문에, 이것을 메워주자. 오른쪽이, 위의 예와 같은 에폭시 퍼티로 메운 것이다.

❷
▲왼쪽은 에폭시 퍼티를 채워 넣은 후에, 부품의 형태에 맞춰서 평평하게 다듬은 상태. 오른쪽은, 그 다음에 패널라인이나 음각 몰드 등을 더한 것이다. 에폭시 퍼티로 메운 경우에는 이러한 가공도 쉽게 할 수 있다. 패널라인 넣기 등의 가공에 대해서는 P.054에서 소개한다.

❸
▲이쪽은 아머의 뒤를 프라판으로 메운 예다. 부품은 1:144 가르스J의 허리 뒤쪽 아머다. 들어간 부분에 맞춰서 프라판을 잘라내기 위해서, 부품에 마스킹 테이프를 바르고 형태를 따내고 있다. 이것을 가이드로 잘라내는 것이다.

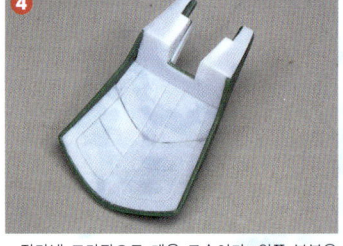

❹
▲잘라낸 프라판으로 메운 모습이다. 위쪽 부분은 감싸듯이 붙이는 것으로 두께를 표현하고 있다. 패널라인은 붙이기 전에 가공했다. 프라판의 경우 주위와의 질감도 맞추기 쉽고, 가볍게 만들 수 있다는 장점이 있다.

절단을 위해 메운다

부품개조를 할 때, 깎아내서 두께가 얇아지는 곳에는, 뒤에 퍼티를 붙여서 두께를 확보해 둔다. 갈아낸 곳을 보충하거나, 구멍이 뚫려있는 곳을 막는 것이다. 여기서는 폴리 퍼티를 사용한 예를 소개하고자 한다. 받쳐주는 쪽도 깨끗하게 다듬을 수 있는 방법이다.

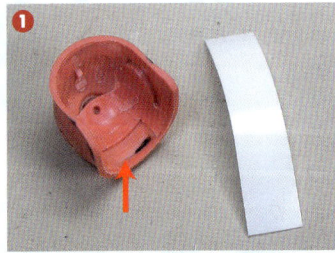

❶
▲폴리 퍼티는 붙여서 조형하는 일반적인 방법 이외에, 깎으면 얇아지는 부분의 뒤를 받쳐주는데도 좋다. 여기서는 자쿠의 어깨 아머를 이용하여 메우기의 예와 함께, 편리한 성형방법을 소개하고자 한다. 화살표 부분이 바깥면을 깎아서 얇아진 부분이다. 오른쪽은 준비해둔 0.3mm프라판이다.

❷
▲뒷면에 퍼티를 바른 후, 프라판을 아머 뒷면에 맞춰서 구부려준다. 퍼티가 잘 떨어지지도록 겉면에는 셀로판 테이프를 붙여둔다. 퍼티가 굳을 때까지 이대로 고정해둔다. 고정에도 셀로판 테이프를 사용했다.

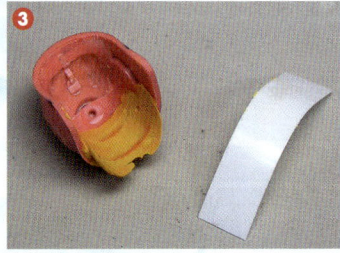

❸
▲퍼티가 굳어서 프라판을 떼어낸 상태. 프라판으로 눌린 퍼티 부분이 매끈한 곡선이 되었다. 퍼티를 붙이고 깎아내는 것 보다, 이렇게 하는 쪽이 더욱 간편하게 정형을 할 수 있고 완성도도 좋다. 이 방법은 메우기 이외에도 응용할 수 있다.

> **! CHECK POINT**
> **부품의 뒤가 보이는 부분**
>
> ▲사진에 보이는 것과 같이, 관절이 움직였을 때 부품 뒤가 보이는 경우도 있다. 내부에 아무것도 없고, 그냥 비어있으면 실망하기 마련이다. 세세한 부분에도 신경을 쓴다면, 이러한 부분도 메워주는 것이 좋다.

CHAPTER 3 : 레벨 업 공작 테크닉

❺ 관절의 가공
～가동범위의 확장과 폴리 부품의 취급～

각 부분의 관절이나 기믹의 가동은, 건프라의 큰 매력 중 하나이다. 최근 키트의 가동부는 넘쳐날 정도로 많이 움직이지만, 조금 예전의 키트는 가동 범위가 모자란 경우도 있다. 또한 키트에 따라서는, 살짝 가공하는 것만으로 가동이 넓어지는 배려가 되어있는 곳도 있다. 이러한 부분은 자신이 가공해서, 자유로운 포즈를 취할 수 있게 만들어보자. 이에 더해 이번 장에서는, 관절에 사용되는 폴리 부품의 취급이나, 시판의 관절 부품 등도 소개하고자 한다.

부품 분할로 가동부를 늘린다

키트에는 일체 성형으로 되어있는 부품도, 일부를 절단하는 것으로 더욱 움직임이 늘어나는 경우가 있다. 이것은 일부 키트에서 볼 수 있는 전형적인 부분이기 때문에, 일단은 이런 부분부터 손을 대보는 것도 좋을 것이다.

▲1:100 MG 건담 Ver.2.0의 손목 부품. 왼쪽이 키트에 들어있는 상태로, 가운데 손가락에서 새끼손가락까지 중간 부분이 일체화 되어있다. 이 사양은 MG클래스의 키트라면 자주 볼 수 있다. 오른쪽은 그것을 분할해서, 손가락이 1개씩 독립해서 움직이도록 만든 것이다.

▲손가락 사이의 절단은 나이프로 누르기만 하면 충분히 가능하다. 기울여서 잘리지 않도록 바깥쪽과 안쪽의 양쪽에서 조금씩 자르는 것이 좋다. 손가락 접합 부분의 볼 부분도 형태가 망가지지 않도록 조심하자.

▲각각 떼어낸 상태. 떼어낸 곳에는 여백과 같은 것이 남아있기 때문에, 사포질을 해서, 가장 오른쪽에 있는 부품처럼 다듬도록 한다. 볼 부분도 잘 움직일 수 있도록, 불필요한 부분은 깎아주도록 한다.

▲손목을 조립한 모습이다. 왼쪽이 키트에 들어있는 상태, 오른쪽은 손가락을 독립적으로 가동시킨 것이다. 손가락이 각자 움직이면 표정도 풍부해 진다. 단 키트에 들어있는 것과 같이 일체화 되어있는 것이 총을 잡기 쉽다는 장점도 있다. 이러한 이유로, 이 예는 왼손만 가공했다.

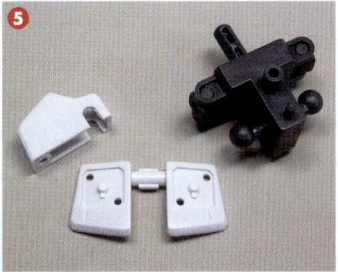
▲1:144 HGUC 건담의 허리 아머다. 좌우의 아머가 축과 같은 부분으로 연결되어 있어서, 중앙의 부품이 이것을 고정하도록 되어 있다. 축을 가운데에서 잘라내면 좌우가 독립적으로 가동할 수 있는 것이다. 이러한 사양은 같은 스케일의 건담, 짐 계열에서 자주 볼 수 있다.

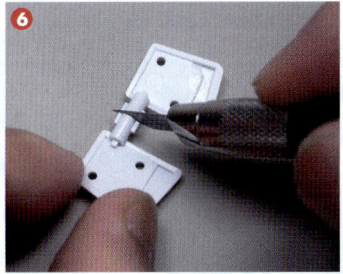
▲아머를 연결하고 있는 축을 중앙에서 자른다. 찌꺼기가 되도록 안 나오게 만들고 싶으면, 나이프나 에칭 톱으로 잘라내는 것이 좋을 것이다. 비스듬히 잘리지 않게 주의하자.

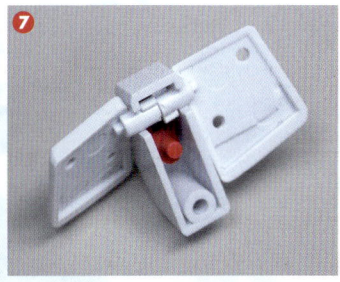
▲절단한 허리 아머를 중앙의 부품에 끼운 상태다. 이것으로 좌우가 따로 움직인다. 축에는 위아래로 튀어나온 부분이 있기 때문에, 이것으로 옆으로 빠지는 일도 없다. 단, 연결되어 있을 때 보다 덜 고정되어서, 조금 흔들거리게 된다.

CHECK POINT
축을 집어 넣어서 고정
▲잘라내서 흔들리는 것을 막는 방법이다. 축 부분을 핀 바이스로 구멍을 뚫고, 같은 구경의 황동선을 좌우로 통과시키면 된다. 이것으로 좌우의 아머가 확실히 연결되어서 흔들리지 않게 된다.

부품을 깎아내서 가동범위를 넓힌다

관절부의 가동범위는, 관절 부품의 한계나, 혹은 외장 부품이 형태적으로 부딪치는 범위까지 움직일 수 있다. 부품을 잘라서 이 부딪치는 정도(간섭)를 줄여주면, 더욱 움직이는 범위를 넓힐 수 있다.

▲1:144 HGUC 강의 고관절. 볼 축을 허벅지 안에 있는 폴리캡으로 받치는 형태다. 볼 조인트로서 모든 방향으로 움직이지만, 발이 좀 더 바깥쪽을 향하도록, 다리의 관절 부분의 가동 범위를 넓혀주고 싶다. 그래서, 간섭하는 부분을 깎아내기로 한다.

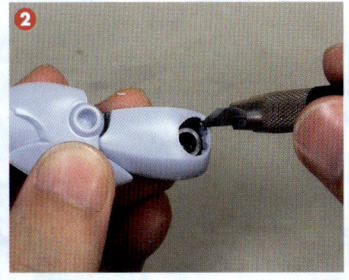
▲손을 대는 것은 관절 부품 자체가 아니라, 그 주위의 외장 부품이다. 사진은 허벅지의 개구부를 뒤로 향해서 넓히고 있는 모습이다. 이것으로 볼 축을 더욱 기울이게 만들 수 있어서, 다리가 움직이는 범위가 넓어진다.

▲고관절의 구멍을 넓혀서, 허벅지를 벌리도록 움직이면, 허벅지와 사타구니 블록이 부딪혀서 되어버렸다(붉은 색으로 감싼 부분). 이 부분은 부품 형태가 솟아 올라온 곳이기 때문에, 깎아서 간섭이 줄이도록 한다.

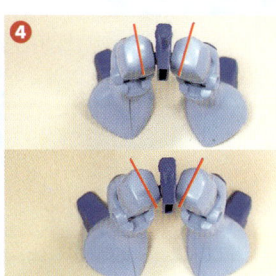
▲고관절을 위에서 본 모습. 위가 가공하지 않는 상태, 밑이 가공을 끝낸 상태다. 허벅지가 밖으로 향해서 크게 열리게 되었다. 발 끝의 각도를 비교해보면 쉽게 알 수 있을 것이다. 관절자체를 가공하지 않더라도, 이렇게 가동범위를 넓히는 일은 가능하다.

049

CHAPTER 3 : 레벨 업 공작 테크닉

발목 관절을 자작

발목의 가동은, 발바닥을 접지시켜서 세우는 데도, 멋진 포즈를 잡는데도 중요한 부품이다. 넓은 가동범위로 확실하게 받치도록, 관절을 다시 만들어주자. 여기에는 시판하는 관절 부품을 이용한다.

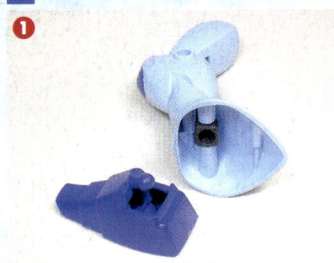

▲1:144 HGUC 급의 발목 관절이다. 발목의 볼 축을 정강이 부분에 끼우는 간단한 스타일이다. 각 방향으로는 움직이지만, 정강이 부품의 밑단이 간섭을 하는 경우도 있어서, 앞뒤로 움직이는 각도도 크지 않다. 또한 발목을 기울인 상태에서는 밸런스를 잡을 수 있도록, 관절의 위치가 중심에서 벗어나 있다.

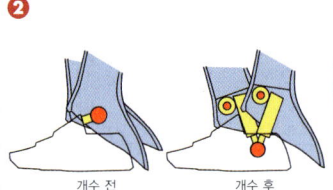

개수 전 개수 후

▲발 관절의 측면도. 붉은 부분이 축의 위치다. 키트에서는 한군데로 앞뒤로 움직이기 때문에, 각도가 크지 않다. 이에 비해 정강이와 발목 안의 2군데에 축을 배치해서, 각각 연결하듯 변경하는 것이다. 이렇게 하면, 각 관절의 각도를 바꿀 수 있기 때문에, 간섭도 줄어든다.

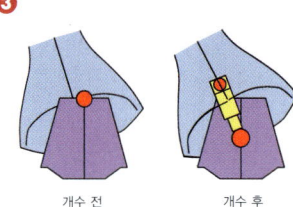

개수 전 개수 후

▲발 관절의 정면도. 기울어지는 것에 대해서도 상하 두 군데에 움직이는 것으로 위치의 자유도가 높아져서, 넓은 밑단에서도 딱 좋은 방향으로 발목을 움직일 수 있다. 이러한 관절은 최근 몇 년 간의 HGUC에서는 일반적인 것이 되었다.

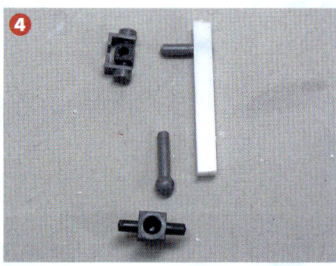

▲여기서 사용하는 관절 부품. 위쪽이 정강이 쪽으로, 십자 타입의 관절 부품과, 그것을 받아주는 부품 (PC-03[A], PC-03프라 서포①[5] / 웨이브), 밑이 발목 쪽으로, 볼 축과 볼 받이(BJ-05프라 서포①[1], BJ-05[B] / 웨이브). 사이를 연결해주는 부품은 프라봉을 가공했다.

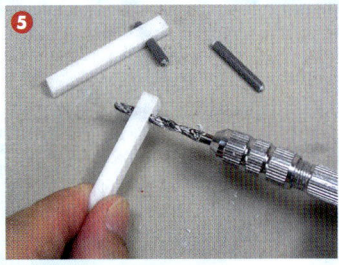

▲관절 사이를 연결하는 부품을 제작한다. 5mm각봉에 구멍을 뚫고, 3mm런너를 직각으로 넣는다. 각각 길게 만들어주고, 만들면서 짧게 조절한다. 이번에는 알기 쉽도록 심플하게 만들고 있지만, 프레임 풍으로 디테일 업을 해줘도 좋다.

▲정강이에 들어가는 관절을 제작한다. 십자 폴리캡을 받쳐주는 부품에 끼우고서, 중심선을 그은 프라판 위에 접착시키고, 확실하게 고정시킨다. 이 프라판은 정강이의 단면 형태에 따라 깎아서 고정한다. 중심선은 가이드이다.

▲정강이 부품의 안쪽은 원래 관절 축이나 핀 등을 깎아 둔다. 그리고 관절 부품을 붙인 프라판을 정강이 내벽에 맞춰서 깎는다. 프라판의 중심선이 부품의 접합선과 같은 위치에 오도록 하는 것으로, 관절이 정강이의 중심에 고정될 수 있다.

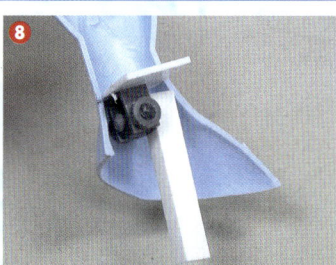

▲같은 상태를 옆에서 본 모습이다. 프라판은 기울어지지 않도록 해서, 정강이의 한쪽에 확실하게 고정시킨다. 이 상태로, 암 부분의 3mm축의 길이나 윗면의 각도를 적당히 조절, 앞뒤로의 움직임과 기울임, 여기에 축이 끼고 빼는 것이 부드럽게 되는지 확인해보자.

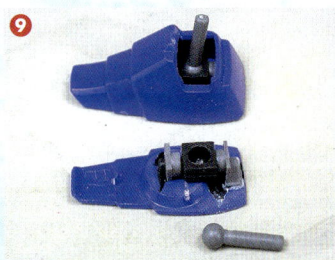

▲이어서 발목 부분의 제작이다. 키트의 볼트 축을 잘라내고, 발목 밑바닥 부품에, 볼 받이를 고정한다. 위치는 발목의 개구부 바로 밑이다. 이 볼 받이 자체는 움직이지 않아도 되기 때문에, 확실하게 고정한다. 볼 축을 끼우고, 가동범위나 움직임도 체크하자.

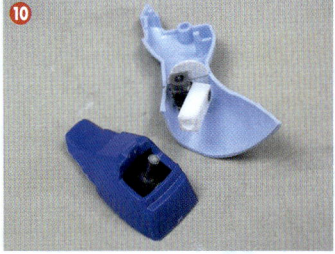

▲상하 각각의 관절이 완성되면 암을 조절한다. 5mm 각봉의 밑에 볼 축이 들어갈 구멍을 내고, 여기에 끼워 넣는다. 이 암 자체의 길이는 다리를 가조립 해서 움직이는 범위와 발목과 정강이의 틈새가 보이는 정도, 다리 자체의 길이와 밸런스를 체크하고서 결정한다.

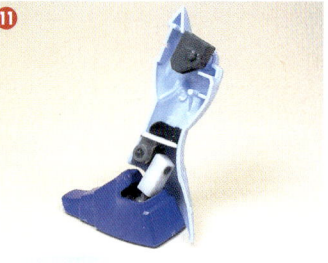

▲암의 길이 조정이 끝나고, 발목의 관절이 완성되었다. 이 형식에서는 암이 발목에 들어가 있는 것으로, 프레임상태로 연결되어있는 것처럼 보이게 할 수 있다. 또한 위 아래 어느 쪽 관절도 끼고 뺄 수 있으므로, 후조립도 가능하므로, 이후의 정형이나 도색도 쉽게 할 수 있다.

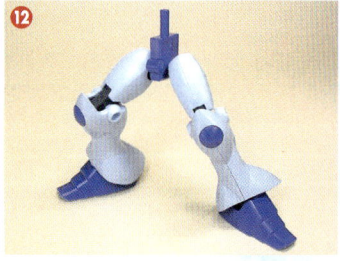

▲허벅지와 다리 관절의 가동범위를 넓힌 HGUC 급의 다리 부분이다. 이 2군데의 가동범위가 넓어진 효과는 커서, 이러한 대담한 포즈도 잡을 수 있게 되었다. 다리 부분이 자유롭게 포즈를 잡을 수 있으면, 형태는 건드리지 않더라도 더욱 멋있어 보인다.

어깨 부분의 스윙을 추가한다

어깨 관절은 팔의 상단에서 전후나 좌우로 움직이지만, 어깨의 부착 축의 각도를 바꿀 수 있게 만들어서, 더욱 크게 움직일 수 있도록 하는 것이 "스윙"기구다. 최근의 키트에서는 흔히 볼 수 있는 기믹이지만, 이것을 넣지 않은 키트에도 추가해보자.

▲어깨의 스윙 기구가 없는 키트의 예. 팔의 옆면에서 나와있는 부착 축은 완전히 고정되어 있다. 스윙을 추가하려면 가슴 안쪽에 관절을 하나 추가해야 한다. 일단은 어떤 관절을 넣을지, 또 관절을 넣기 위한 공간 확보를 생각하자.

▲스윙시키는 관절 부품의 예. 왼쪽은 볼 조인트 타입으로, 상하좌우로 스윙이 된다. 중앙에는 십자관절 부품으로 90°구부린 축으로, 전방으로 크게 스윙시키는데 적합한다. 오른쪽은 양쪽의 특징을 합쳐놓은 관절 부품이다. 앞으로는 크게, 각 방향으로도 움직인다.

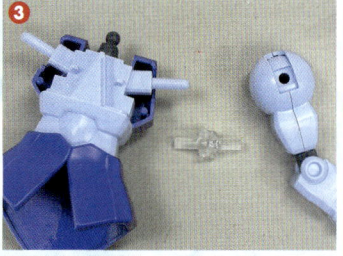

▲여기서는, 모든 방향으로 움직이는 볼 조인트 타입 (관절기 볼 조인트 / 하비 베이스)을 사용하기로 한다. 가슴의 내부와, 팔의 어깨 블록을 이것으로 연결하도록 한다. 축의 지름이 맞기 때문에, 팔 쪽은 무가공으로 대응할 수 있다.

! CHECK POINT
십자 타입의 장착

▲십자 타입의 관절 부품을 사용한 스윙 구조를 장착하는 경우에는, 사진과 같이, 관절 부품의 위아래에 축받이를 만들어서 받쳐준다. 공간을 차지하지 않도록, 여기서는 프라판으로 받이를 자작했다.

 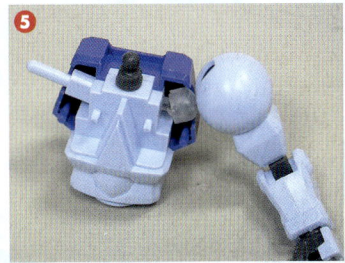  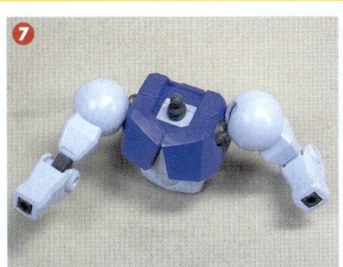

▲ 원래 축을 잘라내고, 볼 조인트를 끼워 넣을 축 구멍을 뚫는다. 구멍의 위치는 볼 조인트를 끼웠을 때, 원래 축과 높이나 각도가 같도록, 축을 잘라내기 전에 위치를 결정해 둔다. 핀 바이스로 구멍을 낼 때는, 먼저 작은 구멍을 뚫어두고, 크게 넓힌다.

▲ 볼 조인트를 끼워 넣어서 팔을 장착한 상태다. 볼 조인트는 받이 부분의 부품을 밖으로 두는 것으로, 가슴과 어깨를 연결하는 블록과 같이 보이도록 하고 있다. 가슴 측면의 둥근 구멍도 볼 조인트의 크기에 맞춰서 조금 조절해 두었다.

▲ 반대편도 가공한 모습. 볼 조인트의 접착부는 스페서 (적당한 원형 부품)를 집어넣어서, 안쪽으로 들어가지 않게 위치를 조절하고 있다. 이 축은 고정하는 것이 확실하지만, 빡빡하게 해서 빼고 낄 수 있게 만들어 두면, 관절을 잡아당겨서, 크게 스윙을 할 수 있다.

▲ 팔을 장착하고, 앞뒤로 스윙시켜 보았다. 볼 조인트가 보이지만, 이 역시 하나의 블록으로 위화감 없이 완성되었다. 가슴 부품의 접합선(어깨 축 중심선)과 비교하면, 상당히 앞뒤로 움직이는 것을 알 수 있을 것이다.

폴리 부품을 숨긴다

관절부의 폴리 부품이 밖으로 나와있는 경우, 도색을 해도 칠이 쉽게 벗겨지고, 샤프함이 떨어지기 때문에, 완성도 면에서는 살짝 아쉬운 상태가 된다. 대응책으로, 폴리 부품을 프라판으로 덮어서 감추는 방법이 있다. 이것으로 외관을 개선해주자.

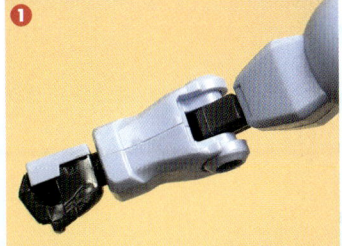 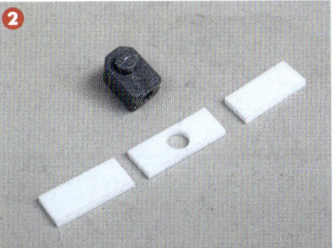 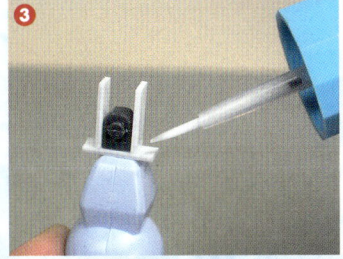 

▲ 회색의 폴리캡이 보이고 있는 부분. 외관을 개선시키기 위해서는, 프라판으로 덮어버리는 것이 좋다. 최근의 키트에는 처음부터 프라 부품으로 덮게 되어있기 때문에, 이것을 참고로 하면 될 것이다.

▲ 폴리캡을 숨기는 "관절 커버"를 만들어보자. 먼저 폴리캡의 두께에 맞춰서 프라판(1mm)을 3장 잘라낸다. 같은 폭이기 때문에 하나의 띠 형태로 해서, 이것을 잘라내고 있다. 한 가운데는 위팔에서 나오는 축을 통과하는 구멍도 열어둔다. 먼저 이것을 「ㄷ」자로 감싸듯 붙여나간다.

▲ 구멍을 뚫은 프라판을 위팔의 축과 폴리캡으로 끼우고, 그 좌우에 판을 세워서 접착한다. 처음에는 위치를 잡을 수 있도록 플라스틱 접착제로 고정하고, 나중에 순간 접착제로 확실하게 접착하면 된다. 또한 이대로는 사이에 들어간 프라판의 두께만큼 팔이 길어지기 때문에, 폴리캡을 1mm짧게 가공한다.

CHECK POINT 얇게 자르기 위한 가이드

▲ 폴리캡의 절단은 그냥 손으로 자르면 비뚤어지기 때문에, 가이드를 제작하자. 잘라내는 두께만큼 단차를 만들어서, 폴리캡을 놓고, 높은 면에 나이프 날을 따라서 주위에 칼집을 낸다. 이렇게 하면 같은 두께로 자를 수 있다.

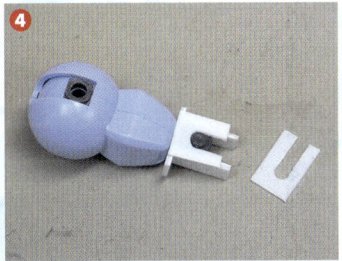  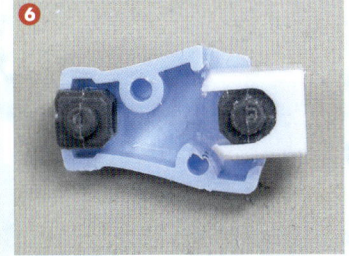 

▲ 관절 커버의 옆면은, 관절축을 피하도록 「U」자 형으로 프라판을 잘라내서 붙인다. 이쪽은 0.5mm를 사용했다. 이 단계에서는 여백이 많이 있지만, 각각의 면을 고정하면서 깎아내서 다듬는다.

▲ 폴리캡이 프라판으로 덮여있는 만큼, 관절 블록의 두께가 늘어나기 때문에, 아래팔 내벽이 간섭하는 부분을 깎아 낸다. 커버도 가동에 간섭하는 부분은 잘라낸다. 빨갛게 칠한 부분이 잘라낼 부분이다.

▲ 아래팔의 내벽과, 관절커버의 가공이 끝난 상태다. 관절커버의 선단 길이는, 관절을 편 상태와 구부린 상태의 빈틈을 체크하고, 어느 정도로 하는지 결정한다. 또한 모서리는 조금 깎아두면, 프라모델 부품처럼 되어 주위와 잘 어울리게 된다.

▲ 왼쪽은 가공 전, 오른쪽은 가공 후 상태다. 폴리캡을 확실히 숨길 수 있게 되었다. 이것으로 관절 부분도 주위와 마찬가지로 도색을 할 수 있다. 관절 블록의 폭이 넓어진 점은, 위팔과 연결되는데 있어 조금 위화감이 든다. 이러한 부분을 수정하면 더욱 완성도가 높아질 것이다.

CHECK POINT 폴리 부품의 도색에 대해서

 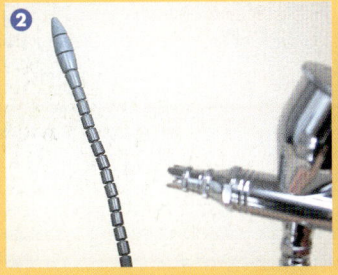  

▲ 폴리 부품(폴리 에틸렌 제)은 도료가 잘 부착되지 않기 때문에, 착색하더라도 문지르면 벗겨진다. 그래도 바탕에 메탈 프라이머를 발라두면, 가볍게 만지는 정도로는 도색이 벗겨지지 않아서 다룰 수 있게 된다. 폴리 부품을 밖으로 노출시켜서 사용할 때는 이러한 방법으로 도색한다.

▲ 이것은 1:100 MG 구프 Ver.2.0의 히트 로드다. 폴리 부품을 연결해서 꿈틀대며 움직이는 부품이다. 사진은 도색을 위해 메탈 프라이머를 뿌리고 있는 모습이다. 메탈 프라이머는 투명하기 때문에, 뿌린 부분을 판단할 수 있도록 도료를 조금 섞어서 에어 브러시로 뿌려준다.

▲ 프라이머 도색 후, 진하고 연한 회색으로 2단계의 도색을 했다. 도료 피막이 두껍게 되지 않도록 이 역시 에어브러시로 뿌려줬다. 건조 후에 부품을 몇 번이고 움직여 봤지만, 이 정도로는 벗겨지지 않았다.

▲ 그렇다고는 하더라도 도료가 완전히 정착한 것은 아니다. 시험 삼아서 테이프를 붙였다가 떼보면, 이렇게 도료가 벗겨진다. 역시 도색 후에는 주의해서 다뤄야 한다.

CHAPTER 3 : 레벨 업 공작 테크닉

관절 부품 카탈로그

캐릭터 모델 지향의 관절 부품은 여러 가지 제품이 시판되고 있다. 형태도 풍부하고, 재질도 폴리 에틸렌 이외에도, 붙는 힘이 강한 ABS나 폴리 카보네이트 등도 사용되고 있다. 여기서는 형태 별로 주요 제품을 소개한다. 닮은 제품이라도 각각의 특징이 있기 때문에, 키트개조나 자작에도 잘 활용할 수 있다.

■ 십자 타입

PC-03
(웨이브 / OP382 / 210엔)

▲ 축이 교차하는 십자 타입의 폴리캡이다. 기본적인 형태의 4타입이 들어가 있다. 「PC-03」은 축, 안지름 둘 다 3mm. 사이즈가 다른 「PC-02」(축, 안지름 둘 다 2mm), 「PC-04」(축 3mm, 안지름 4mm), 「PC-05」(축 지름 3mm, 안지름 5mm)가 있다.

T자 조인트
(고토부키야 / D-103 / 210엔)

▲ 축받이 단면이 원통인 T자형. 축받이의 유지력이 강해서, 팔꿈치나 무릎 등에 끼워 넣기 좋다. 축은 길기 때문에, 필요에 따라 잘라서 사용할 수 있다. 이것은 2mm, 3mm 안지름의 세트로, 이외에도 5mm, 8mm 안지름의 (L)도 있다.

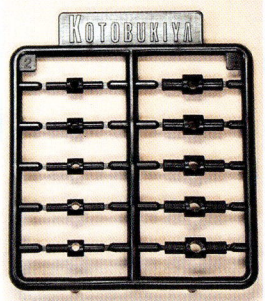

롤링 조인트
(고토부키야 / D-104 / 210엔)

▲ 십자 타입이지만 중앙이 옆 축과 같은 축의 원통으로 되어있는 타입이다. 자리를 차지하지 않기 때문에, 이중관절 등, 폴리캡을 가깝게 늘어놓을 때 편리하다. 또한 밖으로 노출되는 것을 막을 수 있다. 2mm, 3mm 안지름의 세트다.

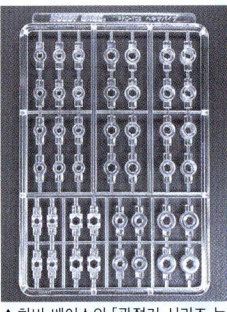

관절기 헥사파이프
(하비 베이스 / PPC-T08 / 500엔)

▲ 하비 베이스의 「관절기 시리즈」는 폴리 카보네이트로 되어있어 높은 유지력이 특징이다. 「헥사 파이프」는, 축받이가 육각형 모양의 구멍인 십자 타입. 옆 축은 3mm과 4mm. 축받이는 2mm과 3mm이다. 축 지름이 앞뒤로 2mm / 3mm, 3mm / 4mm이라는 연결 파이프도 들어가 있다. 런너는 1mm / 2mm / 3mm축으로 사용할 수 있다.

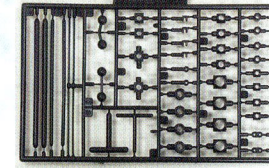

스타트 세트1 / 스타트 세트3
(고토부키야 / D-118, D-121 / 315엔)

◀ 스타트 세트는 각종 사이즈나 형태를 종합한 폴리캡 세트다. 「1」은 폴리 조인트와 십자 타입이 주 구성으로, 사이즈가 다른 것을 포함해서, 한번에 갖출 수 있는 점이 편리하다. 「2」는 크기가 큰 볼 조인트가 중심이다. 「3」은 주로 십자 타입으로, 소형 롤링이나 축 조인트가 들어 있어서 귀중하다.

> **CHECK POINT**
> **축으로 사용하는 소재는?**
>
> ◀ 축에는 시판하는 프라봉 이외에도, 런너를 사용할 수도 있다. 러너는 휘어진 부분도 지름으로 맞춰 쓴 편리한 것도 있다. 드릴 받은 축도 알아 맞은 지프라봉으로 조절하자.

■ 볼 조인트 타입

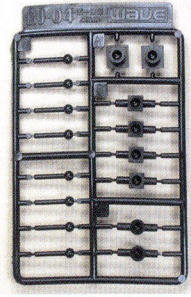

BJ-04
(웨이브 / OP372 / 210엔)

▲ 축이 붙은 볼과, 받이가 세트로 되어있는 것이다. 받이는 컵, T자 타입, 평평한 판 타입 등 다양하다. 숫자가 나타내는 것은 볼의 지름으로, 이외에도 「03」, 「05」, 「06」이 있다. 그대로 일반적인 폴리캡으로 사용할 수 있지만, 위치고정에는 대응하는 「프라 서포」를 이용하면 편리하다.

볼 조인트(L)
(고토부키야 / D-102 / 210엔)

▲ 일반적인 축이 달린 볼과 컵 형 축받이가 세트다. 장착 축 지름은 3mm, 축받이에는 3방향으로 축이 나있다. 회전용이나, 위치고정 등, 용도에 맞춰서 잘라서 사용하는 것이 좋을 것이다. 사이즈가 다른 「볼 조인트(S)」도 있는데, 이 쪽은 축 지름이 2mm다.

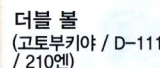

더블 볼
(고토부키야 / D-111 / 210엔)

▲ 양끝 쪽이 볼 조인트로 된 형태를 각각 컵 형 축받이로 받는 타입이다. 가동범위가 넓은 것과 동시에, 말단의 축 방향을 바꾸지 않고 위치를 변화시키는 것도 가능하기 때문에, 발목에 사용하기에도 편리하다. 장착 축은 3mm. 더욱 큰 사이즈인 「더블 볼(L)」도 있다

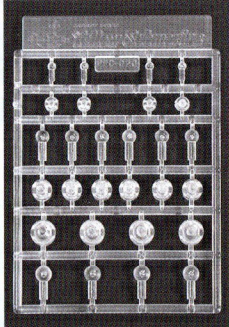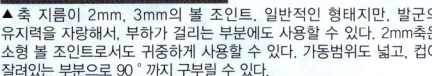

관절기 볼 조인트
(하비 베이스 / PPC-T01 / 500엔)

▲ 축 지름이 2mm, 3mm의 볼 조인트. 일반적인 형태지만, 발군의 유지력을 자랑해서, 부하가 걸리는 부분에도 사용할 수 있다. 2mm축은 소형 볼 조인트로서도 귀중하게 사용할 수 있다. 가동범위도 넓고, 컵이 잘려있는 부분은 90°까지 구부릴 수 있다.

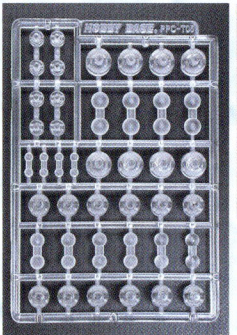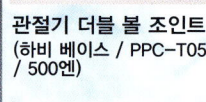

관절기 더블 볼 조인트
(하비 베이스 / PPC-T05 / 500엔)

▲ 볼 부분이 2개가 연결된 타입이다. 볼 지름 3mm이 4세트, 5mm이 6세트, 6mm이 4세트 포함되어 있다. 일반적인 볼 조인트의 지름과 똑같기 때문에, 조립에도 사용할 수 있다.

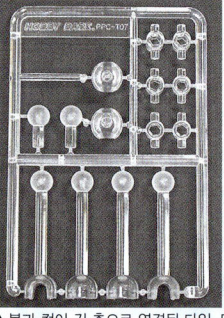

관절기 볼 조인트 특대 블록
(하비 베이스 / PPC-T07 / 400엔)

▲ 볼과 컵이 긴 축으로 연결된 타입. 단독의 관절로 사용할 수 있을 뿐만 아니라, 프레임이나 골격으로 사용하는 것도 고려할 수 있다. 중간의 축에 조립해서 사용할 수 있는 십자 타입도 포함되어있다. 전시 스텐드 제작에도 활용할 수 있다.

■ 조인트 타입

L·조인트
(웨이브 / OP201 / 367엔)

L·조인트[3]
(웨이브 / OP204 / 367엔)

더블 조인트(L)
(고토부키야 / D-107 / 210엔)

▲ 단면 고정식 축 조인트를 중심으로 한 세트. 구부러지는 것은 예에서 볼 수 있듯이 이중관절 이외에도, 단축(單軸)으로도 사용할 수 있다. 또한 볼 조인트도 2세트 포함되어 있다. 축 지름은 모두 2mm. 소형으로 플라스틱제 관절커버가 들어있는 「L·조인트[2]」도 있다.

▲ 단축 가동의 축 조인트로, 관절을 커버하는 듯한 구형의 프라 부품이 들어있는 타입이다. 외관을 해치지 않고, 도색이나 가공도 가능한 것이 장점이다. 축 지름은 3mm. 디자인이나 크기가 맞으면 팔꿈치 관절로 사용하면 편리할 것이다.

▲ 축 조인트 타입으로, 조립에 따라서 단축, 이중관절로도 사용할 수 있다. 더욱 소형인 「더블 조인트(S)」이외에도, 관절부가 원통형인 「더블 조인트(구·L)」, 구형의 「구형 더블 조인트(S)」, 「구형 더블 조인트(L)」도 있다.

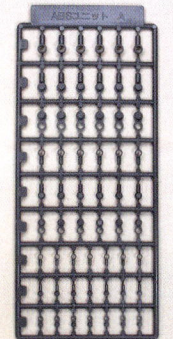 

ABS유닛01(T조인트)
(고토부키야 / D74 / 420엔)

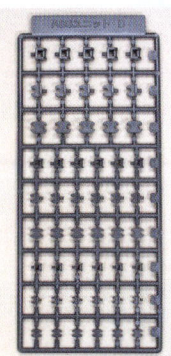 

ABS유닛02(H조인트)
(고토부키야 / D75 / 420엔)

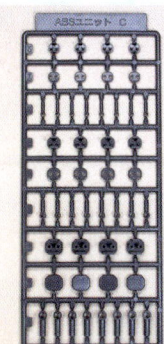 

ABS유닛03(W조인트)
(고토부키야 / D76 / 420엔)

▲ ABS제 관절 부품. 횡축을 끼워 넣는 타입으로 단축 이외에도, 중간부품을 조립하면 이중관절로도 된다. 축 지름의 차이에서 대(2.9mm)6조, 중(2.3mm)6조, 소(1.7mm)7조의 세트다. 색은 블랙과 그레이가 있다.

▲ 관절축의 조립이 C형으로, 이것을 축으로 '똑딱'하고 끼우는 타입이다. 형태는 좌우 대칭으로, 그대로 후조립이 가능한 것도 특징이다. 축 지름의 차이에서 대(1.9mm)5조, 중(1.6mm)6조, 소(1.2mm)6조의 세트다.

▲ 이중관절용 축 조인트 타입이다. 관절축은 옆면의 부품에서 나와있어서, 좌우에서 끼우듯 조립한다. 축 지름의 차이에서 대(3.2mm)4조, 중(2.4mm)4조, 소(2mm)4조의 세트다.

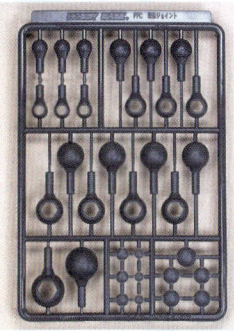 

관절기 구체 조인트
(하비 베이스 / PPC-T11 / 500엔)

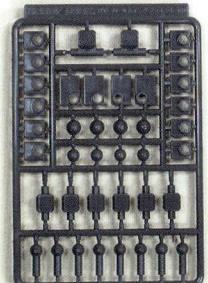 

롤링 조인트
(하비 베이스 / PPC-T21 / 500엔)

> **! CHECK POINT**
> **축받이 부품과의 조합**
>
>
>
> ▲ 폴리캡의 고정을 도와주는 전용 프라 부품도 판매되고 있다. 이것을 사용하면 유지력도 안정되고, 공작의 수고를 덜어주며, 완성도와 정밀도도 높여준다.

▲ 관절부가 구형으로 된 축 조인트. 가동 피규어에 적합하지만, 로봇에도 팔꿈치 관절 등에 그대로 연결해서, 그 형태를 살리는 사용 방법도 가능하다. 구 부분의 지름은 6, 8, 10, 12mm의 4사이즈다.

▲ 볼 조인트와 그 볼받이, 여기서 볼받이 커버 부품까지 조합되어 있는 복합관절 부품이다. 각형 볼받이의 횡축은 「축 어긋남」타입도 있어서, 어깨 관절 등에 잡아 당기기 기구를 만드는데 적합하다. (소)는 축 지름 2mm, (중)은 축 지름 3mm 타입이다. (대)는 축 지름 3mm로 부품 형태가 크게 제작되어 있다.

■ 축받이 프라 부품

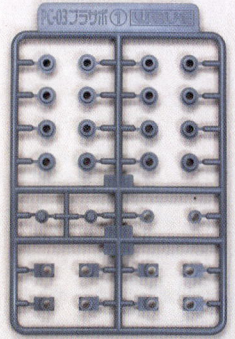 

PC-03 프라 서포①
(웨이브 / OP422 / 315엔)

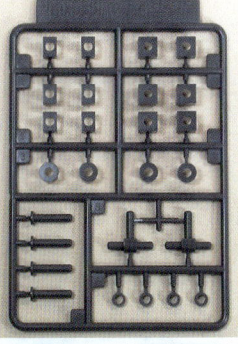 

PC-03 프라 서포②
(웨이브 / OP425 / 315엔)

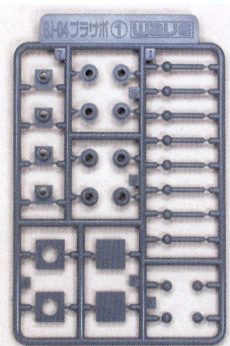 

BJ-04 프라 서포①
(웨이브 / OP412 / 315엔)

▲ 같은 회사에서 나온 폴리캡, PC시리즈의 축받이 부품이다. 형태는 길이가 다른 원통이나 단이 들어간 축, L형 축받이 등 5종이다. 「PC-02~05」까지 각각의 대응품이 발매되어 있다. 소형 프라소재로서도 관절 자작 이외에도 사용할 수 있다.

▲ PC시리즈와 조합할 수 있는 프라 부품이다. 단축이나 T자형 축 부품과, 폴리캡을 수납할 수 있도록 박스형 고정 부품이 들어있는 것이 특징이다. 관절 커버 등의 자작에도 활용할 수 있을 것이다. 이 역시 「PC-02~05」까지 각각의 대응품이 발매되어 있다.

▲ 이쪽은 볼 조인트인 BJ시리즈용이다. 볼받이를 고정하는 부품은 L형의 끼워 넣기 부품이나, 파이프 형태, 여기서 사각형 베이스 형태 부품 등이 있다. 또한 볼축은 끝 부분만도 부품화 되어, 관절 자작을 할 때 자유도를 올려준다.

CHAPTER 3 : 레벨 업 공작 테크닉

❻ 패널라인 파기
~ 작품의 정밀도를 높여주는 패널라인 파기 ~

패널라인 이란, 부품 표면에 있는 세밀한 홈 형태의 몰드를 말한다. 패널의 이음새나 해치 종류의 표현 등, 주로 디테일 재현을 목적으로 작업하는 것이다. 메카닉으로서의 사실성을 연출하는 것 이외에도, 넓고 한산한 면에 긴장감을 주거나, 장식적인 목적으로 작업이 들어가는 경우도 있다. 여기서는 키트의 패널라인을 다시 파거나, 취향에 따라서 새로운 라인을 파는 작업, 더 나아가 실패의 대처나 마감법까지 소개한다.

패널라인 파기에 사용되는 도구

패널라인을 파는 것은, 홈을 자르거나, 혹은 홈을 파는 도구를 사용한다. 일반적으로 프라모델 제작에 사용되는 도구에서 전용품까지, 여러 가지 도구가 있기 때문에, 일단 이러한 도구들의 사용법 등의 특징을 파악해 두자.

▲디자인 나이프는 파는 것 보다는 자르는 도구이지만, 본격적으로 파내기 전에 위치 가이드를 넣거나, V자로 홈을 팔 때 사용한다. 또한 꼼수로서, 날의 반대쪽을 끝처럼 사용하는 방법도 있다.

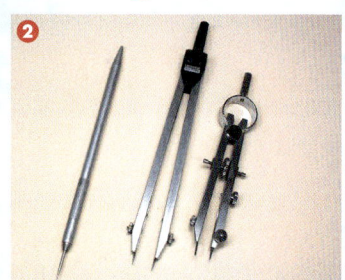

▲헤어라인 바늘은, 이미 존재하는 패널라인이나 가이드를 따라서 형태를 파 넣는데 편리하다. 홈은 V자가 되기 때문에, 깊게 파면 선이 두꺼워 진다. 이것은 제도구의 디바이더로 대응이 가능하다. 디바이더는 패널라인의 위치나 길이를 따내는데도 편리하게 사용할 수 있다.

▲모형용으로 각 사에서 에칭되고 있는 에칭 톱. 절단 이외에도 부품 표면에 홈을 넣는 것으로 패널라인을 팔 수 있다. 직선이나 곡선날, 그립 장착형 등, 여러 가지 타입이 발매되어 있다. 판의 두께는 0.1~0.2mm, 작은 스케일의 패널라인 파기에는 0.1~0.15mm 두께를 추천한다.

▲날 끝이 걸리게 파져있는 도구. 왼쪽의 P커터는, 두꺼운 V자 홈을 팔 때 사용한다. 오른쪽은 「Mr.라인 치젤」(GSI크레오스 / 2310엔)이라는 패널라인 파기를 위한 전용공구. 선단 부분은 일정한 폭의 갈퀴형태로 되어있어서, 홈은 ㄷ자형이 된다. 날 끝은 0.1~0.5mm 폭, 니들 타입의 교환식이다.

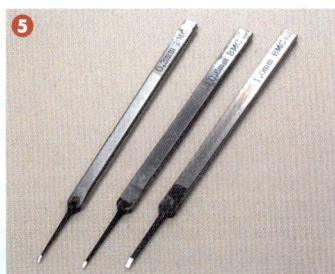

▲패널라인 파기 전용공구, 「BMC타가네」(스지보리도 / 1470엔~). 날 끝에 텅스텐강을 사용한 끌도구로, 날 끝을 부품에 세워서 당기듯 움직여서 파나간다. 선단은 평날로 폭이 0.075~2.5mm의 이외에도, 뾰족하게 튀어나온 타입도 있다.

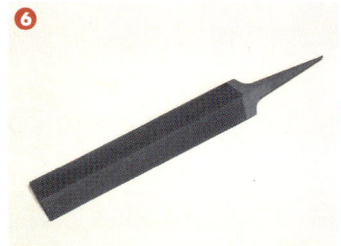

▲이것은 「날 세우기」라는, 가장자리가 예각으로 되어있는 단목 줄이다. 줄의 양 끝 단으로, 그대로 누르듯 해서 홈을 파 넣는 것이 가능하다. 특히 부품의 모서리나 가장자리 등, 곡면인 부분을 가공할 때 편리하다.

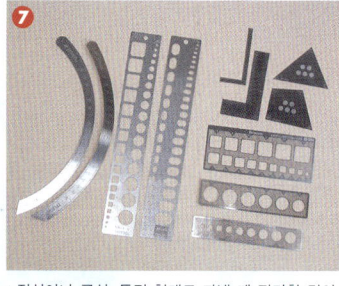

▲직선이나 곡선, 특정 형태로 파낼 때 편리한 것이 에칭으로 된 템플릿이다. 매우 얇은 금속으로 되어있기 때문에 부품에 잘 밀착되고, 날 끝이 닿아도 잘리지 않는다. 왼쪽이 하세가와 트라이 툴, 오른쪽의 고토부키야의 제품이다. 이외에도 여러 가지 형태의 것이 발매되어 있다.

> **CHECK POINT**
> **공구에 따른 홈 단면의 차이**
>
> 공구에 따른 홈의 모양(단면)
>
> 니들, 헤어라인 바늘 — 크게 뒤집힌다
> 에칭 톱, 모델링 치젤, 극세 톱 등 — 뒤집힘은 적다
> 부품 단면
>
> ▲바늘이나 톱, 치젤로 판 단면을 그림으로 그려보았다. 바늘은 홈이 V자다. 깊게 파면 폭이 넓어진다. 바늘 끝을 부품에 파 넣기 때문에, 가장자리가 크게 뒤집힌다. 평날 타입은 깊게 파도 폭이 변하지 않고, 뒤집힘도 작다.

접합선의 패널라인 다시 파기

부품의 접합선에 패널라인이 지나가는 경우, 접착이나 접합선 수정을 하면 패널라인이 얕아지거나, 없어지는 경우가 있다. 처음에는 이것을 부활시키는 공작부터 시작해 보자.

▲2개의 부품에 걸쳐서 패널라인이 있다. 접착제로 메워지거나, 접합선 수정작업에서 부분적으로 지워지는 일이 많다. 다시 파내는 전 단계에서 주의 할 점은, 접합선으로 패널라인이 비뚤어지지 않도록 접착해 두는 것이다.

▲부품을 접착하면, 사포질을 하기 전에, 살짝 메워진 패널라인을 따라 나이프로 V자로 칼집을 내서 이어준다. 사포질로 패널라인이 지워져 버리고 나서 다시 파는 것보다, 이쪽이 더 확실한 방법이다.

▲접합선 부근만 수정하면, 그 부분만 완성 후 분위기가 달라져 버리기 때문에, 전후의 홈까지 균일하게 되도록 에칭 톱으로 파 넣었다. 이것은 원래 패널라인을 따라서 문지르듯 판다. 패널라인도 깊고 확실하게 파졌다.

▲패널라인 파기의 마무리는 사포의 모서리로 패널라인 안쪽을 밀어서, 미세하게 일어난 부분을 정형한다. 600~800번이 적당하다. 키트의 다른 몰드와 분위기를 맞추는 경우에는, 홈의 가장자리가 둥글어지도록 대각선으로 사포질을 한다.

얕은 패널라인 다시 파기

얕은 패널라인은, 서페이서를 뿌리거나 도색을 하면 메워지기 십상이고, 먹선 넣기도 깨끗하게 되지 않는다. 효과적으로 보여주고 싶다면 키트의 패널라인을 가이드로 해서, 더욱 깊게 파주는 것이 좋다. 또한 성형시의 빠지는 방향 때문에, 패널라인이 얕아진 부분도 다시 파내서 표현을 맞춰보자.

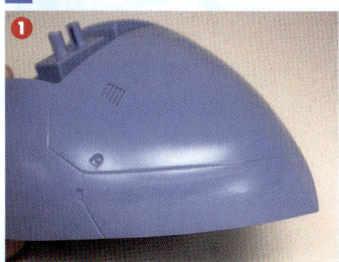

▲1:144 HGUC 지옹의 스커트 주위의 패널라인. 평행방향으로 들어간 패널라인은 홈의 상태가 일정하지 않고, 그 깊이도 매우 얕다. 부품의 대각선에 들어간 몰드는 패널라인뿐만 아니라, 성형의 관계상 이러한 형태가 되기 쉽다. 이것은 다시 파자.

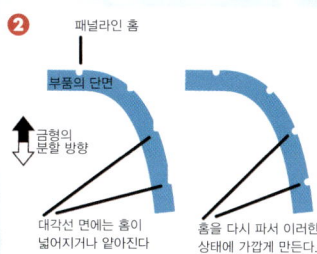

▲주위에 패널라인이 들어간 부품을 예로 한 단면도다. 부품 윗면의 패널라인은 깨끗하게 홈이 나있지만, 부품 옆면 등의 대각선 면의 패널라인은, 금형에서 부품을 떼어내는 방향에 걸리는 것이 없는 상태가 되야 할 필요가 있다. 그래서, 홈이 얕아진 것이다.

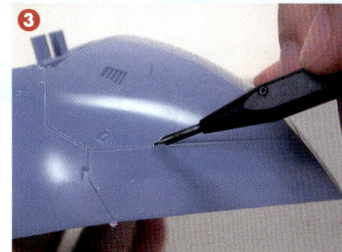

▲부품 표면에 대해 수직의 각도로 홈이 들어가도록 「Mr.라인 치젤」의 0.3mm으로 파 보았다. 키트의 패널라인에 칼 끝이 따라가도록 가볍게 당긴다. 이것을 수 차례 반복한다. 한번에 깊게 파내려 하면, 흔들리거나, 삐져나올 수도 있다.

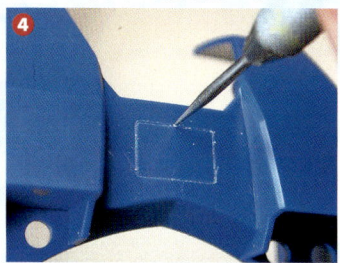

▲얕은 패널라인을 다시 파는 예. 곡면 부분을 직선 부분에 대응할 수 있기 때문에, 바늘을 사용하고 있다. 키트의 패널라인이 가이드가 되지만, 한번에 깊게 파면 삐져나오기 때문에, 처음에는 바늘을 눕혀서 파고, 서서히 세워서 파는 것이 좋다.

패널라인 새로 파기

키트에 없는 패널라인을 새로 더해보자. 패널라인을 파는 방법은 앞의 예와 같지만, 따라갈 홈이 없기 때문에, 비뚤어지지 않도록 가이드도 준비해서 파나간다.

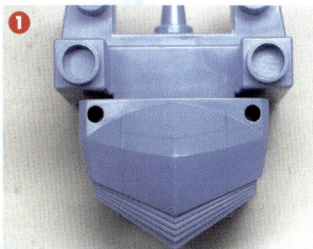

▲지옹의 복부 부품. 부품에 그려 넣은 것처럼, 여기에 「H」형 패널라인을 더해본다. 교차하는 곳은 삐져나오지 않도록, 세로로 판 다음, 가로로 판다. 패널라인의 스케치는, 수축 처리를 겸해서 사전에 부품 표면을 사포질 해두면 철필로 그리기 쉽다.

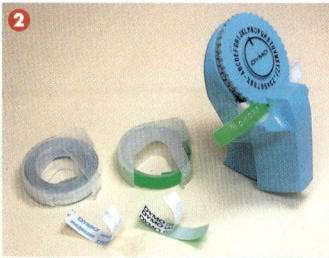

▲아무것도 없는 부품 표면에 그대로 파 넣으면 비뚤어지니, 가이드를 만들어두자. 이럴 때 편리한 것이 「다이모 테이프」(사진 왼쪽)다. 라벨 작성용 테이프이지만, 적당한 강도와 두께, 접착력을 가지고 있기 때문에, 패널라인 파기용 가이드에 최적이다. 문구점에서 300~400엔에 살 수 있다.

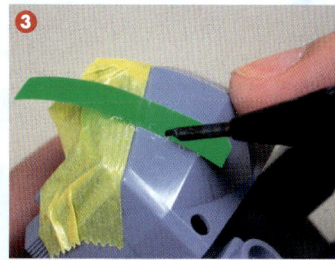

▲테이프의 가장자리를 밑 선 위치에 맞춰서 붙이고, 이것을 가이드로 날 끝을 움직인다. 사용한 것은 「Mr.라인 치젤(0.1mm)」이다. 부품 표면과의 각도는 45° 정도로, 약한 힘으로 당기면 표면이 조금씩 깎여나간다. 이것을 7~8회 반복해서 서서히 깊게 파낸다.

CHECK POINT
패널라인 스케치로 디자인을 결정한다

▲독자적인 패널라인을 넣을 때는, 어떤 라인을 넣을 것인가의 검토도 중요하다. 연필 등으로 부품에 밑그림을 그리고, 전체의 밸런스나 완성 후의 이미지를 생각해서 디자인을 결정하자.

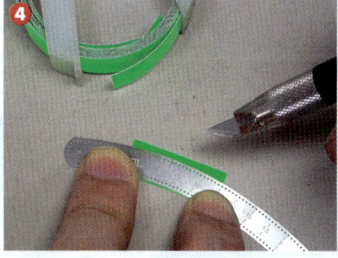

▲다음으로, 가로 방향의 패널라인 파기용 가이드를 붙인다. 완만한 곡선에 맞춰서 다이모 테이프의 가장자리를 잘라서 사용한다. 에칭 제 템플릿을 그대로 가이드로 써서 부품 표면에 붙이는 방법도 있지만, 붙이기 어려운 장소에는 이 방법이 유효하다.

▲곡선에 자른 가이드를 붙이고, 옆 방향의 패널라인을 파 나간다. 끝 단에서 삐져나가지 않도록 힘을 조절하는 것에 주의하자. 끝 부분은 조금 남겨두는 느낌으로, 역방향에서 파서 다듬는 것이 좋을 것이다. 또한 노란색 마스킹 테이프를 붙인 것은, 삐져나와서 흠집이 나지 않도록 막아주기 위한 것이다.

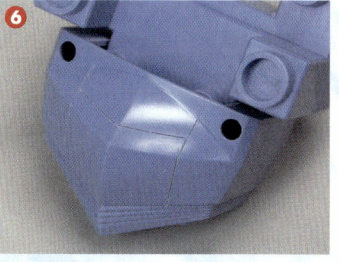

▲패널 라인이 들어간 부품. 세밀하고 샤프한 패널 라인은, 키트에 성형된 패널라인과는 느낌이 다르다. 다소 삐져나오거나 다른 곳에 흠집이 난 것은 어쩔 수 없다. 이러한 것의 수정법은 뒤에서 설명하겠다.

CHECK POINT
패널라인의 패턴을 맞춘다

▲곡면 위의 패널라인 등은, 자로 길이나 위치를 재기가 어렵기 때문에, 좌우를 맞추는 것이 어렵다. 디바이더를 사용해서, 길이나 포인트를 따내는 것이 좋다.

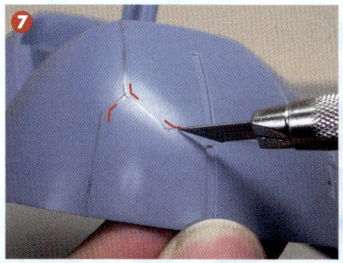

▲계속해서 스커트 부품의 표면에 더욱 복잡한 패널라인을 넣는 예다. 스케치 후, 패널라인의 방향이 바뀌는 곳에 나이프로 가이드를 넣어서 위치의 기준으로 만들어두면, 패널라인을 파는 칼날이 쉽게 멈출 수 있게 만든다.

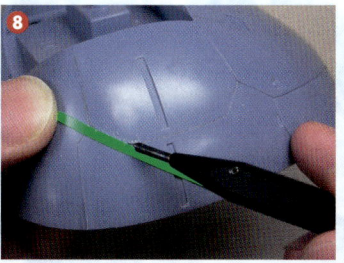

▲다음으로 나이프로 낸 가이드를 연결하듯이 테이프로 만든 가이드를 붙이고, 패널라인을 파낸다. 복잡한 형태라도 한 개씩 정성을 들여서 계속 파내는 것이다. 다이모 테이프를 얇게 자르면, 완만한 커브나 곡면에 잘 밀착된다.

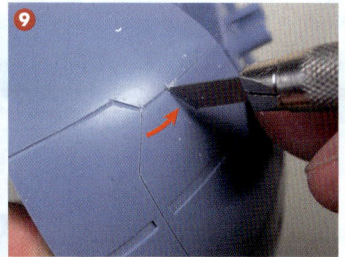

▲이것은 패널라인 부분을 넓혀서 다른 부품과 같은 느낌이 나도록 파고 있는 모습이다. 나이프의 날 끝을 옆으로 밀면서 가장자리를 대각선으로 파고 있다. 패널라인도 이렇게 두께나 단면형태의 변화를 주는 것으로, 인상을 바꿀 수 있다.

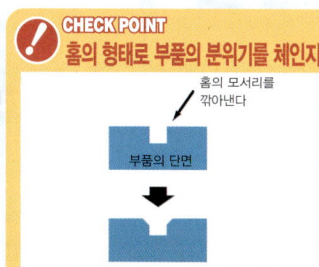

CHECK POINT
홈의 형태로 부품의 분위기를 체인지

▲왼쪽의 가공을 단면도로 그린 것이다. 밑의 그림과 같이 홈의 가장자리를 대각선으로 깎아내는 것이다. 이러한 표현 이외에도, 패널라인의 가장자리를 둥글게 만들도록 사포질을 해서, 키트의 패널라인 몰드에 가깝게 만드는 방법도 있다.

템플릿을 사용한 패널라인 파기

특정 형태의 패널라인을 팔 때 편리한 것이 템플릿이다. 그 형태 그대로 파 넣을 뿐만 아니라, 형태의 일부를 사용하는 것 만으로 효과적이다. 직선 이외를 파는 경우에는 바늘과 같이 사용하는 것이 좋을 것이다.

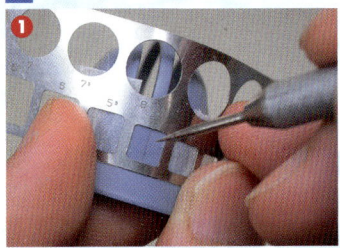
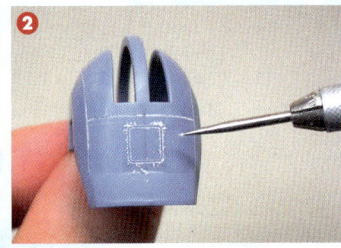

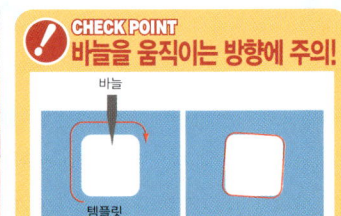

▲ 템플릿을 가이드로 해서, 사각형 패널라인을 파 넣는다. 부품의 곡면에 제대로 밀착되도록 양면 테이프를 붙이고, 여기에 비뚤어지지 않도록 손가락으로 눌러서 고정을 한다. 커브 부분을 팔 때는 템플릿에서 힘이 들어가서 비뚤어 질 수 있기 때문에, 확실하게 고정하자.

▲ 바늘은 곡면 부분에도 날 끝의 방향을 바꾸지 않고도 팔 수 있기 때문에, 이렇게 세밀하게 파 넣는 데 적합하다. 처음부터 깊게 파려고 하지 말고, 가볍게 몇 번이고 문지르듯이 파는 것이 기본이다. 가장자리가 뒤집어지는 것이다. 거칠게 일어나는 것은 사포질을 해서 다듬는다.

▲ 템플릿의 사용 예 2. 여기서는 셀로판 테이프로 표면부터 붙여서, 위치를 고정시킨다. 템플릿의 여백이 메쉬로 되어있기 때문에, 부품과의 위치관계가 알기 쉽다. "파내고 나니 위치가 비뚤어져 있었다"라는 일이 일어나지 않도록, 스케치를 해서 위치를 확인하도록 하자.

CHECK POINT
바늘을 움직이는 방향에 주의!

▲ 템플릿을 따라서 파낸다고, 사각형태 등을 빙글빙글 돌리듯이 파나가면, 템플릿이 눌리는 방향으로 형태가 기울기 마련이다. 이럴 때는 직선 부분과 모서리를 나눠서 파내는 등의 연구가 필요하다.

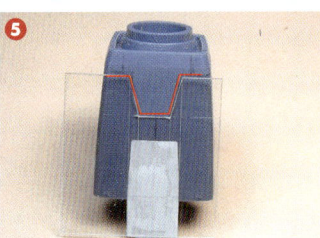

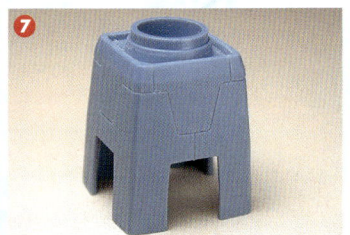

▲ 특정 형태로 파는 경우는, 프라판을 잘라서, 템플릿 대용으로 쓰는 방법도 있다. 0.3mm 프라판이라면 가공하기도 쉽고, 곡면에도 잘 붙는다. 여기서는 부품 표면에 접착해서, 패널라인을 판 이후에 떼내고 있다.

▲ 같은 패턴을 몇 군데에 파기 위해서, 전용 가이드를 만든 예다. 붉은 부분을 파기 위해서, 투명 프라판을 그 형태로 잘라서 사용한다. 여기에, 부품과의 위치를 고정하기 위해서, 흰색 프라판을 부품의 패널라인에 들어맞는 형태로 만들어서 투명 프라판에 붙였다.

▲ 투명 프라판을 사용한 것은 부품 표면을 숨기지 않아서, 쉽게 상황을 확인하기 위해서지만, 조금 재질이 딱딱하다는 장점도 있다. 부품과 맞물려서 위치가 비뚤어지지는 않지만, 가이드의 가장자리를 손가락으로 잘 고정하고, 바늘로 파 넣는다.

▲ 패널라인을 넣은 지옹의 아래팔 부품. 이 예에서는 같은 형태를 8군데에 파 넣어야 하기 때문에, 가이드를 만드는데 시간이 걸리더라도, 패널라인을 쉽게 파 넣을 수 있는 것과, 균일하게 완성되는 것을 우선시 했다.

가이드를 겸한 패널라인 파기 공구

계측용이나 가이드 내기 공구를 패널라인 파기용 공구로 사용하면, 일정 폭의 패널라인을 정확하고 손쉽게 팔 수 있다. 이런 이용방법을 소개하고자 한다.

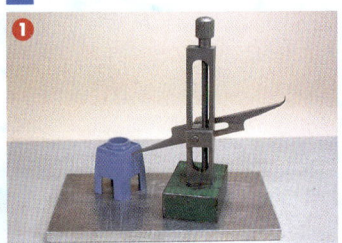

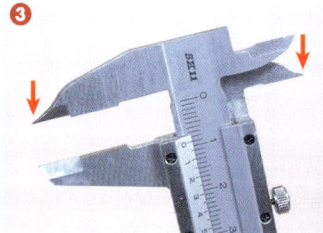
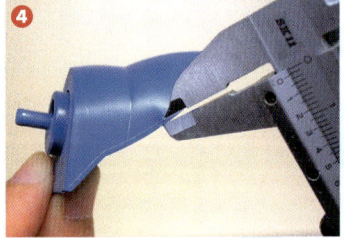

▲「토스칸」이라는, 일정한 높이에 표시를 내기 (헤어라인을 그리기)위한 도구다. 선단 부분을 갈아주면, 부품에 대해서 일정 높이의 패널라인을 넣을 수 있다. 나이프의 날을 프라봉 위에 겹치거나, 일정 높이로 고정할 수 있는 주변의 도구로도 토스칸의 대용품이 될 수 있다.

▲ 컴파스의 끝에 양쪽 다 바늘을 넣은 것으로 같은 간격의 패널라인을 그리고 있는 모습이다. 한쪽의 바늘은 이미 존재하는 패널라인을 따라가고, 다른 한쪽의 바늘로 파는 것이다. 바늘 끝 부분의 간격이 변하지 않도록, 양 다리의 간격을 나사로 고정할 타입의 컴파스를 사용하는 것이 좋다.

▲ 이것은 캘리퍼스의 선단을 가늘게 깎아서 헤어라인을 낼 수 있도록 자작한 것이다. 스케일 부분의 나사로 선단의 폭을 고정할 수 있는 것이 포인트다. 캘리퍼스의 밑 부분을 부품의 가장자리에 대고, 거기서 일정 폭의 헤어라인을 간단하게 표시할 수 있다.

▲ 이렇게 부품의 가장자리를 따라가듯이 사용한다. 토스칸과 다른 점은, 곡면부분 등, 평면 위에 놓을 수 없는 부분에도 대응이 가능한 점이다. 디바이더와 같이 길이를 따내는 데에도 사용할 수 있고, 재빠르게 헤어라인을 그려 넣을 수 있는 공구로서, 부품의 자작이나 개조 가공에도 매우 편리하다.

프리 핸드로 대응하기

패널라인 파기도 도구사용이 손에 익으면, 간단한 부분은 손으로도 패널라인을 넣을 수 있게 된다. 간단한 가이드와, 프리 핸드로 파내는 예를 보도록 하자.

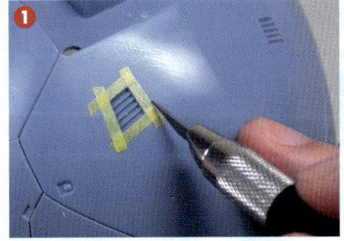
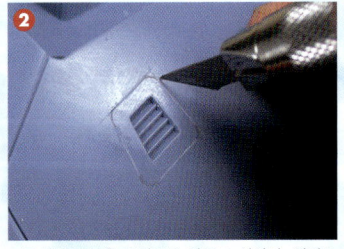
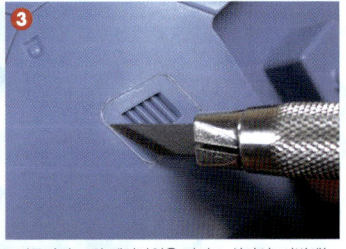

▲ 덕트 형태의 몰드 부분에, 주변을 감싸는 듯한 패널라인을 넣고 있는 모습이다. 덕트에서 일정 폭을 띄우기 위해서 얇게 자른 마스킹 테이프를 바르고, 이것을 따라서 나이프로 칼집을 넣어서 헤어라인을 그려 넣는다.

▲ 모서리 부분을 곡선으로 만들고 싶어서, 연필로 밑그림을 그린 후, 이를 따라서 나이프의 칼 끝으로 헤어라인을 그린다. 직선 부분에서 자연스럽게 연결되도록 그려가야 한다. 몇 차례 칼집을 넣어서, 자신이 생각하는 곡선이 되도록 미세하게 조절을 한다.

▲ 지금까지 그린 헤어라인을 가이드 삼아서, 이번에는 날을 대각선으로 해서 잘라내듯이 폭을 넓혀서 패널라인을 만들어 간다. 홈의 폭이나 뒤틀림을 균일하게 만들고 싶을 때는, 마지막에 에칭 톱을 사용해서 파내면 된다. 완성된 모습은 완성상태 (P.060)를 참조해 주기 바란다.

CHECK POINT
퍼티 위에 패널라인 파기

▲ 퍼티 종류에 패널라인을 팔 때는, 딱딱함의 변화나 기포 등으로 파내는 정도의 변화가 일어나기 쉽다. 그 때문에, 긁어내는 도구는 비뚤어지는 경우도 있다. 톱이나 나이프 같은, 잘라내는 도구를 사용하면 잘 비뚤어지지 않는다.

CHAPTER 3 : 레벨 업 공작 테크닉

몰드의 가장자리를 판다

부품 표면의 몰드 주위를 샤프하게 파내면, 일체감이 감소해서 다른 부품처럼 보이고, 정밀감을 연출하는 것도 가능하다. 구분도색이나 먹선 넣기를 깨끗하게 할 수 있다는 효과도 있다.

▲표면의 사각형 노즐 형태의 몰드가 있는 부품이다. 얇게 양각 몰드로 되어있는 부분의 주위를 파내는 것으로, 다른 부품처럼 보이게 만들어서, 더욱 입체감 있게 완성시켜 보자.

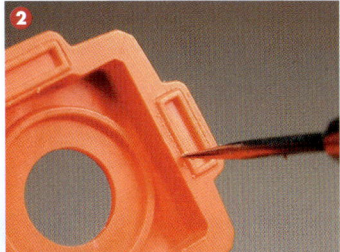
▲원래 있는 몰드가 가이드 역할을 하기 때문에 가공 자체는 간단하다. 여기서는 몰드의 가장자리를 바늘에 따라가듯이 움직여서, 홈을 파고 있다. 바늘은 끝 부분만으로 파내기 때문에, 몰드의 가장자리가 깎이는 일은 없다.

▲도색하고 완성한 상태다. 노즐이 다른 부품으로, 안에 끼워 넣은 것처럼 보인다. 구분도색이나 먹선 넣기와 같은 도색을 같이 해주는 것으로 효과가 더욱 커졌다.

CHECK POINT 가장자리를 파내는 방향으로 표현이 바뀐다
▲몰드의 가장자리를 파는 경우에도, 방향의 차이로 그 몰드가 어떻게 붙어 있는가에 대한 인상이 바뀐다. 세로 방향으로 파면, 안으로 들어가 있는 것처럼 보이고, 가로 방향으로 파면, 표면에 겹쳐있는 것처럼 보인다.

패널라인의 수정과 마감

패널라인 작업에서는, 삐져나와서 다른 곳에 흠집을 내는 것과 같은 실패는 피할 수 없는 것이다. 이럴 때의 수정 방법도 같이 익혀두길 바란다. 여기에, 패널라인이나 몰드를 파고 난 후 마무리 순서도 같이 소개하고자 한다.

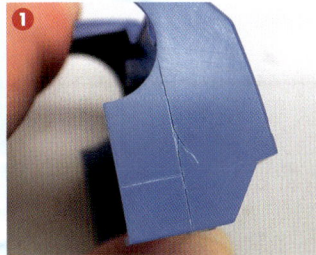
▲패널라인이 삐져나와서 실패한 예다. 한번 홈이 비뚤어지면, 다음부터 비뚤어진 부분에 칼날이 들어가기 때문에 점점 더 심해진다. 이것을 수정하기 위해서는, 비뚤어진 곳을 일단 메우고, 다시 파내야 한다.

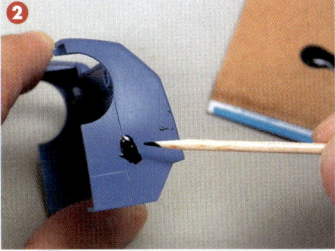
▲일단 비뚤어진 패널라인을 메운다. 깊은 홈은 프라 퍼티로 메우면 수축이 일어날 수 있기 때문에, 고점도 타입의 순간 접착제로 메우는 것을 추천한다. 사진은 「검은 순간 접착제」를 이쑤시개로 바르는 모습이다. 저점도 타입을 사용하면 다른 곳으로 흘러 들어가기 때문에 주의하자!

▲고점도 순간 접착제는, 경화촉진 스프레이를 뿌려서 빨리 경화시키자. 그리고 나서, 버팀판을 붙인 사포로, 표면을 깨끗하게 만든다. 이것으로 비뚤어진 패널라인이 평평해졌으므로, 다시 패널라인을 파면 된다.

▲이번에는 비뚤어지지 않도록, 확실하게 가이드를 대고 파나간다. 가이드는 앞에서 실패한 라인을 숨기듯이 덮어주는 것으로, 같은 실패는 하지 않는다. 또한 수정을 위해 파는 경우에는, 나이프나 톱으로 파는 것이 좋다. 치젤이나 바늘은 수정 부분에 걸리기 때문이다.

▲패널라인이 밖으로 삐져나와서 생긴 얕은 흠집은, 락커 퍼티나 병에 든 서페이서를 발라서 메운다. 이 경우 퍼티는 수축을 하기 때문에, 여러 번 나눠서 바른다.

▲퍼티가 건조하면 사포로 평평하게 만든다. 흠집이 있었던 곳에 퍼티가 남아있는 것을 확인 할 수 있다. 사포질을 하면 깎인 찌꺼기가 홈에 들어가 버리기 때문에, 마지막에 칫솔이나 붓으로 쓸어서 제거하도록 하자.

▲패널라인이나 몰드가 많은 곳은 철 수세미로 표면을 문지르면, 여러 방향으로 난 홈의 거스러미도 한번에 처리가 가능하다. 철 수세미는 주방용이 아닌, 목공이나 금속 마감용으로 고운 눈(000번 등)이 좋다.

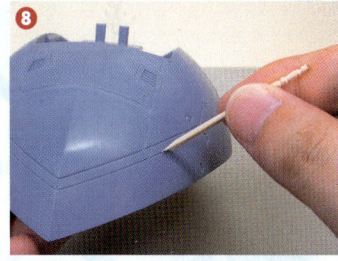
▲부품 표면에 붙은 찌꺼기는 칫솔이나 붓으로 털어내진다. 홈 안쪽에 깊이 들어가서 간단하게 털어낼 수 없는 경우에는, 이쑤시개 끝을 얇게 깎은 것으로, 홈 가운데를 파내게 된다. 몇 번 사용하면 끝이 둥글게 되지만, 몇 번이고 깎아서 사용할 수 있다.

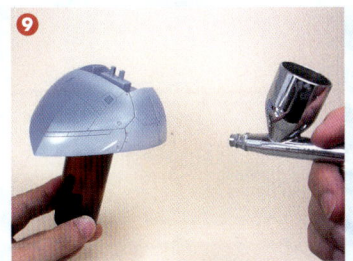
▲찌꺼기를 제거하면 마무리 체크로 서페이서를 뿌려준다. 그렇다고 하더라도, 모처럼 샤프하게 파낸 패널라인이나 몰드가 메워지지 않도록, 서페이서는 꼭 필요한 만큼만 뿌려준다. 가능하면 에어브러시를 사용해서 서페이서를 뿌리는 것이 좋을 것이다.

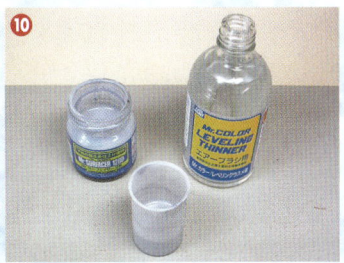
▲여기서는 병에 든 「Mr.서페이서1200」을 「레벨링 희석액」으로 희석시켜서 에어브러시로 뿌렸다. 제대로 희석시킨다면 지름 0.3mm의 에어브러시로도 문제없이 뿌릴 수 있다. 흠집 메우기 효과보다, 부품 표면을 체크하기 쉽게 만드는 것이 목적이다.

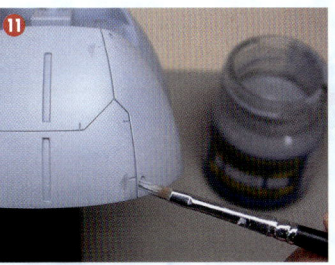
▲서페이서를 뿌려서 확인했더니, 파내려고 했다가 그만둔 부분의 헤어라인이 발견되었다. 이 경우 얕은 흠집이기 때문에, 병에 든 「Mr.서페이서1000」을 붓으로 발라서 메웠다.

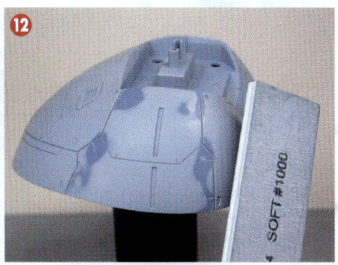
▲흠집을 메우고 나서 사포질로 표면을 균일하게 만들었다. 흠집은 메워졌지만, 부품 색이 드러났기 때문에, 도색이 바탕색을 만드는 의미에서, 다시 서페이서를 뿌린다. 에어브러시라면, 부품 색이 드러난 부분만 칠할 수 있기 때문에, 두껍게 칠하는 것을 피할 수 있다. 이렇게 마감을 하면, 도색을 시작한다.

057

⑦ 디테일 새기기
~ 음각 몰드로 메카닉 분위기를 강조 ~

패널라인과 함께 부품의 표면에는, 얇고 긴 홈이나, 둥근 음각 등의 디테일 표현이 들어간다. 패널의 고정구나 훅의 기초 부분과 같은 기능을 표현하는 디테일을 파 넣는 것으로, 메카닉으로서의 분위기가 향상된다. 이번 장에서는, 이러한 디테일 가공을 소개하고자 한다. 키트의 몰드가 성형상의 관계로 얕아진 경우에도, 이러한 디테일 가공 기술을 사용하는 것으로, 원래의 모습으로 완성시킬 수 있다.

디테일을 새기기 위한 도구

디테일을 새길 때는, 조각도나 끌과 같이 끝 부분이 날로 되어있는 도구를 사용한다. 전용품 이외에도, 끝 부분을 갈아내서 칼날로 사용하는 도구도 있다. 또한, 앞장에서 소개한 패널라인용 도구도 홈을 파는데 편리하다.

▲「모델 치젤」(하세가와 / 각 1575엔)의 평(3mm), 평세, 환세. 디테일 파기에 사용하기 쉬운 날이 좁은 끌이다. 사진에 나와있는 것 이외에도 마름모 끌의 단면인 「삼각」도 있다. 전 모델에 숫돌이 포함되어 있기 때문에, 갈아내서 사용할 수 있어서, 오랫동안 사용할 수 있다.

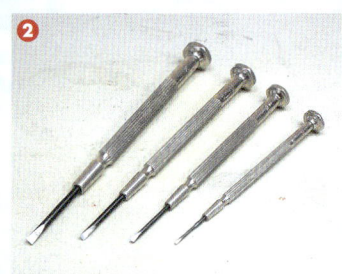

▲시판하는 정밀 드라이버(마이너스)의 끝 부분을 갈아서, 끌 형태로 만든 자작공구. 대소 여러 자루를 세트로 이용하면, 폭이 다른 것에 대응하기 쉽다. 단순하게 평날로 사용하는 것 이외에도, 날 끝을 회전시켜서 사용한다는 장점도 있다.

▲간단하게 홈을 팔 수 있는 도구로서, 디자인 나이프의 날을 사용하는 방법이 있다. 날을 반대방향으로 대고, 날 끝이 아닌 방향을 사용한다. 이 끝 부분을 사포(400~800번)위에서 당기듯이 갈아낸다. 이것으로 0.4mm폭의 조각도처럼 사용할 수 있게 된다.

⚠ CHECK POINT
날 끝을 간다

▲끌이나 조각도는 날이 잘 들지 않거나, 이가 빠지게 되면, 숫돌을 사용해서 날 끝을 예리하게 갈아주는 것으로, 다시 잘 들게 된다. 사진은 물에 담근 숫돌 위에, 정밀 드라이버의 끝 부분을 갈아낸 것이다. 당기는 방향으로 움직여서, 예리하게 갈아내자.

얕아진 몰드를 파낸다

키트의 음각 몰드가, 부분적으로 얕아지거나, 가장자리의 형태가 확실하지 않은 경우가 있다. 이것은 금형을 떼어낼 때의 방향에 의해 생기는 어쩔 수 없는 부분이다. 그래도 두지 말고, 깊게 파내서 수정하도록 하자.

▲1:144 HGUC 규베레이의 무릎 아머. 왼쪽이 원래 키트에 들어있는 상태, 오른쪽이 가공 후 모습이다. 화살표로 가리키는 부분이 깊이가 얕아진 부분으로, 이것을 원래 형태에 가깝게 파낸다. 깊게 파는 것뿐만 아니라, 가장자리의 네모난 부분도 둥그렇게 되도록 변경하고 있다.

▲먼저, 파내는 범위를 확실하게 한다. 여기서는 구분도색용 씰이 있기 때문에, 이것을 가이드 삼아서 주위에 나이프로 칼집을 넣는다. 이것으로 음각 몰드의 외형이 결정되었다. 씰이 없는 경우에는 밑그림을 그려서 스스로 모양을 결정하도록 하자.

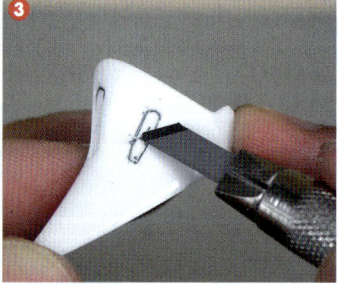

▲칼집을 넣은 바깥 둘레를 따라서, 안쪽에서 칼날을 향하듯이, 깊게 파나간다. 이 작업을 특히 얕게 파져있는 부분에 대해서 실시한다. 참고로 나이프의 날 끝은 예각인 30°가 아닌 45°쪽이, 이 작업에서는 사용하기 편하다.

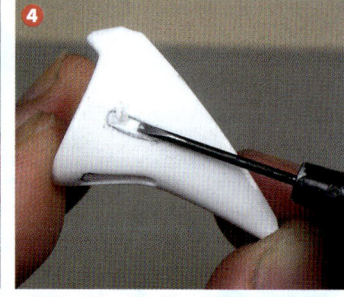

▲주위를 깊게 파서 외형이 확실하게 드러났다면, 다음은 소형 평 끌을 사용해서 안쪽을 파낸다. 깊이의 조절과 함께, 들어간 면이 평평하게 되도록 작업한다.

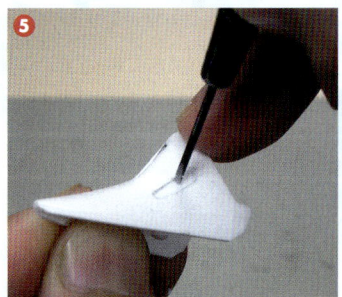

▲들어간 부분의 바닥을 평평하게 만드는 작업에서는, 날 끝을 세우고, 표면을 긁어내듯이 깎는다. 긁어내는 방향을 바꿔서 몇 번이고 반복하는 것으로, 바닥이 평평하게 된다.

▲끌로 파는 것 만으로는 가장자리의 샤프함이 모자라기 때문에, 마지막으로 나이프의 끝 부분으로 바깥 둘레를 따라서, 가장자리가 확실하게 지도록 파나간다. 여기를 패널라인 형태로 하는 표현도 있다.

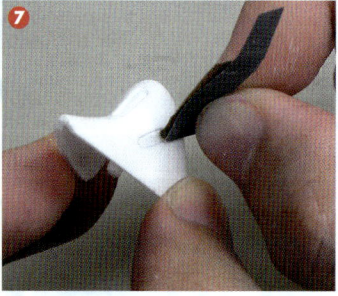

▲마무리로 음각 몰드의 바닥이나, 가장자리에 사포질을 한다. 여기서는 내수 사포를 얇게 접은 면을 사용하고 있다. 이렇게 완성된 것이 사진①의 오른쪽 부품이다.

⚠ CHECK POINT
음각 파기의 순서

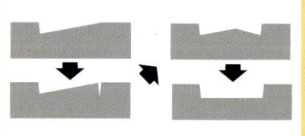

▲여기까지의 흐름을 단면도로 확인해보자. 왼쪽 위가 작업을 들어가기 전의 상태로, 음각 몰드의 한쪽 면이 얕다. 이것을 왼쪽 밑과 같이 파내는 범위에 헤어라인을 그리고, 오른쪽 위와 같이 파나가고, 마지막에는 바닥을 평평하게 만들어서 마감한다.

CHAPTER 3 : 레벨 업 공작 테크닉

접합선을 홈으로 만든다

부품의 접합선을 홈으로 가공하는 것으로, 접합선 수정을 하지 않고도 키트를 더욱 돋보이게 만드는 수법이다. 이것은 키트에서도 디자인의 어레인지로서 도입되는 예도 많다. 디테일 업 효과 보다, 사포질을 생략할 수 있거나, 도색하고 나서 조립할 수 있는 장점이 크다.

 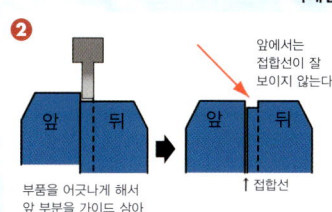  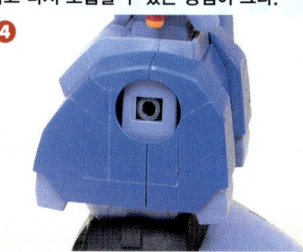

▲접합선을 홈으로 만들 때는, 부품을 조립한 상태에서 한쪽의 부품을 살짝 어긋나게 해서, 삐져나온 부분을 가이드 삼아 다른 한쪽의 가장자리를 파내면 된다. 여기서는 나이프의 날 반대쪽을 갈아낸 자작공구를 사용하고 있다. 파내는 폭에 따라서는 평날과 같은 도구를 사용해도 된다.

▲접합선을 홈으로 만드는 가공을 그림으로 표시했다. 깎는 부분은 완성상태에서 뒤쪽이 되는 부품으로 하면, 실제 접합선은 앞에서 보기에는 잘 안보이기 때문에, 더욱 효과적이다. 물론 뒤에서 보면 더 눈에 잘 띄기 때문에, 어느 쪽을 우선할 것인지를 고려해서 결정하면 된다.

▲부품을 가공한 형태를 확인해보자. 검게 칠한 부분이 접합선 면이다. 부품의 두께보다 한층 얇아진 것을 알 수 있다. 파낸 깊이를 균일하게 만들기 위해서는 표면뿐만 아니라, 이렇게 부품을 떼어내서 체크하는 것이 좋다.

▲가공이 끝난 상태다. 홈의 깊이나 폭을 어떻게 보여주고 싶은지, 주위의 몰드에 따라 다르지만, 홈이 좁고 깊으면 단순한 틈새로 밖에 보이지 않게 된다. 홈의 바닥 면이 보일 정도가, 몰드다워 보인다.

음각 몰드를 파낸다

기체 각 부분에 들어가 있는, 부분적인 음각 몰드를 파보자. 최근의 건프라에서 많이 볼 수 있는 사각형 홈, 둥그런 홈, 타원형 홈 등이다. 다른 형태라도 이 방법을 응용해서 가공할 수 있을 것이다.

■ 사각형 홈

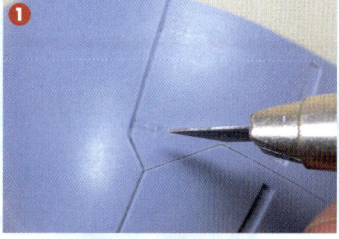 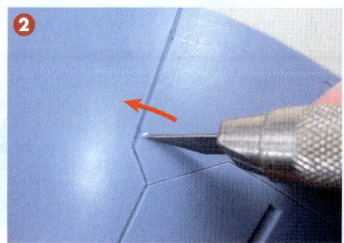 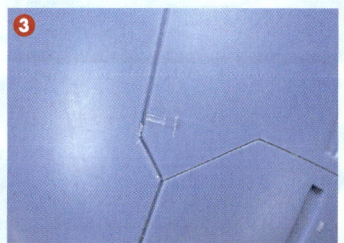 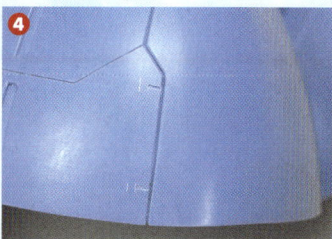

▲이번에는 부품 표면에 사각형 홈을 파보자. 파내는 폭은 날 끝의 두께와 같은 0.4mm다. 파내는 위치를 그려 넣고, 날이 짧은 나이프로 가볍게 칼집을 넣어서, 그 위치에 가이드와 날 끝을 멈추기 쉽게 만든다.

▲처음에는 부품 위에 날 끝을 미끄러뜨리듯이, 얇게 깎아내는 식으로 시작한다. 처음부터 깊게 파내려고 하면, 날 폭보다 더 넓게 부품이 뒤집히기 때문에 주의하자.

▲매우 얇게 파낸 상태다. 시작점인 오른쪽이 얕은 것을 알 수 있다. 이것을 수 차례 반복하고, 또한 반대 방향에서도 파내서 홈의 안쪽을 다듬는다. 날 끝이 각진 단면이기 때문에, 처음에 낸 칼집이 그대로 가이드 역할을 해서, 손으로만 깎아도 의외로 잘 흔들리지 않는다.

▲홈을 다 파낸 상태다. 사각형의 형태도 다듬어져 있고, 홈 가운데도 평평하게 마감되었다. 여기서는 이것으로 끝이지만, 더욱 깊게 팔 경우에는 날 끝을 세워서 당기면서, 긁어내듯이 파면 된다.

■ 둥그런 홈

 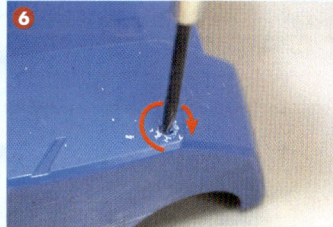  

▲이것은 둥그런 홈을 날카롭게 파 넣는 예다. 구멍의 바닥을 평평하게 만들기 위해서는, 극세 마이너스 드라이버의 끝을 갈아낸 자작공구를 사용하는 것이 좋다. 홈 파기에서도 자주 사용되는 도구지만, 이 경우에는 날을 돌리기 쉽다는 장점을 살리는 것이다.

▲먼저 키트 부품의 홈의 위치에, 수직으로 찌르듯이 끝 부분을 민다. 그리고 돌려가면서 홈을 판다. 키트의 홈이 가이드 역할은 하지만, 대충 돌리면 구멍이 타원이 되기 때문에 주의하도록 하자.

▲다 파낸 모습이다. 키트의 몰드보다 홈의 안쪽 모양이 더욱 확실해졌다. 다른 방법으로는 드릴을 관통시키고 뒤에서 막는 방법도 있으나, 이렇게 쉽게 조각할 수 있으니 매우 편리하다.

▲마이너스 드라이버로 둥그런 홈을 팔 때, 프리 핸드로 돌려서는 끝 부분이 흔들려서, 깨끗한 원으로 만들기가 어렵다. 깊게 파는 경우에는 드릴로 가이드 구멍을 내고 파면되지만, 얕은 홈을 표현하고 싶은 경우에는 에칭 템플릿을 가이드로 사용하면 좋다.

■ 타원형 홈

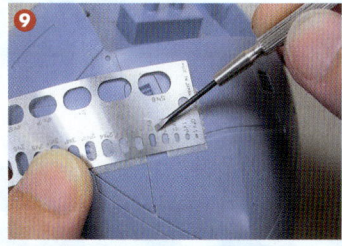 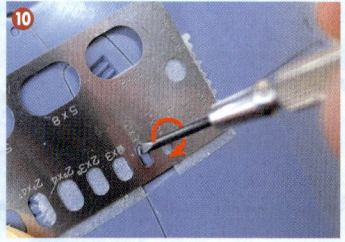  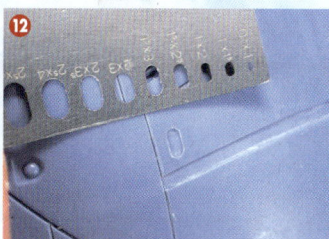

▲여기서는 테크닉을 응용해서, 타원형 홈을 파보자. 가이드에 사용하는 것은 하세가와의 「템플릿 세트1」(1260엔)의 타원 부분이다. 여기서는 1.5 x 3의 구멍을 사용한다. 같이 준비한 것은 1.4mm 폭의 마이너스 드라이버를 갈아낸 것이다.

▲처음에는 템플릿의 원형 부분을 따라서, 드라이버 끝 부분을 돌려서 둥그런 홈을 파낸다. 이것을 양쪽 끝에 파 넣는다. 반원형에 날 끝을 대면서 돌리기 때문에, 템플릿에도 다소 힘이 들어간다. 흔들리지 않도록 잘 고정해 둬야 한다.

▲둥그런 홈을 양쪽 다 깊이가 같도록 주의한다. 다음으로 이 홈을 연결하도록 세로 방향으로 날 끝을 움직여서 홈을 파낸다. 홈의 바닥이 평평하도록 확인하면서 파나간다.

▲타원형 홈이 완성된 상태다. 가이드만 고정되어 있다면, 삐져나오는 일은 없기 때문에, 남은 것은 안쪽을 얼마나 깨끗하게 정리하는지가 포인트다. 이러한 가공은 다른 형태에서도 응용할 수 있으나, 날 끝을 돌려서 파내는 것은 둥근 축의 평날이기 때문에 가능하다.

059

CHAPTER 3 : 레벨 업 공작 테크닉

MSN-02 ZEONG

BANDAI 1:144 scale plastic kit
"High Grade Universal Century"
modeled by Ken-ichi NOMOTO

MSN-02 지옹

키트의 상태 이상으로 메카닉다운 정밀감이나 존재감을 강조하기 위해서, 패널라인이나 디테일을 추가해서 완성한 것이 이 2체의 HGUC 지옹이다. 공작의 방법은 앞 페이지까지 소개한 대로다. 각 부분의 완성도를 확인할 수 있을 것이다. 또한 이렇게 전신에 걸쳐서 디테일을 추가한 경우에는, 작품 이미지를 확실하게 정하고 나서 손을 대는 것도 중요하다. 일정한 규칙성이나 특징적인 디자인을 넣는 것으로, 그 배경에 어떠한 이유가 있는 것이라 느끼게 되어, 그것이 리얼리티로 이어지는 것이다. 그러나 단순하게 "디테일이 많은 것뿐인" 상태는 되지 않도록, 강조할 부분과 그렇지 않을 부분을 나누는 것도 필요하다. 왼쪽의 작품은 「MSV」의 이미지다. 오른쪽의 작품은 「G 30th 사양」으로서, 도색도 사양에 따라 완성시켰다. 각각의 디테일에 의해 작품의 느낌이 달라지는 것을 비교해주길 바란다.

사용키트
● 하이 그레이드 유니버설 센츄리 MSN-02 지옹 ● 발매원 / 반다이 하비 사업부 ● 1890엔 ● 플라스틱 키트 ● 1:144스케일 전고 약 13cm

▲다수의 패널라인이 시선을 사로잡는 지옹이다. 각 부분에 프라판으로 양각 몰드도 추가했다. MSV의「사이코뮤 시험용 자쿠」의 흐름을 입힌 이미지로, 화이트 그레이에 일부 빨간색을 도색했다.

▶팔꿈치의 노즐은 몰드 주위에 패널라인을 파 넣어서, 다른 부품이라는 느낌을 강조했다. 아래팔 옆면은 4면 전부 다 같은 패널라인을 추가했다. 부품이 공통으로 사용된다는 표현을 했다.

▼패널라인은 부품의 모서리에 겹치는 것을 피해, 면의 중간에서 연결되도록 배치하고 있다. 이것은 곡면도 평면부도 마찬가지. 기체색은 화이트 그레이의 밝고 어두운 2색이다.

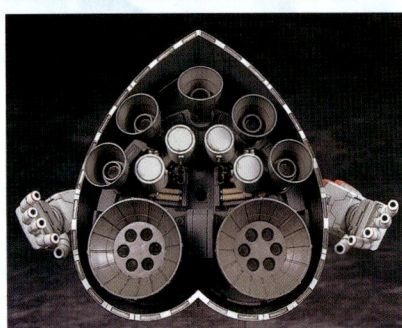

◀스커트 내부는 프라판이나 시판하는 프라 부품으로 디테일 업을 했다. 파이핑도 추가했다. 바닥면의 파이프 형태의 몰드도 구분도색을 했다. 도색 전의 모습은 P.069를 참조.

▶오리지널의 패널라인을 파 넣을 때는, 어떤 패턴으로 해야 하는가가 고민거리다. 패널라인이 들어가는 장소의 역할 등, 이론부터 들어가는 것도 좋지만, 디자인을 우선해서 생각하는 경우도 있다.

CHAPTER 3 : 레벨 업 공작 테크닉

MSN-02 ZEONG

BANDAI 1:144 scale plastic kit
"High Grade Universal Century"
modeled by Ken-ichi NOMOTO

▲소개한 가공과정의 대부분이 여기에 집약되어 있다. 얇고 샤프한 패널라인과 각 부분의 음각 몰드가 특징적이다. 완성도로 봤을 때는 이쪽이 더 높다는 인상을 주지 않을까?

◀왼쪽은 같은 스케일의 RG건담이다. 이 지옹은 패널라인이나 몰드 이외에도, 기체 색의 농담과 같은 부분에 「G30th 사양」의 특징을 담고 있다.

▲머리 부분은 입에 있는 방사형 패널라인을 추가했다. 윗면에는 각도가 변하는 부분에 패널라인을 추가했다. 모노아이는 투명 커버 안에 LED가 발광하도록 변경했다.

◀스커트 옆면의 패널라인은 단면의 사각을 지나가지 않은 위치에 배치하고 있다. 대형 노즐의 외주면에 소형 노즐과 마찬가지로 세로줄 홈을 파 넣었다.

061

CHAPTER 3 : 레벨 업 공작 테크닉

⑧ 디테일 업
~ 장착&교환으로 정밀감을 높여주자 ~

모빌슈트가 실제로 운용된다면, 각 부분에 어떤 디테일이 들어갈까? 패널라인 등의 표현 가공뿐만 아니라, 기능 부품을 추가하거나, 부품을 교환하는 것과 같은 추가공작으로, 정밀감을 높여서, 리얼리티 넘치는 연출을 해보자. 또한 동력 파이프나 모노아이와 같은, 포인트가 되는 부분에서는 각종 표현 방법을 비교해보면서 해설해보겠다. 시판하는 디테일 업 부품에 관해서는 다음 장에서도 소개하고 있기 때문에, 그쪽도 같이 참고하길 바란다.

디테일을 붙여 넣는다

먼저, 기체 표면에 부품을 붙여서 디테일 업을 하는 방법부터 다룬다. 사용하는 것은 프라판이나 시판하는 디테일 업 부품이다. 기능을 알 수 있는 것부터, 뭔가 "의미가 있는 것처럼" 보이게 만드는 수법까지 방법은 다양하다. 여기서는 MG 자쿠 Ver.2.0을 예로, 이러한 디테일 업의 예를 소개하고자 한다.

▲사각형으로 자른 프라판을 붙인 모습. 패널 표현은 라인을 파는 것 이외에도, 이렇게 1장을 붙여주는 방법도 있다. 여기서는 0.3mm프라판을 사용했지만, 더욱 얇은 0.14mm를 사용하면 최근 나오는 키트에 있는 것 같이, 아주 세밀한 단차 표면도 가능하다.

▲판을 붙이는 것뿐만 아니라, 귀퉁이에 리벳 구멍을 내주거나, 개폐 힌지 부분과 같은 표현을 더해주는 것으로, 소형 해치를 재현할 수 있다. 이 힌지 부분은, 늘인 런너를 다른 것이다. 리벳은 핀 바이스로 구멍을 뚫어서 표현했다.

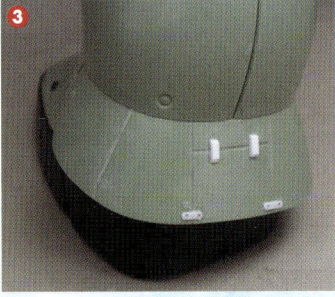
▲패널라인을 파 넣는 부분에, 얇게 자른 프라판으로 만든 힌지나 잠금 장치를 연상시키는 몰드를 추가한 예이다. 이러한 부분은 형태뿐만 아니라, 배치에 따라서도 기능을 연상할 수 있다. 참고로 이 표현은 RG나 메가 사이즈 모델 키트의 디테일을 참고했다.

CHECK POINT 프라판 절단

▲프라판은, 1mm두께 이상이라면 커터나 나이프로 칼집을 넣은 다음에, 부러뜨리듯이 절단한다. 그 이하라면 칼집을 내는 것 만으로도 잘라낼 수 있다. 작은 부품을 만들 때는, 띠 형태로 자르고 나서, 더욱 작게 자르면 모양을 맞추기 쉽다.

▲실드에 매달기 용 훅을 달았다. 개구부는 두꺼운 프라판에 드릴로 구멍을 낸 것이다. 구멍 부분을 가공한 다음에 주위를 둥그렇게 깎았다. 제대로 고정되고 있다는 느낌을 내기 위해, 베이스 플레이트에는 리벳을 추가했다.

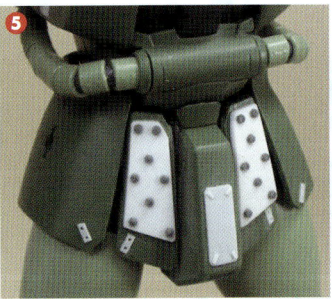
▲허리 아머에 증가장갑을 장착한 예다. 두께가 있는 프라판을 붙인 후, 육각볼트를 붙여서, 볼트로 고정되어 있다는 것을 표현했다. 박력 넘치는 외관과, 접착 부품의 재미를 연출했다. 허리 중앙 블록의 프라판은 증가장갑과는 다른 패널의 표현이다.

▲직사각형으로 튀어나온 부분에 2개의 볼트, 볼트 구멍이 붙어있는 것은, 실제 전차량 등에서 볼 수 있는 정비품을 장착하는 부분이다. 기체 각 부분의 직사각형 음각 몰드 위치에 붙여보았다. 건프라는 음각 몰드가 많기 때문에, 세세한 부분을 양각으로 하는 것으로 변화를 줄 수 있다.

CHECK POINT 리벳 구멍 내기

▲리벳은 붙이는 것 이외에, 핀 바이스로 얇게 구멍을 뚫는 것으로도 표현이 가능하다. 정비로 벗기는 패널의 가장자리에 추가하거나, 일정 간격으로 균등하게 뚫어주면 효과적이다. 이외에도 황동 파이프 등으로 눌러서「o」몰드를 찍어주는 방법도 있다.

▲머리 부분에 증설한 안테나. 장식용 봉과 같은 안테나와는 달라서 리얼리티가 있다. 여기서는 프라 부품을 받침대로 해서 황동선을 연결한 것이다. 얇은 봉 형태의 부품은 이렇게 금속소재를 사용하는 것이 깨끗하고, 튼튼하게 만들어 진다.

▲키트의 발등에는 둥근 음각 몰드가 있지만, 얇게 파져서 몰드로써 표현이 약하다. 그래서 더욱 명확하게 만들기 위해서, 구멍을 뚫고 프라 봉을 심었다. 기능적인 이유는 알 수 없지만, 면의 단조로움을 없애주는 의미가 있다.

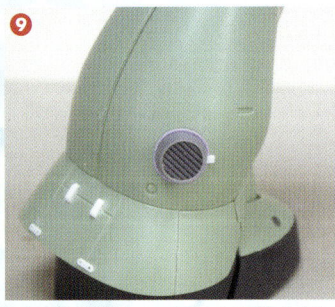
▲다리 부분에 배기 덕트처럼 생긴 부품을 추가해보았다. 이것은 우주용 자쿠에는 버니어 노즐이 있는 부분에, 지상용에는 구푸와 마찬가지로 배기 구조가 있지 않을까? 라는 이미지다. 부품은 시판되는 프라 부품을 조립한 것이다.

CHECK POINT 늘린 런너

▲「늘린 런너」는, 런너나 프라봉을 불에 달궈서 가열시켜, 부드러워진 상태에서 좌우로 잡아당긴 것을 얇게 늘리는 방법이다. 불에 가져다 대는 것도 열을 가하는 단계까지. 가열 정도와 잡아 당기는 정도에 따라 굵기가 변하기 때문에, 몇 자루 만들어서 자신이 원하는 굵기를 선택하면 될 것이다.

동력 파이프 표현

동력 파이프는, 건프라의 역사와 함께 여러 가지 표현이 시험되었던 부분이다. 최근의 키트에는 일체 성형이나 주름 대롱 모양의 칸 하나하나를 끼우는 스타일로 양분되고 있다. 여기서는 각종 부품을 사용한 예를 비교해서, 그 특징을 소개하고자 한다.

▲ MG 자쿠 Ver.2.0의 조립 상태. 동력 파이프는 연질 수지의 축에 플라스틱제 연통 부품을 한 개씩 끼워서 재현한다. 부품은 큐브 부분으로 갈수록 점점 좁아져서, 주름 대롱의 사이를 줄이도록 되어있다. 공을 들인 구조로, 현재로서는 완성형 이라고도 할 수 있을 것이다. RG에서는 1:144스케일에도 도입되어 있다.

▲ 금속선이 코일 형태로 말려있는 「스프링 파이프」를 연결한 예다. 살짝 예전 스타일이긴 하지만, 심 재료를 넣으면, 자유로운 곡선 표현이 가능하다. 또한 가동에 대응하기 쉬운 것도 특징이다. 급격하게 구부리면, 틈새가 생기는 것과, 도색 할 때 선 사이까지 칠하기 어려운 것이 난점이다.

▲ 금속제 칸(컬러)과 스프링 파이프로 조합한 예(아머 컬러 III, 아머 컬러용 코일 스프링 / adlersnest). 칸의 정밀도, 사이에 보이는 스프링에 의한 밀도가 느껴지는 완성도를 보여준다. 칸은 전부 같은 형태이기 때문에, 급격하게 구부리면 틈새가 커진다.

! CHECK POINT
심에 집어넣는 재료

▲ 스프링 파이프를 구부린 형태로 고정하는데는 심 재료를 연결할 필요가 있다. 여기에는 활동선이나 알루미늄선 등, 잘 구부러지고 유지력이 좋은 금속선이 좋다. 이외로는 부드럽고 구부릴 수 있는 소프트 프라봉(타미야)을 사용하는 방법도 있다.

▲ 주름 대롱의 칸 하나하나를 볼 조인트로 연결한 것 (관절기 플렉시블 파이프 / 하비 베이스). 주름 대롱 형태의 외관은 탄력이 크고, 자유롭게 구부릴 수 있으며, 구부린 상태를 만들 수 있다. 관절이 움직이는 각도가 크지 않기 때문에, 많이 구부리는 표현은 어렵다.

▲ 키트의 심 재료를 사용해서, 세세한 주름 대롱 형태를 만들기 위해 땜납을 감은 예다. 땜납을 감아서 동력 파이프를 표현하는 것은, 예전부터 존재하는 건프라 디테일 업 방법이다. 가운데 심 재료가 실제의 동력 파이프로, 감아있는 부분이 보호재의 표현이 된다.

▲ 왼쪽의 형태에, 녹인 퍼티를 바른 것이다. 장갑에 쌓여있는 것이 아닌, 우주복에 있는 것과 같은 주름 대롱 호스의 이미지다. 퍼스트 『건담』, 극장판 경에 그려진 오오카와라 쿠니오씨의 일러스트에는, 이런 표현으로 그려진 것이 많았다.

! CHECK POINT
질감을 재현한다

▲ 재질이나 제조과정이 한눈에 보이는 것 같은 질감 표현의 예다. 어깨 아머에 주물로 만들어진 것 같은 거친 느낌을 더한 것으로, 부품 표면을 전동 라우터의 둥근 비트로 깎고, 녹인 퍼티를 발랐다. 제조번호의 숫자는 런너 태그에서 잘라내서 붙인 것이다.

모노아이 표현

지온 계열 모빌슈트의 특징인 모노아이. 큰 키트에는 별도의 부품으로 되어있지만, 1:144스케일과 같은 소형이 되면 레일 부분과 일체형이거나, 씰로 표현되는 경우도 많다. 이 부분은 반드시 디테일 업을 하고 싶은 부분이다.

▲ 모노아이 표현에, 렌즈형태의 클리어 부품을 붙인 예다. 키트의 레일 부분이 얇아서, 구멍을 뚫고 심어 넣을 수가 없었기 때문에, 얇은 노즐 부품을 베이스로 해서 거기에 클리어 부품을 끼워 넣고 있다. 모노아이의 디테일 업으로는 일반적인 방법이라 할 수 있다.

▲ 이것은 레일 부품을 원형으로 잘라내고, 렌즈 부품을 끼워 넣은 예다. 클리어 부품을 사용하고 있지만, 반투명 느낌을 주는 도색을 했다. 「모노아이 = 클리어」라는 완고한 생각에 사로잡히지 않아도 될 것이다. 카메라가 다른 부품으로 되는 것 만으로 높은 효과를 보여준다.

▲ 이것은 1:144 가르스J의 디테일 업 예다. 내부부터 다시 만들어서, 레일 부분은 프라 파이프다. 안쪽에 있는 것은, 더욱 눈에 잘 띄도록, 반사면이 들어가있는 렌즈 부품을 형광 핑크로 도색했다. 렌즈 부품은 잘 빛나는 차량 모델용을 사용했다.

▲ 모노아이가 "실드의 안쪽에서 빛나는" 형태를 재현한 예다. 키트의 실드 부분을 투명 염화 비닐 판으로 교환해서 투명하게 만들고, 그 안에 LED를 배치하여 발광시키고 있다. 모노아이의 구조를 그대로 재현한 것이다. 모노아이를 발광시키는 "LED 이식"은 P.126부터 참조하자.

▲ 지온의 실드를 투명화 하기 위해, "히트 프레스"를 하고 있는 모습. 키트의 부품을 원형으로, 열을 가한 염화 비닐 판을 누르듯이 형태를 본 떠 만드는 것이다. 그 다음 필요한 부분을 잘라내서, 키트 부품에 구멍을 내고, 거기에 염화 비닐 판을 끼운다.

▲ HGUC 자쿠 F2를 예로, 투명 실드를 추가해보자. 모노아이는 이미 렌즈 부품을 조립해서 디테일 업을 했다. 매우 얇은 투명 필름(씰의 대지였던 것)을 레일 주변에 맞춘 크기로 잘라낸다.

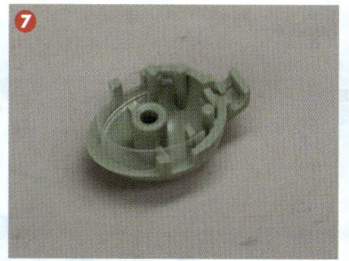

▲ 머리 부분의 위 아래 부품 안쪽은 투명 필름이 들어가도록, 모노아이의 주위를 단계 파 붙인다. 이것은 세밀한 작업이기 때문에, 전동 라우터와 작은 비트가 있으면 편리하다. 필름을 반 바퀴 두르듯이 붙인다.

▲ 완성된 머리 부분. 투명 실드의 안쪽에 레일 부분과 모노아이가 위치하도록 완성되었다. 투명 필름을 스모크 위장을 하며 내부가 어두워져서, 분위기가 더욱 살아날 것이다. 모노아이의 클리어 화에 대해서는, P.069를 참조하자.

CHAPTER 3 : 레벨 업 공작 테크닉

버니어의 디테일 업

버니어 노즐도 외관에 특징을 표현할 수 있는 포인트다. 디테일이 잘 표현된 부품으로 교환하거나, 일체화된 부품을 별도 부품으로 하는 것으로 정밀감을 표현할 수 있다. 버니어 부품은 자작이 어렵기 때문에, 시판하는 부품을 잘 활용하자.

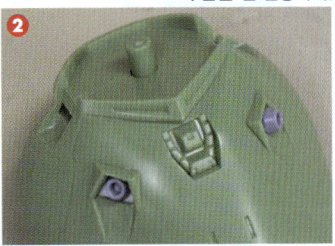
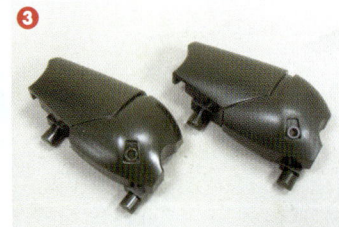

▲시판하는 부품을 이용해서, 등 쪽의 버니어를 대형화한 예. 버니어 안쪽에도 작은 노즐을 추가했다. 교환할 때는, 디자인이나 형태가 맞는 부품을 고르는 것이 포인트다. 스커트 면에도 소형 버니어를 달고 있다.

▲버니어의 장착 위치를 깊게 만든 예. 스커트 왼쪽이 가공 후 모습이다. 키트에서는 오른쪽과 같이 차양 부분의 튀어나온 위치에 달려있다. 이것은 부착 면에 구멍을 뚫고, 뒤에서 프라판으로 막아서 깊은 위치로 변경하였다. 원래 디자인이기도 하고, 외관의 정밀도도 높아진다.

▲기체 표면에 얇은 형태의 버니어가 달려있는 예. 이런 부분은 몰드가 얕아지기 마련이다. 그래서 버니어 부품으로 변경한 것이 오른쪽의 부품이다. 뒤쪽까지 구멍을 뚫을 수 없는 경우의 대응 방법이다.

▲버니어 내부에 디테일을 추가한 예. 슬릿 풍의 패널라인이 들어간 프라판을, 버니어 바닥면의 형태로 잘라내고 있다. 이것을 도색 후에 붙이는 것으로, 바닥면의 구분도색을 쉽게 만들어주는 효과도 있다.

손목의 개조

손목 부품은, 조금 오래된 키트라면 불만이 나오기 쉬운 부분이다. 디테일 재현 이외에도, 손가락의 표현, 무기의 파지 등, 작은 부분에 요구되는 요소는 많다. 여기서는 이러한 것들에 대응하는 디테일 업 방법을 소개하고자 한다.

■ 다른 키트의 부품 사용

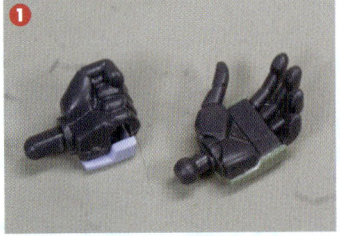

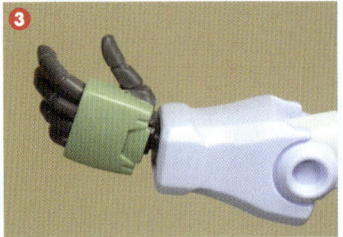

! CHECK POINT
깎아내서 자작한다

▲손목 부품에 불만이 있는 경우에는, 크기가 맞는 다른 키트의 부품을 사용하는 것이 가장 빠른 디테일 업 방법이다. 왼쪽이 HGUC 강의 손목이다. 무기 파지용 구멍이 있고, 손가락의 표현도 부족하다. 오른쪽은 HGUC 자쿠 F2의 편 손이다. 이것으로 교환해 보자.

▲손목의 교환 방법은 부착 축의 형태에 따라 달라진다. 경우에 따라서는 손바닥보다 앞의 부품을 이용해서, 손가락과 손바닥의 연결 축 부분을 연결하거나, 시판하는 관절 부품을 사용해도 축을 변경하는 방법도 있다. 여기서는 폴리캡의 지름을 드릴로 넓혀주는 것으로 대응이 가능하다.

▲강의 팔에 자쿠F2의 손목을 붙인 모습이다. 주먹 쥔 손에서, 부드러운 표정을 지닌 손으로 바뀌었다. 접착 부분의 볼 가동도 살렸기 때문에, 가동범위도 넓어졌다. 부품은 그대로 사용해도 되지만, 손등 부품의 색깔을 다시 칠하는 등, 살짝 손을 대서 분위기를 살리면 더욱 좋을 것이다.

▲총을 손가락으로 확실하게 쥔 상태를 재현하기 위해서 손을 퍼티에서 깎아내는 예. 그립부분을 손바닥에 가접착 시키고서 퍼티를 쌓아 올려주고 (여기서는 폴리 퍼티를 사용). 굳고 난 다음에 벗겨낸 모습이다. 지금부터 깎아낼 형태를 스케치하고, 나이프나 조각도로 파간다.

■ 가동 손가락 자작

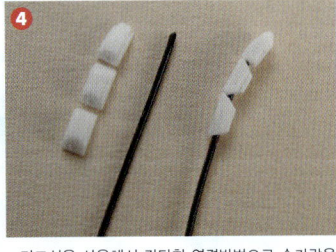
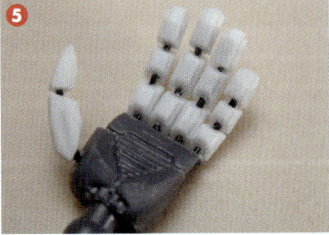

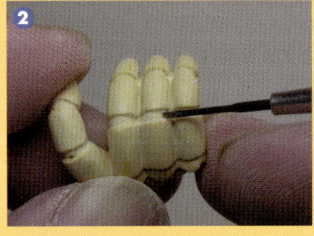

▲리드선을 사용해서 간단한 연결방법으로 손가락을 가동하는 방법이다. 먼저 부품의 절단이지만, 손가락이 되는 봉형 프라 재료를 만들고, 이것을 각 관절의 길이에 맞춰서 얇게 자른다. 여기에 구멍을 내고, 심이 단선 리드선이 통과하도록 이어준다.

▲접속한 각 관절은 리드선을 손 바닥 부품에 끼워서 고정한다. 전부 조립이 완료되면 이런 형태다. 예로 사용한 것은 HGUC 짐의 손목이다. 손가락을 구부릴 수 있는 범위는 관절 부분의 경사를 잘라낸 정도에 따라 결정된다. 어떠한 표정을 넣고 싶은가를 맞춰보고, 고정하기 전에 조절해 둔다.

▲완성한 손가락에 표정을 넣어본 모습이다. 이렇게 크게 구부릴 수 있다. 이 손가락이라면 편 손과 주먹 쥔 손을 겸할 수 있어서, 부드러운 표정도 지을 수 있다. 더 나아가 가벼운 무기라면 충분히 파지 할 수 있다. 단 리드선은 도색이 먹지 않는 것이 단점이다.

▲홈을 파 넣어서 손가락다워진 상태. 안쪽이 그립에 잘 들어맞기 때문에, 깎아내는 것은 주로 바깥쪽이다. 손가락 사이나 마디 부분도 깊게 파낸다. 폴리 퍼티를 사용하는 것은 수정할 때 다시 퍼티를 붙이더라도 앞에서 붙인 곳에 쉽게 밀착하고, 완성도에 큰 차이가 없기 때문이다.

■ 두 손으로 물건을 들기 위해

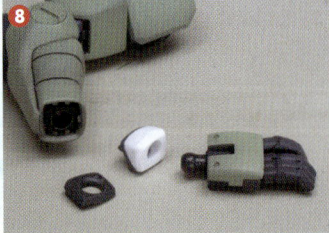

▲총을 양손으로 잡는 경우, 오른손은 새끼 손가락 쪽이 넘어가는 듯한 움직임을 잡을 수 없어서, 사진과 같이 잘 잡지 못하는 경우가 있다. 이것은 바주카를 어깨에 멜 때도 자주 일어나는 현상이다. 이것을 해소하기 위해 손목 쪽을 개조해보자.

▲손목부품을 가공하지 않고, 팔과 연결되는 부분을 경사지게 연장하는 부품을 자작하기로 했다. 손목 축 사이에 들어가는 "칼라"의 부품을 베이스로, 프라 재료를 붙여서 두께를 만들고, 손목 축은 그 안으로 들어가게 한다.

▲연장 부품을 연결한 상태다. 총을 끌어당기고, 양손으로 제대로 겨냥하고 있는 포즈가 되었다. 연장 부분은 팔의 내부에서 뻗어 나온 것 같은 이미지. 중간을 연결하기 위한 부품이기 때문에, 형태와 주위와의 위화감이 없도록 신경을 쓰자.

▲깎아낸 가공이 끝나고, 서페이서를 뿌리는 등의 표면 처리를 끝낸 모습이다. 이것은 부드러운 분위기의 둥그런 손가락을 재현한 것이다. 손 바닥은 키트 부품을 살려서 그대로 사용한다. 깎아내서 자작하는 것은 난이도가 높아지지만, 주먹 쥔 손이나 편 손에도 사용할 수 있는 기술이다.

CHAPTER 3 : 레벨 업 공작 테크닉

❾ 디테일 업 부품 카탈로그
~개조·자작에 편리한 부품을 총정리~

키트에 몰드를 추가하거나, 부품을 자작하는 경우에 매우 편리한 것이, 시판하는 디테일 업 용 부품이다. 캐릭터 모델 지향에도, 플라스틱이나 레진, 메탈, 에칭, 금속 절삭 등, 각종 재료로 수 많은 제품이 발매되어 있다. 목적에 맞는 것을 발견한다면, 공작도 쉬워지고 정밀도도 높아질 것이다. 여기서는 프라 제품을 중심으로, 각종 부품을 활용 방법과 함께 소개하고자 한다.

버니어 노즐 부품

캐릭터 모델 지향의 디테일 업 부품은 「버니어 노즐」부터 시작되었다 라고 이야기해도 될 것이다. 지금은 많은 종류가 있어서, 단순하게 노즐의 표현에 그치지 않고, 원형이나 사각 패널 등, 범용 소재로서도 활용 할 수 있다.

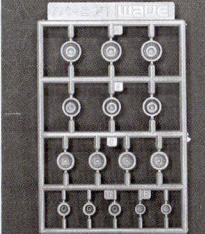
Z·버니어[1]
(웨이브 / OP261 / 367엔)

▲5종류의 범종형 노즐의 세트다. 크기의 기준이 되는 직경은 「A」10mm, 「B」8.5mm, 「C」8.5mm, 「D」6mm, 「E」5mm다. 외관은 「A」「E」는 커다란 단차가 있는 형태다. 「B」「D」는 완만한 곡면의 범종형으로 패널라인도 많이 들어갔다. 노즐 안쪽 면의 세밀한 몰드가 특징이다.

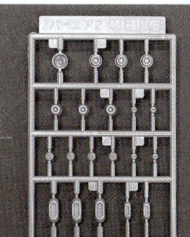
Z·버니어[2]
(웨이브 / OP262 / 367엔)

◀원통형이나 선세(先細), 끝단이 둥근 세장(細長)형 등, 기체 세부에 붙이는 노즐 부품 8종류의 세트다. 「A~C」는 중앙 부분이 구면으로, 카메라, 센서 등에도 사용할 수 있다. 직경은 「A」7.5mm, 「B」6mm, 「C」6mm, 「D」3mm, 「E」4mm, 「F」3mm, 「G」와 「H」는 5mm x 11mm, 3.5mm x 7mm

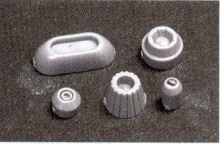
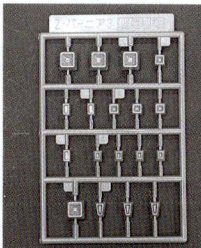
Z·버니어[3]
(웨이브 / OP263 / 367엔)

◀사각형을 주로 크고 작은 형태의 세트다. 노즐 내면이 네모난 막자사발 로 되어있는 것은 다른 것에는 없어서, 높이가 있는 정사각형 형태가 의외로 귀중하다. 소형의 부품은 카메라, 센서 수광부와 같은 형태로도 보인다. 크기는 세로 가로 「A」9 x 9mm, 「B」5.4 x 5.4mm, 「C」6 x 4mm, 「D」5 x 4mm, 「E」7 x 5.2mm

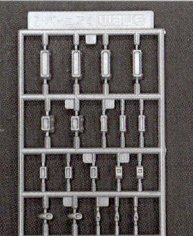
Z·버니어[4]
(웨이브 / OP264 / 367엔)

◀직사각형으로 개구부가 그릴 풍의 갈수록 점점 좁아지는 형태로, 측면에 리브 몰드가 들어가 있다. 바깥 둘레는 끝으로 모서리가 둥그런 플랫 타입이 들어가 있다. 크기는 「A」14 x 5mm, 「B」8 x 6mm, 「C」8.4 x 3mm, 「D」6 x 3.5mm, 「E」6 x 4mm 다. 「F」「G」는 뭉툭하게 솟아오른 소형 돌기에 노즐 구멍이 나있는 형태다. 길이는 「F」7 x 3.4mm, 「G」5 x 2.2mm다.

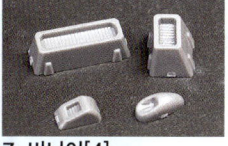

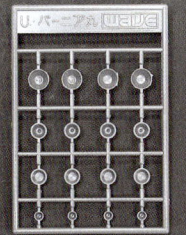
U·버니어[환]
(웨이브 / OP171 / 367엔)

◀심플한 형태의 환형 노즐 세트다. 형태는 4종, 부품 넘버는 없고, 사이즈(직경 x 높이)는 9 x 7.2mm, 7 x 6mm, 7 x 4mm, 4.2 x 4mm, 각각 4개가 있다. 바깥 둘레는 패널라인이 2개, 혹은 없다. 겉모양이 화려하지 않기 때문에, 여러 군데에 사용할 수 있다. 가장자리가 가는 것도 장점이다.

CHECK POINT
버니어 노즐의 추가

▲어깨 아머 안의 버니어 노즐을 추가한 예. 노즐만 추가 하는 것이 아니라 노즐이 장착되는 부분의 부품도 추가해서, 안쪽으로 연결되어 있다는 느낌으로 연출한다.

▲주위와의 일체성형 된 노즐은 타원형이 되어있거나, 몰드가 얕은 형태인 경우가 있다. 얇은 형태의 노즐을 그 위에 붙여본다. 간단 하지만 효과는 일목요연하다!

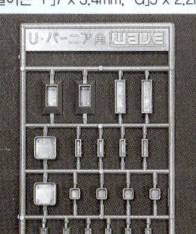
U·버니어[각]
(웨이브 / OP172 / 367엔)

◀7종류의 사각 노즐의 조합이다. 모서리가 뾰족하고 밑에서 위로 올수록 급격하게 좁아지는 형태나 모서리가 둥그런 플랫 타입 등, 특징적인 형태가 있다. 크기는 직사각 형부터, 14.8 x 9mm, 15 x 5mm, 8 x 3mm. 정사각형은 각 10mm, 각 5mm, 각 4mm, 각 3mm다. 음각 몰드의 바닥은 모두 다 평면이다.

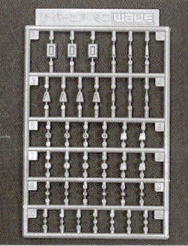
U·버니어[미니]
(웨이브 / OP173 / 367엔)

◀사각, 삼각의 얇은 형태 노즐. 각진 돌출형, 유선형 돌출형. 마이너스 몰드는 직경 3mm과 2mm가 있다. 작아도 샤프하게 마감되어, 아주 작은 원주 노즐, 범종형의 「8~10」사이는 작은 스케일의 모델 제작에 도움이 될 것이다.

U·버니어 플랫[1]
(웨이브 / OP178 / 315엔)

◀밑에서 위로 급격하게 좁아지는, 가장자리가 얇은 평환 노즐. 다른 노즐이나 파이핑의 받침대 부분으로 사용할 수도 있다. 직경은 2.5, 3, 4, 5, 6, 7mm. 2.5~4mm의 것은 구멍이 난 형태다. 게이트에서 잘라낼 때는 뒤틀어지지 않도록 주의가 필요하다.

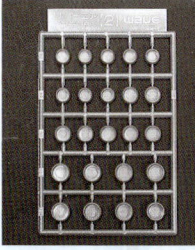
U·버니어 플랫[2]
(웨이브 / OP179 / 315엔)

◀「플랫 1」과 같은 형태의 대형사이즈다. 직경은 8, 9, 10mm다. 두께는 각각 2.2, 2.4, 2.6mm이 되어있다. 「U·버니어 플랫」은 어떤 제품이든 표면에 게이트 자국이 남지 않는 「언더 게이트」방식으로 되어있다. 접착하는 면의 게이트를 깨끗하게 잘라내도록 하자.

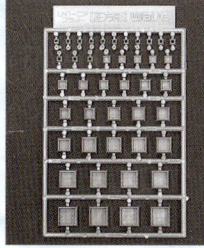
U·버니어 플랫[3]
(웨이브 / OP351 / 315엔)

▲정사각형의 평형 노즐이다. 바깥 크기는 양변 2.5, 3, 4, 5, 6, 7, 8, 9, 10mm이다. 이 중에 2.5, 3mm는 구멍이 뚫려있다. 안쪽으로 들어간 부분의 바닥 면은 「요철」이 아닌 「////」이런 모양이다. 방향성이 있기 때문에, 여러 개를 사용할 때는 방향을 맞추거나, 배기 방향을 의식해야 하는 등, 조금 생각을 하고 써야 한다.

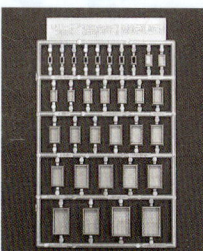
U·버니어 플랫[4]
(웨이브 / OP352 / 315엔)

▲직사각형의 평형 노즐. 바깥 크기는 짧은 변이 2.5, 3, 4, 5, 6, 7, 8, 9, 10mm이다. 긴 변은 모두 다 짧은 변 x 1.5다. 짧은 변 2.5, 3mm은 구멍이 뚫려 있다. 안쪽으로 들어간 면은 정사각형과 마찬가지다. 이 부분은 두께가 얇고, 나이프로 주변에 칼집을 내는 것으로 간단하게 잘라낼 수 있다. 관절 커버로 사용할 때도 편리하다.

065

CHAPTER 3 : 레벨 업 공작 테크닉

버니어 세트
(고토부키야 / D-38 / 525엔)

◀ 범용 형태와 받침대 형태의 둥근 노즐이 직경 6, 8, 10, 12mm의 4가지 사이즈로 2개씩 들어있는 세트다. 노즐 내부 부품도 각 사이즈 2종 x 2개다. 조합을 선택해서 사용할 수 있다. 여기에, 노즐의 장착에 별도로 판매되는 볼 조인트를 사용할 때 사용하는 "볼 받이"도 4 사이즈가 들어있는 등, 내용물이 조직적으로 구성되어 있다.

버니어 노즐
(고토부키야 / P-103 / 210엔)

▲ 일반적인 둥그런 버니어 노즐. 바깥 둘레는 직선적으로 약간 좁고 긴 형태가 특징이다. 사이즈는 직경 4, 6, 9, 12mm의 4가지 사이즈다. 안쪽면도 깊고 몰드가 확실하게 되어있다. 또한, 고토부키야의「프라 유닛」시리즈는 고토부키야의 웹사이트에서 상세한 수치 데이터를 확인할 수 있다.

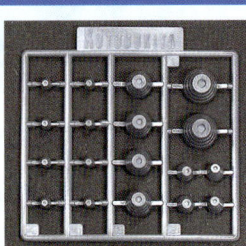 

버니어 노즐 II
(고토부키야 / P-109 / 210엔)

▲ 왼쪽의 제품보다 더, 높이는 낮고, 측면도 조금 더 부푼 형태다. 사이즈는 마찬가지로 직경 4, 6, 9, 12mm의 4가지 사이즈다. 가장자리의 안쪽이 끝으로 갈수록 좁아져서, 맨 끝 단이 샤프해지고, 파팅 라인은 바깥 가장자리에 나눠져 있다. 강력하고 세련된 느낌을 주는 스타일이다.

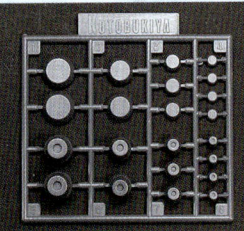 

버니어 노즐 III
(고토부키야 / P-113 / 210엔)

▲ 원형의 평 노즐과 단차가 있는 받침대형 노즐 세트다. 평 노즐은 밖으로 넓어지는 형태로, 대형 노즐의 가운데에 들어가는 용도로서도 사용하기 쉽다. 직경은 4, 6, 9, 11mm의 3종류다. 단차가 있는 테이퍼 형태의 받침대 노즐은 외관은 심플하며, 직경 4, 6, 8, 10mm의 4종류다. 양쪽이 노즐 안의 링 형태의 몰드가 자랑할 만한 포인트가 될 것이다.

버니어 노즐 IV
(고토부키야 / P-122 / 210엔)

▲ 노즐 형태는 1종류다.「버니어 노즐 II」의 대형판과 같은 인상이다. 직경은 14, 16, 18mm의 3종류가 각 2개. 여기에 각 사이즈 공통의 노즐과 키트를 연결해주는 받침대 부품이 2개 들어있다. 이쪽의 중심축은 지름 3mm다. 이러한 부품을 사용하는 것으로, 접착면에 대한 대응의 축이나 고정의 확실성도 상승할 것이다.

! CHECK POINT 노즐을 2중화 한다

예를 들어 버니어 노즐 III의 평 노즐은 작례 내부의 정밀성으로 인한 정밀 구부를 높일 수 있다. P.132에 게재된 작례에서는 이것을 사용하기 위해 버니어 노즐과 대처할 것으로 가르쳐 스스로를 노즐과 할 수 있다.

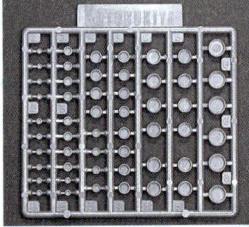 

둥근 노즐
(고토부키야 / P-106 / 210엔)

▲ 범용성이 높은, 평환 노즐 부품 세트다. 사이즈는 러너의 숫자대로 각각 지름 2, 3, 4, 5, 6mm이다. 패인 단면은 얼핏 보기에는 모두 같아 보이지만, 사실은 3종류다. 주위가 위로 올수록 많이 좁아지는 것(사진 오른쪽 : 밑), 주위는 수직으로 상단 모서리의 각이 살짝 깎인 것(동 : 가운데), 모서리의 각이 둥근 것(동 : 위)

둥근 노즐(L)
(고토부키야 / P-110 / 210엔)

▲ 둥근 노즐과 같은 형태의 대형판이다. 사이즈는 각각 지름 6, 7, 8, 10mm다. 형태의 미묘한 차이는 이쪽에서 더 알기 쉬울 것이다. 이렇게까지 세세하게 사이즈를 갖춘 원형 부품이기 때문에, 노즐이나 디테일 용에 한정되지 않고, 부품의 자국이나 개조에도 편리한 소재로 활용할 수 있는 일도 많다.

! CHECK POINT 접합선에 있는 노즐은…

대처 방법은 접합선 상에 노즐을 붙이거나, 원본 노즐을 정형해 낸 부분의 소형 노즐을 넣는 중앙에 깎아내서 그것만을 이용하는 방법 등이 있다. 이런 식으로 접합선은 한가운데의 각 다소 귀에 사례가 각 다른 경우에는 접합선 등의

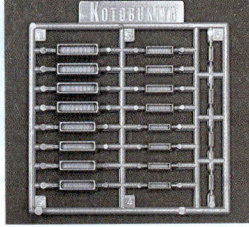 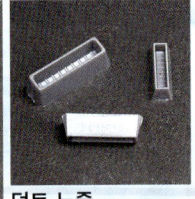

덕트 노즐
(고토부키야 / P-104 / 210엔)

▲ 좁고 긴 개구부의 사각형 노즐이다. 얇은 배기구의 끝 부분과 같은 느낌이다. 사이즈는 긴 변이 5, 8, 10, 13, 15mm의 5종류다. 짧은 변은 긴 변의 1/3이다. 모서리에서 안쪽까지, 작으로 확실하게 만들어져 있다. 단독으로 붙여도 되지만, 넓은 개구부를 많이 늘어놓는 것 역시 효과적이다.

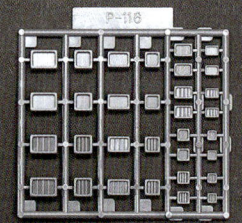 

덕트 노즐 II
(고토부키야 / P-116 / 210엔)

▲ 정사각형, 직사각형의 덕트 세트다. 바깥쪽 수치는 정사각형의 경우 한 변이 6.8, 5.66, 4.54, 3.4mm의 4종류다. 직사각형은 이것을 짧은 변으로 해서 긴 변은「x 1.44」다. 또한 음각 몰드로 전부 2종류가 있어서, 미세한 가로 홈 형태나, 단면이「///」와 같이 판이 겹친 형태가 있다. 심플하면서 몰드도 세세하기 때문에 사용하기 쉽다.

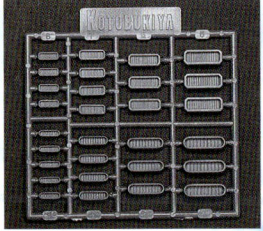 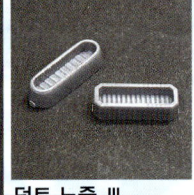

덕트 노즐 III
(고토부키야 / P-126 / 210엔)

▲ 모서리를 깎아낸 좁고 긴, 양 끝이 둥글게 된 좁고 긴 덕트다. 이 역시 실제로 있을 법한 형태다. 사용하는 방법은「덕트 노즐」과 마찬가지 일 것이다. 사이즈는 긴 변이 6.8, 9, 11, 13mm, 짧은 변이 3.3, 4.4mm다. 정강이나 백팩 종류의 디테일 업에 활약할 것 같다.

! CHECK POINT 부품의 형태를 바꿔보자

① ▲ 노즐 부품에 국한되지는 않지만, 프라 부품은 그대로는 사이즈나 형태가 맞지 않는 경우, 손을 대서 사용하는 것도 가능하다. 이 점이 가공이 쉬운 플라스틱 제의 장점이다. 위는 노즐을 짧게 깎은 예. 밑은 폭을 좁힌 예.

② ▲ 이쪽은 노즐의 개구부를 살려서, 다른 형태로 변경해서 목적하는 형태로 만드는 예다. 프라판을 밑, 옆면에 붙이고, 깎아낸다. 이러한 수고를 들이더라도, 처음부터 자작하는 것보다는 엄청 간편한 것이다.

! CHECK POINT 관절 커버로 사용한다

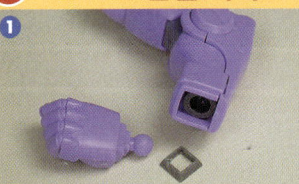 

① ▲ 관절의 틈새를 메워 관절 축이나 폴리캡을 감추는 "칼라". 이것을 만들려면 얇은 형태의 노즐을 가공하는 것이 가장 간단하다. 사진은 사각형 평 노즐을 손목관절에 통과시키는 예다. 이 경우는 끼우는 것 만으로 자유롭게 움직이지만, 고정해서 사용하는 경우도 있다.

② ▲ 폴리 부품의 노출을 줄이기 위해서, 노즐 부품을 덮어 씌운 예다. 이렇게 해두면, 외관을 더 많이 가공하거나, 도색을 할 수 있다. 이와 같은 가공 예는 과거에 많은 작례에서 소개되었기 때문에, 참고하면 좋을 것이다.

몰드 부품

여기서는, 부품에 붙이거나 채워넣는 범용적 형태의 부품을 "몰드 부품"이라 해서 정리했습니다. 심플한 형태에서 복잡한 형태까지, 수많은 패턴이 있기 때문에 활용법도 제각각 입니다.

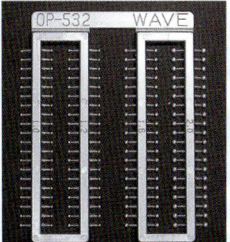

NEW R・리벳 환
(웨이브 / OP532 / 315엔)

▲리벳의 둥근 머리를 재현한 부품이다. 형태는 반원에 가까운 것으로, 직경이 1, 1.2, 1.6, 2mm의 4종류다. 작은 지름의 리벳은 게이트에서 잘라낼 때 부품을 잘라내지 않도록 주의하자. 각 40개 들어있다.

 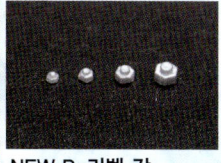

NEW R・리벳 각
(웨이브 / OP531 / 315엔)

▲이쪽은 「육각」형태로, 볼트&너트의 재현이다. 사이즈는 폭이 1, 1.2, 1.6, 2mm의 4종류다. 중심에는 원통형의 핀이 나와있는데, 평평한 볼트 머리로 만들고 싶은 경우는 잘라내면 된다. 각 40개 들어있다.

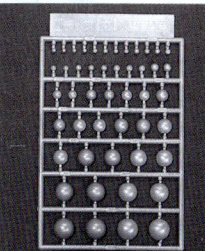 

I・칩 [환]
(웨이브 / OP461 / 315엔)

◀구를 자른 것 같은 형태의 부품이다. 사이즈는 풍부해서, 직경 2, 2.5, 3, 4, 5, 6, 7, 8, 9, 10mm. 구의 높이는 각 2종류가 있어서, 반원 형태의 「A타입」과 높이가 절반인 「B타입」으로, 같은 지름이라면 「B타입」쪽이 더 완만한 형태다. A타입을 서로 맞붙여도 구체는 되지 않는다.

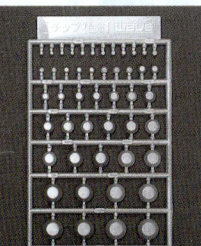 

I・칩 [받침대 형]
(웨이브 / OP462 / 315엔)

◀관절 커버로 많이 보는 받침대 형 부품이다. 직경이 2, 2.5, 3, 4, 5, 6, 7, 8, 9, 10mm. 높이는 각 2종류가 있어서 「A타입」은 직경 약 절반(직경 10mm라면 5mm), 「B타입」은, 그 절반의 높이다. 윗면의 직경은 A,B 같고, B타입 쪽은 좀더 완만하게 좁아진다. 언더 게이트를 채용하고 있다.

O・볼트 1
(웨이브 / OP341 / 315엔)

◀이중원이나 마이너스 형태 등, 5종류의 소형원주 부품이다. 기체 표면에 붙이는 것 보다 구멍을 내고, 심어 넣어서 사용하는 것을 상정하고 있다. 스케일 모델에서도, 스위치나 커넥터 용도로 사용할 수 있을 것 같다. 사이즈는 1.5, 2, 3mm. 개수는 3mm가 각 6개. 다른 직경은 7~8개씩이다.

 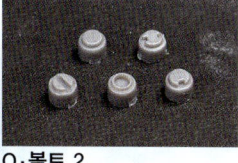

O・볼트 2
(웨이브 / OP342 / 315엔)

◀사이즈나 개수는 「O・볼트 1」과 마찬가지로, 부품의 끝 부분 형태가 또 다른 5종류가 들어간 부품이다. 몰드가 살짝 다르더라도, 그 부분이 가지고 있는 기능에 의한 인상이 바뀌기 마련이다. 노즐인지 밸브인지, 상상을 펼쳐보면서 사용하면 좋을 것이다.

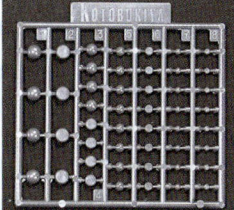 

리벳
(고토부키야 / P-102 / 210엔)

◀얇은 반구와 원반형, 2종류의 형태가 직경이 2, 3, 4, 5mm의 4가지 사이즈가 들어가 있다. 이것도 리벳 그 자체를 재현하는 것보다, 다양한 원형 부품의 재현에 사용하는 재료적 부품이다. 프라판이나 봉을 이렇게 작은 사이즈로 균일하게 자르는 것은 어렵기 때문에, 고마운 제품이다. 같은 형태의 수가 적은 편이기 때문에, 어느 정도의 숫자를 확보해두면 편리하다.

소형 리벳
(고토부키야 / P-108 / 210엔)

◀매우 작은 원형 몰드 부품이다. 음각 단면, 마이너스 홈, 반구의 3종류가 직경 1, 1.2, 1.4, 1.6, 1.8mm같이 아주 작은 차이로 나와있다. 이렇게까지 세밀하면, 게이트에서 떼어내었을 때 사이즈도 알기 어려워지기 때문에, 취급에 주의하자. 플라스틱 접착제를 너무 많이 바르면 부품이 녹기 때문에 이 역시 주의해야 한다.

> **! CHECK POINT**
> **작은 부품 잘라내기**
>
>
>
> 보풀 잘 마 튀 ◀ 관할 불여 거 작은 두 내 어 지 기 나 부 킹 나 테 품 이 지 로 구 떨 어 붙 일 으 프 이 붙 두 이 두 ㄹ 런 여 부 쪽 어 는 부 프 는 면 버 지 품 에 일 에 다 리 않 붙 두 테 이 도 도 도 도 에 서 는 록 과 좋 서 다

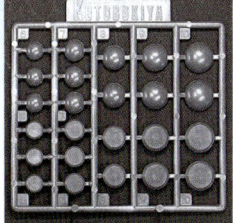 

둥근 몰드
(고토부키야 / P-107 / 210엔)

◀「P-102 리벳」과 같은 형태의 대형 사이즈다. 돌기나 센서, 렌즈의 구면 재현, 미사일 탄두 등, 여러 군데 사용할 수 있는 아주 일반적인 형태다. 직경은 6, 7, 8, 9, 10mm다. 큰 것은 뒷면이 들어가 있기 때문에, 뒤집어서 음각 몰드로서도 사용할 수 있다.

둥근 몰드 II
(고토부키야 / P-114 / 210엔)

◀둥근 몰드에서도 범용성이 높은 제품이다. 사이즈는 1.5, 2.5, 3.5, 4.5mm로 일정하기 때문에, 0.5mm의 원형 부품을 선택할 수 있게 되었다. 키트 부품에 맞춰서 선택하는 경우, 이런 다양한 선택지는 아주 고마운 일이다. 각 사이즈 1종별로 개수는 4~5개다.

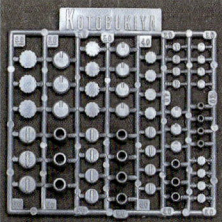 

둥근 몰드 III
(고토부키야 / P-119 / 210엔)

◀색다른 원형 몰드가 세트로 되어있다. 주위에 홈이 들어간 다이얼 형태, 마이너스가 튀어나온 연료 캡 스타일, 일부가 잘려나간 원형, 입이 좁은 노즐 형태의 부품 등이 들어가 있다. 사이즈는 직경 3, 4, 5, 6mm. 각 3~4개씩 들어가 있다. 다이얼 형태만은 뒤쪽 한가운데가 안쪽으로 들어가서, 축을 끼우기 쉽게 되어있다.

둥근 몰드 IV
(고토부키야 / P-120 / 210엔)

◀둥근 몰드의 베리에이션이다. 평 덕트로 만들 수 있는 핀 몰드의 원형 플레이트가 2종류와, 가장 자리가 완만한 곡면으로 되어있는 것, 2중 원의 평 노즐. 이 4종류로, 직경은 3, 4, 5, 6mm의 4가지 사이즈다. 각 3~4개씩 들어가 있다. 핀 몰드의 차이는 「덕트 몰드」와 마찬가지다.

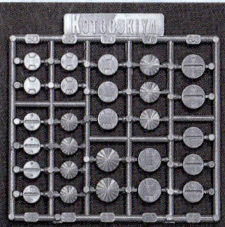 

둥근 몰드 V
(고토부키야 / P-129 / 210엔)

◀평판의 원형 몰드가 3종류 세트로 되어있다. 팬과 같은 몰드, 표면에 「÷」몰드, 표면에 「]」라인이다. 팬처럼 생긴 몰드는 범용형 노즐 안쪽에 조립하는 것도 좋을 것이다. 몰드 차이는 이것 저것을 섞어 사용하면 외관상 좋지 않기 때문에, 통일감을 줘서 사용하는 것이 좋다. 이 제품의 사이즈는 각각 지름 6, 7, 8mm이다.

> **! CHECK POINT**
> **음각 몰드를 돋보이게**
>
>
>
> 추납 II 날 지 드 깊 키 에 층 고 다 몰 이 의 리 단 플 라 릴 만 만 드 디 며 이 수 프 함 드 까 음 복 무 드 에 면 면 부 에 품 구 리 게 의 과 쪽 에 면 성 을 럽 에 만 들 정 드 에 품 이 수 기 맞 도 는 게 게 에 구 을 서 쪽 이 맞 으 모 해 뚜 멍 만 으 해 겠 면 있 멍 는 쪽 해 면 면 서 서 도 방 법 수 니 두 멍 방 에 에 한 깊 눈 수 둑 으 서 수 있 껴 치 밑 고 이 에 이 서 고 있 치 가

CHAPTER 3 : 레벨 업 공작 테크닉

 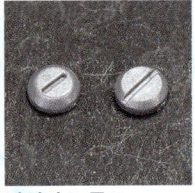

마이너스 몰드
(고토부키야 / P-101 / 210엔)

▲흔히 「마이너스 몰드」라고 하지만 그 형태는 매우 다양하다. 이것은 가장 심플한 타입으로, 평원형의 표면에 「-」형의 홈이 들어가 있다. 홈이 짧은 것과 가장자리까지 나있는 것 2종류가 각 사이즈로 되어있다. 직경은 작은 편으로 2, 3, 4, 5mm이다. 각각 4개가 들어있다.

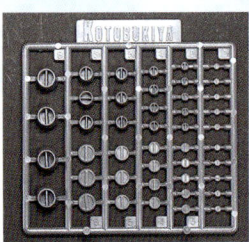 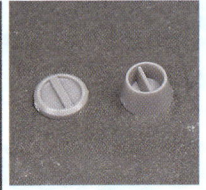

마이너스 몰드 II
(고토부키야 / P-111 / 210엔)

▲이쪽은 역으로 마이너스 부분이 판 상태로 남아있고, 주변이 들어간 형태다. 평판 형태로 되어있는 것은 훅이나 고정구로 사용할만하고, 직경은 2~6mm의 1mm간격으로 5가지 사이즈다. 위로 갈수록 좁아지는 높이가 있는 쪽은 관절 부분에서 잘 찾아볼 수 있는 형태다. 이것은 직경 3~6, 8mm의 5사이즈다. 각 사이즈 3~5개씩 들어있다.

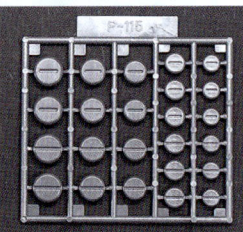 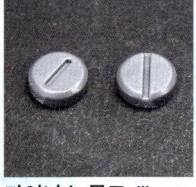

마이너스 몰드 III
(고토부키야 / P-115 / 210엔)

▲「P-101 마이너스 몰드」와 같은 형태의 대형 사이즈다. 직경은 6, 7, 8, 9, 10mm 이다. 각 2~3개 들어있다. 홈이 짧고 긴 2가지 타입이 있다. 위로 갈수록 좁아지는 「P-101」은 각이 떨어지는 정도에도 차이가 있었지만, 이쪽 제품에서는 바깥쪽의 형태에는 차이가 없다. 숫자가 모자라서 곤란할 때도 융통이 쉽다.

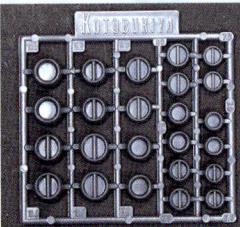 

마이너스 몰드 IV
(고토부키야 / P-123 / 210엔)

▲「P-111 마이너스 몰드 II」의 대형 사이즈지만, 평 마이너스, 점점 줄어드는 마이너스에 더해서, 마이너스 리브가 없는 그냥 위로 갈수록 점점 줄어드는 원통형도 추가되었다. 이 역시 범용성이 높아서 편리한 형태다. 직경은 7, 8, 9, 10mm. 3종류가 각각 2개씩 세트로 되어있다.

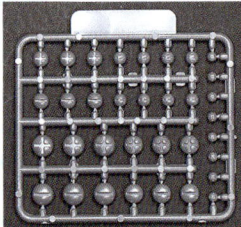 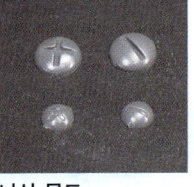

나사 몰드
(고토부키야 / P-140 / 262엔)

▲플러스, 마이너스의 나사 머리를 그대로 재현한 듯한 부품이다. 구체적인 용도는 떠오르지 않지만, 진짜 나사와는 다른, 「나사처럼 보이는 디자인」을 표현할 수 있을 것 같다. 홈은 실제 나사보다 얕다. 직경은 3, 4, 5, 6, 7mm. 각 3~4개가 들어가 있다.

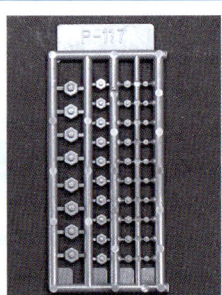 

육각 너트
(고토부키야 / P-117 / 210엔)

▲육각 너트를 재현한 부품이다. 나사가 튀어나와 있기 때문에, 볼트로서도 사용할 수 있다. 스케일 모델에서 더더욱 사랑 받는 아이템일 것이다. 볼트의 크기는 직경 1.5, 2, 3, 4mm. 런너 1장에 1.5~3mm은 10개 4mm은 8개. 런너는 2장이다.

각 몰드
(고토부키야 / P-124 / 210엔)

▲밀리터리 모델에서 볼 수 있는 대각선 리브가 들어간 패널이 다수. 직사각형에서는 대각선 리브의 방향이 다른 것까지 준비되어 있다. 크기는 정사각형 각 변 3, 4, 5, 6mm. 직사각형은 이것을 짧은 변에 3:4 비율의 형태다. 표시 없는 패널은 정사각형 2종(3, 4mm), 직사각형은 1종(3 x 4mm)이다. 16종이 세트로 되어있다.

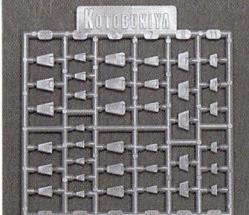 

각 몰드 II
(고토부키야 / P-125 / 210엔)

▲받침대 형, 쐐기형의 패널이 12종 들어가 있다. 정확한 길이 표기는 없고, 가장 큰 것의 한 변이 7mm정도다. 힌지 부분을 연상시키는 결각 부분이 있기 때문에, 이 부분을 단면으로 해서 붙이는 것 만으로 소형 해치처럼 보인다. 또한, 이러한 형태의 패널라인 가이드로서도 사용하는 것도 좋을 것이다.

! CHECK POINT
두께를 늘려서 사용하자

▶판 맞춰 대 블 형 비 판 블 형 쉽 강 해 프 록 태 두 형 록 태 게 도 서 라 형 의 께 형 의 만 도 플 프 태 몰 가 의 몰 들 높 라 라 로 드 능 몰 드 수 일 판 쉽 서 는 한 드 는 있 어 을 게 테 두 가 간 도 지 얇 겹 두 이 께 능 에 이 게 쳐 리 프 가 를 하

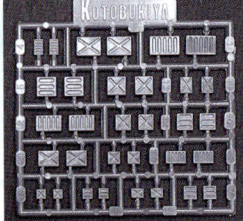 

각 몰드 III
(고토부키야 / P-127 / 210엔)

▲이쪽은 「x」몰드나 덕트 슬릿 풍의 플레이트가 세트다. 이대로 붙이기에는 두께가 너무 얇기 때문에, 밑에 프라판을 대서 붙이거나, 부품을 파내고 심어 넣는 등의 활용을 하는 것이 좋을 것이다. 정사각형은 각 변 3~6mm의 4가지 사이즈고, 이것을 짧은 변으로 한 직사각형도 4가지 사이즈의, 각각 2종류로 전 16종류가 2장씩 들어가 있다.

해치
(고토부키야 / P-134 / 262엔)

▲사각형이나 원형 패널 등 4종류의 해치 풍 몰드. 붙이는 것 만으로 해치 패널을 표현할 수 있다. 힌지 등 분위기는 그럴듯하니 주위와 잘 어울리도록 사용하는 것이 포인트가 될 것이다. 크기는 폭6, 7, 8mm의 3가지 사이즈가 있어서, 각 형태 2장씩 들어있다.

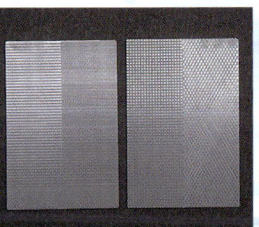 

메쉬 플레이트
(고토부키야 / P-105 / 210엔)

▲부조로 새긴 메쉬가 들어가 있는 재료 플레이트다. 판 사이즈는 59 x 40mm로 두께는 1mm. 각 몰드는 폭 20mm씩이 된다. 가로선의 판은 미세한 양각 몰드가 늘어서 있다. 메쉬도 부조로 되어있어서, 교차의 방향이 바뀐다. 용도로서는 개구부 안쪽을 이것으로 막는데 사용될 것이다.

몰드 플레이트 I
(웨이브 / OP451 / 294엔)

◀셔터 풍 몰드를 손쉽게 추가할 수 있는 패널이다. 「1」은 얇은 판이 대각선으로 겹친 것과 같은 쐐기 단차다. 패널의 크기는 100 x 70mm로 위 절반은 2mm폭, 밑 절반은 1mm폭으로 밀도가 변한다. 소재는 부드러운 편이기 때문에, 원하는 형태를 나이프로 쉽게 잘라낼 수 있다. 덕트 안쪽에 끼워 넣으면 효과적일 것이다.

 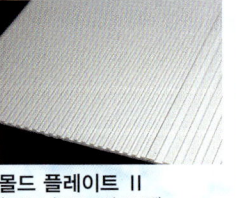

몰드 플레이트 II
(웨이브 / OP452 / 294엔)

◀패턴이 다른 「2」는 굴곡이 확실한 골판자다. 이것도 위 절반은 2mm폭, 밑 절반은 1mm폭이다. 판의 두께는 양쪽 다 1mm. 이용방법으로는 개구부를 막는 것 이외에도, 띠 형태로 얇게 세로나 가로로 잘라서, 그것을 재료로 사용하는 것도 가능하다. 이러한 예는 오른쪽을 참조하자.

! CHECK POINT
골판자를 띠 형태로 사용한다

▶자 흔 골 방 활 골 형 자 골 한 용 판 태 만 판 법 2 용 판 태 를 다 자 만 자 를 짧 잘 활 방 를 바 로 은 알 법 띠 른 몰 단 지 만 형 시 드 면 만 아 태 예 플 구 매 놓 활 로 레 조 우 으 용 쉽 이 조 쉽 면 할 게 트 구 지 게 뒤 수 자 를 를 를 표 쉽 에 있

CHAPTER 3 : 레벨 업 공작 테크닉

클리어・렌즈 부품

라이트나 카메라 렌즈와 같이 빛을 투과하는 부분은, 역시 작품에서도 같은 상태를 재현하고 싶어진다. 이럴 때 사용하는 투명 옵션 부품이다. 사용 방법과 함께 살펴보도록 하자.

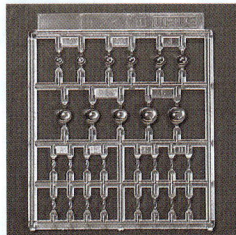 

H・아이즈1 [클리어]
(웨이브 / OP251 / 262엔)

▶렌즈형 클리어 부품으로는 가장 일반적인 것이라 할 수 있는 "H・아이즈". 색은 이 클리어 이외에도 핑크, 그린의 사출색도 있다. 「1」은 원형 각 사이즈(지름 3, 3.5, 5, 6mm)이 2~3개씩. 양쪽 눈의 "히어로 타입"용은 4종 (폭은 약 3mm, 전부 좌우 세트)이다.

H・아이즈2 [그린]
(웨이브 / OP256 / 367엔)

▶「2」는, 더욱 대형 사이즈다. 원형 타입은 지름 4.5, 5.5, 6.5, 7, 8mm다. 각 2~3개씩 이다. "히어로 타입"도 폭 약 4mm의 크기로 4종류가 2개씩 들어가 있다. 이 제품에서는 「그린」을 소개해봤다. 물론 실제로 빛이 투과하는 클리어 그린이다.

H・아이즈3미니 [핑크]
(웨이브 / OP258 / 262엔)

▶극소형의 렌즈 부품 세트. 이 런너는 원형 렌즈 형태만이 있다. 직경은 1, 1.2, 1.5, 1.8, 2, 2.2, 2.5, 2.8mm다. 꽤나 세밀하게 사이즈를 선택할 수 있기 때문에, 이용가치가 높다. 상당히 작기 때문에, 게이트에서 떼어낼 때는 분실 등에 주의하자. 이 부품에는 「핑크」를 소개했다.

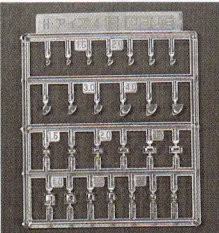 

H・아이즈4각 [클리어]
(웨이브 / OP281 / 262엔)

▶부채꼴형 (1/4원)이나 사각형의 클리어 부품. 부채꼴형은 항공기의 날개 끝에 심어 넣는 "익단등"에 사용되는 이미지다. 사각형은 센서류에 사용할 것이다. 부채꼴의 한 변이 1.5, 2, 3, 5mm. 직사각형은 한 변이 1.5, 2, 2.5mm이다. 정사각형은 한 변 2, 3, 4mm이다. 각 2~4개 들어있다.

> ⚠ **CHECK POINT** 모노아이를 클리어 부품화 하기
>
>
>
> ▲클리어 부품의 일반적인 사용 예. 키트에는 실로 표현하는 카메라 부분에 드릴로 구멍을 뚫어서, 클리어 부품을 심는다. 이 예는 핑크를 그대로 사용했다.
>
> ▲클리어 부품은 뒷면이 빛을 반사시키면 더욱 빛이 난다. 알루미늄제 테이프라면 풀이 묻어있는 면도 반짝거릴 것이기 때문에, 그대로 부품을 붙이면 손쉽게 반사면을 만들 수 있다.
>
> ▲클리어 부품의 상처를 없애서, 광택도를 높이는 경우에는, 컴파운드를 면봉에 묻혀서 닦아내면 된다. 1000번 이상의 사포로 사포질을 먼저하고 컴파운드로 문지르면 효과적이다.

각종 형태의 부품

지금까지 소개하지 못했던 부품들을 정리해 보았다. 재료적인 형태에서 특정 "상품"을 흉내낸 것까지 여러 가지가 있다. 용도에 맞춰 선택하도록 하자.

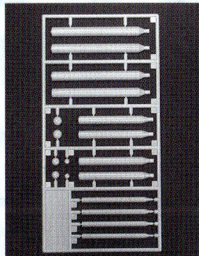 

G・탱크 [롱S]
(웨이브 / OP321 / 315엔)

◀프로펠런트탱크(증가연료탱크)에 사용하기 쉬운 얇고 긴 원통 부품. 반원 단면으로 되어, 접착해서 원통으로 만든다. 선단 부분은 접착용으로 오므라들어 있고, 끝 부분은 평평하게 되어있어서, 여기에 반구 부품을 추가한다. 직경은 4, 6, 7mm. 각 2개씩 만들 수 있다.

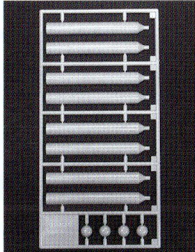 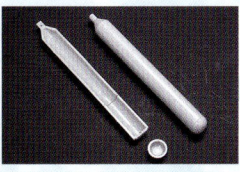

G・탱크 [롱M]
(웨이브 / OP322 / 315엔)

◀더욱 두꺼운 [롱M]. 직경 9mm. 같은 형태가 4개 세트로, 선단 부분의 얇은 축은 3mm, 조립하면 전장이 82mm다. 부품 뒤에는 짧게 절단 할 때 가이드가 되는 홈이 설치되어 있다. 탱크로 사용하는 것 이외에도, 프라 파이프로서도 사용할 수 있다.

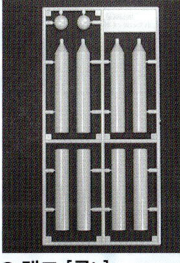 

G・탱크 [롱L]
(웨이브 / OP323 / 315엔)

◀더욱 두꺼운 [롱L]이다. 직경은 11mm. 이어 붙여서 길이를 연장할 수 있는 사양으로 되어 있으며, 짧게 조립하면 약 75mm, 길게 조립하면 135mm가 된다. 좁아지는 부분을 제외한 원통 부분의 길이는 59.5mm. 같은 형태의 부품이 2세트 들어있다.

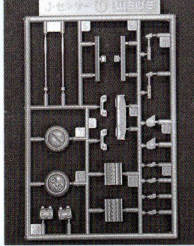 

J・센서 세트 [1]
(웨이브 / OP271 / 367엔)

◀안테나, 레이더, 센서 류를 가정해 만든 오리지널 부품이다. 안테나나 베이스 부분 등 그럴듯한 형태지만, 특정한 것을 재현한 것은 아니다. 부품 별로 용도나 조합도 자유롭게 사용하면 될 것이다.

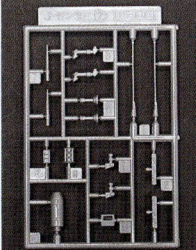 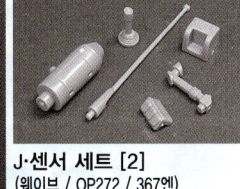

J・센서 세트 [2]
(웨이브 / OP272 / 367엔)

◀이쪽도 같은 컨셉의 형태가 다른 제품이다. 어느 쪽이든 상당히 세밀한 부분까지 조각이 들어가 있기 때문에, 정밀감이 있다. 기체의 외관에 사용하는 것 이외에도, 내부 메카 등의 표현에 붙여서 사용하는 것과 같은 이용법도 있을 것이다.

> ⚠ **CHECK POINT** 탱크 부품의 사용 예
>
>
>
>
> ◀HGUC 지옹의 스커트 업에 짧게 가공한 밑부분을 추가해서 보이도록 하는 작업에, 부품의 반을 예로 가진 G・탱크 롱S를 사용했다. 지옹의 디테일 업에는 반드시 핑크색의 작은 원형 부품이 필요해지는데, 그 부분에도 소형 가진 형태의 부품을 추가했다.

모빌 파이프
(고토부키야 / P-112 / 210엔)

◀주름 대롱 파이프의 재현에 편리한 원통 부품 군이다. 사이즈는 4종류, 직경 / 내경은 2.5 / 1.6mm이 12개, 3.5 / 2.1mm이 18개, 4 / 2.5mm이 18개, 4.5 / 3.1mm이 16개로 되어있다. 파이프 형태의 몰드 부품으로 사용하는 경우도, 같은 형태의 것이 잔뜩 들어있는 것이 편리하다.

> ⚠ **CHECK POINT** 주름 대롱 파이프의 제작
>
>
>
> ▶방법은 자수를 원활하게 할 수 있는 펜과 같이 움직이는 동력 파이프가 들어간 부품의 오른쪽 스프링 파이프에서 알 수 있는 연결 사례 진진...

> ⚠ **CHECK POINT** 관절 부품을 파이프로
>
>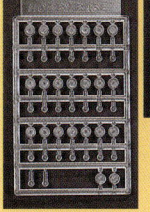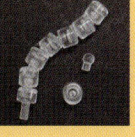
>
> ◀이것은 「관절기 플렉시블 파이프 대」 (하비 베이스 / 315 엔)다. 볼 조인트식의 관절 부품을 연결하면, 주름 대롱 파이프가 된다. 제대로 된 고정력이 있는 것이 특징이다. 두께의 차이로 3종류의 제품이 있어서, 「대」는 지름 5mm, 「중」은 지름 4mm, 「소」는 지름 3mm다.

069

CHAPTER 3 : 레벨 업 공작 테크닉

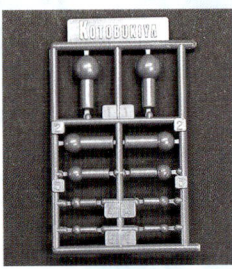 

프라 볼
(고토부키야 / P-118 / 210엔)

▶관절 부품으로서도 사용하는 플라스틱 제 볼 조인트 축. 관절 이외에도 소형 구체 부품으로서, 몰드 제작 등에도 활용할 수 있다. 사이즈는 구의 직경 / 축의 크기로, 3/2, 3.5/2.5, 5/3, 6/4, 8/4mm다. 같은 형태의 런너가 2장 들어있다.

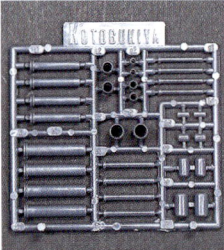 

실린더
(고토부키야 / P-121 / 210엔)

◀관절 등에서 볼 수 있는 신축식 실린더 형태의 부품이다. 안을 지나가는 축과 바깥쪽 통으로 나눠져서, 길이를 조절하기 쉬운 구조다. 사이즈는 축 쪽의 지름으로 1.5, 2, 3, 4mm의 4종류다. 원형 부품 이외에도, 반원 단면의 부품도 각각 있어서, 배치 장소에 맞춰서 고를 수 있다.

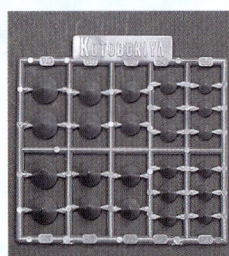 

스파이크
(고토부키야 / P-128 / 210엔)

◀날카롭게 솟은 원추형 부품. 그대로 스파이크로 붙이거나, 원형 몰드로 이용해도 좋다. 형태는 각도가 다른 2종류가 있다. 사이즈는 직경 5, 6, 7, 8, 9mm로 세밀하게 나눠져 있어서, 각각 2～3개씩 들어 있다. 제품의 뾰족한 면에 투명 커버가 씌워져 있다.

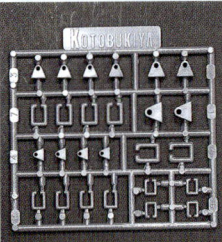 

훅
(고토부키야 / P-130 / 210엔)

◀밀리터리 모델에서 자주 보는 훅 형태의 부품이다. 견인이나 매달기를 연상시켜서 기체 각 부분에 배치하면 좋다. 삼각형 부품은 밑변의 폭이 4.2, 5.2, 6, 7mm의 4종류다. 각각의 크기에 맞춰서 사각형 손잡이와 조합할 수 있다.

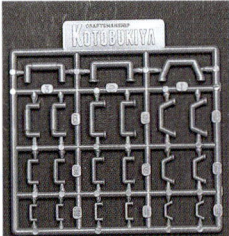 

훅 II
(고토부키야 / P-132 / 262엔)

◀손잡이처럼 생긴 「ㄷ」자 형 부품 세트. 형태는 3타입으로, 일반적인 형태, 가로 봉이 좀더 굵은 형태, 받침대 모양이 있다. 크기는 각각 4종류가 있고, 작은 것은 폭 6mm, 가장 큰 것은 약 15mm(형태에 따라 다름). 각각 2개씩 들어 있다.

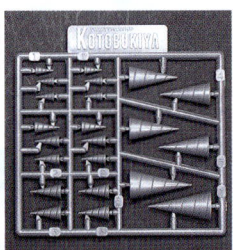 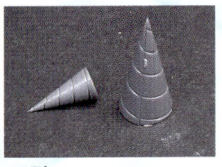

드릴
(고토부키야 / P-131 / 262엔)

◀실용 드릴이라기 보다는, 애니메이션에서 볼 수 있는 이미지에 가까운 "드릴" 형태다. 날카로운 원추 부품의 표면에 나선형 홈이 나있다. 사이즈는 직경 2.8, 3.8, 4.6, 7.8, 9.8mm의 5종류다. 작은 드릴 3개는 일체성형, 큰 쪽 2개는 조립형태로 되어있다.

서스펜션
(고토부키야 / P-133 / 262엔)

◀서스펜션(현가장치)에서 사용되는, 코일 스프링이나 쇼크업소버를 연상시키는 부품이다. 코일 스프링은 일체성형이면서, 파팅라인 부근의 연결도 깨끗하게 되어있다. 실린더 형태의 부품은 신축 2가지 상태가 있다. 폭 3, 4, 5mm의 3사이즈가 각각 2개 들어있다.

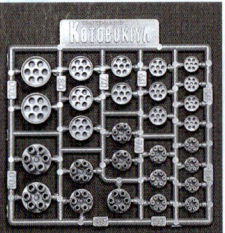 

개틀링
(고토부키야 / P-135 / 262엔)

◀다수의 총신을 묶은 개틀링 건의 선단, 다탄 로켓런처 발사구의 2가지 형태를 재현한 것이다. 선단 뿐이기 때문에, 여기서부터 뒷부분은 자작하거나, 다른 부품과 조합할 필요가 있다. 사이즈는 직경 5, 6, 7, 8, 10mm의 각 2개가 들어있다.

⚠ CHECK POINT
무장을 만들어 보자

▶부품을 이용한 무장 예. 외쪽은 덕트 테이프와 배출구로 「G 미사일 S 탱크」 장착부위를 기리이 반자동소총 비슷하게 만들었다. 오른쪽은 「개틀링」과 「프라 런너」 런처 부품을 사용해 개틀링 런처로 해 봤다.

손 부품

캐릭터 모델에 있어서 "손가락"을 자작하는 것은 커다란 난관이다. 다른 키트의 부품을 사용하는 방법도 있지만, 범용품으로 손목 부품만 나온 제품도 준비되어 있다.

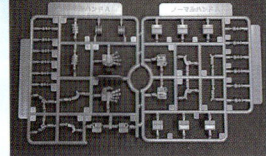 

노멀 핸드A
(고토부키야 / MB26 / 525엔)

▲ABS제, 스냅 핏 조립식 부품으로, 손가락은 각진 형태다. 형태는 편 손, 총을 잡는 손, 주먹 쥔 손의 3종류다. 각각 좌우로 나뉘어 있다. 총을 잡는 손의 검지손가락은, 똑바로 핀 상태와 방아쇠에 건 상태의 선택이다. 손목의 볼 조인트도 지름 3, 3.7mm를 선택할 수 있다. 「A」의 크기는 13cm클래스의 로봇에 적합하다.

커스텀 핸드A
(고토부키야 / MB27 / 525엔)

▲마찬가지로 3가지 형태의 각진 손가락 핸드 부품이다. 「노멀 핸드」와 각 부분의 디자인은 다르지만, 기본적인 상품형태로서는 같다. 손목 전체의 사이즈는 이쪽이 조금 크고, 또한 총을 잡은 손의 손가락 선택은 없다. 손목 볼의 지름은 3mm 혹은 4mm로 선택 가능하다.

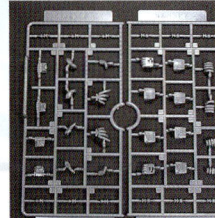 

둥근 손가락A
(고토부키야 / MB32 / 525엔)

▲손가락의 단면이 둥근 핸드 부품이다. 각진 손가락 보다 더욱 자연스러운 손가락의 방향을 재현할 수 있다. 손목은 편 손, 총을 잡는 손, 주먹 쥔 손의 3종류다. 손목의 볼 지름은 3, 3.7mm의 선택식이다. 지금까지 소개한 3종은, 같은 형태로 더욱 대형모델(18cm 클래스)용인 「B」도 발매되어 있다.

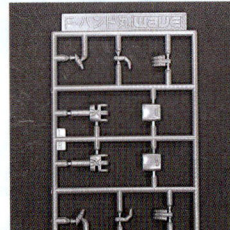 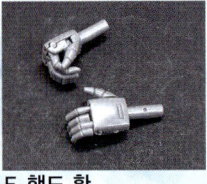

F. 핸드 환
(웨이브 / OP152 / 367엔)

▲12～13cm의 로봇용 범용 손목으로 새끼 손가락의 접합부분이 횡축으로 가동한다. 엄지손가락의 접합부분은 볼 조인트로 가동한다. 좌우 한 쌍의 세트다. 이외에도 각진 손가락으로 똑같이 가동하는 「F·핸드」도 있다.

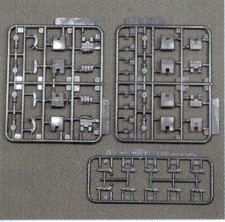 

◀손가락의 전 관절이 움직이는 가동 손가락 손인 「F 핸드」와 고정식 주먹 쥔 손인 「G 핸드」의 세트다. 손등의 형태나 손목의 축 길이 등, 2종류의 부품으로 선택할 수 있다. 사출색은 조금 밝은 「G그레이」, 같은 내용으로 소형의 「궁극의 손 144각」도 있다.

궁극의 손 100각 다크 그레이
(하비 베이스 / PPC-T80 / 840엔)

⚠ CHECK POINT
레진제 전용 손목 부품

◀반다이의 "B클럽" 브랜드에서 측정 제품에 맞춘 하이 디테일 레진 제 손목 부품도 판매되고 있다. 이것은 「1/100 게일 스트라이크 건담 용」(2520엔). 좌우의 주먹 쥔 손과 편 손, 총을 잡은 손, 사벨을 잡은 손 등 6종류다. 레진 부품의 취급은 P.144～를 참고하시라.

CHAPTER 3 : 레벨 업 공작 테크닉

금속 부품

금속부품은 프라부품 보다 더 샤프한 형태나 더 얇은 두께로 표현할 수 있는 것이 장점이다. 판 형태의 에칭 부품은 매우 얇은 단차나 구멍이 있는 몰드로, 그대로 붙이거나, 구부려서 입체적으로 사용하는 경우도 있다. 깎아낸 금속 부품은 그 정밀도가 높은 것을 활용해서, 부품을 전부 다 대체하는 식으로 사용한다. 여기서는 이러한 특징적인 부품을 소개하고자 한다.

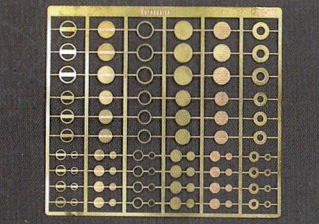

메가 디테일1
(고토부키야 / EM-01 / 714엔)

▲얇은 금속재료로, 샤프한 몰드를 표현할 수 있는 에칭 부품이다. 이것은 각종 원형 디테일 부품에서, 역 마이너스 몰드에서, 덕트 안쪽의 슬릿 형태의 부품까지 있다. 각 원의 직경은 5, 4, 3, 2mm이다.

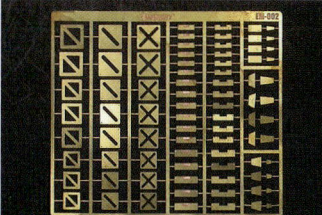

메가 디테일2
(고토부키야 / EM-02 / 714엔)

▲이쪽은 각형 패턴이다. 프레스 몰드 풍의 단이 내려져있는 부품이나, 세세한 부품에 붙일 수 있는 받침대 형 몰드 풍 등의 부품이 있다. 재료는 황동으로, 판의 두께는 전부 0.15mm로 두께가 얇다. 다소의 곡면에도 밀착시켜서 붙일 수 있다.

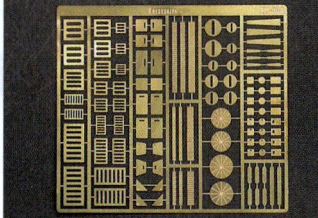

메가 디테일4
(고토부키야 / EM-04 / 714엔)

▲배기구의 슬릿 풍이나 사각 패널, 벨트 형태의 마이너스 몰드 등, 여러 가지 패턴이 들어가 있다. 사각 슬릿이나 방사형 원형 부품은 노즐 부품의 바닥에 붙이는 것도 좋을 것이다.

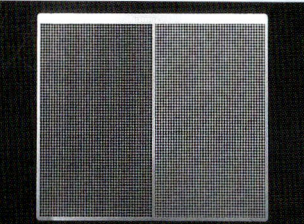

메가 디테일8
(고토부키야 / EM-08 / 714엔)

▲철망과 같은 표면에 사용하는 메쉬 패턴이다. 1장의 시트이지만, 좌우로 그물눈의 크기가 다르다. 재료는 스테인리스로서, 실버 풍의 재료색을 활용하는 것도 있을 것이다. 이외에도 마름모 패턴의 「메가 디테일7」도 있다.

아머 컬러 Ⅲ.M
(adlersnest / ANE-0084 / 630엔)

▲프라제 와는 다르게 샤프한 질감을 표현해주는 금속 절삭 부품이다. 이것들도 여러 가지 형태가 있기 때문에, 대표적인 용도 계열의 플라스틱 접착제를 흘려 넣는 것 만으로도 고정할 수 있다. 「아머 컬러」는 주름 대롱 파이프의 외장 표면에 사용되는 원통 파이프다. 「M」은 바깥 지름 4mm이 20개이다. 사이즈는 이외에도 지름 2∼5mm를 선택할 수 있다.

시스템 버니어 레귤러 타입.M
(adlersnest / ANE-0015 / 735엔)

▲범종형 버니어 노즐이다. 두께는 0.2mm로 매우 얇은 것이 특징이다. 「SS」(바깥 지름 6mm), 「S」(8mm), 「M」(10mm), 「L」(12mm), 「LL」(14.6mm)의 5종류 2개가 들어있다. 버니어끼리 합쳐서 2중화가 가능한 것 이외에도, 「시스템 버니어 용 노즐」이라는 배출구가 좁은 노즐과도 같이 사용할 수 있다.

아머 스파이크 ST 타입.M
(adlersnest / ANE-00127 / 840엔)

▲뾰족하게 튀어나온 스파이크를 재현한 부품이다. 베이스 부분과 선단 부분의 2개의 부품으로 나눠져서, 이것을 겹쳐서 사용한다. 「M」은 직경 약 10mm의 스파이크로 이것이 3세트 들어 있다. 딱딱하고 뾰족한 부분은 위험하기 때문에, 보관이나 취급에는 주의가 필요하다.

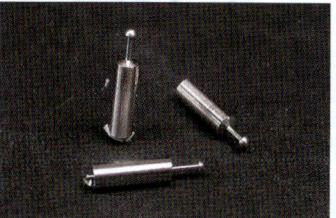

리벳 헤드.L
(adlersnest / ANE-0036 / 1260엔)

▲둥근 머리 리벳을 재현한 부품이다. 두꺼운 아래 부분은 여백으로 선단의 얇은 부분에서 떼어내서, 극소 리벳으로 사용한다. 잘라낼 때는 물론 금속용 니퍼를 사용한다. 「L」은 선모양 0.5mm, 머리 지름 1mm이 50개 들어있다. 은색의 스테인리스 이외에도, 황동제도 있다.

금속 부품의 취급 방법

금속부품은 플라스틱용 접착제로는 접착할 수 없고, 그대로 두면 도료도 잘 칠해지지 않는다. 도색이나 접착뿐만 아니라, 잘라내는 것도 금속재에 적합한 방법을 찾을 필요가 있다. 여기서 소개한 점을 주의해서, 모처럼 공을 들인 정밀도나 질감이 깎여나가지 않도록 하자.

❶
▲금속 부품에 도료의 접착을 좋게 만들기 위해서, 프라이머를 바를 필요가 있다. 이 작업은 부품을 다루기 시작할 때 해두면, 표면의 보호역할도 하고, 손가락의 기름기가 묻는 것도 방지할 수 있다. 게이트 부분 등에는 나중에 필요에 따라 발라주도록 하자.

❷
▲에칭 부품을 잘라내는 방법. 판 두께가 얇은 경우, 나이프로 눌러서 자르는 것이 좋다. 커터 메트 등 부드러운 것 위에 올리고 자르면, 잘리는 부분이 휘기 때문에, 딱딱한 소재 위에서 자르도록 하자. 나이프 날이 빠지기 때문에, 적절하게 교환해 간다.

❸
▲스테인리스 등의 딱딱한 소재나 두께가 있는 경우는, 에칭용 니퍼나 가위로 자른다. 이 때는 잘리는 곳이 비뚤어지지 않도록 수평 방향으로 잘라나간다. 사진은 이러한 작업을 위해서 게이트를 자르고 있는 모습이다.

❹
▲게이트를 자르고 튀어나온 부분이 신경 쓰일 때는, 사포로 깎아주자. 금속이라고 해서 금속 줄을 사용하면, 튀어나온 부분이 줄에 걸리는 경우가 있다. 또한 사포질 시 에칭 부품을 잡을 때는, 평평한 면을 잡을 수 있는 핀셋이나 펜치를 사용하면 좋다.

❺
▲에칭 부품의 접착. 평면에 붙이는 경우에는, 겹쳐진 부분에 용제 계열의 플라스틱 접착제를 흘려 넣는 것 만으로도 고정할 수 있다. 강하게 문지르거나 하지 않으면 벗겨지지 않는다. 접착제가 삐져나올 걱정이 없기 때문에 완성도를 높일 수 있다.

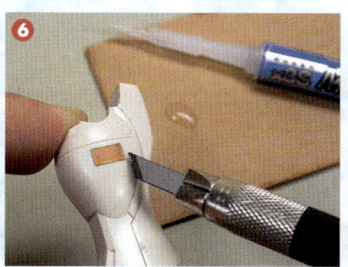

❻
▲일반적인 순간 접착제를 사용하는 경우. 저점도 타입의 접착제를 팔레트에 짜두고, 그것을 나이프 날 끝과 같은 얇은 것에 묻혀서 접착면에 흘려 넣는다. 그냥 노즐을 가져다 대고 짜면 원하지 않는 곳에 접착제가 흐를 위험이 있다. 접착제가 삐져나오면 사포질을 하거나 나이프로 없앤다.

❼
▲금속을 깎아낸 부품의 접착은, 에폭시 접착제로 접착하는 것을 추천한다. 굳는데 수 분 정도 걸리지만, 틈새가 더 확실하게 고정할 수 있어서, 나중에 떨어지는 일이 적다. 또한, 삐져나온 부분을 닦아낼 수 있기 때문에, 금속면을 더럽히거나, 상처를 내지 않을 수 있다.

❽
▲에폭시 계 접착제는 굳기 전이라면 에나멜 도료의 용제를 묻힌 면봉으로 닦아낼 수 있다. 삐져나온 부분을 깎아내는 것이 아니기 때문에, 금속면에 흠집이 나지 않는다. 사진과 같이 끝 부분이 뾰족한 면봉을 사용하는 것도 접착제를 닦아내는 포인트다.

⑩ 서페이서와 바탕색 처리
~서페이서 뿌리기 = 표면 처리 + 바탕 도색~

도색의 전 단계로 바탕색 처리를 한다. 이것은 부품 표면에 생긴 흠집을 없애거나, 다른 재료의 질감을 통일시키는 "표면처리"의 단계로, 도료의 정착을 보조하고, 부품의 색을 맞추거나 빛의 투과를 방지하는 "바탕 도색"으로 나눠져 있다. 이것을 한번에 처리해 주는 것이, 「서페이서」라는 바탕색 처리제다. 서페이서를 스프레이로 뿌리는 일 = 서페이서 뿌리기는, 도색하는 것을 전제로 한, 바탕색 처리의 최종단계다. 이번 장에서는, 서페이서의 효과와 사용법을 같이 소개한다. 상황에 맞춰 사용 할 서페이서를 고르는데도 참고하기 바란다.

바탕제의 종류

먼저 바탕색 처리에 사용하는 바탕제의, 주요 종류와 그 특징을 소개하고자 한다. 어떤 종류든 캔 스프레이가 일반적이지만, 병에 들어있는 타입도 있어서, 이것을 에어브러시로 뿌리는 사용 방법도 있다. 또한, 레진용 서페이서에 대해서는 P.147에서 소개한다.

⚠ CHECK POINT 서페이서 뿌리기는 필요한가?

● 서페이서 뿌리기의 장점
- 부품 표면의 상태를 확인하기 쉽게 만들어 준다.
- 미세한 흠집이 없어진다.
- 빛의 투과를 막아준다.
- 도료의 정착이 좋아진다.
- 서로 다른 소재의 질감이 균일해 진다.

● 서페이서 뿌리기의 단점
- 수고가 늘어난다.
- 몰드가 메워진다.
- 부품의 결합이 강해진다.
- 바탕색이 회색이 된다.

▲가장 일반적인 서페이서인「Mr.서페이서 1000」,「1200」(GSI크레오스 / 각 420엔, 알뜰형 630엔). 숫자는 입자가 가는 정도를 나타내고 있다. 색상은 양쪽 다 회색이다. 스트레이트 빌드에 가까운 상태나, 사포질을 해서 표면을 깨끗하게 정리했다면, 표면이 부드러워지는「1200」을 사용하는 것을 추천한다.

▲흠집제거는 물론이고, 재료에 도료가 잘 붙게 만드는 "프라이머 + 서페이서" 타입이다. 왼쪽:「Mr.프라이머 서페이서 1000」(GSI크레오스 / 각 735엔). 오른쪽:「파인 서페이서 L」(타미야 / 630엔). 대상물에 플라스틱과 퍼티가 혼재되어 있는 경우에는 이런 타입이 좋다.

▲이쪽은 금속 재료에 도료가 잘 붙도록 도와주는 바탕 도료,「Mr.메탈 프라이머」(GSI크레오스 / 병 210엔·캔 420엔). 프라이머로서 기능만 가지고 있어서, 흠집제거 효과는 없다. 금속 이외에도 경질 염화 비닐에도 사용할 수 있다. 폴리 부품에 도료가 잘 붙게 개선시키는 효과도 있다.

▲서페이서 뿌리기는, 부품의 가공, 퍼티의 사용, 사출색 이외의 색으로 도색을 하는 경우에 그 장점이 크다. 한편, 최근의 건프라는 스냅 핏 이기 때문에, 조립도 딱 맞고, 가동부의 마찰문제도 있어서 도료막을 두껍게 만들고 싶지는 않다. 서페이서를 사용한다, 사용하지 않는다는 이러한 점을 고려해서 생각하자. 이 책에서도 작품에 따라서 사용 방법을 바꾸고 있다.

바탕색 처리 실천

그러면 서페이서를 사용한 바탕색 처리 모습을 살펴보자. 중요한 것은, 서페이서를 뿌리기 전에 가능한 흠집이 없는 표면으로 만들어 놓는 것이다. 서페이서로 뿌려서 없앨 수 있는 흠집은 매우 자잘한 것뿐이다. 깨끗하게 사포질을 했다고 생각해도, 서페이서를 뿌리면 생각 치도 않은 흠집을 발견하는 일도 자주 있다.

▲접합선을 수정한 부품을 예로, 서페이서를 뿌려서 바탕색 처리를 해보자. 서페이서를 뿌리는 방법은 캔 스프레이 도료를 뿌리는 것과 마찬가지의 요령이지만, 도료보다 더 잘 달라 붙는다. 처음에는 얇게 전체에 색이 들어갈 정도로 뿌려서, 표면의 상태를 확인하기 쉽게 만든다. 여기서 사용하는 것은「1200」이다.

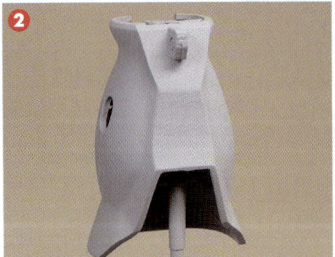

▲서페이서가 건조한 모습. 접합선에는 사포질 흔적이 남아있다. 이런 흠집까지 서페이서가 없애주지는 않는다. 사포질로 흠집을 없애주자. 이외에도 접합선 밑 부품의 가장자리에서 단차가 발견되는 등, 회색 한가지 색으로 된 것으로 세세한 점도 쉽게 찾을 수 있게 된다.

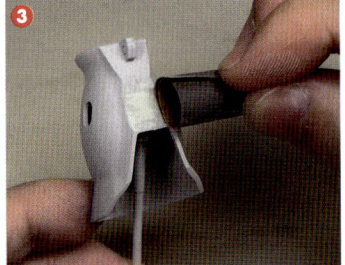

▲흠집을 800번 사포로 갈아서 없애준다. 사포질을 하면 흠집에 서페이서가 남기 때문에, 상태를 더욱 쉽게 알 수 있다. 이것이 없어질 때까지 사포질을 하면 되는 것이다. 너무 많이 깎으면 부품의 형태가 변하기 때문에, 실제로는 흠집이 없어지기 바로 직전까지만 사포질을 하고, 다시 서페이서를 뿌려서 완성도를 확인하자.

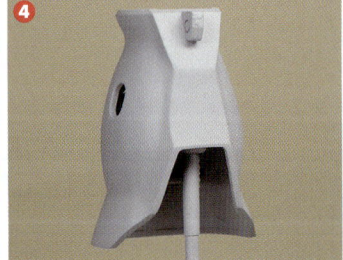

▲사포질을 한 부근을 중심으로, 두 번째로 서페이서를 뿌린 상태. 접합선의 흠집도 없어졌고, 그 밑의 가장자리도 다듬어 진 것이 확인 될 것이다. 부품 표면에 까칠한 부분도 없으니, 이것으로 도색 전의 바탕색 처리는 완료다.

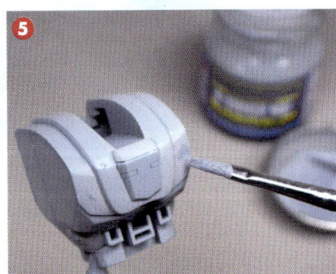

▲서페이서를 한 번 뿌려서 깊은 흠집을 발견한 경우에는, 병에 든 서페이서나 녹인 퍼티(락커 퍼티를 락커 희석액으로 희석시킨 것)를 발라서, 먼저 그 부분을 메워주자. 건조하고 나서 사포질을 해서 표면을 갈아주고, 다시 서페이서를 뿌려서 마감한다.

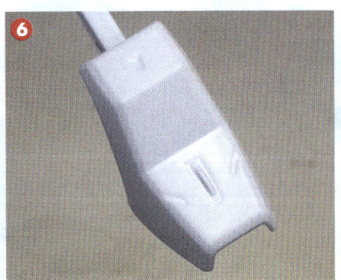

▲서페이서를 너무 두껍게 뿌리면 몰드가 메워지거나, 부품 전체에 샤프함이 없어진다. 흠집이 메워진다는 것은 몰드도 똑같이 메워진다는 뜻이다. 이것을 피하기 위해, 서페이서를 필요 이상으로 두껍게 뿌리지 않도록 하자.

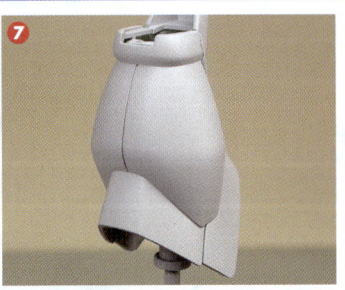

▲서페이서를 몇 번이고 겹쳐서 뿌리면, 표면에 작은 알갱이 모양으로 굴곡이 생긴다. 이것은 도색에서 일어나는 현상과 같은 원리다. 따라서 흠집 없애기~서페이서 뿌리기의 횟수를 가능한 줄이고 싶은 것이다. 반대로, 표면을 이렇게 울퉁불퉁하게 만들기 위해서, 서페이서를 멀리서 겹쳐서 뿌리는 테크닉도 있다.

⚠ CHECK POINT 화이트 서페이서

▲흰색의 서페이서는, 발색을 좋게 하는 바탕색이라는 측면을 우선시한 타입이다. 물론 흠집을 메우는 효과도 있으나, 화이트는 회색보다 흠집이 잘 보이지 않는다. 서페이서를 뿌리기 전에 사포질을 제대로 해서 흠집을 없애서 사용하는 것을 추천한다.

에어브러시 테크닉

1. 에어브러시 도색의 기초
2. 그라데이션 도색
3. 세세한 부분 구분도색2
4. 위장 도색
5. 광택도색
6. 펄 도색
7. 메탈릭 도색

CHAPTER 4

MS-09F
DOM TROPEN
BANDAI 1:144 scale plastic kit
"High Grade Universal Century"

CHAPTER 4 : 에어브러시 테크닉

❶ 에어브러시 도색의 기초
~에어브러시를 자유자재로 사용하자~

에어브러시 도색은 캔 스프레이와 마찬가지로, 도료를 안개 상태로 만들어서 뿌리는 도색 방법이다. 그러나 커다란 차이는, 도료의 종류나 색, 뿌리는 정도를 여러 가지 선택하면서 도색할 수 있다는 것이다. 이에 따라 도색 표현의 폭이 넓어지는 것이다. 에어브러시 도색을 제대로 하려면, 기계의 취급이나 도색의 농도 조절, 뿌리는 힘 조절을 어떻게 해서하는가 와 같은 것을 파악해서, 능숙하게 다루는 것이 중요하다. 이번 장에서는, 이러한 에어브러시 도색의 기초를 소개하고자 한다.

에어브러시의 구조

에어브러시로 도색을 할 때는, 에어브러시 본체(핸드피스 라고도 한다) 이외에도, 뿌려대는 공기의 공급원 등의 주변기구도 필요하게 된다. 여기에서는 기구의 소개와 함께, 에어브러시의 구조를 간단하게 해설하도록 하겠다.

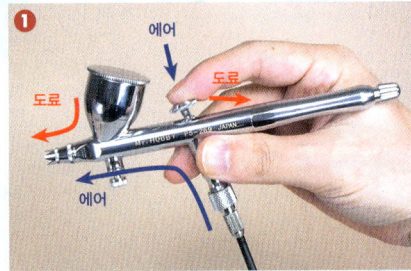

▲에어브러시의 대표적인 예로서 "버튼식 더블 액션"타입으로 조작 모습을 설명하도록 하겠다. 본체의 중앙에 있는 버튼은 "누르기"와 "당기기"의 조작이 가능하다. 버튼을 누르는 것으로, 에어 공급원에서 보내진 공기(혹은 가스)가 앞에서 뿜어져 나온다. 이때에 버튼을 당기면, 도료가 선단 노즐에서 밖으로 뿜어져 나온다.

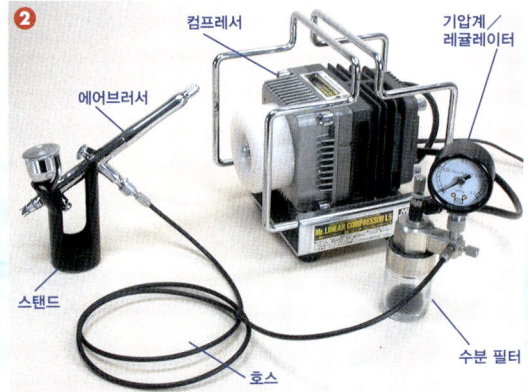

◀에어의 공급원으로 「컴프레서」를 사용한 경우의 연결 예. 에어브러시 본체와 컴프레서를 호스로 연결하고, 그 중간에 공기압을 조절하는 「레귤레이터」나, 압축된 공기의 수분을 빼는 「수분 필터」를 연결한다. 레귤레이터는 기압계가 달려있으면 기준을 잡기 쉽다. 여기서는 중간의 기기가 일체화된 것이다. 이외에도 에어브러시를 거치해두는 「스탠드」도 필요하다.

▶최적인 환경으로는 컴프레서를 사용하는 것이지만, 간편하게 에어브러시 도색을 해보고 싶은 경우에 에어 캔을 사용하는 방법도 있다. 윗부분에 조인트가 필요한 것과, 계속 사용하면 비용이 더 많이 들지만, 종종 필요한 때에 하는 정도로는 적절하다.

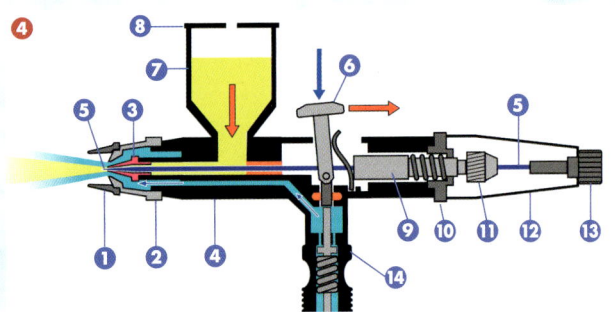

◀에어브러시(더블 액션 타입)의 구조도와 함께, 도료가 뿜어져 나올 때까지의 과정과, 각 부분의 역할을 설명해보겠다. 먼저 ⑭에어 벨브에 에어 공급원(컴프레서나 에어 캔)에서 호스를 연결해 둔다. ⑦컵에 도료를 집어 넣으면, 도료는 ④바디의 중앙을 거쳐서, ③노즐의 가운데까지 들어간다. 도료를 뿜을 때는, 먼저 ⑥버튼을 누른다. 그러면 ⑭에어 벨브에서 에어가 ④바디 안을 거쳐서, ②노즐 캡과 ③노즐 사이에서 에어가 나간다. 이와 동시에 ⑥버튼을 뒤로 당기는 것으로, ⑨니들 척이 고정되어 ⑤니들이 뒤로 밀려서, ③노즐 안의 도료가 흘러가서 빈틈이 생긴다. 이것으로 에어와 같이 도료도 같이 뿜어져 나와서 도료가 안개 형태로 되는 것이다. ⑥버튼을 누르는 정도에 따라 에어의 강약, 당기는 정도에 따라 도료의 분출량을 조절 할 수 있는 것이, "더블 액션"이라는 의미다. 또한 "싱글 액션"의 경우는 니들을 당기는 동작을 버튼과는 별도로 다이얼로 한다. "트리거 식"의 경우는 레버를 당기는 것으로 에어와 니들과 연동해서 조작된다.

①니들 캡 ②노즐 캡 ③노즐 ④바디 ⑤니들 ⑥버튼 ⑦컵 ⑧컵 뚜껑 ⑨니들 척
⑩니들 스프링 케이스 ⑪니들 척 나사 ⑫테일 캡 ⑬니들 스토퍼 ⑭에어 벨브

CHECK POINT 니들 스토퍼

▲더블 액션이나 트리거 타입의 맨 뒤에 있는 니들 스토퍼. 이것은 니들을 당기는 양을 제한 할때 사용한다. "얇게 뿌릴 때는 ○회전 시켜서 끝까지 당기면 딱 좋다."와 같은 경우에 사용하자.

브러싱 조절

에어브러시 도색에서, 뿜어져 나오는 도료를 적절한 상태로 만들기 위해서 여러 가지 조절을 하는 것이 중요하다. 일단 실제로 뿜은 샘플과 함께, 조절에 의한 변화를 보자. 도색면과의 거리나 에어브러시를 움직이는 방법에 따라서도, 도색면의 상태는 변화한다.

■ 도료의 농도

▲에어브러시 도색에 사용하는 도료는, 부드럽게 뿌릴 수 있는 농도로 희석할 필요가 있다. 이 때, 다른 용기에 덜어내서 희석액을 더하는 것이, 나중에 농도를 더 조절할 수 있으므로, 꼭 덜어내서 희석하도록 하자. 사용하기 전에 잘 섞어야 한다.

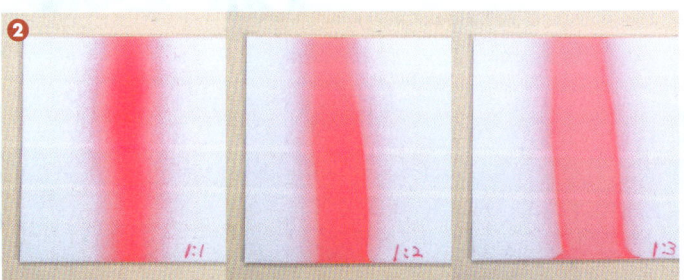

▲「Mr.컬러」를 예로, 희석액을 더한 비율을 바꿔서 도색한 예다. 도료:희석액이 1:1의 상태에서는, 조금 입자가 거친 것이 남는다. 1:2에서는 입자가 없이 깨끗한 상태가 되어있다. 색은 옅은 상태로만 칠해지지만, 이것을 겹쳐서 뿌리는 것으로 아름다운 도색면이 될 것이다. 1:3에서는 도료의 용제 분량이 많아져서, 도색면에서 흘러내리게 된다. 얇게 칠하는 도색이라면 이 농도가 적절하다. 여기서는 비율의 숫자보다도, 도색면이 어떤 상태가 되는가로 적절한 포인트를 판단하는 것이 좋을 것이다.

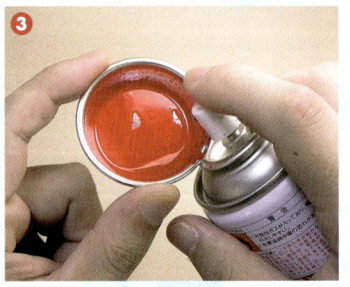

▲초보가 어려워하는 것이 이 농도 조절이다. 간단한 기준으로 캔 스프레이를 뿌려보면 좋을 것이다. 이것은 폭 넓게, 고압으로 뿌릴 때의 농도로, 일반적으로는 이보다 더욱 옅어진다.

074

CHAPTER 4 : 에어브러시 테크닉

■ 분사 폭을 조절

 ④
▲분사 폭을 조절할 때는, 먼저 도료가 나오는 양을 조절하자. 여기에 니들과 노즐의 틈새(니들 개도(開度))를 변화시킨다. 얇게 뿌릴 때는 니들을 조금만 당기고, 틈새를 작게 만든다. 넓게 뿌릴 때는 니들을 크게 당겨서, 틈새가 넓은 상태가 된다.

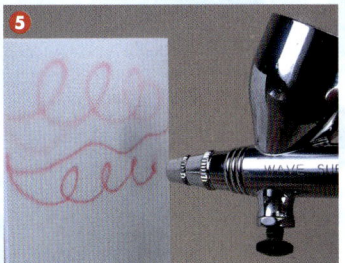 ⑤
▲이것은 분사 폭을 매우 얇게 조절하고 뿌리는 모습이다. 에어브러시에서 나오는 도료를 얇게 조절하고 있기 때문에, 도색면에는 가까이 대서 칠한다. 여기서는 약 0.5mm폭의 좁은 선을 그리고 있다. 참고로, 에어브러시의 노즐 지름은 0.3mm, 공기압은 0.05Mpa다.

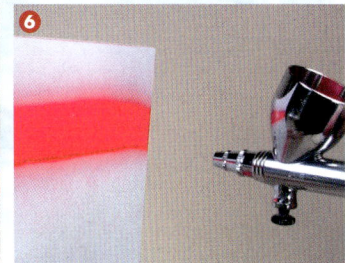 ⑥
▲니들 개도를 최대로 하고, 폭 넓게 분사하고 있는 모습이다. 분사 폭은 약 2cm. 왼쪽의 얇게 뿌리는 예와 도료의 농도나 공기압, 에어브러시는 같은 것을 사용하고 있지만, 버튼의 조작과, 거리를 바꾸는 것으로 이 정도의 변화를 줄 수 있는 것이다. 농도나 공기압을 바꾸면 더욱 넓게 뿌릴 수 있다.

 ⑦
▲기압계가 달려있는 레귤레이터로 공기압을 조절하고 있다. 미터가 달려서, "넓은 범위를 뿌릴 때는 ○Mpa로, 좁은 범위를 뿌릴 때는 ○Mpa"와 같은 경우에 조절의 기준이 된다. 기압계가 없는 경우에는 니들 스토퍼에 표식을 하고, "꽉 조인 상태에서 몇 회전"이라고 기준을 정하면 된다.

■ 분사 동작

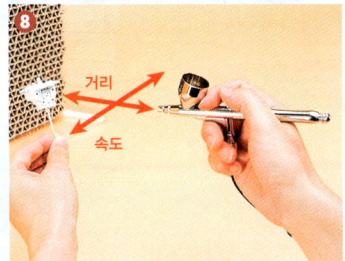 ⑧
▲대상물과의 거리나, 움직이는 속도에서도 도색의 상태는 달라진다. 위에서 설명했듯이 거리에 따라 분사폭이 바뀌고, 움직이는 속도에 따라서도 그 틈새에 들어가는 도료의 양, 색상의 농담이 변화한다. 건조한 스타일로 칠할 때, 듬뿍 칠할 때 등, 상황에 따라서 움직임도 바뀌게 된다.

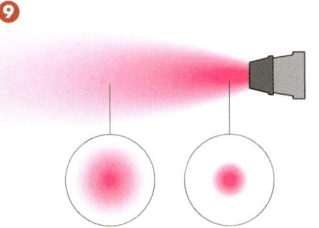 ⑨
▲도료는 에어브러시에서 위의 그림과 퍼진다. 넓게 칠할 때는 왼쪽 원 안과 같이, 어느 정도 밀도가 있고 넓어지는 포인트를 사용한다. 좁게 칠할 때는 오른쪽 원 안과 같이 중심부에 집중하는, 퍼짐이 적은 부분을 사용한다. 거리에 따라 뿌리는 폭이나 색이 칠해지는 정도가 다른 것을 알 수 있을 것이다.

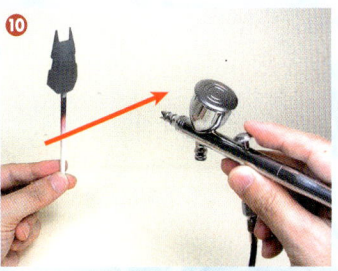 ⑩
▲평면적인 부분을 칠할 때 에어브러시를 이동시키는 방법은, 캔 스프레이의 경우와 마찬가지다. 도료가 부품에 닿지 않는 곳에서 분사를 시작한다. 그대로 도색면에 대해서 일정 속도로 평행이동 한다. 분사를 끝내는 것도 부품의 바깥에서 한다. 이것을 빠르게 반복한다.

 ⑪
▲복잡한 부품 형태에도 부드럽게 도색할 수 있는 것이 에어브러시의 특징이다. 굴곡이 큰 부품이나 부분적으로 도색에서는, 분사 범위를 좁게 해서, 형태를 덧그리듯 움직이거나, 나선형이나 왕복하듯 움직여서 메워주듯 칠한다. 움직임을 멈추지 않는 것이 중요하다.

도색 전의 준비

도색작업은 그냥 하더라도 주변을 더럽히기 쉬운 것이지만, 에어브러시 도색의 경우는 도료를 공기 중에 산포하는 것이기 때문에, 더욱 주위에 배려가 필요하다. 또한, 도색하는 부품도 작업 중에 쉽게 다룰 수 있도록 손잡이를 붙이거나, 건조될 때까지 더러워지지 않도록 놔둘 수 있는 방도도 필요하다.

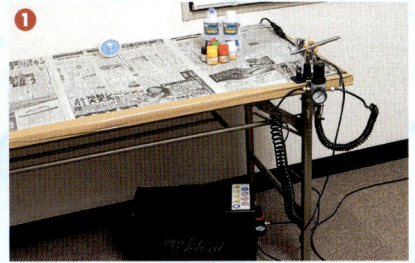 ①
▲에어브러시 도색에 사용하는 도구를 작업 책상에 설치한 모습이다. 여기서는 컴프레서가 크기 때문에 책상 밑에 두었지만, 레귤레이터는 사용하기 쉽도록 손이 닿는 곳에 설치해두는 것이 좋다. 이런 이유로, 책상 가장자리에 에어브러시용 행거와 같이 설치해두었다. 책상을 비추는 데스크 라이트도 같이 설치하고 싶다.

 ②
▲도료를 빨아들여서 밖으로 배출하는 「도색 부스」를 설치한 예다. 이 부스 바로 앞에서 부품을 놓고 에어브러시 도색을 하는 것으로, 주위에 확산되는 도료를 줄일 수 있다. 이것만으로 도료를 전부 없앨 수는 없지만 효과는 크다. 실내도색이라면 꼭 사용해보자.

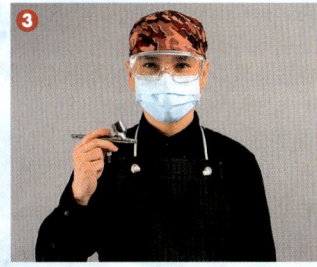 ③
▲도료로부터 자기자신도 보호하자. 도료를 흡입하지 않기 위한 마스크는, 가능하면 악취를 막아주는 활성탄이 들어간 것을 사용하면 좋다. 고글은 부품에서 튀는 도료를 피하기 위함이다. 옷을 더럽히지 않도록 앞치마도 필수품이다.

CHECK POINT
습도도 주의
▲이것은 습도계다. 습도가 높은 날은 광택 도료가 흐려지는 일도 있기 때문에 도색을 피하는 것이 좋다. 또한 낮은 날은 도색의 건조가 빠르다. 습도계를 준비해서, 이러한 점에도 신경을 쓰자.

 ④
▲도색 전의 부품은 깎아낸 찌꺼기와 같은 것을 털어내야 한다. 붓으로 털어내는 것 이외에도, 에어브러시의 에어로 날려버리는 방법도 있다. 그리고 손가락의 유분이 붙으면 도료가 잘 튄다. 만약을 위해서 물로 씻어두는 것도 좋을 것이다.

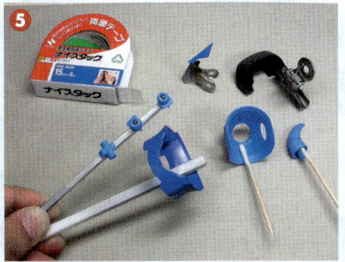 ⑤
▲부품을 직접 손으로 잡을 수는 없기 때문에, 각각 「손잡이」를 달아둔다. 프라봉이나 나무젓가락 등을 양면 테이프로 붙이거나, 부품 뒤쪽을 클립으로 끼우거나, 핀 구멍에 런너나 이쑤시개를 끼우는 등 여러 가지 방법이 있다.

 ⑥
▲손잡이를 붙일 때는, 도색하고 나서 건조할 때까지 손이 닿지 않는 안전한 곳에 두도록 배려한다. 병이나 클립이라면 손잡이 이외에도 거치대로도 사용할 수 있다. 오른쪽과 같이 전용 클립이나 봉 재료를 끼울 수 있는 편리한 베이스 용품도 있다.

CHECK POINT
초음파 세척기로 세척하자
▲깎아낸 찌꺼기를 없앨 때는, 가정용 초음파 세척기를 사용하면 한번에 깨끗하게 세척할 수 있어서 편리하다. 세세한 부품이 흘러가지 않도록 부엌용 건조용 네트와 같이 사용하면 편리하다.

부품을 칠해보자

일단은 부품 전면을 단색으로 균일하게 칠하는 것부터 시작하자. 간단한 것 같지만, 도색 방법에 따라 완성되는 모습이 의외로 차이가 많이 난다. 이에 관한 주의점은 이후, 이번 장에서 소개하는 여러 가지 도색예 에서도 공통되는 것이기 때문에, 잘 파악해 두자.

■ 굴곡이 작은 면의 도색

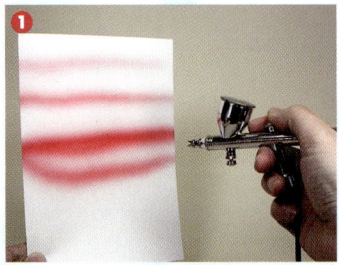

1 ▲부품에 뿌리기 전에, 시험 도색을 해서 분사 정도를 확인해두자. 도료의 농도나, 도료가 부드럽게 뿜어져 나오는지의 확인은 물론, 부품에 맞는 분사 폭의 조절이나, 어느 정도의 거리나 속도로 움직일 것인가 등의 느낌을 파악해두자.

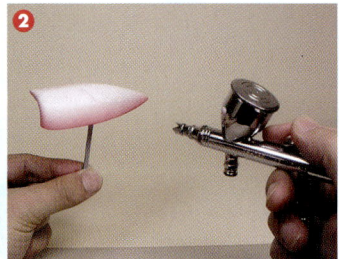

2 ▲처음에는 바로 건조될 정도로 얇게, 부품의 가장자리나 뒷면에서부터 시작한다. 처음부터 두껍게 칠해지는 위험을 막기 위한 것과, 겹쳐 칠할 때 도료가 잘 붙게 만들기 위해서다. 입자가 고운 도료를 전면에 넓혀간다.

3 ▲이어서, 부품의 가장자리나 굴곡이 있는 부분 등, 분사하는 방향에 따라서는 도료가 닿지 않는 곳을 중심으로 뿌린다. 이때도 그 부분만을 노려서 뿌리는 것이 아니라, 넓은 폭의 선을 그리는 것과 같이 겹쳐서 칠한다.

> **! CHECK POINT**
> **에어브러시 세척**
>
> ▲색을 바꾸거나 도색후의 세척에는, 도료를 다 뿌리는 것뿐만 아니라, 희석액을 넣은 상태에서, 에어를 역류시켜서 컵 내부에 기포를 일으키는 "가글"을 해서, 바닥까지 잘 섞어서 씻어내자. 니들 캡이 평평한 경우는 손가락으로 막으면서, 약하게 분사 버튼 조작을 한다.

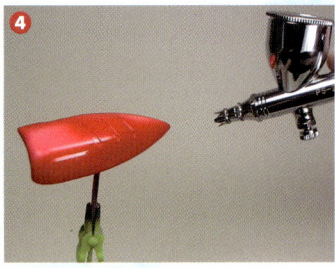

4 ▲다음으로 면의 중심부 등, 아직 색이 충분히 칠해지지 않은 부분을 메우듯이 도색한다. 이 부품처럼 면이 넓은 경우는, 에어브러시를 세밀하게 움직여서 빈 공간을 메우는 것이 아닌, 넓은 범위를 분사하는 것을 몇 차례 반복해서 주위와 색상 차이를 없앤다. 도색면의 질감(거침)에도 주의 하자.

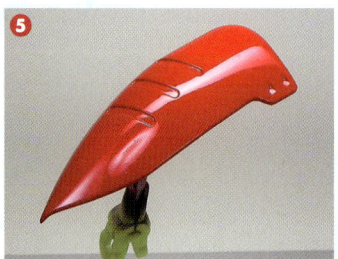

5 ▲광택이나 반광으로 도색을 하는 경우에는, 마지막으로 도료를 듬뿍 뿌려서, 도색면이 젖은 상태로 금방 마르지 않는 정도로 만든다. 이렇게 하면 도색면이 거칠어지지 않는다. 무광의 경우는 이 단계까지는 칠하지 않는다.

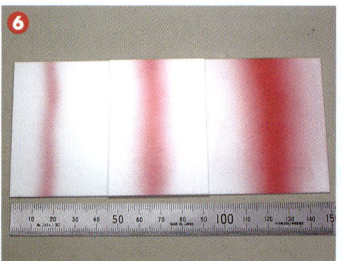

6 ▲여기서 사용한 분사폭의 비교. 처음에 뿌릴 때는 가장 왼쪽, 한가운데는 도색면 중앙을 메우는 단계이다. 이것만으로 충분하게 착색이 가능하지만, 전체를 더욱 부드럽게 만들기 위해서, 마지막은 오른쪽의 분사 폭으로 도색했다. 이러한 방식의 도색은 특히 광택도색에 효과가 있다.

> **! CHECK POINT**
> **도색면이 거칠어지는 경우**
>
>
>
> ▲같은 도료를 뿌리더라도, 그 상태에 따라 완성되는 모습은 이렇게까지 차이가 난다. 왼쪽은 깨끗한 도색면으로, 도색면도 부드럽다. 오른쪽은 입자가 거친 상태의 도료로 칠한 것으로, 도색면이 거친 것을 알 수 있다.

■ 굴곡이 큰 면의 도색

7 ▲굴곡이 많은 부품을 도색해보자. 이것은 나쁜 예로, 굴곡이 진 곳에 도료를 고르게 뿌리려고 처음부터 너무 많이 뿌리게 되었다. 이렇게 되면 도료가 흘러내리거나, 굴곡에 고이거나, 역으로 모서리에는 도료가 튀어서 색이 옅어진다.

8 ▲이러한 부품은, 물론 굴곡진 부분과 같은 칠하기 어려운 부분부터 도색을 하지만, 도료가 바로 건조할 정도로 칠한다. 색이 바로 부품에 입혀지지는 않아도, 분사하는 방향을 바꾸면서, 서서히 색을 겹쳐서 진하게 만들어간다.

9 ▲굴곡 부분을 칠한 다음, 평면적인 부분도 칠해서, 부품 전체의 도색이 끝난 상태. 균일하게 칠해지는 상태의 도료로 겹쳐 칠하는 것으로, 먼저 칠한 부분과 나중에 칠한 부분의 색이나 질감의 차이 없이 완성되었다.

> **! CHECK POINT**
> **먼지가 붙으면…**
>
>
>
> ▲도색 중에 먼지가 붙은 경우, 핀셋으로 떼어낼 수 있는 경우, 즉시 떼어내면 주위의 도료가 평평하게 되어 자국이 거의 나지 않는다. 떼어낼 수 없는 경우에는, 건조 후 사포질로 없애준다.

■ 작은 부품의 도색

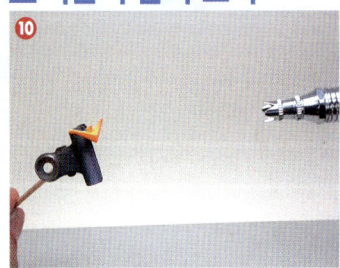

10 ▲작은 부품을 도색할 때는, 에어브러시를 가까이 대기 마련이지만, 가까이 대면 너무 많이 뿌리게 되어서 좋지 않다. 부품에 칠해지지 않는 도료가 많아지더라도, 에어브러시는 멀리서 잡고, 부품 표면에 색이 가볍게 칠해지는 정도부터 시작하자.

11 ▲한번이라도 얇게 색이 칠해지면, 그 이후에는 도료가 잘 붙기 때문에, 살짝 가까이 대고, 겹쳐서 뿌린다. 표면이 거칠어지지 않게 신경을 쓴다면, 역시 맨 마지막에는 살짝 젖어있는 정도로 칠해준다. 작아도 기본은 마찬가지다.

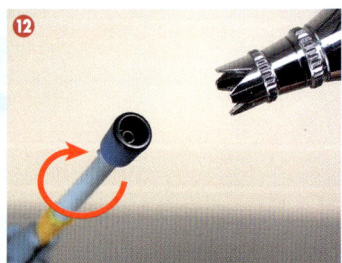

12 ▲버니어 노즐 안쪽 부분과 같이 안으로 들어가 있는 부분을 칠할 때는, 구멍을 똑바로 노리는 것은 좋지 않다. 에어브러시를 살짝 대각선 상태로 놓고, 부품의 방향을 바꿔가면서, 안쪽 벽에 도료가 닿고 안쪽으로 들어가는 이미지로 뿌리면 된다.

> **! CHECK POINT**
> **바탕색의 영향**
>
>
>
> ▲회색 부품과 흰색 프라판에 같은 빨간색을 뿌린 예. 바탕색이 비쳐지는 것으로, 발색이 이정도까지 차이가 난다. 선명한 색으로 완성을 하고 싶다면, 바탕을 흰색으로 뿌려두는 등의 작업이 필요하다.

CHAPTER 4 : 에어브러시 테크닉

② 그라데이션 도색
~빛과 그림자를 표현하는 에어브러시 테크닉~

블랜딩이나 색이 겹쳐져서 칠해지는 정도를 조절하기 쉬운 것이 에어브러시 도색의 큰 특징이다. 단색을 칠하는 것뿐만 아니라, 색의 농담이나 명암, 색상이 단계적으로 변하는 것과 같은 "그라데이션 도색"에도 아주 적합하다. 이 색의 변화를 부품 형태에 맞춰서 도색하는 것으로, 입체감을 강조하거나, 빛이 비춰지는 분위기나 광택과 같은 시각적 효과를 더할 수 있다. 단색 도색의 다음 단계로서, 그라데이션에 도전해보자.

「명암 도색」으로 그라데이션

"명암 도색(역자주 : 국내에서는 맥스식 도색이라 통용되기도 한다)"은 밑바탕에 어두운 색을 칠하고, 밝은 색을 계속 겹쳐서 칠해 발색을 완성해나가는 그라데이션 도색법이다. 부품 형태에 따라서 농담을 주고, 분위기를 내보자.

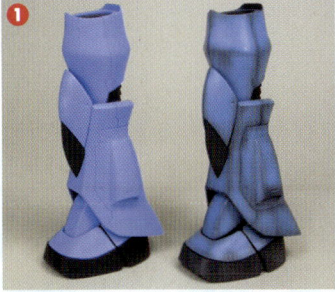

▲단색 도색을 한 (왼쪽)은, 전체적으로 평면적인 인상이 드는 것을 부정할 수 없다. 그라데이션 도색(오른쪽)은 패널 라인이 확연하게 드러나, 부품의 굴곡이 강조되었다. 또한 웨더링 적인 효과도 있어서, 사용감이 잘 표현된 것을 알 수 있다.

▲그라데이션 도색에도 여러가지 방법이 있다. 이 예는 "명암 도색"이라는 방법이다. 먼저 어두운 회색(왼쪽)을 도색하고, 여기에 기본색(오른쪽, 기체색 블루)을 덧칠한다. 발색은 살짝 떨어지지만, 매우 효과적인 도색법이다.

▲순서로는, 먼저 부품 전체를 어두운 회색으로 도색한다. 실제로는 각 부품 별로 뒷면까지 도색한 다음, 이렇게 조립하고 있다. 회색을 칠하는 것으로 빛의 투과도 방지하고, 또한 퍼티 등을 사용한 부분이 있으면 주위의 색을 맞추는데도 효과가 있다.

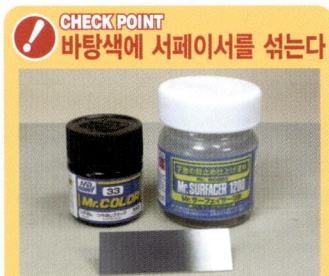

CHECK POINT
바탕색에 서페이서를 섞는다

▲이번에 사용한 어두운 회색은 서페이서와 검은색을 섞어서 만든 것이다. 바탕색 처리와 그라데이션의 첫 번째 색을 겸하는 것으로, 도료막이 두꺼워지지 않고, 따로 도색하는 수고도 덜 수 있다. 부품은 미리 사포질을 해서 깨끗하게 만들어 놓자.

▲다음의 파란색 도색은 얇게 분사해야 하므로, 거칠지 않은 부드러운 상태의 도료를 뿌리는 것이 중요하기 때문에, 사전에 분사 정도를 잘 조절해야 한다. 에어브러시를 움직이는 것도, 좁은 범위에서 움직임을 멈추지 말고 왕복시키거나, 선을 그리듯이 움직여야 함으로, 이것도 연습해두자.

▲파란색의 도색, 그림자로서 남겨둘 패널라인부근의 가장자리는 파란색이 들어가지 않도록, 면의 중앙을 칠해간다. 이 단계에서는 얇게 분사해서, 색이 연하게 칠해지는 정도로 뿌린다. 에어브러시 끝 부분을 빙글빙글 돌리는 동작을 계속한다.

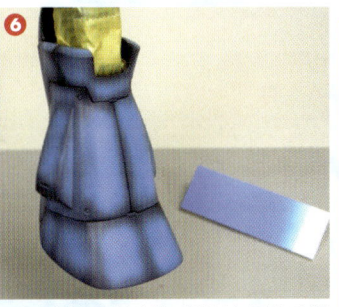

▲가장자리나 패널라인에는 회색을 남기면서, 전체를 파란색으로 도색했다. 색의 차이가 크지만, 여기서는 회색을 그냥 남겨두는 것이 포인트. 덧칠한 파란색의 발색이 부품 각 부분에 다듬어지도록 주의하자.

CHECK POINT
그림자가 되는 장소를 어둡게

▲면의 중앙을 어디나 똑같이 칠하는 것이 아니라, 빛이 닿기 어려운 부분은 어둡게 해두면, 기체 전체의 음영을 강조할 수 있다. 여기서는 스파이크의 아래쪽 면을 어둡게 칠했다.

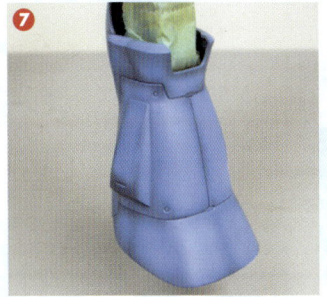

▲마지막으로, 부품 전체에 파란색을 얇게 뿌려주는 것으로, 회색 부분을 파란색과 동화시켜서, 전체의 색상 톤을 다듬는다. 이렇게 도색한 것이 사진 ①의 상태이다. 이 수법은 키트 전체에 깊이가 있는 느낌을 표현해준다.

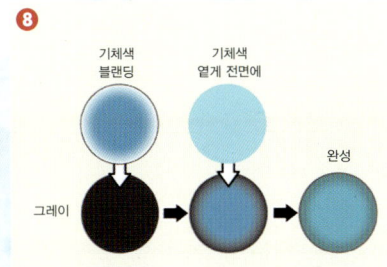

▲명암 도색의 과정을 그림으로 그려보았다. 회색의 바탕에 덧칠하는 색은 한 가지 이지만, 시작은 부품 형태에 따라서 농담의 변화를 주는 단계다. 다음으로, 그것을 전체에 동화시켜서 기체색의 색상 톤을 다듬는 것이다. 색의 농담이나 그라데이션의 상태가 각 부품에서 같아지도록, 크게 나눠진 블록 별로 도색하는 것을 추천한다.

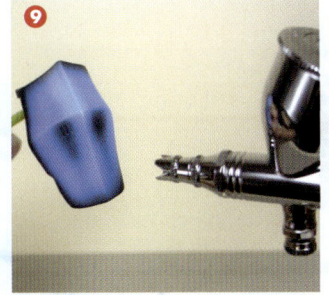

▲면 중앙의 발색을 떨어뜨리고 싶지 않은 경우에는, 가장자리나 패널라인만 회색으로 칠하고, 그 위에 파란색을 덧칠하는 방법도 있다. 이 경우에는 색상의 투과방지나 사출색을 덮는 것과 같은, 바탕 도색적인 효과는 없어지기 때문에, 서페이서를 뿌린 부품에 칠하는 것이 좋다.

CHECK POINT
모서리에 하이라이트를 넣는다

▲부품의 몰드를 강조하기 위해서, 모서리를 밝게 하는 것도 하나의 방법이다. 여기서는 어둡고 밝은 회색을 사용해서, 어두운 색을 전면, 밝은 색을 모서리 부근, 그리고 어두운 색을 면 중앙에 덧칠했다.

CHAPTER 4 : 에어브러시 테크닉

선명한 색의 그라데이션

"명암 도색"의 경우는, 아무래도 색의 채도나 명도가 떨어지기 쉽다. 선명한 색을 살린 그라데이션으로 만들고 싶은 경우에는, 바탕색으로 밝은 색을 전체에 바르고, 색상의 변화를 주듯이 덧칠해간다.

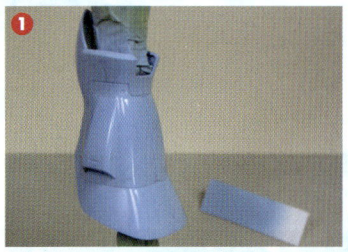

▲이번에는, 선명한 그라데이션 도색을 하고 싶은 경우를 예로 살펴보자. 덧칠과 발색의 기본과는 반대로, 먼저 부품 전면에 밝은 색을 칠한다. 이것이 최종적으로 하이라이트 부분으로 남기는 색이 된다.

▲이어서, 부품의 가장자리나 패널라인을 따라 어두운 색을 덧칠한다. 여기서 덧칠하는 색은 은폐력이 약해도 되기 때문에, 먼저 흰색이 적게 섞인 색이나, 클리어 컬러 등, 채도가 높은 색을 사용하면 더욱 효과적이다. 탁한 색을 사용하면 웨더링 도색을 한 것 같이 지저분해진다.

▲부품의 가장자리를 블랜딩해서 도색하는 경우. 사진과 같은 각도라면 도료가 넓게 부품에 뿌려진다. 가장자리를 칠하듯이 블랜딩을 하려면, 부품의 안쪽에서 바깥쪽으로 에어브러시를 향하면 된다.

CHECK POINT
쉐도우와 하이라이트를 더한다

▲튀어나온 면에 빛이 강하게 닿아있는 분위기를 내서, 더욱 입체감을 강조. 여기서는 튀어나온 면에 밝은(흰색)색을 덧칠했다. 아주 연하게 칠하는 것으로 자연스럽게 도색된다.

그라데이션으로 빛나는 것을 표현한다

블랜딩과 덧칠을 활용해서, 빛이 나는 모습을 도색으로 표현해보자. 실제 빛처럼 발광하는 것은 아니지만, 그 분위기를 자아낼 수 있다. 여기서는 사용하는 색의 선택도 중요하다.

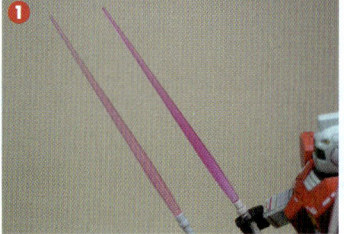

▲빔 사벨에 그라데이션 도색을 해서, 분위기를 살려보자. 왼쪽은 클리어 핑크의 키트 부품이다. 오른쪽이 그라데이션 도색 후, 투명감을 남기면서 농담을 넣은 것으로, 빛이 확장하는 느낌을 표현하고 있다.

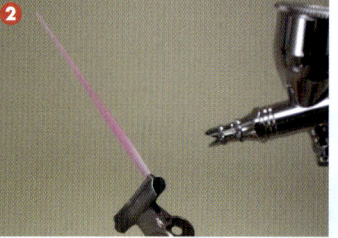

▲이것은 단순하게 클리어 컬러를 덧칠하는 것이 아니라, 먼저 빛이 강한 부분의 표현으로「흰색」을 칠해 두는 것이 요령이다. 도료의 농도는 엷게 하고, 밑부분에서 길이 1/4정도의 범위에 끝 부분을 향해서 뿌려서, 블랜딩을 한다.

▲다음으로, 클리어 컬러(사진은 「색의 근원」의 마젠타)를 덧칠한다. 칠하는 범위는 화이트 부분에서 끝부분의 1/4정도까지로, 두꺼운 부분을 진한 색으로 블랜딩한다. 흰색과 겹치는 부분은 진하고 선명하게 발색하고, 끝 부분은 투명감을 남기는 스타일이다.

CHECK POINT
색의 근원 이용

▲「색의 근원」은 탁하지 않은 원색이기 때문에, 도료에 클리어를 더하면 아름다운 "클리어 컬러"가 된다. 선명함을 더하는 것 이외에도, 색을 섞어서 "스모크"로 만들면, 쉐도우 도색이나 웨더링에도 사용할 수 있다.

▲버니어 노즐이 분사로 빛이 나는 것을 도색으로 표현해보자. 버니 전체를 도색한 후에, 안쪽 전체를 흰색으로 칠한다. 이것을 빛이 가장 밝은 부분으로 남겨두는 것과 동시에, 덧칠하는 색의 발색을 좋게 하는 바탕색으로 사용한다.

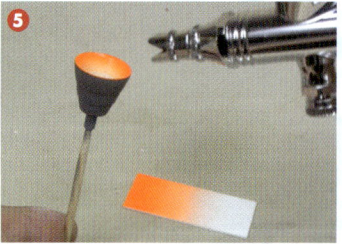

▲다음으로, 형광 오렌지를 가장자리에 뿌린다. 안쪽을 향해서 블랜딩을 잘 하는 것이 포인트로, 노즐의 가장자리를 노리듯이, 버니어의 개구면에 대해서, 대각선 방향으로 뿌려준다. 손잡이로 붙인 축으로 부품을 돌리면서 칠하면 좋을 것이다.

▲형광 오렌지와 흰색 경계부분에, 이번에는 클리어 옐로를 덧칠한다. 이것은 오렌지에서 흰색으로 부드럽게 변화하는 것을 표현하는 것이다. 가장자리보다 더 안쪽에 있기 때문에, 조금 칠하기 어렵지만, 너무 넓게 칠하지 않도록 주의하자.

▲덧칠을 하면, 먼저 칠한 흰색의 범위가 좁아지기 마련이다. 그래서, 마지막으로 중심 부분에 흰색을 다시 덧칠한다. 이것이 완성된 상태다. 버니어가 빛나는 것처럼 보이는가? 부품의 바깥 둘레를 마스킹하지 않더라도 이렇게 칠할 수 있는 것도 에어브러시의 장점이다.

웨더링 스타일의 표현

에어브러시는 색의 경계를 흐리게 만들어 얇게 덧칠하는 것이 특기이기 때문에, 웨더링 스타일로 색조를 더하기에도 적합하다. 이 특징을 살려서, 웨더링 도색을 해보자. 퇴색, 변색한 표현에는, 클리어 컬러를 사용하면 미묘한 변화를 잘 표현할 수 있다.

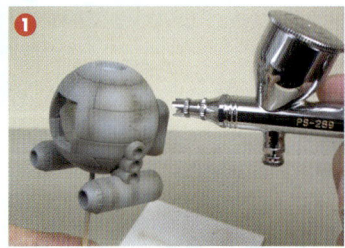

▲패널라인이나 부품의 가장자리에, 얇게 분사해서 옅은 웨더링을 더한 예. 웨더링 효과 이외에도, 몰드를 강조하거나, 기체색에 색조를 더해서 정보량을 늘리는 시각적 효과가 있다. 여기서는, 클리어 컬러를 섞은 자작 "스모크"를 뿌렸다.

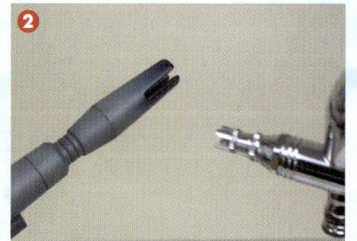

▲라이플의 끝 부분이 열로 변색한 표현을 더한 예. 흔히 말하는 "그을림"이란 것이다. 클리어 블루를 넓게 뿌리고, 여기서 끝 부분에 클리어 컬러를 혼색한 브라운 계열 색을 덧칠한다. 바탕색이 비쳐지기 때문에, 그것을 미리 계산하고 조색해두자.

▲웨더링 도색만으로 패널라인을 표현한 예. 마스킹 테이프의 가장자리를 따라서 그림자를 넣듯이 얇게 뿌리면, 그 부분에서 패널이 분할되어 있거나, 기름때가 흘러내리고 있는 분위기를 낼 수 있다. 농담을 강하게 하면 단차가 있는 것처럼 표현할 수도 있다.

CHECK POINT
스모크 컬러를 혼색

▲클리어 컬러를 혼색해서 만드는 "스모크". 이것으로 웨더링 도색을 하면, 바탕색이 비쳐지기 때문에, 미묘한 변화를 쉽게 표현할 수 있다.

CHAPTER 4 : 에어브러시 테크닉

MS-07B GOUF
BANDAI 1:100 scale plastic kit
"Master Grade"
modeled by Ken-ichi NOMOTO

사용키트
● 마스터 그레이드 MS-07B 구프 Ver.2.0 ●발매원 / 반다이 하비 사업부 ●3990엔 ●플라스틱 키트 ●1:100 스케일, 전고 약 18cm

▶ 어깨 아머의 구면이나 스파이크도 그라데이션 도색을 하는 것으로, 형태가 더욱 잘 드러난다. 세부 도색으로는 모노 아이도 핑크와 화이트의 블랜딩이 들어갔다. 투명 쉴드에도 스모크 도색을 했다.

▼ 백팩 등, 기체 각 부분의 회색 부분도 "명암 도색"에 의한 그라데이션이 들어갔다. 원래 어두운 회색의 부품이라도, 약간 밝은 색을 덧칠하는 것으로, 더욱 "회색 다워" 보인다.

MS-07B 구프

"명암 도색"의 그라데이션 도색으로 전체를 도색한 1:100 MG 구프Ver.2.0. 부품 형태나 디테일이 강조되어있는 것과 동시에 적극적으로 그림자를 표현한 것으로, 중후한 분위기가 나고 있다. 등 부분의 버니어 노즐 밑의 아머나, 정강이의 덕트 부근에는 분출로 인한 그을림, 그을음을 블랜딩으로 표현했다. 또한 기체 각 부분에는, 클리어 컬러(조색한 클리어 브라운)를 부분적으로 옅게 덧칠해서 웨더링 스타일의 효과도 더했다. 마킹은 전용의 별매 데칼이나 다른 MS용 데칼을 사용했다.

CHAPTER 4 : 에어브러시 테크닉

❸ 세세한 부분 구분도색2
~ 마스킹해서 에어브러시로 도색 ~

에어브러시 도색으로 확실하게 구분도색을 하기 위해서는 "마스킹"이 필요하다. 이것은 먼저 칠한 부분을 테이프 등으로 덮어서, 그 이외의 부분에 덧칠하는 기법이다. 색이 나눠지는 것에 맞춰서 제대로 마스킹을 하는 것은, 장소에 따라서는 매우 어려운 작업이기도 하다. 복잡한 형태나 관절부의 대응 등, 여러 가지 예와 함께 마스킹 테이프나 마스킹 재료의 사용 구분을 소개하겠다. 또한 마스킹이 제대로 되지 않아서 삐져나온 경우의 수정 방법도 익혀두도록 하자.

마스킹의 방법

직선적인 구분도색을 예로, 마스킹의 기본적인 방법을 소개하겠다. 마스킹은 섬세한 작업이기 때문에 의외로 시간이 걸리지만, 꼼꼼히 작업을 하는 것이 중요하다. 마스킹의 방법 이외에도, 색을 칠하는 순서, 어디를 마스킹 하는가 도, 완성도를 좌우하는 포인트가 된다.

❶
▲왼쪽이 도색 전의 부품, 오른쪽이 마스킹을 해서 구분도색을 한 상태다. 구분도색을 할 때는, 먼저 어느 쪽의 색을 먼저 칠하는가(어느 쪽을 마스킹 하는가)를 생각하자. 밝은 색을 먼저 칠하는 것이 기본이지만, 마스킹의 난이도를 우선하는 것이 작업은 편해진다.

❷
▲마스킹에 사용하는 도구와 재료. 대표적인 것이 왼쪽의 마스킹 테이프. 도색면에 접착제가 남지 않고, 벗길 수 있는 것을 사용한다. 잘라내서 사용하는데는 셀로판 테이프도 편리하다. 오른쪽 끝의 병은 액상의 마스킹 재료. 바르고 굳혀서 표면을 마스킹한다. 이러한 마스킹 재를 잘라내는 도구도 준비한다.

❸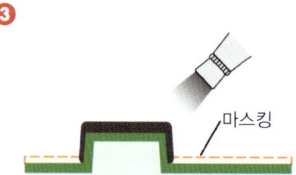
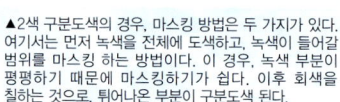
먼저 녹색을 칠하고 마스킹 하고, 다음으로 돌출 부분에 회색을 칠한다.
▲2색 구분도색의 경우, 마스킹 방법은 두 가지가 있다. 여기서는 먼저 녹색을 전체에 도색하고, 녹색을 남길 범위를 마스킹 하는 방법이다. 이 경우, 녹색 부분이 평평하기 때문에 마스킹하기가 쉽다. 이후 회색을 칠하는 것으로, 튀어나온 부분이 구분도색이 된다.

❹
먼저 회색을 칠하고 마스킹 하고, 다음으로 녹색을 칠한다.
▲또 다른 방법. 전체에 먼저 회색을 칠하고, 남길 튀어나온 부분에 마스킹을 한다. 그리고 나서, 녹색을 덧칠한다. 이 경우에는 돌출된 가장자리 부분은 마스킹을 하기 힘들다. 또한, 회색 위에 녹색을 나중에 덧칠하면 발색이 그렇게 좋지 않다. 따라서, 이 예는 적합한 방법이라 할 수 없다.

❺
▲녹색을 먼저 도색하고, 그 색을 남기는 부분을 마스킹 하고 있는 모습이다. 테이프를 사전에 잘게 잘라두면 필요한 라인을 따라서 쉽게 붙일 수 있다. 또한 예리한 나이프로 자르는 것으로, 마스킹 테이프의 가장자리가 흔들리지 않아서 샤프해진다.

❻
▲구분도색에 맞춰서 잘게 자른 마스킹 테이프를 붙인 모습이다. 테이프가 겹친 부분은 빈틈이 생기지 않도록 밀착시켜두자. 테이프를 넓게 바르고서, 부품의 형태에 맞춰 자르는 방법도 있지만, 여기서는 그 보다 더욱 세밀한 방법을 사용하고 있다.

❼
▲가장자리 이외의 부분을 메우기 위해서, 테이프를 더 붙인다. 덧붙이기는 테이프가 많아지면 틈새가 생기기 쉽기 때문에, 넓은 테이프를 딱 알맞은 형태로 잘라서 사용하자. 이러한 작업에는 날 끝이 불소 코팅 되어서, 테이프가 잘 붙지 않는 가위를 사용하는 것이 좋다.

❽
▲마스킹이 완성된 상태다. 구분색이 들어갈 가장자리나, 덧붙인 곳이 떠있지 않은지를 체크하자. 부품의 가장자리나 돌아 들어가는 부분도 잊지 않도록 한다. 마스킹하고 시간이 지나면 뜨는 경우도 있기 때문에, 방치하지 말고 도색하도록 하자.

❾
▲회색을 도색한 상태. 이것은 작은 부품의 도색과 마찬가지로, 좁은 부분이라고 그 부분만을 보고 뿌리지 않도록 주의하자. 또한 마스킹의 가장자리에 도료가 고이게 되면 도료막에 단차가 생기기 때문에, 이 역시 유념해두자.

❿
▲도색면이 마르면, 마스킹을 신중하게 떼어낸다. 이때 힘으로 당겨서 벗겨내면, 도료막이 같이 벗겨지는 경우도 생긴다. 테이프는 위에 칠한 것부터 순서대로, 핀셋을 써서 반대로 접듯이 벗겨내는 것이 안전할 것이다.

⓫
▲마스킹을 전부 벗겨낸 모습이다. 경계선이 깔끔하게 나와있다면, 삐져나온 것이 없다면 이것으로 구분도색은 완료다. 세밀한 작업이 여기서 보상을 받게 된다. 구분도색의 경계가 안쪽으로 되어있는 경우에는, 먹선 넣기를 하면 지저분한 것을 살짝 감출 수도 있다.

> ⚠️ **CHECK POINT**
> **빈틈을 마스킹 졸로 바른다**
>
>
> ▲테이프를 덧바른 곳에는, 작은 틈새라면 「마스킹 졸」을 발라주면, 간편하고 확실하게 마스킹을 할 수 있다. 또한 수성도료의 위는 졸을 벗기기 힘들어지는 경우가 있기 때문에 주의하자.

CHAPTER 4 : 에어브러시 테크닉

삐져나온 부분 수정

제대로 마스킹을 했다고 생각하더라도, 테이프를 벗겨보면 도료가 새나왔다……와 같은 일이 자주 일어난다. 이런 경우에는, 부분적인 수정으로 대응하도록 하자. 이러한 방법까지 익혀두는 것으로, 구분도색이 완벽하게 가능할 것이다.

❶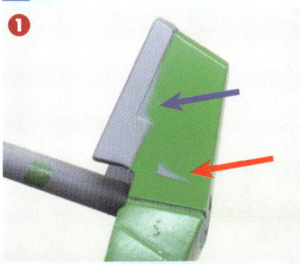
▲삐져나온 부분이 나온 예다. 파란색 화살표는 구분도색의 경계로, 회색이 삐져나왔다. 마스킹의 가장자리가 떴있게 되기 마련이다. 빨간 화살표는 면의 중앙에 있는 삐져나온 부분이다. 덧붙인 마스킹 테이프 사이에 빈틈이 있었던 것이 원인일 것이다.

❷
▲파란색 화살표의 삐져나온 부분은, 경계에 단차가 있기 때문에, 이것을 따라서 붓으로 칠하면 될 것이다. 도료를 붓으로 칠하기 적당한 농도로 조절하고, 가능한 붓을 적게 움직여서 칠한다. 먼저 칠한 도료가 확실하게 마른 다음에 덧칠해야 한다.

❸
▲파란 화살표 부분은 수정이 끝났다. 다음으로 빨간 화살표 부분이다. 여기는 면의 중앙이기 때문에, 붓으로 덧칠하면 흔적이 눈에 잘 띈다. 그래서 회색이 도색된 부분을 눈이 고운 사포로 깎아서 없애기로 한다. 사용하고 있는 것은 1500번. 미세한 흠집은 남지만, 회색은 없었다.

❹
▲이 정도의 흠집은 도료를 덧칠하면 없앨 수 있기 때문에, 그 부분의 주변에 녹색을 에어브러시로 뿌린다. 장소가 가까운 회색 부분은 마스킹을 해두자. 삐져나온 부분을 깎아내지 않고 녹색을 덧칠하면, 그 부분만 색이 바뀌기 때문에, 먼저 깎아서 없애는 것이 중요하다.

부품 위에 마스킹 재를 자른다

부품의 굴곡이나 몰드에 따라서 색상이 나눠져 있는 경우, 마스킹 재로 부품에 붙이고서 자르는 방법도 있다. 잘라내는 것이 비뚤어지면 부품에 흔적이 남기 때문에, 가능하면 피하는 것이 좋지만, 이렇게 하지 않으면 구분도색이 어려운 경우도 있다. 이럴 때의 대처법이다.

❶
▲1:100 MG 시난주의 옷깃 부품. 양각 몰드 부분을 금속으로 칠하기 위해서 앞서 바른 검은색 부분을 마스킹한다. 직선 부분은 잘게 자른 마스킹 테이프로도 대응할 수 있지만, 곡선부분은 사전에 맞춰서 자르는 것은 어렵다.

❷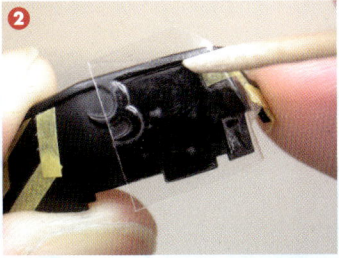
▲그래서, 테이프를 붙이고서 부품 표면을 따라 자르기로 한다. 이 경우에는 자르기 쉽고, 부품 표면도 비쳐 보이는 이유로 셀로판 테이프가 작업에 적합하다. 접착력이 강하기 때문에, 한번 다른 곳에 붙이는 등, 접착력을 떨어트리고서 사용하는 것이 좋다. 이쑤시개로 밀면서, 들어간 부분에 밀착시킨다.

❸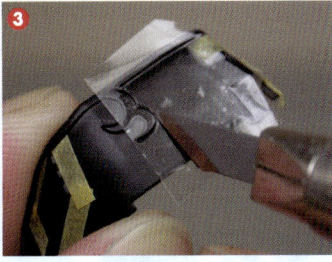
▲이어서 구분도색할 부분의 단차에 맞춰서, 나이프로 칼집을 넣는다. 날이 잘 들지 않으면 테이프가 걸리기 때문에, 나이프의 날은 새것을 사용한다. 곡선 부분은 칼집을 넣는 위치가 비뚤어지지 않도록 신중하게 잘라간다.

CHECK POINT
패널라인 부분의 구분도색

❶
▲패널라인이 경계가 되는 구분도색은, 부품 위에서 마스킹을 잘라도 비뚤어지지 않고, 흔적도 잘 남지 않는다. 이런 이유로, 마스킹을 붙이고 자르는 것을 추천하는 부분이다. 일단은 테이프를 붙이고, 패널라인의 홈에 테이프를 밀착시킨다.

❷
▲나이프 날이 패널라인을 따라가듯이 움직여서, 테이프에 칼집을 넣는다. 홈이 있다고 해서, 대충 자르면 비뚤어지기 때문에, 커브 부분에는 라인에 따라서 날 끝의 방향을 바꾸는 것을 의식해서, 신중하게 자르도록 하자.

❹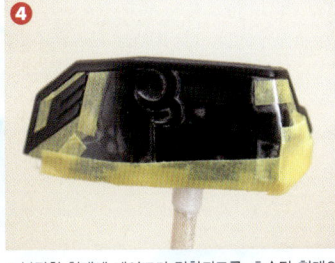
▲복잡한 형태에 테이프가 밀착되도록, 초승달 형태의 장식 부분을 기준으로 좌우로 나눠서 셀로판 테이프를 붙이고서 잘라낸다. 노란 부분은 잘게 자른 마스킹 테이프로 대응한 부분이다. 이것으로 마스킹 완료.

❺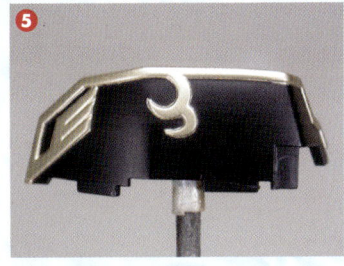
▲금색을 도색한 후 마스킹을 벗겨낸 상태. 중앙의 초승달 형태 등, 거의 부품 상태에 따라서 구분도색이 되어 있다. 양각 몰드의 단차와 아주 비뚤어진 것처럼 보이는 부분도 있지만, 어느 정도는 어쩔 수 없는 부분이다. 신경 쓰이는 부분은 붓 칠로 수정하고, 먹선을 넣어서 눈에 띄지 않게 만든다.

❻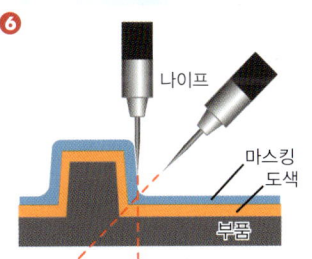
나이프 / 마스킹 / 도색 / 부품
▲몰드를 따라서 잘라낼 때의 주의점. 양각 몰드의 가장자리에 날 끝을 맞추고 수직으로 잘라내면, 칼집을 내기 쉽지만, 마스킹의 두께만큼, 날 끝이 기울어진 것만큼, 의외로 비뚤어지기 쉽다. 부품 형태에 맞추려면 날 끝을 기울여서 자르는 것이 좋다.

CHECK POINT
경계를 파 넣는다

▲구분도색할 부분이 몰드를 따라가는 경우는, 단차를 더욱 깊게 파서 얕은 부조 형태로 만들면 마스킹도 구분도색도 쉬워진다. 구분도색 마친 후에 먹선 넣기로 가장자리를 그려 넣는 것도 가능하기 때문에, 완성도도 높아진다. 단, 손은 많이 간다.

❼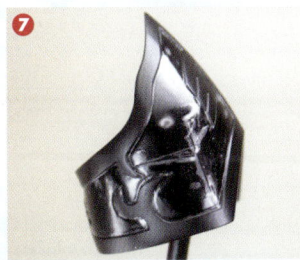
▲마찬가지로 시난주의 소매 부품이다. 마찬가지로 구분도색을 하는 부품이지만, 부품의 형태가 곡면으로, 몰드도 더욱 복잡하다. 이러한 이유로 테이프가 잘 밀착되도록, 작은 범위 별로 나눠서 마스킹을 하고 있다.

❽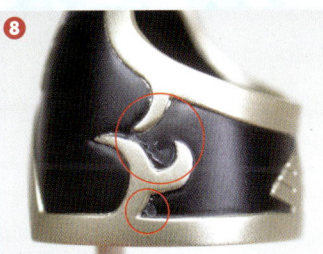
▲도색 후, 마스킹을 벗긴 모습이다. 셀로판 테이프를 마스킹에 사용할 때에 주의점으로, 강력한 접착력을 언급하였지만, 둘러싼 부분은 그 접착력 때문에, 검은색 도색부분도 같이 벗겨지고 말았다. 이렇게 되면 덧칠해서 수정하는 수 밖에 없다.

❾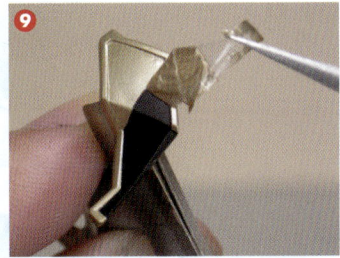
▲셀로판 테이프를 사용할 때의 또 한가지 주의점. 테이프를 벗길 때, 미세한 칼집 흔적도 이렇게 찢어지기도 한다. 이대로 찢어지면 남은 부분을 벗기기 힘들기 때문에, 벗기는 방향을 바꾸는 등, 다른 방법을 생각해보자.

CHAPTER 4 : 에어브러시 테크닉

관절 부분의 구분도색

끼워 넣는 식의 관절 부분의 구분도색은, 전부 조립한 후에 구분도색을 하던가, 끼워진 부품을 먼저 칠하던가, 어느 쪽이던 조금 어려운 부분이다. 각각의 노정이 어떻게 되는지, 도색 예와 함께 살펴보자.

▲관절 부분을 조립하고 나서, 구분도색을 하는 방법을 알아보자. 사진은 무릎관절에서 밑에 있는 정강이 부품까지 조립한 상태이다. 이미 정강이 부품이 도색이 되어있어서, 도료가 무릎관절에도 칠해졌다. 이 부분을 회색으로 구분도색 하는 것이다.

▲먼저 도색이 되어있는 정강이 쪽을 마스킹한다. 관절이 움직이는 개구부가 구분도색의 경계선이 되기 때문에, 여기를 따라서 테이프를 붙인다. 정강이 전체를 마스킹 하고 나면, 관절부품의 도색이다. 도료가 고이지 않도록 조금씩 뿌린다.

▲전 단계의 도색이 마르고 나면, 관절의 각도나 부품의 방향을 바꿔서, 가려져 있는 부분을 다시 도색한다. 이렇게 관절을 움직여도 도색이 되어있지 않은 부분이 없도록 하면 된다. 앞에서 도색한 부분과 색의 차이가 나지 않도록 하자.

▲마스킹을 떼어내고 완성된 상태다. 관절부와 정강이가 겹치는 부분도 깨끗하게 구분도색이 되었다. 이 예는 정강이 쪽을 마스킹 하였으나, 먼저 관절을 도색하고 마스킹을 하는 것도 같은 것이다. 부품 형태에 따라, 마스킹 하기 쉬운 쪽을 고르면 될 것이다.

▲조립하고 나서 관절부의 색을 먼저 칠한 예다. 관절부를 마스킹하고, 허벅지 부품의 도색이 끝낸 상태다. 무릎 관절의 마스킹이 허벅지 안쪽에까지 들어가 있다. 허벅지의 가장자리를 칠하기 위해서 관절의 각도를 바꿀 때 마스킹이 되어있지 않은 것을 막기 위해서다.

▲이번에는 반대로, 조립하기 전의 관절 부품을 도색하는 방법이다. 왼쪽이 어깨 블록의 부품으로 이미 회색으로 도색을 끝낸 상태이다. 이 부품 전체를 마스킹하고서 어깨 아머를 조립한 것이 오른쪽이다. 이 단계에서 접착 자국이나, 접합선 수정을 한다.

▲왼쪽은 어깨 아머를 도색한 상태다. 오른쪽은 건조 후에 어깨 블록의 마스크를 벗긴 상태다. 안쪽까지 깨끗하게 구분도색이 되어있다. 이 방법은 완성도가 높지만, 도색 중간에 접착과 정형이 들어가서 조금 손이 많이 가는 방법이다.

CHECK POINT 도색 누락에 주의!
▲끼워 넣은 관절을 도색할 경우에는, 각도를 세세하게 바꿔서 칠해지지 않는 부분이 없도록 하자. 똑바로 핀 상태와, 끝까지 구부린 상태에서만 도색을 하면, 중간의 각도에서 도색이 누락되는 곳이 생기고, 색의 농도도 차이가 나게 된다.

노즐 부분의 구분도색

노즐은 몰드로 표현되어 있어서, 주위와 일체형으로 되어있는 경우도 있다. 이 부분도 확실하게 마스킹을 해서 구분하고 싶은 부분이다. 지금까지 살펴본 방법 이외의, 조금 편리한 방법을 소개해보자.

▲노즐의 바닥면을 검은색으로 칠하고 싶은 경우, 나중에 따로 칠하기 보다, 먼저 도색하고 나서 마스킹을 하는 것이 간단하다. 이를 위해서는 바닥면에 맞춰서 마스킹을 할 필요가 있지만, 원형의 경우는 펀치로 마스킹 테이프를 둥글게 잘라내서 사용하면 편리하다.

▲펀치는 가죽제품에 구멍을 내기 위한 제품을 사용한다. 이 경우 두드려서 사용하지만, 마스킹 용 테이프를 자를 때는, 커팅 매트에 테이프를 붙인 상태로 돌리면서 잘라내도록 하자. 원이 비뚤어지지 않도록 주의해서, 몇 개 정도를 만들어 깨끗하게 잘라낸 것을 사용하면 된다.

▲원형이 큰 경우에는, 컴퍼스 커터를 사용해서 테이프를 둥글게 자르면 된다. 이 방법은 직경 1cm 이하에는 적합하지 않지만, 지름이 크면 그에 맞출수 있다. 테이프를 부품에 붙이고서 자르는 것보다, 가장자리가 깨끗한 마스킹을 만들 수 있다.

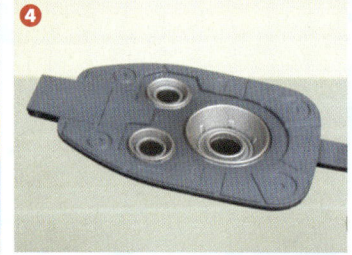
▲이 부품의 구분도색 순서는, 처음에 노즐 바닥면을 도색하고, 바닥면을 마스킹 한다. 그리고 노즐 주위를 마스킹 하고서, 마지막에 노즐 본체의 색을 칠했다. 각 마스킹을 벗겨내면, 이렇게 구분도색이 된다.

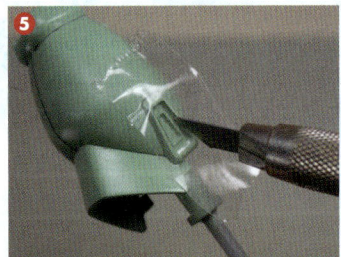
▲다리 옆면에 있는 사각 노즐의 구분도색 예다. 노즐 안쪽을 도색하기 위해서, 노즐의 위에 셀로판 테이프를 붙이고, 안쪽의 형태에 따라 테이프를 잘라내고 있다. 투명하기 때문에 주위가 잘 보여서 쉽게 잘라낼 수 있는 것이, 셀로판 테이프를 사용하는 이유다.

▲그 주위에 마스킹 테이프를 사용해서 마스킹을 한다. 노란색을 도색할 것이기 때문에, 발색이 좋아지도록, 먼저 흰색을 칠한 상태가 사진의 상태다. 사각형으로 들어간 부분을 칠할 때는 한번에 너무 많이 뿌리지 않도록 주의하자. 각 면을 칠하기 쉽도록 에어브러시의 방향을 바꿔가면서 칠한다.

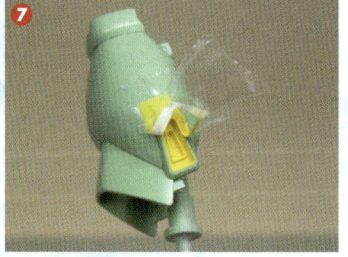
▲노란색을 도색한 후, 마스킹을 벗겨낸다. 노즐의 가장자리 안쪽만 도색이 되었다. 노즐의 가장자리에 좁은 평면 부분이 있어서, 테이프 자체를 밀착시키기 쉽기 때문에, 이 방법을 사용했다. 가장자리가 얇은 경우에는 이 방법은 쓰기 어렵다.

CHECK POINT 검은 테두리 도색을 먼저 끝마친다
▲노즐 바닥면의 도색 예와 마찬가지로, 기체의 각 부분에서 볼 수 있는 음각의 "검은 테두리"부분도, 도색의 시작 단계에서 이렇게 칠해놓으면, 주위를 먼저 칠하고 나중에 구분도색을 하는 것 보다 더욱 쉽게 칠할 수 있다.

CHAPTER 4 : 에어브러시 테크닉

④ 위장 도색
~『0083』MS 3대를, 3가지 스타일의 위장 도색을 하자~

"위장 도색"은 기체를 주위의 경치와 비슷하게 만들거나, 형태를 알기 어렵게 만들어서, 적을 혼란 시키기 위해서 전차나 군용기에 입히는 것이다. 위장 도색의 패턴이나 색상 사용에는 여러 가지 종류가 있다. 건프라에서도 설정의 컬러링 뿐만 아니라, 기체가 사용되는 상황을 생각해서 오리지널 도색을 해보는 것도, 세계관이 넓어져서 재미있다. 여기서는 3기의 MS에 각각 다른 위장도색을 하고, 그 순서를 소개하고자 한다.

삼색위장을 해보자

3색을 구름 형태로 조합하는 패턴은, 위장 도색으로서는 가장 일반적인 것 중의 하나다. 에어브러시를 사용해서 프리 핸드 도색을 해보자. 구름 형태 패턴의 구분도색의 경계의 블랜딩 정도가 중요하다.

▲자기 자신만의 이미지를 굳히기 위해서, 위장의 패턴을 설정 그림에 그려 넣어보자. 사진은 성명서의 일러스트를 확대 복사한 것이다. 키트와 같은 크기로 그리는 것이 도색에 반영하기 쉬울 것이다. 패턴은 약간 얇은 구름 형태로, 블랜딩 폭은 적은 정도가 목표로 하는 이미지다.

▲위장에 사용하는 색의 밸런스도 중요하다. 이번에는 독일 전차 색을 그대로 사용하기로 했다. 「Mr.컬러」의 다크 옐로, 다크 그린, 레드 브라운의 3색이다. 다크 옐로를 기체색으로 하고, 그린, 브라운으로 위장 문양을 그려 넣는다.

▲바탕색으로 각 부품에 진한 회색(무광 블랙+팬텀 그레이)로 도색. 이것은 부품의 사출색의 차이로 발색이 변하는 것을 막기 위해서이다. 그리고 위장의 첫 번째 색, 다크 옐로를 전체에 칠한다. 바탕색을 어둡게 칠했기 때문에, 발색이 잘 되도록 확실하게 도색하자.

▲각 부품을 다크 옐로로 칠하고 나면, 일단 전신을 조립하고, 다음에 칠하는 그린의 범위를 색연필로 그려둔다. 앞에서 뒤로 돌아 들어가는 부분도, 확실하게 연결되도록 그리자. 색연필의 흔적은 도색하면 거의 눈에 띄지 않게 된다.

▲다음은 에어브러시로 블랜딩 도색을 하지만, 부품에 칠하기 전에 분사 폭의 조절이나, 에어브러시의 움직임을 파악하기 위해 연습을 해두자. 이번에는 노즐 구경 0.3mm으로, 더블 액션 에어브러시 (WA플래티넘 더블 액션 타입 / GSI크레오스)을 사용하고 있다.

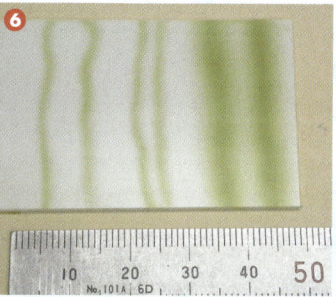
▲각색을 가장자리를 따내듯이 하는 얇은 분사는, 1~1.5mm폭으로 선을 그릴 수 있는 정도로 조절(니들 개도 1/3회전, 도색면과의 거리 1~1.5cm)한다. 넓게 도색을 할 때는 폭 3mm정도(니들 개도 1/2회전, 거리 1.5~2cm)을 기준으로 했다. 블랜딩을 얇게 완성시키기 위해서 세밀하게 조절을 했다.

▲그린 부분의 도색 시작. 먼저 밑그림을 따라서, 가장자리를 따내듯이 칠한다. 익숙하지 않은 경우에는 한붓그리기를 하듯이 칠하지 않더라도, 칠하는 범위의 기준이 되듯이, 이 정도로 칠하는 정도로도 될 것이다. 분사는 부품의 바깥에서 시작해서, 도료 방울이 튀지 않도록 주의하자.

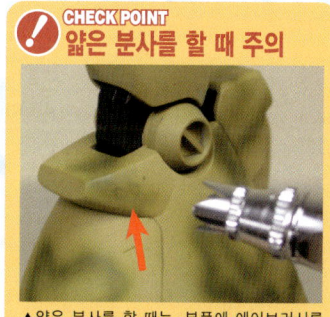
> **CHECK POINT**
> **얇은 분사를 할 때 주의**
>
> ▲얇은 분사를 할 때는, 부품에 에어브러시를 가까이 대서 뿌린다. 이 때 너무 강하게 뿌리면, 도료가 튀거나, 사진과 같은 둥글게 자국이 남기 때문에 주의하자.

▲에어브러시의 얇은 분사가 익숙해지면, 구불구불한 선도 이렇게 자연스럽게 그릴 수 있게 된다. 이렇게 되면, 주위에 주위에 블랜딩 부분이 완성되기 때문에, 이 다음은 안쪽을 채워 넣으면 된다. 띠 형태의 위장 패턴의 경우에는 이렇게 그리는 것을 반복하면 된다.

▲위장색 가장자리를 기준으로, 안쪽을 칠한다. 이 부분은 색이 확실하게 칠해지는 것이 중요하다. 실수로 넓게 칠하거나, 위장 부분이 넓어진 경우에는 나중에 수정도 가능하다. 색 연필로 그린 밑바탕을 알 수 없게 되는 것에도 주목하자.

▲그린의 범위를 칠하면, 이어서 브라운 부분이다. 순서는 그린 도색 때와 마찬가지로, "밑 그림→가장자리 따기→안쪽 칠하기"의 순서로 한다. 참고로 이 기체에 도색하는 배색이나 패턴이라면, 그린과 브라운, 어느 쪽을 먼저 칠해도 상관없을 것이다.

▲브라운까지 3색의 도색이 끝난 상태다. 브라운은 블랜딩을 넓혀서, 그린의 도색보다 상당히 넓어졌다. 이후, 이러한 곳을 수정(트리밍)해서, 맨 처음의 이미지에 가깝게 만들어 보자.

083

CHAPTER 4 : 에어브러시 테크닉

■ 블랜딩 트리밍

12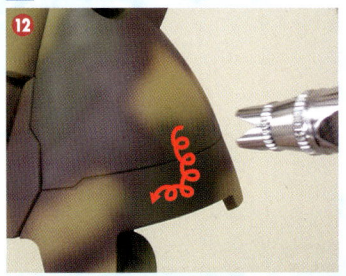
▲가장자리의 블랜딩 정도나 경계를 수정하는 "트리밍". 앞에서 칠한 색의 역순으로 그린, 옐로로 칠한다. 먼저 그린으로 브라운과의 경계를 수정한다. 에어브러시의 끝을 작게 원을 그리듯 움직이면, 확실하게 색이 칠해지면서, 구불구불한 형태로 칠할 수 있다.

13
▲이어서 옐로의 예. 오른쪽은 이미 수정되어 있다. 왼쪽과 비교하면 브라운의 블랜딩이 억제되어 있어서, 수정의 효과를 알 수 있을 것이다. 블랜딩 부분은 맨 마지막에 밝은 색을 위에 겹치는 것이 시각적인 인상이 좋다. 반대로 칠하면 지저분해 보인다.

14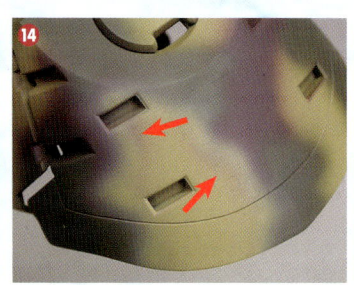
▲트리밍을 할 때 주의 할 점 1. 같은 브라운이 너무 넓은 곳에 옐로로 조절한 모습이지만, 색의 가장자리 부분을 수정한 안쪽의 브라운이 남았다. 이러한 곳도 옐로로 칠해서, 각색의 범위를 균일하게 맞춰주자.

CHECK POINT
니들 조정의 요령
▲앏은 분사용으로 니들 스토퍼를 조정한 후, 가글이나 공기만을 뿜어내는 등의, 니들을 크게 당겨야 할 때는, 니들 캡을 통째로 풀어주면 된다. 이렇게 하면 니들 스토퍼를 만지지 않아도 된다.

15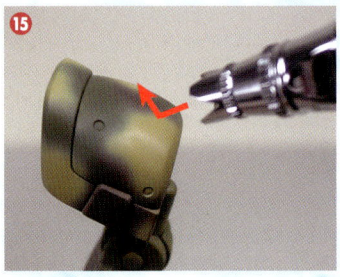
▲트리밍을 할 때 주의 할 점 2. 이것은 옐로 도색 중이지만, 에어브러시를 겨눈 방향이, 색이 밖으로 퍼지기 쉽게 되어있다. 이래서는 다른 색에 옐로가 너무 많이 겹치게 된다. 도색면에 대해서, 수직으로 에어브러시를 대는 것이 기본이다. 블랜딩도 넓어지지 않고, 색도 확실하게 칠해진다.

16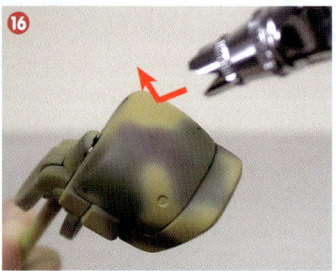
▲이쪽이 정답이다. 도색면을 기울게 잡으면서, 색이 밖으로 넓어지지 않는 방향이 되어 있다. 기본은 수직방향이지만, 도색면에 너무 강하게 뿌리는 것을 피하기 위해서, 이러한 방향으로 뿌리는 방법도 있다. 색이 칠해지는 정도나 블랜딩도 적어지기 때문에, 미세조절을 하는데 효과가 좋다.

17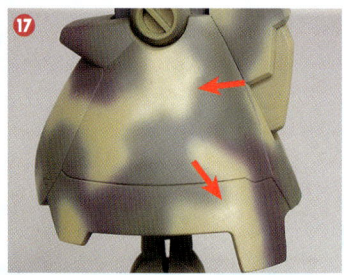
▲트리밍을 할 때 주의 할 점 3. 무광색을 사용한다 하더라도, 얇게 분사해서 몇 번이고 덧칠을 하다 보면, 그 부분만 광이 나는 경우가 있다. 이럴 때는 나중에 클리어 코트를 전체에 뿌려서 광택을 다듬도록 하자.

18
▲전체의 위장 도색이 끝난 모습이다. 여기서는 스케일감이 손상되지 않도록, 블랜딩을 줄이고, 작은 면에도 각 색이 감싸도록 칠했기 때문에, 꽤나 세밀한 작업이 되었다. 1:100등, 더욱 스케일이 큰 키트가 작업하기 쉬울 것이다.

스플린터 위장을 해보자

기체의 표면을 분단하듯이 구분도색한 "스플린터 위장". 색의 차이를 크게 만든 그래피컬한 모양은 모형의 시각적 효과에도 좋다. 2색이라면 간단하지만, 3색이 되면 마스킹을 하는 순서까지 고려한 공정을 잘 생각할 필요가 있다.

1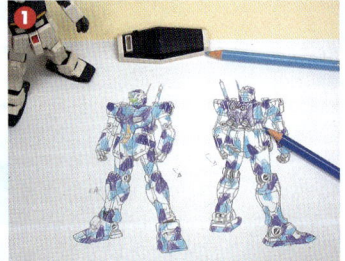
▲위장 패턴의 검토. 기체를 크게 구분도색하는 것이 아닌, 각 부분을 세분하여 분단하는 스타일을 선택했다. 항공기라고 하기보단 시가용 도시형 위장이라는 이미지다. 3색의 파편모양도 일정하지 않게 랜덤으로 정했다.

2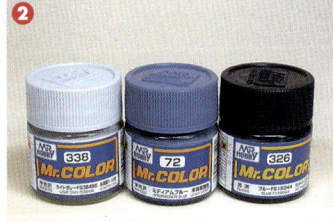
▲위장에 사용하는 3색. 전부 해군기의 색으로 Mr.컬러의 라이트 그레이 FS36495, 미디엄 그레이, 블루 FS15044를 선택했다. 전부 광택을 없애고 사용한다. 일반적으로는 밝은 색부터 칠하지만, 구분도색 패턴이나 마스킹을 고려해서, 진한 색부터 칠한다.

3
▲도색은, 위장에서 가장 진한 색인 블루 FS15044를 먼저 칠한다. 이것은 파편모양의 형태를 개별로 가장자리를 마스킹하는 것 보다, 넓게 칠해서 파편모양을 마스킹하는 쪽이 더 쉽기 때문이다.

CHECK POINT
3색 마스킹의 순서

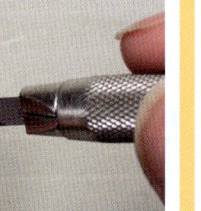

▲3색의 구분도색을 하기 위해서는 마스킹이 2회 필요하지만, 마스킹을 다시 하는 것이 아니라, 덧붙이듯이 마스킹을 하면 효율이 좋다. 첫 번째 색을 도색한 후, 그 색을 남길 범위를 마스킹, 두 번째 색을 칠하고, 그 색을 남길 범위를 마스킹, 세 번째 색을 칠하고서 모든 마스킹을 떼어내면 된다.

4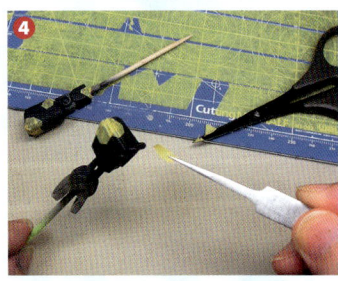
▲마스킹 테이프는 폭이 넓은 것을 준비했다. 테이프를 일단 커팅 매트에 붙이고서, 적당한 사이즈로 잘라내고, 이 색을 남기고 싶은 곳에 붙여나간다. 테이프의 틈새가 생기기 쉬운 곳에는, 액상 마스킹재 인「마스킹 졸」을 발라서 메워두는 것도 효과적이다.

5
▲파편형으로 붙인 마스킹은 물론 가장자리를 밀착시켜야 하지만, 부품 표면의 굴곡으로 뜨지 않도록 주의하자. 패인 곳이나 패널라인 부분은 끝을 얇게 깎은 이쑤시개로, 밀착시키면서 붙이면 된다.

6
▲부품에 마스킹 테이프를 붙이고, 나이프로 자르는 방법은, 경계 부분이 패널라인이나 몰드의 형태와 같다면 유효한 방법이다. 그러나 그 이외에는 잘라낸 흔적이 눈에 띄기 때문에, 완성도를 생각한다면 추천할 수 없다.

CHAPTER 4 : 에어브러시 테크닉

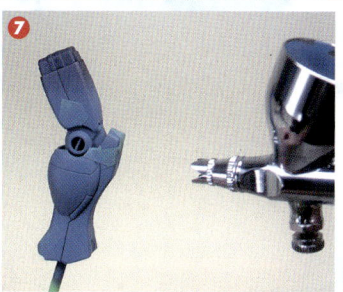
⑦
▲두 번째 색의 위장 도색은 미디엄 그레이. 마스킹 후의 도색은, 한번에 두껍게 칠하는 것을 피하고, 도색 하면 빨리 건조될 정도로 칠하는 것이 좋다. 또한 칠하는 범위가 알기 어려워 지기 때문에, 도색 누락이나 색이 옅은 곳이 없도록 신경 쓰자.

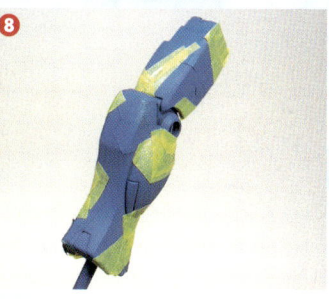
⑧
▲미디엄 그레이가 마르면, 그 색을 남기는 범위를 마스킹한다. 맨 처음에 붙인 마스킹을 떼지 않고 테이프를 덧붙인다. 마스킹이 되면, 세 번째 색인 라이트 그레이를 도색한다. 진한 색에서 차례로 칠하기 때문에, 발색을 시키기 위해서는 어느 정도 덧칠하는 것이 필요하지만, 너무 많이 칠하지 않도록 주의하자.

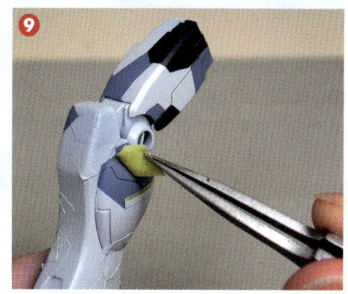
⑨
▲세 번째 도색이 끝난 곳에 마스크를 벗긴다. 마스크가 겹친 부분은 밑의 마스크부터 한번에 벗기려 하지 말고, 위에서부터 순서대로 벗기는 것이 안전하다. 힘을 주어서 떼면, 도료막이 마스킹과 함께 벗겨질 위험도 있기 때문이다.

CHECK POINT 마스킹의 가장자리를 너무 두껍게 칠하면
▲왼쪽은 마스킹의 가장자리의 도료가 고일 정도로 칠한 예다. 가장자리는 색이 진하게 되어있지만, 바로 옆에는 색이 옅게 칠해졌다. 오른쪽은 바로 건조될 정도로 덧칠한 예다. 가장자리 주위도 균일하게 칠해졌다.

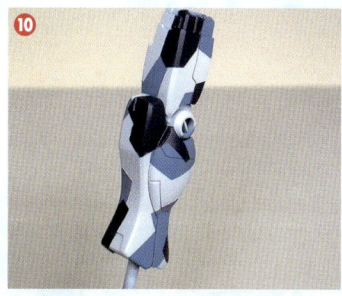
⑩
▲마스킹을 벗겨내면 3색의 위장 모양이 나타난다. 보시는 바와 같이, 처음에 의도한대로의 구분도색이 되었다. 그리고 세세한 부분의 마감을 체크한다. 마스킹의 가장자리에 생긴 단차나, 마스킹이 삐져 나온 곳이 있다면 덧칠해서 수정한다.

⑪
▲마스킹의 가장자리에 생긴 단차는 눈이 고운 샌드 페이퍼(여기서는 1500번)로 사포질을 해서 균일하게 만든다. 물론 너무 많이 깎아내면 색이 지워지기 때문에, 올라와 있는 부분만을 깎아내도록, 부드럽게 문지르듯이 갈아준다.

⑫
▲마스킹이 삐져 나온 곳이 있었기 때문에, 붓 칠로 수정하고 있는 모습이다. 도료는 에어브러시로 칠하는 것 보다 더 진하게 만들고, 리타더를 조금 섞어서 잘 퍼지게 만들면, 붓 자국이 잘 생기지 않는다. 표면의 광택이 다르다면, 클리어 코트를 뿌려서, 눈에 띄지 않도록 해두자.

CHECK POINT 마스킹을 띄워서 블렌딩 하기
▲직선적인 구분도색이면서, 경계가 일정한 블렌딩이 되게 만드는 도색법이다. 테이프의 가장자리를 반으로 접어서 조금 올라오게 만들면, 마스킹이 뜬 곳에 도료가 조금 들어가서, 블렌딩을 한 것처럼 완성된다.

동계위장을 해보자

원래의 기체 색에, 흰색 도료를 덧칠하는 "동계위장". 일시적인 도색이기 때문에, 대충 칠하거나, 벗겨지는 예를 볼 수 있는 것이 특징이다. 이 상태를, 사출색을 살려서 흰색으로 붓 칠해서, 완성시켜보자. 적은 도구라도 칠할 수 있는 것이 장점이다.

①
▲사출색을 살리기 때문에, 기체색은 칠하지 않지만, 부품 표면이 매끈하면 실감이 떨어지고, 도료가 잘 붙지 않기 때문에, 부품 표면을 800번으로 사포질을 해서 무광으로 만들어 둔다. 접합선이나 파팅 라인 수정과 동시에, 조립하면서 처리해두면 좋다.

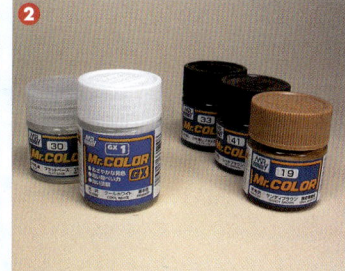
②
▲여기서 사용하는 주요 도료는 「Mr.컬러 GX」클리어 화이트다. 은폐력이 강한 것이 선택의 이유다. 플랫 베이스를 섞어서 무광으로 만들어서 사용한다. 이외에도 웨더링 용도로 블랙, 레드 브라운, 샌디 브라운을 준비했다.

③
▲사출색의 위에 그대로 흰색을 칠하면 실감이 떨어지기 때문에, 먼저 웨더링을 해두자. 블랙 + 레드 브라운을 칠해서 그림자나 패인 곳을 어둡게 만들고, 가장자리에 오염물이 쌓인 것과 같은 상태를 표현한다. 이것이 나중에 악센트가 된다.

④
▲흰색도 순수한 흰색을 칠하면 너무 색이 선명해지기 때문에, 샌디 브라운을 소량 섞어서, 탁한 흰색으로 조색했다. 러너 태그 등에 테스트 해서, 색의 점착이나 농도, 붓 놀림도 확인해 둔다.

⑤
▲그러면 부품에 흰색을 칠해보자. 도료의 농도 조절이나 붓 끝의 도료를 빨리 털 수 있도록, 희석액이나 종이를 가까이에 준비해두면 좋다.

⑥
▲붓 놀림은, 붓 끝을 세로로 세워서, "쓱쓱" 위에서 밑 방향으로 칠해나간다. 이렇게 하면 가는 선을 그리듯이 되어, 터치를 남기면서 색도 잘 붙는다. 일단 이것으로 도료가 붙는 정도를 파악해두자.

⑦
▲어느 정도 익숙해지면, 장소에 따라서는 폭 넓게 칠하도록 될 것이다. 붓 터치가 거칠게 된 부분은, 나중에 조정한다. 전체를 조립한 상태로 칠하기 때문에, 다리 사이 안쪽의 스탠드용 구멍에 손잡이를 넣어서 잡고 있다.

CHAPTER 4 : 에어브러시 테크닉

CHECK POINT
기체색을 보이게 만드는 부분

▲전체적인 분위기를 잡기 위해서, 대충 각 부분을 흰색으로 칠한 상태. 이 단계에서 칠한 곳을 중심으로, 더욱 넓게 덧칠한다. 실드 뒤나 아머가 겹쳐있는 부분 등, 그림자가 되는 부분은 칠하지 않고 놔둔다.

▲흰색을 덧칠한다. 도료의 농도는 앞에보다 조금 더 옅게 해서, 칠하는 범위도 같이 넓힌다. 이것으로 처음에 칠한 터치를 숨기면서, 면의 중앙은 진하게, 주위는 옅게 칠하는 것과 같은 그라데이션적인 느낌도 표현할 수 있다.

▲꽤 많이 흰색으로 된 상태에서, 여기서는 흰색을 벗겨내거나, 블렌딩해서 자연스럽게 만든다. 먼저 모서리 부분의 벗겨짐을 표현. 희석액을 묻힌 붓의 배 부분으로, 모서리 부분을 쓰다듬듯 문질러서 기체색을 보이게 만든다.

▲동계위장 된 차량에서는 부대 넘버나 마크는 가려지지 않도록, 그 부분은 위장을 벗겨내는 경우가 있다. 이 작례에서는 실드 부분에 이러한 표현을 해 보았다. 희석액을 묻힌 면봉으로 흰색을 문질러서 지워낸다.

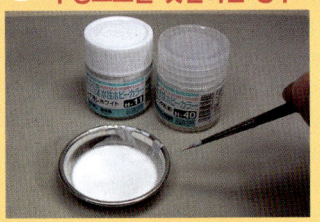

CHECK POINT
수성도료를 덧칠하는 경우

▲더욱 벗겨내는 표현. 「벗겨내는」이라 하더라도 면봉 등으로 문지를 것이 아닌, 희석액을 묻힌 붓으로 밑으로 문지르는 것으로, 오염물과 흰색이 섞여서 흘러내린 듯한 분위기를 표현한다.

▲이것은 붓 끝으로 흰색이나 웨더링을 녹여내면서, 섞어서 자연스럽게 만드는 모습이다. 바탕색(사출색)이 녹아나올 걱정이 없기 때문에, 락카 계열 도료로도 이러한 표현이 가능한 것이다. 희석액을 너무 많이 묻히지 말고 녹여주는 것이 요령이다.

▲더욱 벗겨진 느낌으로 완성시켜 보았다. 단순하게 흰색을 덧칠하는 것만이 아닌, 벗겨진 정도나 먼지나 기름때 등이 섞인 모습까지 포함한 「동계위장」 표현을 하고 있다. 도료를 녹이거나, 섞다 보면 광택이 날 수도 있기 때문에, 마지막에는 무광 클리어를 뿌려서 완성시킨다.

▲이번 예에서는 사출색을 살렸지만, 락카 계열 도료로 기체색을 덧칠하고 그 위에 동계위장을 하는 경우에는, 수성도료를 사용하자. 단 수성도료는 이러한 방법으로 칠하면 쉽게 광택이 나기 때문에, 플랫 베이스를 섞어서 사용하면 좋다.

MS-09F 돔·트로펜
RGM-79C 짐 개
MS-06F-02 자쿠ⅡF2형

『기동전사 건담 0083 STARDUST MEMORY』에 등장한 3기의 MS를, 각각 다른 위장도색으로 완성시킨 작품 들이다. 의미가 있을 법한 도색을 하는 것으로, 각각의 기체가 사용된 장면을 연상시키는 등, 보는 쪽의 상상력을 자극하게 만드는 작품이다. 또한, 일반적인것과 다른 배색이나 모양으로 완성시켜서 새로워 보이는 점도 흥미롭다. 또한 완전 하게 위장색으로만 통일하면 조금 밋밋하기 때문에, 위장 부분과의 비교나 외형의 악센트가 되도록, 부분적 으로 다른 색 부분도 남겨 두었다.

사용키트
● 하이 그레이드 유니버셜 센츄리 MS-09F 돔·트로펜 ●발매원 / 반다이 하비 사업부 ●1575엔 ●플라스틱 키트 ●1:144스케일, 전고 약 13cm
● 하이 그레이드 유니버셜 센츄리 RGM-79C 짐개 ●발매원 / 반다이 하비 사업부 ●1260엔 ●플라스틱 키트 ●1:144스케일, 전고 약 13cm
● 하이 그레이드 유니버셜 센츄리 MS-06F-2 자쿠ⅡF2형 지온군 사양 ●발매원 / 반다이 하비 사업부 ●1260엔 ●플라스틱 키트 ●1:144스케일, 전고 약 13cm

▲3색 구름형 위장, 스플린터 위장, 동계위장으로, 외관을 크게 바꾼 3작품. 원래의 도색 색보다 밀리터리 스타일의 이미지가 한층 더 강해졌다. 위장도색 위에 마킹을 포인트로 줄여서 배치해서, 외관의 악센트로서 만드는 것도 효과적이다.

CHAPTER 4 : 에어브러시 테크닉

MS-09F DOM TROPEN
BANDAI 1:144 scale plastic kit "High Grade Universal Century" modeled by Ken-ichi NOMOTO

▼돔·트로펜의 도색 이미지는 WWⅡ의 독일군 차량의 3색위장이다. 부품의 면적이 넓은 편이기 때문에, 위장 패턴을 보이는 데도 효과적이다. 기체 각 부분에는 도색이 벗겨진 표면도 집어 넣었다.

RGM-79C GM TYPE C
BANDAI 1:144 scale plastic kit "High Grade Universal Century" modeled by Ken-ichi NOMOTO

MS-06F-2 ZAKU Ⅱ F2
BANDAI 1:144 scale plastic kit "High Grade Universal Century" modeled by Ken-ichi NOMOTO

◀도시형 위장 스타일로 된 짐개. 전체는 3색으로 구분도색 했지만, 설정색으로 짙은 감색인 부분을 2색으로, 설정에 빨강과 노랑으로 된 부분은 단색으로 해서, 원래 도색의 이미지도 남도록 연구했다.

▲동계위장이 벗겨진 것을 강조한 자쿠Ⅱ F2. 사출색을 활용하는 것으로, 벗겨진 표현을 쉽게 할 수 있게 됐다. 웨더링도 더해져서 분위기가 있는 작품으로 완성되었다.

CHAPTER 4 : 에어브러시 테크닉

⑤ 광택도색
~"폴리싱"으로 MG시난주를 거울표면처럼 완성한다~

아름답고 부드러운 광택 마감은, 일부 종류의 모빌슈트에는 매우 잘 어울리기 때문에, 꼭 한번 도전해보고 싶은 도색법이다. 물론 유광 도료를 바르는 것이 전제지만, 바탕의 상태나, 도색법에 따라서 광택의 정도가 바뀌기도 하고, 여기에 도료막 표면의 미세한 굴곡을 깎아내서 다듬는 것으로, 거울처럼 광택이 나는 상태로 마감하는 것도 가능하다. 여기서는 광택도색의 기초에서부터, "폴리싱"까지의 순서를 MG시난주를 예로, 자세하게 소개하고자 한다.

도색면에 신경을 쓰다

광택도색은 단순하게 유광 도료로 도색하면 되는 것이 아니다. 반짝 반짝한 광택을 얻기 위해서는 도색면이 부드러워지는 도색 방법을 사용하는 것이 매우 중요하다. 또한, 거기에서 더욱 광택이 나게 하려면 어떻게 해야 좋은가, 그 원리를 소개하도록 하겠다.

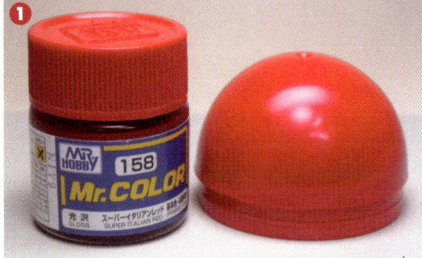
▲모형용 도료에는 광택의 차이로, 「유광」, 「반광」, 「무광」이 있다. 여기서 사용하는 것은 물론 유광이다. 「Mr.컬러」의 슈퍼 이탈리안 레드. 또한 광택도색은, 쉽게 도색면을 균일하게 만들 수 있는 캔스프레이나 에어브러시로 뿌려서 도색하는 것이 기본이다. 여기서는 병에 든 도료를 에어브러시를 사용해서 도색한다.

▲같은 도료로 도색을 한 예다. 광택의 차이를 비교해보자. 빛의 반사(광택)가 들어가 있는 부분에 주목하자. 왼쪽은 빛의 반사가 부옇게 되어있어서, 광택도는 낮다. 오른쪽은 반사가 확실하게 되어, 더욱 깨끗한 광택이 보인다. 도색면의 모습을 잘 보면, 왼쪽은 표면의 굴곡이 크다. 오른쪽 예도 굴곡이 있지만 그 크기가 매우 작다. 같은 도료로 도색을 하더라도, 도색면의 부드러움의 차이로 이렇게 광택의 차이가 나는 것이다.

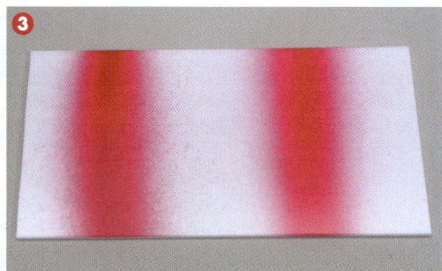
▲이 차이는 에어브러시로 뿌리는 도료의 상태에 의한 것이다. 왼쪽과 같이 입자가 거친 상태의 도료를 뿌리면, 표면에 굴곡이 남는다. 오른쪽과 같이 입자의 상태가 미세한 도료로 도색하는 것이 이상적이다. 「에어브러시 도색의 기본」(P.076)에서 소개한 것과 같이, 덧칠하기의 맨 마지막에 두껍게 뿌려두는 것으로, 이러한 영향이 잘 미치지 않는다.

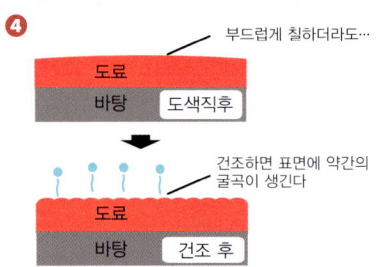
▲입자가 고운 도료로 부드럽게 칠한다 하더라도, 도료가 건조하면 약간의 굴곡이 생긴다(사진②의 오른쪽 예가 그 상태이다). 「리타더」나 「레벨링 희석액」등을 도료에 넣고, 건조시간을 길게 하는 것으로 다소는 막을 수는 있지만, 완전히 막는 것은 불가능하다.

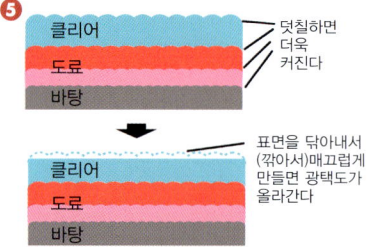
▲건조에 의한 약간의 굴곡도, 바탕 도색, 본도색, 클리어 등, 덧칠하면 더욱 커지게 된다. 거기서 도료면의 굴곡을 고운 눈의 사포로 깎아내고, 흠집을 닦아내서 매끄러운 표면으로 만드는 것이 "폴리싱"다. 최종적인 클리어 표면 만을 닦아내는 것이 아닌, 각 단계에서 부드러워지도록 도색하는 것이 이상적이다.

▲왼쪽의 그림에서 설명한 듯이, 빨간색을 칠한 후에 클리어 도색을 더하고, 표면에 미세한 굴곡이 없어지도록 닦아낸 상태다. 빛나는 부분이 뿌옇게 된 느낌이 아닌, 확실하게 비쳐지는 느낌이 되어있다. 위의 예는 광택도가 다른 것을 알 수 있을 것이다.

부품의 밑 준비

광택도색을 하려면, 도색 전의 정형단계부터 신경을 써야 할 필요가 있다. 그 이유는 광택도색의 경우, 부품에 흠집이나 수축이 있으면 빛나는 정도에 따라서, 그것이 매우 눈에 잘 띄기 때문이다. 또한, 도료막이 두꺼워지는 것을 사전에 생각하고 대처도 해두자.

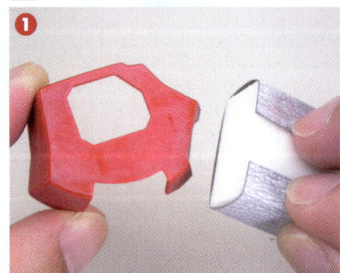
▲부품 표면에 사포질을 해보면, 사포 자국이 없는 곳이 수축되었다는 것을 알 수 있다. 얕은 수축이라면 이렇게 사포질을 해서 평평하게 만들 수 있지만, 확실하게 패인 곳은 퍼티로 메워서 정형을 하자.

▲조금 검게 된 부분이 수축을 메운 곳이다. 알기 쉽도록 「검은 순간 접착제」로 메웠다. 다른 면도 포함해서, 부품 전체에 이러한 수축이나 파팅 라인 없애기, 게이트 자국 없애기를 해서, 800번까지의 사포질을 했다.

▲부품 끝의 파팅 라인도 잊지 말고 처리해두자. 이것은 사포를 둥글게 해서, 곡면인 가장자리를 깎아내는 것이다. 또한 부품의 가장자리의 각진 부분은 아주 살짝 깎아내면, 도료가 잘 고이지 않게 된다. 각진 부분이 튀어나와 있다면, 사포질을 할 때 그 부분만 깎아나가기도 쉽다.

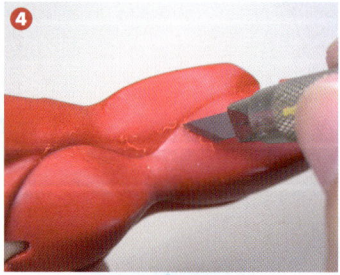
▲도색을 두껍게 칠하면, 얇은 음각 몰드 등은 메워진다. 그것을 막기 위해, 도색 전에 몰드를 깊게 다시 파두면 좋다. 사진은 면과 면의 경계를 나이프로 깊게 파두고 있는 모습이다.

표면처리와 바탕색 도색

부품정형의 다음은, 서페이서를 뿌려서 표면처리를 해주자. 여기에 도색 색인 빨간색의 발색을 좋게 만들기 위한 바탕색 도색도 같이 해주자. 도색 색에 따라서는 바탕 도색을 생략해도 된다.

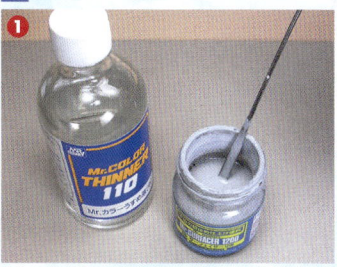
▲서페이서는 병 타입을 사용하고, 에어브러시로 각 부품에 뿌린다. 이것은 서페이서의 단계에서 가능한 표면을 부드럽게 만들고 싶은 것과, 서페이서를 두껍게 뿌리지 않게 하기 위함이다. 사용하고 있는 것은 「Mr.서페이서 1200」이다. 희석액을 더해서, 뿌리기 쉬운 정도로 희석해서 사용한다.

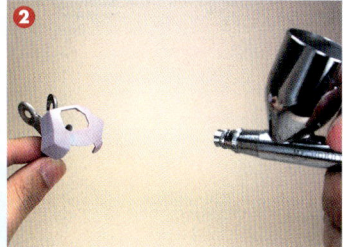
▲수축을 메우는 작업 등으로 플라스틱과는 다른 소재(여기서는 순간 접착제)가 표면에 노출되어 있는 부품에는, 서페이서를 뿌린다. 이것으로 질감이나 도료의 점착력을 균일해진다. 부품 전체에 너무 두껍게 칠해지지 않을 정도로 뿌린다.

▲서페이서를 다 뿌린 부품. 수축이 없고, 부드러운 표면이 되었다. 광택면의 바탕으로 특히 신경을 쓴다면, 이렇게 서페이서를 뿌린 면을 더욱 깎아내는 경우도 있다. 앞에서 설명한 대로 서페이서라도 건조에 의한 미세한 굴곡이 생기기 때문이다. 서페이서 면에 직접, 본도색을 하는 경우에는 특히 유효하다.

⚠ CHECK POINT
바탕색이 발색에 미치는 영향
▲왼쪽에서부터 회색(서페이서), 흰색, 핑크의 바탕색에, 빨간색을 덧칠한 것이다. 회색의 바탕은 빨간색이 칙칙하게 보이고, 흰색 바탕과는 발색이 매우 다른 것을 알 수 있다. 흰색 바탕에서는 약간 색이 옅어 보이기 때문에, 바탕색은 핑크를 골랐다.

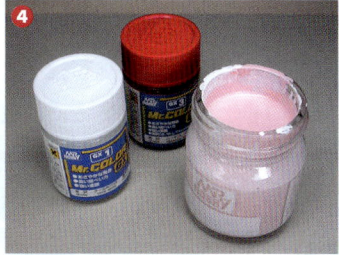
▲바탕색 도색에 사용하는 핑크색의 조색이다. 서페이서의 색인 회색 위에 뿌리는 것이기 때문에, 은폐력이 높은(밑의 색이 잘 비쳐지지 않는)도료인 「Mr.컬러GX」의 쿨 화이트와 하만 레드를 섞었다. 빨간 부분 전체의 바탕색이기 때문에 많이 준비해두었다.

▲왼쪽은 서페이서를 뿌려서 회색이 된 부품. 오른쪽은 핑크를 덧칠한 것이다. 서페이서의 회색이 확실하게 가려져 있다. 표면을 비교해보면, 도료막이 조금 두껍게 되어있는 모습이나, 광택이 변해있는 것을 알 수 있다.

▲퍼티로 메우는 작업을 하지 않은 부품은, 서페이서를 뿌리지 않고 직접, 바탕색인 핑크를 도색하고 있다. 이것은 사출색이 빨간색인 부품이지만, 한번 핑크색으로 도색하는 것으로, 빛도 투과되지 않고, 발색도 좋아지며, 서페이서를 뿌린 부분과 발색도 균일하게 된다.

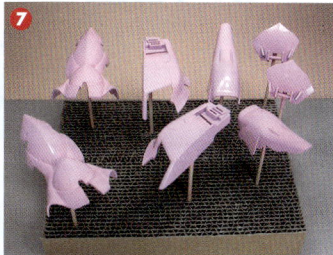
▲이렇게 핑크색으로 바탕색 도색을, 빨간색을 덧칠하는 모든 부품에 전부 해준다. 여기까지의 작업에서 먼지나 오물이 붙지 않도록 주의해야 한다. 또한 건조할 때까지 보관해둘 공간도 확보해두자.

본도색

간신히 바탕 도색이 끝나고, 드디어 빨간색의 도색이다. 순서는 에어브러시 도색의 기본과 똑같다. 먼저 부품 전체에 농담의 차이가 없도록 착색을 한다. 그리고, 맨 처음에 설명한 도색면의 상태에 신경을 써 가면서, 칠해 간다.

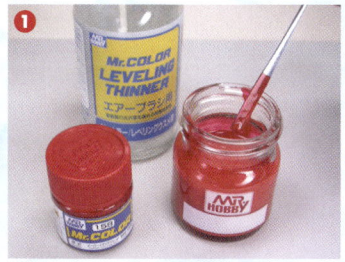
▲본도색에 사용하는 도료의 농도를 조절한다. 일반적으로 사용하는 희석액 이외에, 도색면을 더욱 매끄럽게 만드는 효과가 있는 「레벨링 희석액」을 사용한다. 이것을 2할정도 더한 것을 기본으로 하고, 실제로 뿌려보면서 농도 조절을 했다.

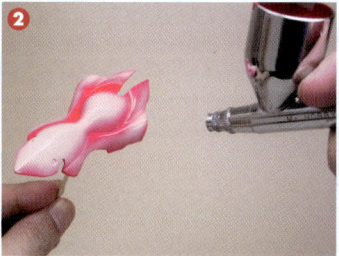
▲입자가 가는 상태로 뿌릴 수 있도록 조절이 되면, 부품에 뿌린다. 처음에는 부품의 들어간 부분이나 가장자리를 따라서, 덧그리듯이 색을 입혀간다. 갑자기 진하게 칠할 필요는 없다. 부품의 뒷면도 잊지 말고 칠한다.

▲부품의 방향을 바꿔가면서 서서히 넓은 면 부분도 색으로 메워간다. 바탕색 도색으로 도료의 점착성이 좋아졌기 때문에, 한번 건조하는 것 보다, 연속적으로 계속 뿌리는 것이, 도색면이 거칠어지지 않는다. 단 너무 두껍게 덧칠하면 흘러내리거나, 부분적으로 고이기 때문에 주의하자.

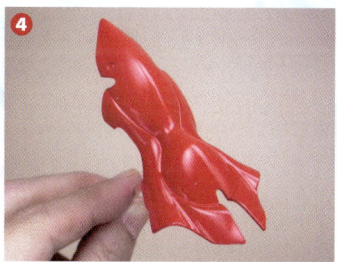
▲전체에 색이 칠해진 상태. 색 얼룩이나 도색 누락이 있는지 확인하고, 마지막으로는 도색면이 젖은 것과 같은 상태로 뿌려서 도색을 끝낸다. 그렇다 하더라도, 이 부분에서 어느 정도를 뿌려야 하는지가 익숙하지 않으면 어려운 부분이다. 다소 알갱이가 남더라도 나중에 닦아내면 되기 때문에, 너무 많이 뿌려서 흘러내리는 것을 피하는 편이 좋을지도 모르겠다.

▲도색을 할 때 주의점. 여기서는 모서리 부분의 색이 옅게 칠해져 있다. 처음부터 도료를 두껍게 뿌리면, 도료가 면 중앙에 고이게 되어, 가장자리에 도료막이 얇아지기 마련이다. 가장자리부터 뿌리는 것은 이러한 일을 방지하기 위함이다.

▲네모진 다면체 부품의 예. 도색면이 젖은 상태로 도색을 끝내면, 부품의 형태에 따라서는 도료가 고이는 부분이 생기는 일도 있다. 이것은 어느 정도는 어쩔 수 없는 것이기 때문에, 건조 후에 "폴리싱"으로 매끄럽게 만들어서 회복시키자.

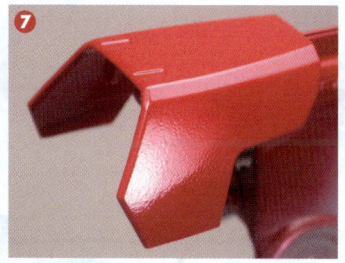
▲도색면에 굴곡이 심한 상태가 된 예. 도료의 입자가 거친 경우에 이렇게 되기 마련이란 것은 이미 설명한 대로다. 일단 이렇게 되다 하더라도, 역시 도료막을 닦아내는 것으로 깨끗하게 마감을 할 수도 있다. 그 방법은 다음페이지에서 설명한다.

⚠ CHECK POINT
건조 부스
▲건조 중에 먼지를 막거나, 두껍게 칠한 경우에는 건조시간의 단축에는, "건조 부스"를 사용하면 편리하다. 사진은 GSI크레오스의 「Mr.드라이 부스」다. 안의 공기를 서서히 덥히는 것으로, 이것은 식기건조기로도 대용할 수 있다.

089

CHAPTER 4 : 에어브러시 테크닉

■ 거친 표면의 수정

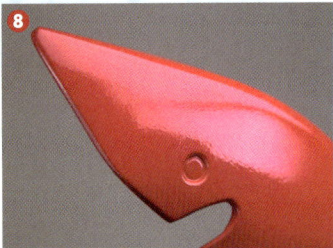
❽
▲광택도색한 부품 표면의 근접사진. 도색직후는 부드러웠던 표면도, 건조 후에는 미세한 굴곡굴 생긴 것을 확인할 수 있다. 여기서 더욱 광택도를 높여보자.

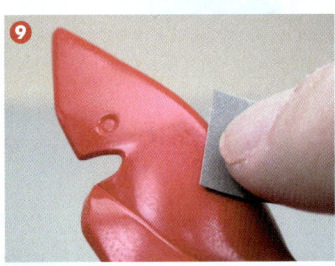
❾
▲이러한 표면을 매끄럽게 만들기 위해서는, 고운 눈의 사포로 사포질을 한다. 사용하는 것은 1500~2000번 정도. 너무 많이 깎아서 바탕색이 드러나는 것은 피하고 싶기 때문에, 전체를 얇게 깎아내는 정도로만 해두는 것이 무난하다. 그래도 효과는 확실하다.

❿
▲사포질을 한 후에, 다시 빨간색을 도색한 모습이다. 이 도색은 색을 착색시키기 위함이라기보다, 앞에서 사포질을 해서 흠집을 없앤 표면을 다듬기 위해서 하는 것이다. 이 사포질은 도색과 도색 사이에 하는 것으로, "중간 연마"라고도 불린다.

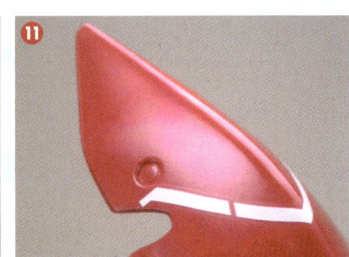
⓫
▲건조 후 표면의 근접사진. "중간 연마"를 하는 것으로 도색면이 한층 더 평활 해지고, 거기에 도색을 더하는 것으로, 표면을 닦아내지 않아도 이정도 까지 매끄럽게 마감되었다. 사진에서는 이미 데칼도 붙여 놓았지만, 클리어를 뿌리지 않은 광택마감으로서, 이 상태로 끝내는 것도 좋을 것이다.

■ 클리어 코트

착색후의 표면을 매끄럽게 하는 경우에는, 클리어 도색을 하고, 클리어 층을 연마한다. 클리어 층이 생기는 것으로 광택에 깊이가 나고, 도색면의 보호 역할도 한다. 먼저 클리어 코트 작업을 해보자.

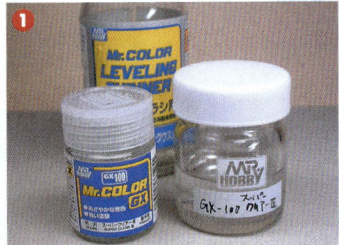
❶
▲클리어 층을 만들어서 닦아내기 위해서는, 도료막이 튼튼한 락커 계열의 클리어 도료를 사용하는 것이 좋다. 여기서는 「Mr.컬러 GX」의 슈퍼 클리어 Ⅲ를 사용한다. 이것도 「레벨링 희석액」으로 농도 조절을 한다.

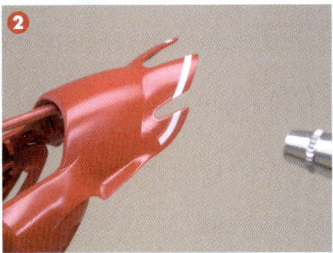
❷
▲클리어 뿌리기. 이미 데칼도 붙여놓아서, 데칼의 보호와 여백을 눈에 띄지 않게 만드는 효과도 겸하고 있다. 또한, 데칼 위에 락커 계열로 칠하면 용제분이 데칼에 침투할 위험이 있다. 그래서, 처음에는 바로 건조할 정도의 약간 입자가 거친 도료를 뿌려둔다.

❸
▲한번 거칠게 뿌리고 나면, 이어서 전체를 클리어로 뿌려준다. 뿌리기만하고 끝낸다면, 이때도 도색이 완료될 때, 젖은 상태로 해두는 것이 이상적이다. 연마를 할 생각이면 어느 정도 두께가 필요하기 때문에, 다소 표면이 거칠게 되더라도, 몇 번이고 겹쳐서 뿌려준다.

❹
▲큰 부품이나 평면적인 부품은, 클리어 도료를 캔 스프레이도 뿌려도 될 것이다. 클리어 층의 두께를 주고 싶은 경우, 캔 스프레이 쪽이 간편하게 뿌릴 수 있어서 편리하다. 물론 흘러내리는 것에도 주의가 필요하다. 일반적인 광택도색으로는, 이 정도로도 충분한 완성도를 보여준다.

■ 폴리싱(연마)

도료막의 미세한 굴곡을 사포질을 해서 없애고, 사포질로 생긴 흠집을 없애기 위해서, 연마제(컴파운드)로 닦아준다. 지금까지의 과정에서 만든 클리어 층으로 매끄러운 표면이 완성되었다면, 조금만 연마하거나 닦아내면 되지만, 그렇지 않은 경우에는 정성을 들여서 연마를 해야 한다.

❶
▲도료막을 연마하는 사포는 곡면에 잘 밀착할 수 있는 것이 좋다. 왼쪽 타미야의 「피니싱 페이퍼」는 대지가 부드럽기 때문에, 이러한 작업에 적합하다. 1000~2000번을 사용하고, 그 이상으로 부드러운 것은 천 상태의 「Mr.라프로스」(GSI크레오스 / 420엔)을 사용한다.

❷
▲클리어 층의 표면을 닦는 데는, 사포를 물에 적셔 사용하는 "물 사포질"을 한다. 이것은 찌꺼기가 사포 눈에 끼거나, 쓸데없는 상처를 줄여준다. 여기서는 1500~2000번으로 사포질을 하였지만, 굴곡이 큰 경우에는 1000~2000번도 사용한다.

❸
▲굴곡을 연마할 때는 면에 맞춰서 사포를 둥그렇게 말아서 사용한다. 딱딱한 나무를 사용하면 부분적으로 너무 많이 깎이기 마련이기 때문에, 사포의 탄력을 사용해서 표면에 밀착시키면서, 닦아주자. 왼쪽의 사진에서는, 탄력이 있는 지우개를 버팀판으로 사용하고 있다.

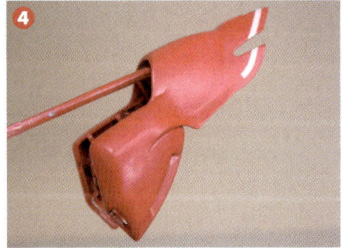
❹
▲표면의 "연마"가 끝난 상태다. 미세한 흠집이 전면에 남아서, 무광 상태가 되어있다. 여기까지는 "중간 연마"의 예와 마찬가지이지만, 이 상처를 컴파운드로 닦아내서 없애는 것이 "폴리싱"이다.

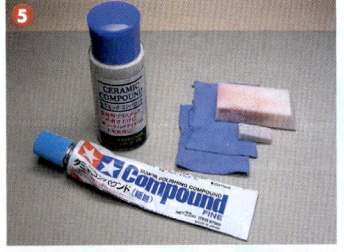
❺
▲닦아내기 위한 용품. 주로 사용하는 연마제는 「타미야 컴파운드」(세목)로, 마감용으로 하세가와의 「세라믹 컴파운드」다. 컴파운드에도 가늘고 거친 것이 있다. 닦아내는데 사용하는 천은, 하세가와의 「슈퍼 폴리싱 크로스」를 잘게 자른 것이다. 지우개를 버팀판으로 사용한다.

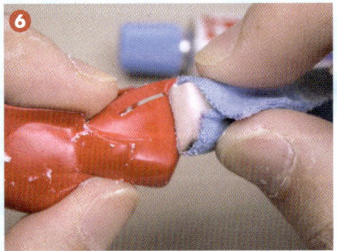
❻
▲크로스에 컴파운드를 묻히고, 도색면을 가볍게 쓰다듬듯 움직여 닦아나간다. 부품의 모서리나 튀어나온 면은 닦기 쉽고, 들어간 부분은 닦기 어렵다. 완성하고 나서 광택의 차이가 나지 않도록 주의해서 닦아내자. 닦아내는 것은 깎아내는 것과 같기 때문에, 너무 많이 닦으면 바탕이 드러난다.

❼
▲컴파운드로 닦아서, 사포질 자국이 없어진 것으로 광택이 부활했다. 이렇게 다른 부분도 진행한다. 굴곡이 있는 부분은 버팀판을 작게 하거나, 면봉을 사용하면 좋다. 흠집이 사라지면 그 이상은 닦지 않아도 되기 때문에, 표면의 상태를 확인하면서 진행하자.

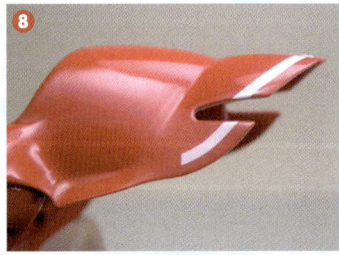
❽
▲같은 부품의 윗면. 흰색 라인은 데칼이지만, 위에 덧칠한 클리어 층을 닦아내서 표면이 부드러워진 것으로, 데칼의 여백이나 도색면과의 단차는 전혀 눈에 띄지 않게 완성되었다. 이것도 "폴리싱"의 커다란 효과다.

CHAPTER 4 : 에어브러시 테크닉

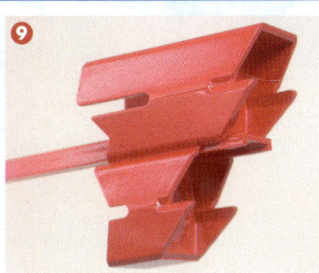

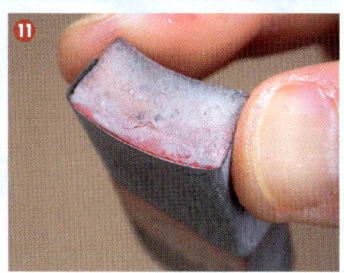
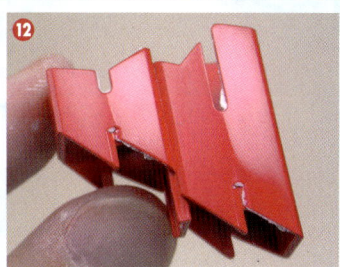

▲이쪽은 사각형 부품의 예다. 굴곡이 많은 형태는. 덧칠하는 단계에서 이렇게 표면에 굴곡이 생기기 마련이다. 이것은 본도색, 클리어 코트에서도 마찬가지다. 이렇게 된다 하더라도 정성을 들여 연마하고 닦아내는 것으로, 표면을 매끄럽게 만들 수 있다.

▲표면을 연마해서 굴곡을 없앤 상태. 평평한 면을 연마할 때는, 특히 모서리 부분을 너무 많이 깎아내지 않도록 움직임에 주의하자. 또한 도료막에 누르듯이 힘을 주지 않도록 하는 것이 중요하다. 강하게 눌러서 연마하면 깊은 흠집이 생겨서, 닦아내는 것 만으로는 잘 없어지지 않는다.

▲평면의 연마에서, 모서리를 많이 깎아내지 않도록 하는 방법 중 하나다. 버팀판의 지우개를 좌우로 잡아서, 사포면을 완만한 곡면으로 만든다. 이렇게 하면 모서리 부근에 사포가 잘 닿지 않게 된다. 「사포질의 기초」(P.040~)도 참조하도록 하자.

▲표면을 연마한 후에는 컴파운드로 흠집을 제거한다. 이때 주의점도 연마할 때와 마찬가지다. 모서리를 너무 많이 닦아내지 않는 것이다. 사진은 닦아내는 중간이지만, 사포질 자국이 없어진 것을 알 수 있을 것이다. 사진⑨과 같은 상태에서도 이렇게 닦아낼 수 있는 것이다.

실패 대처법

"폴리싱"을 할 때는, 도색단계에서 연마나 닦아내는 것까지, 다소의 실패는 피할 수 없는 것이라고 해도 좋을 정도다. 실패한 경우의 대처도 익혀두면, 도중에 포기하지 않고 끝까지 작품을 완성시킬 수 있을 것이다.

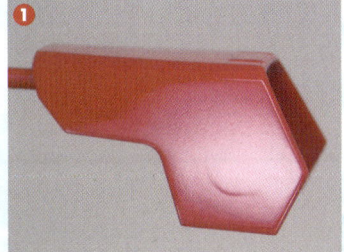
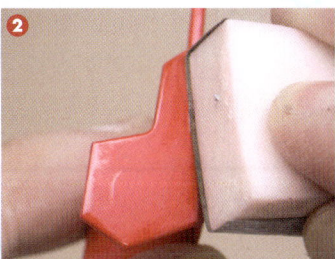

▲도료를 너무 많이 뿌려서 표면에 흘러내린 상태. 도료막을 부드럽게 만들려고 두껍게 뿌리면 이런 실패가 생기기 마련이다. 여기서는 면의 중앙이지만, 가장자리에 고이는 경우도 있다. 이렇게 되면, 일단 확실하게 건조할 때까지 기다려야 한다. 도료가 흘러내려서 도료막이 두꺼워진 부분은 주위보다 더 시간이 걸린다.

▲충분하게 건조되었다면, 도료가 흘러내린 부분을 중심으로 사포질을 해서 주변과 같게 만들어준다. 방법으로는 "중간 연마"와 마찬가지다. 이 사진에서는 흘러내린 부분에 생긴 도료막의 단차가 아직 조금 남아있다. 이것이 없어지도록 더욱 연마한다.

▲도색면을 사포질해서, 흘러내린 부분을 균일하게 만들 수 있다. 여기까지 되었다면, 이후는 다시 도색이나 클리어를 뿌려주면 된다. "중간 연마"나 "폴리싱"의 단계에서 처리가 가능하면, 그렇게까지 일이 늘어나는 것은 아니다.

▲튀어나온 부분이나 모서리는 더 많이 깎인다고 몇 번이고 지적했으나, 이것은 너무 많이 닦아서 바탕색이 드러난 예다. 아주 조금이라면 붓으로 칠해서 수정하거나, 에어브러시로 부분 도색을 하면 된다. 이런 일이 발생하지 않도록, 모서리나 가장자리에만 테이프로 마스킹을 하고 닦아내는 방법도 있다.

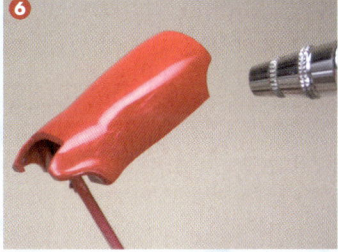

▲너무 많이 닦아내서 도색 색의 색상이 옅어진 예다. 이렇게 되면 다시 덧칠을 할 수 밖에 없다. 컴파운드로 갈아낸 상태에서는 유분이 남아있기 때문에, 덧칠하는 도료를 튀겨낼 수 있기 때문에, 부품을 중성세제를 써서 물로 씻은 다음에 대처하자.

▲색이 옅어진 부분만, 다시 빨간색을 덧칠한다. 도료의 입자가 고운 상태에서 덧칠해서, 주위와의 경계선을 흐릿하게 만들어서 보수한 부분이 눈에 띄지 않게 만든다. 색의 차이와 광택의 차이가 눈에 띄지 않게 만드는 요령이다. 다시 "폴리싱"을 한다면, 이 후 다시 한번 클리어 도색을 돌아가자.

▲보수는 부분적으로 하는 것보다 한번에 어느 정도 넓이의 면적을 다시 칠하는 쪽이 보수 자국이 눈에 띄지 않기도 한다. 그런 이유로, 바탕색의 핑크를 넓게 뿌린 예다. 재 도색은, 실패 부분의 상태, 부품의 형태, 들여야 할 노력과 효과를 생각하고 판단해야 할 것이다.

! CHECK POINT
너무 많이 닦아내지 않도록 하기 위해서는

▲너무 많이 닦아내는 것을 막기 위해서는, 사포나 크로스, 나오는 찌꺼기를 확인하면 된다. 클리어 층이 깎인다면 흰색, 도색 색까지 깎인다면, 그 색이 붙기 때문에 판단 가능하다.

조립하기 전에

다 닦아낸 것으로 "폴리싱"작업은 끝이지만, 이렇게 완성한 부품은 취급에도 주의를 기울여야 한다. 물론 조립을 해야지 의미가 있는 것이기 때문에, 이러한 점을 등한시 하지 않도록 하자.

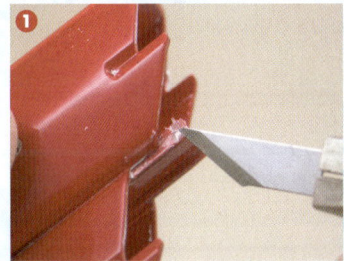

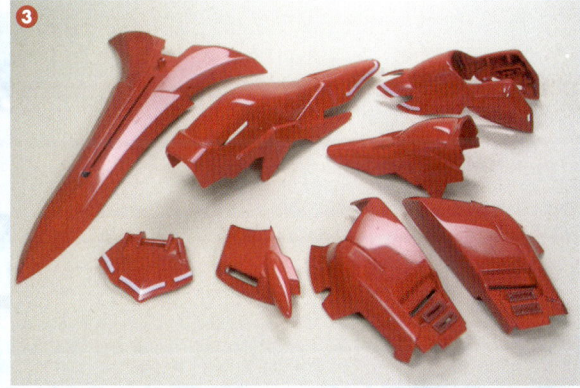

▲도색 색이나 클리어가 겹치는 것으로, 도료막은 꽤나 두꺼워져 있다. 부품이 겹치는 핀 부분등은 그대로는 결합이 빡빡하기 때문에, 도료막을 일부 깎아내고서 조립하자. 주위에 흠집을 내지 않도록 나이프 등으로 신중하게 깎아나간다.

▲컴파운드로 닦아낸 후에는, 유분이나 컴파운드 찌꺼기를 제거하기 위해서 부품을 물로 씻어주자. 주방용 중성세제를 조금 묻혀서 세척한다. 이 때, 물에 담그고서 그대로 방치하지 말아야 한다. 도료막 내부의 용제분에서 미세한 기포가 표면으로 나오는 일이 있기 때문이다.

▶부품의 정점을 시작으로, 바탕색 도색과 덧칠 과정을 거쳐 폴리싱으로 완성되었다. 이렇게 하기까지만 해도 굉장한 조심성이 필요하지만, 다 이루어놓은 후에도 긴 시간 광택감을 잃지 않도록 조심스럽게 다루자. 손이 스쳐서 도색 색이 여기저기 흠집을 내지 않도록 도색할 때와 같은 조심성을 거의 대부분 가지도록 하자.

CHAPTER 4 : 에어브러시 테크닉

MSN-06S SINANJU

BANDAI 1:100 scale plastic kit "Master Grade"
modeled by Ken-ichi NOMOTO

MSN-06S 시난주

장식적인 의장이 많은 디자인에 맞춰서, 도색도 궁극의 광택마감이라고 할 수 있는 "폴리싱" 작업을 해서 닦아낸 시난주다. 각 면에서 빛이 비쳐지는 정도로, 그 광택감을 느낄 수 있을 것이다. "폴리싱"은 손이 많이 가는 작업이니, 이렇게 기체 전체를 닦아 내는 작업은 그리 추천하지 않지만, 이 MG 시난주에서는 이 자체를 하나의 도전으로 작업했다. "중간 연마"를 집어넣는 것으로, 닦아내지 않아도 상당한 광택이 나기 때문에, 그 단계에서 작업을 끝내는 것도 좋을 것이다. "폴리싱"은 빨간색 이외에도, 등 부분의 흰색부분에도 작업을 했다. 이외의 검은색이나 회색 부분은 반광으로 만드는 것으로, 광택부분을 더욱 두드러지게 해서, 대조적으로 완성시켰다.

- 사용키트
- ●마스터 그레이드 MSN-06S 시난주 [Ver.Ka] ●발매원 / 반다이 하비 사업부 ●7350엔 ●플라스틱 키트 ●1:100 스케일, 전고 약 22cm

▲ 광택감을 두드러지게 하기 위해서, 본체 마킹을 거의 하지 않고, 라인에만 데칼을 사용했다. 어깨 아머, 위팔, 소매 부분 부품은 접합선을 없애기 위해서, 후조립 가공을 하고 도색했다.

▶ 「세세한 부분의 구분도색」이나 「데칼 붙이기의 기초」장에서도 예를 든 금 몰드 부분. 이 작품에서는 반광 검정을 도색 후, 마스킹을 하고 금색을 구분도색 하는 방법을 채택했다.

◀ 다리 부분의 옆면의 부스터만 "폴리싱"을 하지 않고, '중간 연마'뒤에 클리어를 덧칠만 해서 마감했다. 이것만 제대로 작업하더라도 상당한 광택이 난다.

CHAPTER 4 : 에어브러시 테크닉

6 펄 도색
~빛의 반사로 표정이 바뀌는 광택도장~

펄 도색은 그 이름대로, 진주와 같은 복잡한 광택을 발하는 아름다운 외관이 매력적이다. 여기서 사용하는 "펄 안료"는 반투명의 박막층으로 되어있어서, 빛을 반사하는 것뿐만 아니라, 투과, 굴절시킨다. 이 때문에 다중반사를 일으켜서, 특정한 색의 빛을 반사 (혹은 투과)시키기 때문에, 독특한 광택을 발하는 것이다. 또한 펄 도색은 광택을 더하는 것뿐만 아니라, 반사하는 색으로 발색시키거나, 색감을 더해서 사용하는 방법도 있다. 그 이용법을 소개하고자 한다.

펄 도색에 관해서

펄 도색을 할 때는, 펄 안료를 섞은 도료, 혹은 분말의 펄 안료를 클리어 도료에 섞어서 사용한다. 입자의 크기, 색상의 차이로 수많은 제품이 판매되고 있다.

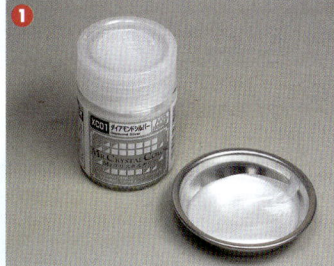
▲ 병 타입의 펄 도료 「Mr.크리스털 컬러」의 XC01 다이아몬드 실버 (GSI크레오스 / 294엔)다. 취급방법은 일반 락커계 도료와 마찬가지로, 「Mr. 컬러」의 희석액으로 농도를 조절한다. 보기에는 입자가 고운 흰색에 가까운 은색 같다.

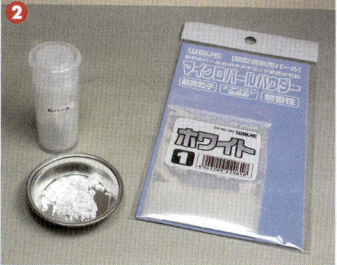
▲ 분말 타입의 펄 도료의 예. 왼쪽은 「AG펄 슈퍼화이트」 (이리사와 / 924엔). 오른쪽은 「마이크로 펄 파우더」 (웨이브 / 630엔). 양쪽 다 극세입자의 분말이다. 이것을 클리어도료에 섞어서 사용할 수 있다. 이 상태에서는 빛이 나지 않는다.

▲ 분말 타입의 안료는 락커 계, 에나멜 계, 수성, 모든 타입의 클리어 도료에 섞어서 사용한다. 클리어 도료에 대해서 안료가 많은 쪽이 효과가 잘나오지만, 그 비율은 자신이 생각하는 완성도에 따라 달라진다. 배합을 정량화해서, 조절의 기준을 세우기 쉽게 만드는 것도 좋을 것이다.

CHECK POINT
펄 광택의 원리

| 클리어 |
| 클리어 + 펄 도료 |
| 바탕색 |

▲ 펄 안료는 반투명으로 금속의 피막으로 덮어 있다. 여기서, 복층적인 빛의 반사가 일어나고, 또한 투과한 빛도 바탕색에서 반사하는 등의, 다중으로 반사가 되는 것이 원인으로, 복잡한 광택을 내게 된다.

펄 도료의 도색 방법

펄 도색은 입자를 균일하게 칠해야 하기 때문에, 에어브러시로 칠하는 것을 전제로 한다. 또한 부품에 도료를 뿌려서 끝나는 것이 아니다. 펄의 광택을 이끌어내는 기본적인 도색 방법과, 그 완성도를 소개하고자 한다.

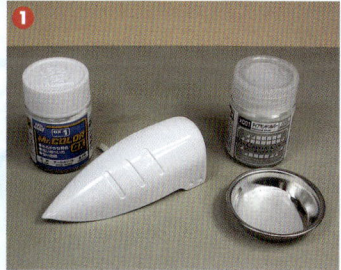
▲ 펄 도색의 기본적인 사용 법은, 바탕의 도색 색과 같은 계통의 광택(의 색)이 되는 펄 도료를 덧칠하는 것이다. 여기서는 흰색의 부품에 은색의 펄 도료를 칠한다. 왼쪽은 흰색으로 도색 된 부품이다.

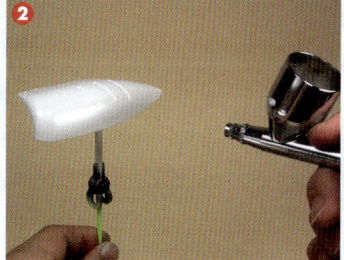
▲ 에어브러시를 사용해서 펄 도료를 뿌린다. 에어브러시의 구경은 일반적인 지름 0.3mm으로도 뿌릴 수 있지만, 더욱 구경이 넓은 쪽이 뿌리기 쉬울 것이다. 여기서는 지름 0.5mm를 사용하고 있다. 도색면에 강하게 뿌리면 입자가 흘러내리기 때문에, 조금 거리를 두고 도료가 부드럽게 부품에 올라가듯이 뿌려준다.

▲ 흰색 위에 펄 도료를 칠한 모습. 은색조의 광택이 나고 있지만, 표면에 광택이 없고, 입자 알갱이가 남아있는 느낌이다. 이 상태로는 펄 효과는 반감한다. 이 위에 클리어 층을 만들어서, 표면을 매끈하게 만드는 것으로, 원래의 광택이 나게 된다.

CHECK POINT
클리어를 뿌린다

▲ 펄 안료의 농도가 진하면 도색면에 광택이 잘 나지 않는다. 표면이 부드럽지 않으면 빛이 분산되어, 펄의 광택이 깨끗하게 보이지 않기 때문이다. 그래서 클리어 코트를 해서 표면을 광택 마감한다.

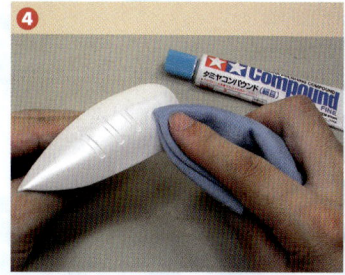
▲ 클리어 코트를 하고나면, 컴파운드로 표면을 닦아주면 더욱 효과적이다. 이것은 광택도색에서도 소개했듯이, 표면의 미세한 굴곡을 균일하게 만드는 것으로, 광택도를 더욱 높이는 작업이다. 이것으로 매끄러운 클리어 층이 완성되었다.

▲ 클리어 층이 생긴 것으로, 표면이 빛나는 것과는 별도로, 펄 층의 광택이 잘 보이게 된다. 강하게 빛나는 곳과, 각도에 따라 광택이 보이지 않는 면의 차이가 커져서, 더욱 깊이가 깊어진다. 또한 펄 도색은 다층적인 반사 효과로, 투명감을 자아내는 것도 가능하다.

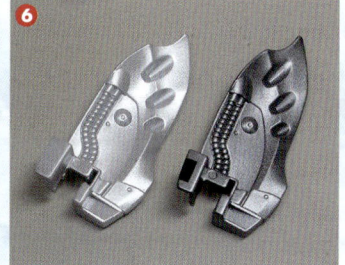
▲ 펄 도료는 은폐력이 낮고(빛을 투과시키기 때문에) 바탕색의 영향을 받기 쉽다. 왼쪽은 회색, 오른쪽은 검은색의 바탕색에 다이아몬드 실버를 도색 한 것이다. 왼쪽은 은색조, 오른쪽은 메탈릭 그레이와 같은 색상이 되었다. 이것을 금속표현에 사용하는 방법도 있다.

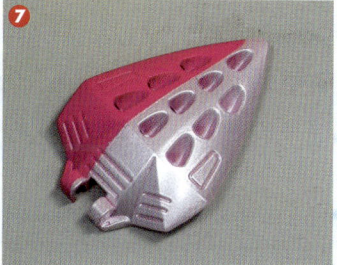
▲ 핑크의 부품에 다이아몬드 실버를 도색한 것이다. 이렇게 유채색에 칠하는 것으로 색이 들어간 펄 도색을 하는 방법도 있다. 펄 층의 두께로 색의 농담이 변하기 때문에, 같은 색감으로 완성하는 것이 조금 어렵다. 펄에 색을 더하는 방법이, 다음 페이지에서 소개한다.

093

펄에 색을 더한다

펄의 광택을 살리면서 색을 더하기 위해서는, 광택을 가리지 않도록, 빛을 투과하기 쉬운 탁하지 않은 도료를 사용한다. 클리어 컬러나 「Mr.컬러」의 「색의 근원」와 같은 원색의 도료다. 착색하는데도 두 가지 방법이 있기 때문에, 각각을 소개하도록 하자.

▲먼저 펄 도료에 직접 혼색하는 방법이다. 다이아몬드 실버에 붉은 색조를 더하기 위해, 「색의 근원」의 마젠타를 준비했다. 「색의 근원」은 색감을 더하는 첨가제로, 투명감이 있고, 은폐력은 없다. 이 때문에 섞어도 광택을 막지 않아서, 맨 앞에 있는 샘플과 같은 상태가 된다.

▲마젠타를 섞은 펄 도료를 흰색 위에 뿌린 상태다. 전체적으로 옅은 붉은 색조가 들어간 색으로, 광택이 강한 부분은 펄의 은색조가 된다. 마젠타의 양을 조절해서 색의 농담을 조절할 수 있지만, 색이 진해지면 광택은 조금 덜해진다. 도료에 색을 더하는 방법은 전체를 균일하게 완성하기 쉽다.

▲이쪽은, 펄 도색 후에 클리어 컬러를 덧칠해서 색을 더하는 방법이다. 여기서는 흰색 + 다이아몬드 실버의 펄 도색에, 「색의 근원」의 마젠타를 클리어 도료에 녹여서 클리어 컬러로 만든 것을 뿌렸다. 색깔이 들어간 필터를 덧씌우는 것과 같은 것이다.

▲이 방법에서는 앞의 펄 도색이 반사면의 역할을 해준다. 그 때문에 색이 선명해진다. 광택의 변화는 덧칠한 색이 필터가 되기 때문에, 색의 농담으로서 나타난다. 덧칠하는 정도에 따라서 색의 농담이 변하기 때문에, 여러 개의 부품을 동일하게 완성시키기는 어렵다.

홍채색 펄의 활용

특정 색의 빛을 강하게 반사하는 특징을 가지고 있는 것이 "홍채색 펄"이다. 옐로나 블루와 같은 색표기가 붙은 펄 도료가 이에 속한다. 여기서는 그 특징을 활용한 도색 방법과 함께, 각색의 샘플도 소개한다.

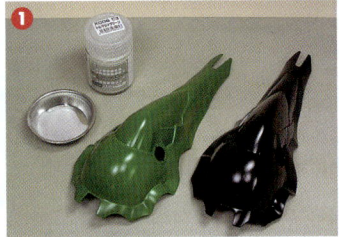

CHECK POINT — 펄 안료의 농도에 주의

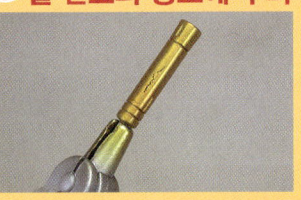

▲에어브러시로 뿌리는 펄 도료의 농도가 너무 진하면, 건조단계에서 금이 가는 경우가 있기 때문에 주의하자. 이렇게 되면 부분도색으로 수정하는 것은 어렵기 때문에, 도색을 벗겨내고 처음부터 다시 칠해야 한다.

▲홍채색 펄의 주 사용 방법은 2종류다. 펄의 색과 같은 계통의 바탕색 위에 칠해서, 광택을 더하는 방법. 또 다른 하나는 검은색 위에 칠해서, 펄의 반사광택만으로 발색시키는 방법이다. 「Mr.크리스탈 컬러」의 XC06 토르말린 그린을 사용해서, 그 예를 보도록 하자.

▲녹색의 바탕색에, 홍채색 펄(그린)을 덧칠한 예다. 유색에 은색의 펄을 덧칠한 것과는 다르게, 부품색과 펄색의 광택이 잘 어울려서 통일감을 주고 있다. 면의 각도가 변하는 부분에서 펄의 광택도 변하기 때문에, 부품 형태가 더욱 강조되어 보인다.

▲검은색 위에 도색한 예. 여기서 보이는 녹색은 펄의 반사에 의한 것이다. 녹색 이외의 빛은 바탕의 검은색에 흡수된다. 빛나는 곳에서 반사가 적은 면까지의 음영의 변화가 커서, 깊이가 있는 표면이 된 것이 특징이다. 이 방법은 금속표현으로서도 사용할 수 있다.

CHECK POINT — 펄 도색은 홈집을 가려준다?

▲왼쪽은 800번 사포로 사포질을 해서 홈집이 난 부품에 검은색을 칠한 상태다. 거기에 펄 도색을 하니, 오른쪽과 같이 홈집을 알 수 없게 되었다. 바탕면의 반사가 적고, 펄 안료면의 반사가 눈에 보이게 되기 때문이다.

▲펄 도료(안료)는 일반적인 도료와는 다르게, 칠한 상태가 아니면 광택이나 색감을 알기 어렵다. 부품에 도색할 때는, 다른 곳에 시험적으로 도색해서, 광택이나 색의 정도를 확인하고서 사용하자. 여기서는 사용하는데 있어서 참고로 「Mr.크리스탈 컬러」의 각색을 검은 위에 칠한 샘플을 소개한다. 왼쪽부터 XC01 다이아몬드 실버, XC02 토파즈 골드, XC03 루비 레드, XC04 아메지스트 퍼플.

▲마찬가지로 「Mr.크리스탈 컬러」의 도색 예다. 왼쪽에서부터, XC05 사파이어 블루, XC06 토르말린 그린, XC07 타코이즈 그린, XC08 문스톤 퍼플. 마지막의 문스톤 퍼플 만, 다른 제품 보다 입자가 더욱 곱다. 이러한 펄을 섞어서 도색을 하면, "빛"을 겹치는 것이 되기 때문에, 섞을수록 흰색에 가까워진다. 일반적인 도료와는 다르기 때문에 주의해야 한다.

펄의 무광처리

펄 도색은 광택으로 빛이 나야지만 효과를 최대로 발휘할 수 있는 것이지만, 플랫(무광)마감에도 광택이나 입자감을 이용하는 도법이 있다. 무디게 빛나는 금속표면이나, 아주 약간의 포인트를 주는 표현 등, 원하는 완성도에 맞춰서 활용하도록 하자.

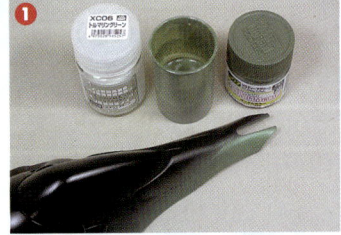

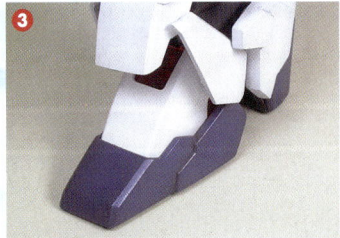

CHECK POINT — 착색 완료 펄 안료

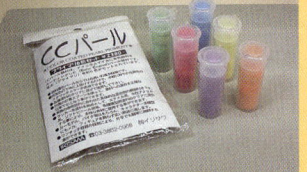

▲펄 안료는 그 자체에는 색이 들어가있지 않은 것은 일반적이다. 유색안료를 코팅해서, 발색을 하게 만든 것이「CC펄」(이리사와 / 각색924엔)이다. 이것만으로도 선명한 발색의 메탈릭 컬러를 도색할 수 있다.

▲일반적인 도색 색을 베이스로, 금속감을 더하고 싶을 때의 방법이다. 「건담 컬러」의 MS 딥 그린과 펄 도료의 토르말린 그린을 섞는다. 클리어 도료가 아니기 대문에, 펄의 광택이 많이 나지 않는 조합이다. 그것을 검은 색 위에 도색한다.

▲바탕을 검은색으로 칠하는 것은, 펄 효과가 잘 나게 만들기 위해서다. 부품 전체에 미세한 입자감이 있기 때문에, 단색으로 광을 억제한 도색이라도 평면적인 인상이 없어진다. 또한, 빛이 나는 부분은 펄의 효과로 무디게 빛나도록 만들었다. 여기서는 동과 같은 질감이 나왔다.

▲이것도 무광 마감이지만, 입자감을 주기 위해서 펄을 더한 예다. 짙은 파란색을 칠한 곳은 펄 블루와 클리어 블루를 섞은 것을 덧칠했다. 면의 각도에 따라서 광택이 변하기 때문에, 직선적인 부품에도 효과적이다. 완성상태는 P.134에 게재했다.

CHAPTER 4 : 에어브러시 테크닉

❼ 메탈릭 도색
～여러 가지 금속 표현을 마스터하자～

금속표현은 모형의 완성도를 자랑하기에 좋은 부분이다. 「은색」이나 「금색」과 같은 도료를 그대로 바르는 것 이외에도, 클리어 컬러, 메탈릭 컬러나, 펄 입자 등을 조합해서, 광택이나 색상을 연출하는 도색 방법도 있다. 여기서는 여러 가지 도색 방법을 실제로 사용해보고, 그 순서와 완성 모습을 소개하고자 한다. 각각의 특징을 이해하면 자신의 취향에 따라서 나눠서 사용할 수 있고, 다른 금속색에도 응용할 수 있을 것이다.

금속표현에 사용하는 매터리얼

금속감을 표현하는 재료는, 먼저 금속색의 도료, 거기에 색조나 광택을 넣기 위한 도료, 또한, 닦아내서 금속감을 내는 도료, 금속피막의 씰과 같은 매터리얼도 있다. 이러한 재료를 사용해서 표현의 폭을 넓혀보자.

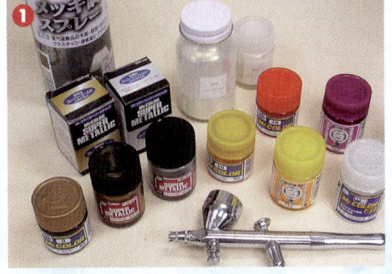
▲먼저, 안료에 금속입자가 포함되어있는 "금속색"의 도료다. 여기에는 입자의 크기나 광택이 우수한 약간 고가의 제품도 있다. 그리고 색조를 더해주는 클리어 컬러, 금속입자와는 다른 광택을 내는 펄 도료를 사용하는 방법도 있다. 모든 도료는 입자를 균일하게 뿌려 줄 수 있는 에어브러시로 도색한다.

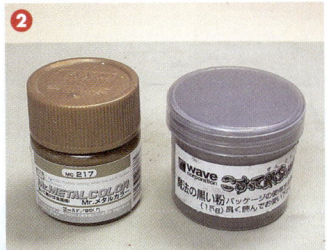
▲닦아내는 것으로 금속감을 내는 소재. 왼쪽의 「Mr.메탈 컬러」(GSI크레오스 / 189엔)은, 도색한 후 표면을 닦아내서 광택을 낸다. 오른쪽의 문질러서 은 SUN」(웨이브 / 1575엔)은 분말로, 도색면에 이것을 문질러서 닦아내는 것으로 금속감을 얻을 수 있다.

▲부분적인 금속표현에 편리한 것이, 금속테이프(알루미늄 증착 씰)다. 왼쪽은 키친 테이프나 래피 테이프와 같은 일용품. 오른쪽은 「미러 피니시 시리즈」(하세가와 / 1050엔). 유연성이 있고, 곡면에도 잘 붙는 것이 특징이다.

❗ CHECK POINT
금속색의 분사
▲도료에 포함되어 있는 금속입자는 쉽게 분리되기 때문에, 뿌리기 전에는 컵 안에서도 잘 섞어주자. 또한 도색면에 도료가 세게 닿거나, 도료가 너무 많이 올라가면 입자가 흘러내리기 마련이다. 도색면에는 약하게 뿌리면 된다.

금속색 도료로 금색표현

여기서부터는 "금색"을 테마로 잡고, 각종 도료의 도색상태를 비교해보고자 한다. 일단 처음은 가장 간단한, 금색 도료를 그대로 뿌리는 방법이다. 이러한 도료는 금속감을 내기 때문에, 안료에 금속입자가 사용된다. 입자의 크기에 따라 광택도 달라진다.

▲「Mr.컬러」의 #9골드(GSI크레오스 / 168엔). 색감은 금속입자에 의한 것이다. 병 안에서는 클리어 밑에 금속안료가 가라앉아있기 때문에, 잘 섞어서 사용해야 한다. 에어브러시로 분사할 때는 2:3정도로 「Mr.컬러 희석액」, 혹은 「Mr.레벨링 희석액」으로 희석해서 사용한다.

▲도색 예다. 색감은 "금색"으로서는 표준적인 인상이다. 입자감은 있지만, 광택이 잘 나는 것은 아니다. 일반적인 완성도 라고 할 수 있겠다. 또한, 이번 도색 예는 바탕색도 똑같이 맞추는 것과, 광택을 알기 쉽도록, 모든 부품의 바탕색을 검은 색으로 칠하고 각 색을 도색했다.

▲「Mr.컬러 슈퍼 메탈릭」의 SM02슈퍼 골드(GSI크레오스 / 630엔). 일반적인 「Mr.컬러」보다 더 미세한 금속입자를 사용한 시리즈다. 도료의 내용물은 은색 계열의 미세한 입자를 베이스로, 색감을 조절하기 위한 오렌지 계열의 안료가 섞여있는 것 같다.

▲도색 예. 금속입자가 #9골드와 비교해서 미세한 것을 잘 알 수 있다. 광택감도 있어서, 하이라이트가 들어간 것도 매끄럽고 질감도 잘 표현되었다. 색감은 금보다는 은 쪽이 조금 더 가까운 것 같다.

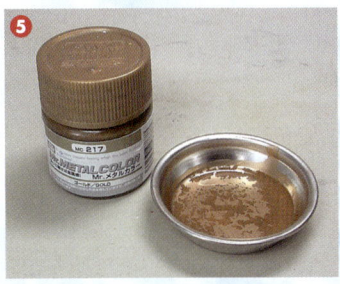
▲「Mr.메탈릭 컬러」의 MC218골드(GSI크레오스 / 189엔). 「Mr.메탈릭 컬러」는 도색하고 건조하고 나서부터 닦아내는 것으로 금속감을 내는 특수한 도료다. 도색까지의 취급법은 「Mr.컬러」와 동일하다.

▲「메탈릭 컬러」의 골드를 에어브러시로 칠한 상태다. 이 단계에서는 광택이 없다. 입자감은 거의 없어서 매우 균질한 상태가 되어있다는 것을 알 수 있을 것이다.

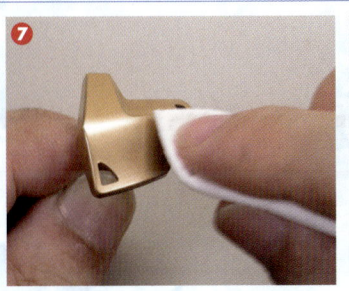
▲도료는 5분정도면 건조한다. 이 후, 부드러운 천이나 휴지로 금속면을 문질러서 닦는다. 그러면 매끄러운 광택이 나와서, 표면에 얇은 금속막을 붙인 것처럼 된다. 닦아낼수록 정착성도 올라간다.

▲너무 많이 닦아내면, 이렇게 모서리나 강하게 문지른 곳은 도료막이 벗겨져서 부품색이 드러나기 때문에, 주의가 필요하다. 이것을 막기 위해서는, 바탕색에 금색 일반을 먼저 칠해두는 방법도 있다. 닦아낸 후에는 직접 만지면 광택이 죽기 때문에, 수성 클리어를 뿌려서 보관해두면 된다.

CHAPTER 4 : 에어브러시 테크닉

은 + 클리어 컬러로 금색표현

바탕의 은색으로 반사면을 만들고, 클리어 색을 겹쳐서 색을 넣는 방법이다. 금속의 표면 질감과는 다르지만, 매우 선명한 색감을 얻을 수 있다. 캐릭터 모델의 메탈릭 도색에서 자주 사용되는 수법이다.

▲도료는 모두 GSI크레오스의 「Mr.컬러」다. 바탕색으로 바르는 은색은 SM01 슈퍼 실버를 준비했다. 위에 뿌리는 클리어 컬러는 #48 클리어 옐로다.

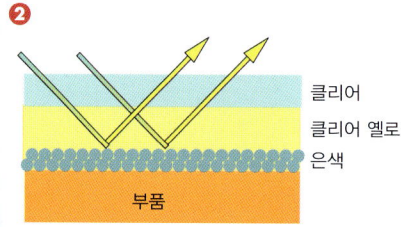

▲덧칠한 상태를 그림으로 그려보았다. 원리는 거울 위에 색깔이 들어간 셀로판지를 겹친 것과 같은 것이다. 먼저 칠한 은색이 빛을 반사하는 층이 된다. 광택의 정도는 여기서 결정된다. 그 위 클리어 컬러로 특정 색감이 표현된다. 이 층이 두꺼우면 색이 진해진다.

CHECK POINT 바탕의 흠집을 없애자

▲800번 사포의 흠집이 난 프라판에 도색을 한 예다. 왼쪽은 빛의 반사로 흠집이 눈에 띄게 된다. 이러한 흠집은 도색 후에 표면을 아무리 닦아내도 없어지지 않는다. 오른쪽은 서페이서(1200)를 뿌리고, 흠집을 메우고서 도색한 것이다. 밑바탕을 평평하게 만드는 것이 중요하다.

▲먼저 바탕이 되는 SM01 슈퍼 실버를 도색 했다. 입자감이 적어서 약간 차분한 톤의 은색 도색이 되었다. 확실한 건조시키고서, 클리어 컬러를 덧칠한다.

▲클리어 옐로를 덧칠해서 도색한 예. 색감은 역시 푸른색이 도는 금색이 된다. 클리어 컬러의 층이 생기는 것으로, 표면의 광택감도 올라가고, 깊이도 표현된다. 색감을 바꿀 때는, 사전에 클리어 컬러끼리 섞어서 조색을 해준다.

▲「Mr.컬러」의 #49 클리어 오렌지를 앞의 예와 같이 칠했다. 그러자 동색과 같은 색이 되었다. 일반적인 이미지의 금색으로 만들기 위해서는, 클리어 옐로와 클리어 오렌지를 섞어서 조색하면 될 것이다.

CHECK POINT 클리어 컬러의 발색

▲클리어 컬러를 덧칠하는 경우는, 도료막이 두꺼워 질수록 색이 두꺼워 진다. 사진은 같은 도료를 사용해서, 왼쪽은 옅고, 오른쪽은 두껍게 덧칠한 것이다. 특히 여러 개의 부품을 칠할 때는 주의해서 색감을 맞춰야 한다.

펄 도료로 금색표현

진주와 같은 복잡한 광택을 보이는 펄 도료. 특정 색(의 빛)을 강하게 반사하는 것을 사용하면, 아름다운 광택과 색을 표현할 수 있다. 이 펄 도료의 특징을 살려서 금속표현을 하도록 하자.

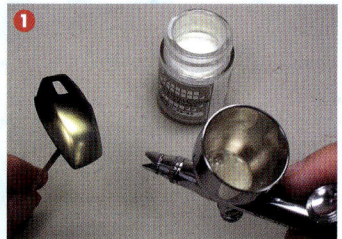

▲펄 도료로 금색을 표현하는 데는 바탕색에 검정색을 칠한 후, 노란색이나 금색과 같은 펄 도료를 덧칠한다. 이 방법은 P.094에서 소개한 「홍채색의 표현」과 같다. 여기서는 「Mr.크리스탈 컬러」 XC02 토파즈 골드를 사용하고 있다.

▲토파즈 골드의 도색 후, 클리어 코트를 하고 완성한 모습이다. 하이라이트에서 그림자까지의 농담 변화가 커서, 깊이가 있는 표현이 되는 것이 특징이다. 색감으로는 금색과 황동색의 중간처럼 보인다.

▲펄 도료를 섞어서 색감을 바꾼 예. 왼쪽은 금색, 오른쪽은 빨간색, 가운데는 이 둘을 섞은 것이다. 일반적인 도료와 같이 "노랑 + 빨강 = 오렌지"와 같이 변화하지 않는다. 반사하는 빛이 겹치는 것이기 때문에, 섞으면 흰색에 가깝게 변한다.

CHECK POINT 바탕색에 검은색 도색을 하는 것은

▲금속색의 도색에서는 바탕색에 검은색을 칠하는 것으로 다른 색이 섞이지 않고, 광택의 효과도 높아진다. 제품에 따라서는 처음부터 그렇게 지정되어 있는 것도 경우도 있다. 검은색으로 칠하는 것과 동시에, 표면을 매끄럽게 만들어 두자.

금속 씰로 금색표현

도료 이외에도 테이프나 필름과 같은, 금색 표면을 할 수 있는 재료가 있다. 도료를 칠하는 것처럼 유연하게는 사용할 수 없지만, 도금과 같은 광택을 낼 수 있는 것은 큰 특징이다.

▲도금 부품의 접합선 수정은 곤란한 작업이다. 사진은 접합선이 있는 면은 사포질을 한 다음에, 질감이 비슷한 금속 테이프(래피 테이프)를 붙여서, 접합선을 가리고 있는 것이다. 면의 가장자리 부분에서 깨끗하게 잘라내면 경계선도 그렇게 눈에 띄지 않는다.

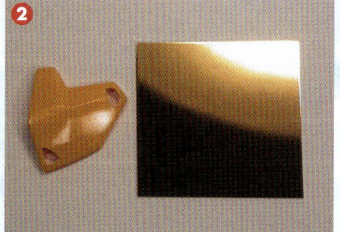

▲「골드 미러 피니시」 (하세가와 / 1260엔)를 부품 전면에 붙여서 금색으로 마감해보자. 일단은 부품에 맞춰서 시트를 적당한 크기로 자른다. 아주 얇은 시트이기 때문에 부드럽게 휘어지고, 완만한 굴곡이라면, 살짝 당겨주면서 간단히 밀착시킬 수도 있다.

▲안에 공기가 들어가지 않도록, 접착제가 발라진 면을 물에 붙이고서 접착하는 「물 붙이기」를 하면 표면이 깨끗하게 부착된다. 굴곡 부분에 밀착시킬 때는, 흠집이 나지 않도록 물을 묻힌 면봉으로 눌러서 밀착시킨다. 주위에 감싸듯이 붙이는 부분은 여백을 자르거나, 칼집을 넣어서 붙인다.

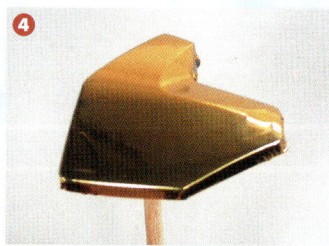

▲접착이 끝난 모습. 구부러진 가장자리는 주름이 생기지만, 1장의 시트로 이 정도로 붙일 수 있는 것이 놀랍다. 표면의 금속감도 웬만큼 강하게 잡아당기지 않는 이상은 유지될 것이다. 부품 형태에 따라서는 매우 효과적으로 사용할 수 있다.

CHAPTER 4 : 에어브러시 테크닉

도금풍 도료

표면을 금속 피막으로 덮은 것과 같은 도금은, 도색으로는 재현이 어렵다. 그러나 도금에 가까운 상태로 만들 수 있는 특수한 도료도 있다. 그 사용 방법과 완성도를 소개하겠다.

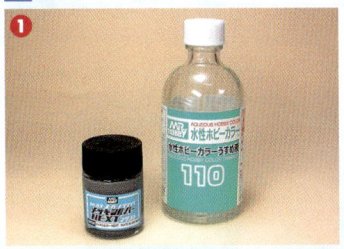
▲도금풍의 은색을 재현하는 「Mr.컬러 슈퍼 메탈릭」의 메키 실버 (GSI크레오스 / 945엔). 과거에c 판매되었던 메키 실버에서 성분이 변경되어, 희석액은 「수성 하비 컬러」용을 사용하도록 되었다.

▲이 도료는 검은 바탕 위에 덧칠하는 것으로, 표면이 매끄러운 쪽이 더욱 깨끗한 광택이 난다. 에어브러시의 분사 정도는, 도료의 양을 줄이고 약하게 뿌려서, 얇게 부착되도록 한다. 광택을 내리고 몇 번이고 덧칠하지 않는 것이 좋다. 도료는 처음부터 옅기 때문에 농도 조절을 하지 않고 사용할 수 있다.

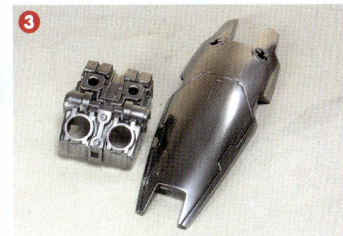
▲도색 후, 건조한 상태다. 도색 직후에는 조금 흐릿한 느낌이 들지만, 시간이 지나서 건조하면 광택이 살아난다. 크롬 도금과 같은 느낌으로 완성된다. 표면의 반사도 꽤나 훌륭해서, 쉴드 부품에는 옆의 부품이 비쳐 보인다.

CHECK POINT 도금풍 스프레이
이 문부프라 정용 제품라 에스틱 한없주부 이도료이 특성 사품지 잘용이 만, 확할지 뿌리면 인수 않ABS 해 있 재 두 으료 자므로의 부 침 로침투 사이 용 것 전은 에 해서 는 두자.

닦아내는 매터리얼

앞에서 소개한 「Mr.메탈릭 컬러」이외에도, 닦아내서 금속광택을 내는 제품이 있다. 이쪽은 가루를 사용해서 부품 표면을 닦아내는 것으로, 도금 스타일로 완성시키는 매터리얼이다. 독특한 소재이지만, 질감은 꽤나 좋다.

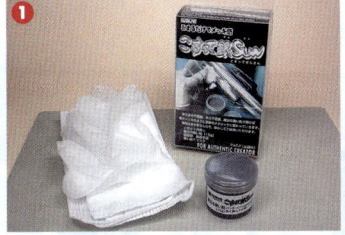
▲「문질러서 은SUN」(웨이브 / 1575엔). 제품은 「마법의 가루」라고 적인 검은색의 가루와, 닦아낼 때 쓰는 탈지면, 여기에 작업 중에 사용하는 얇은 장갑, 흡입 방지용 마스크가 들어가 있다. 매우 조심스럽게 다뤄야 하듯 구성되어 있지만, 가루 자체는 독성이 없다고 한다.

▲유광 검정을 바른 부품에 가루를 부착시키고, 원을 그리듯 탈지면으로 닦아낸다. 장갑을 하는 것은 부품에 직접 손이 닿지 않도록 하는 것이다. 유분이나 수분의 부착을 피해야 한다. 닦아낼수록 더욱 빛난다.

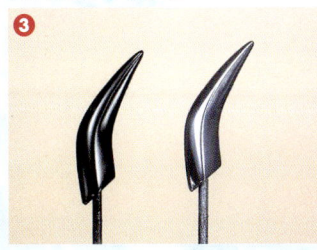
▲만져도 손에 가루가 묻어 나오지 않으면 완성이다. 왼쪽은 닦아내기 전의 검은색 도색 상태. 오른쪽이 닦아낸 상태다. 표면은 닦아내면 가루의 입자감은 없어지고, 매끄러운 크롬 도금 표면이 완성된다. 바탕색을 검은 색 이외의 색을 사용하는 것으로, 표현을 바꿀 수도 있다.

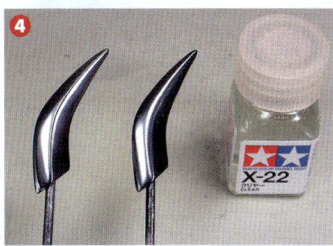
▲닦아낸 표면을 보호하기 위해서 클리어로 코팅하고 싶지만, 광택이 없어지거나, 질감이 변하게 된다. 그래도 에나멜 계열 도료의 클리어를 사용하면 광택은 조금 탁해지지만, 변화가 적다. 사진 왼쪽은 닦아낸 상태. 오른쪽은 에나멜 계열의 클리어 코트를 사용한 예.

도금을 벗겨내고 싶을 때는

프라모델의 부품에는, 금속색을 표현하기 위해서 도금이 되어있는 경우가 있다. 도금 특유의 질감은 다른 것으로 바꿀 수 없지만, 다시 칠하고 싶은 경우도 있다. 도금 위에는 도료가 잘 정착하지 않기 때문에, 이럴 때는 도금을 벗겨내도록 하자.

▲도금을 벗겨낼 때 사용하는 것이다. 왼쪽은 흔히 보는 「Mr.컬러 희석액」. 이것은 도금 위의 클리어 코트를 녹인다. 오른쪽은 주방용 염소계 표백제. 이것은 도금 층을 분해해서 벗겨내는데 사용한다.

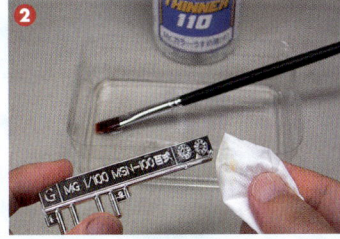
▲최근의 도금부품은 보호나 색을 입히기 위해서 클리어 코트가 되어있는 경우가 많다. 런너 부분에 희석액을 바르고 닦아내는 것으로, 상태를 확인 할 수 있다. 여기서는 클리어 옐로가 코트되어 있다.

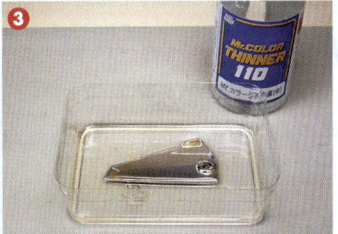
▲그래서 먼저 클리어 코트를 벗겨내기 위해서, 용기에 희석액을 넣고, 부품을 담근다. 담그고 얼마 있지 않아 희석액이 노랗게 되어, 클리어 층이 녹았다. 붓으로 부품 표면을 문지르듯이 세세한 부분의 도료를 쉽게 녹일 수 있다.

▲왼쪽은 키트의 원래 부품이다. 오른쪽은 클리어 코트를 벗기고, 표면이 은색 도금으로 된 상태다. 다음은 이 은색 도금을 벗겨보자. 클리어 코트 되어있지 않은 키트의 경우는, 이 단계에서 시작한다.

▲부품을 염소계 표백제에 담근다. 그러면 몇 분이면 도금이 분해되기 시작한다. 여기서는 부품 한 개 이지만, 부품이 많이 있는 경우는 세면기에 담그면 빨리 뺄 수 있다. 표백제는 원액이 아닌, 물로 희석하는 것으로도 충분히 효과가 있다.

▲도금이 벗겨진 상태다. 이 작업을 할 때는, 표백제나 부품에 직접 손을 대지 않도록 주의한다. 작업 후에는 부품을 중성세제로 씻어두자. 이 상태로 도색을 할 수 있게 되지만, 사실은 아직 「도금의 바탕색」이 남아있기 때문에, 계속해서 그것도 녹이자.

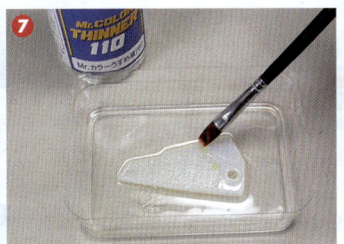
▲다시 「Mr.컬러 희석액」에 담근다. 몇 분이면 부품 표면이 벗겨지듯이 도금의 바탕색이 녹아난다. 이것은 붓으로 닦아내면 간단하게 벗겨낼 수 있다. 희석액에 부품을 담그는 것은 5~10분 정도로 하고, 계속 담가 놓지 말아야 한다.

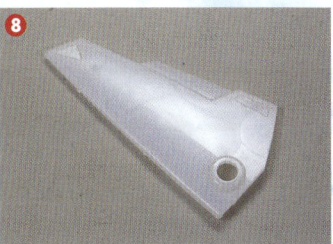
▲도금을 다 녹인 부품이다. 이것으로 일반적인 부품과 같이 착색이나 도색이 가능하다. 참고로, 도금이 된 부품의 사출색은 이렇게 유백색이거나, 검은색인 경우가 많다.

097

CHAPTER 4 : 에어브러시 테크닉

MSN-00100 HYAKU-SHIKI

BANDAI 1:100 scale plastic kit "Master Grade"
modeled by Ken-ichi NOMOTO

MSN-00100 백식

여러 가지 메탈릭 도색을 시험한 후에, 부품 하나하나가 아닌 전체적으로 어떻게 보이는가, 또한 다른 배색과 조합한 인상 등, 비교의 의미도 담아서 MG백식을 완성시켰다. 금색도색은 투톤으로 하고, "실버 클리어 컬러 덧칠하기"와, "펄 도색으로 금색표현"으로 구분도색 했다. 그 이외의 색도 본편에서 소개한 도색 방법의 응용으로 메탈릭 도색을 해서, 전체를 광택으로 마감했다. 수축 처리나 접합선을 수정하고, 후조립 가공 등도 각 부분에 처리했지만, 부품 형태는 바꾸지 않고 제작했다.

사용키트
●마스터 그레이드 MSN-00100 백식(스페셜 클리어 외장 부품 포함) ●발매원 / 반다이 하비 사업부 ●4725엔 ●플라스틱 키트 ●1:100 스케일, 전고 약18cm

▼금색을 2색을 같이 놓는 것으로 특징을 쉽게 비교할 수 있다. "은 + 클리어 컬러"는 색이 선명해서 가벼운 인상이다. "펄 도색으로 금색표현"은 광택과 무게가 느껴진다. 우열이 아닌, 취향에 따라서 고르면 될 것이다.

▶전신을 메탈릭으로 도색한 MG백식. 금색 이외의 색도, "금속색의 혼색"이나 "은 + 클리어 컬러", "펄 도색을 사용한 표현"으로, 금색 부분과 밸런스를 이루게 만들었다. 이러한 색 사용은 도료 레시피를 참조하자.

■도료 레시피
● 금색(펄 도료)
GX2 위노 블랙에 XC02 토파즈골드 덧칠
● 금색(클리어 컬러)
SM01 슈퍼 실버에 클리어 컬러(옐로 + 오렌지의 1:1)을 덧칠
● 다리 부분, 노즐의 빨간색
SM01 슈퍼 실버에 클리어 레드 덧칠
● 파란색
GX2 위노 블랙에 XC05 사파이어 블루 덧칠
● 프레임, 라이플
SM01 슈퍼 실버와 미디엄 블루, 블랙 등을 혼색

※ 모든 색에, 마감으로 GX100 슈퍼 클리어 III로 클리어 코트

▲여러 가지 방법으로 금색 표현을 실험한 샘플들. 다른 금속도 이번 장에서 소개한 방법을 참고로, 자신이 원하는 이미지에 따라서 선택하면 좋을 것이다.

키트 개조 테크닉

1. 대미지 표현
2. 프로포션 변경
3. 키트 합치기
4. 구판 키트 업데이트
5. LED 이식 1
6. LED 이식 2
7. 레진 부품으로 키트 개조

CHAPTER 5

RGM-79
GM
BANDAI 1:144 scale plastic kit
"Real Grade" RX-78-2 GUNDAM conversion

CHAPTER 5 : 키트 개조 테크닉

❶ 대미지 표현
～MS를 파손상태로 만들어 보자～

모빌슈트에 병기로서의 리얼리티를 추구한다면 더러워지거나 흠집이 난 것과 같은, 오래 사용한 상태를 재현해 보는 것도 재미있다. 도색에서 웨더링을 넣는 것도 하나의 방법일 것이다. 여기서는 한발 더 나아가, 기체가 전투에서 파손된 상태, 대미지 흔적의 재현방법을 생각해본다. 작은 상처에서 커다란 파손흔적까지, 여러 가지 가공이나 도색을 통해 격전을 넘나든 드라마틱한 모습을 만들어보자.

얕은 대미지 표현

대미지 표면에는 표면적인 가벼운 것부터 깊은 것까지, 여러 가지 패턴이 있다. 일단은 표면에 가볍게 상처를 내듯이 얕은 대미지를 표현해보자.

▲여기서 다루는 모델은 1:144 HGUC 구프 커스텀이다. 근접전투의 이미지가 강한 기체인 만큼, 얕은 상처에서 큰 것까지 여러 가지 대미지를 표현해본다. 사진은 이미 가공이 끝난 상태다. 여기까지의 과정을 소개해보고자 한다.

▲준비한 도구. 왼쪽부터 디자인 나이프, 곡선날 나이프(아트 나이프 PRO), 조각도(환, 각), 여기에 전동 라우터(선단에는 환 비트도 준비했다. 이것들이 어떤 작업에 적합한지는, 이 다음에 순서대로 소개하겠다.

▲'파편이 부딪힌 것과 같은 기체 표면의 날카로운 상처'에는 나이프가 적합하다. 날 끝으로 튕기듯이 상처를 내거나, 날 끝을 눕혀서 깎아낸다. 평평한 면에는 곡선도를 사용하는 쪽이 상처를 내기 쉽다.

▲'장갑의 표층이 벗겨진' 표현. 나이프를 눕혀서 깊게 판다. 직선도를 사용해도 되지만, 역시 찢겨진 정도를 표현하기에는 곡면도가 좋다. 또한 아트 나이프의 날은 이가 잘 나가지 않기 때문에 이런 작업에 적합하다.

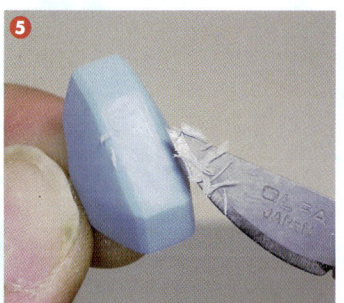
▲이것은 작은 상처가 아닌, '표면이 패여서 기복이 심한 상태'의 표현이다. 먼저 나이프로 표면을 얇게 깎아낸다. 모서리 부근은 그대로 두고, 면의 중앙을 파내면 그럴 듯 하다. 모서리는 부딪혀서 상처가 나기는 쉽지만, 평면보다 튼튼해서 크게 들어가는 일은 없기 때문이다.

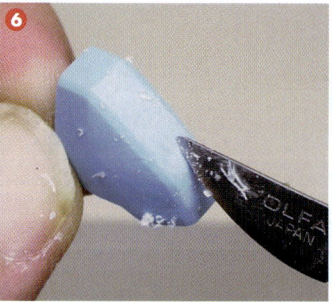
▲굵어낸 것만으로는 표면이 거칠어지기 때문에, 나이프의 날 끝을 옆으로 밀어서 대패질 하듯 세우고 깎아서 표면을 다듬는다. 곡선도를 사용하여 일그러진 면을 완만하게 들어간 면으로 만드는 것이다.

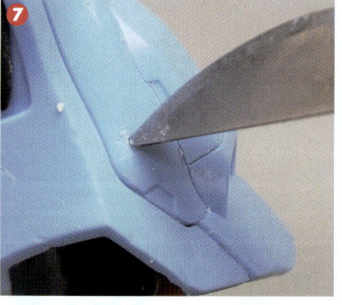
▲나이프를 사용해서 간단하게 '탄흔'을 재현하는 예다. 날의 끝 부분을 찔러 넣어서 돌리기만 하면 된다. 드릴과 같이 구멍을 뚫지 말고 약사발 모양으로 깎아낸 것이 오히려 분위기가 산다. 나이프 자루를 기울이는 정도에 따라 구멍의 넓이도 조절할 수 있다.

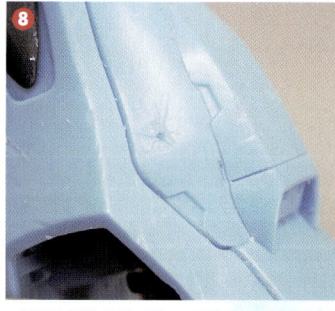
▲들어간 곳을 파낸 다음, 그 주위에도 나이프로 '방사형태의 파임이나 금이 간 것'을 추가했다. 탄흔은 착탄 방법이나 장갑판, 탄환의 종류 등으로 여러 가지의 상태가 될 것이다. 전차 등의 자료사진을 참고로 하면 좋을 것이다.

▲부품 표면을 파거나 상처 자국을 팔 때는 조각도 역시 편리하다. 각진 날이라면 예리한 상처, 둥근 날이라면 완만한 파임이나 탄흔에 적합하다. 이것은 '허벅지 부품을 무릎 아머가 강하게 때려서 생긴, 그 형태를 따라서 들어간 자국'을 파고 있는 모습이다.

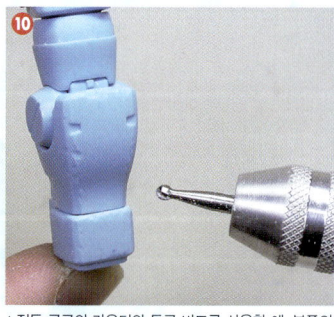
▲전동 공구의 라우터와 둥근 비트를 사용한 예. 부품의 모서리가 떨어져 나간 것처럼 깎아가면, 딱딱한 소재로 되어있다는 분위기가 난다. 이 방법은 손쉽게 작업할 수 있다는 것도 장점이다. 단 너무 많이 깎아내거나, 단순해지지 않도록 주의하자.

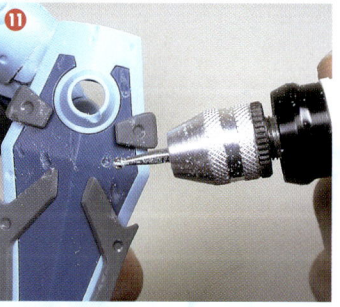
▲라우터를 사용한 절삭은 '탄흔'을 표현하는데도 적합하다. 이것은 앞에서 본 예보다도 큰 비트를 사용하고 있다. 탄흔은 둥글게 파내는 것뿐만 아니라, 한쪽 방향으로 넓게 파는 방식을 사용하면 탄환이 튕겨져 나간 모습이나 탄이 날아온 방향까지 표현할 수 있다.

> ⚠ **CHECK POINT**
> **파여나간 가장자리로 인상이 바뀐다**
>
>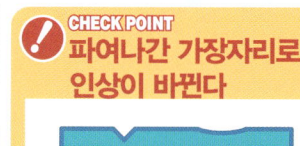
>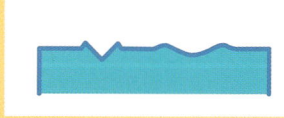
>
> ▲지금까지는 그림 위와 같이 표면을 파냈지만, 상처나 파임은 가장자리가 올라오기도 한다(그림 밑). 이러한 굴곡의 정도로 장갑판의 경도나 대미지의 종류도 표현할 수 있다.

CHAPTER 5 : 키트 개조 테크닉

장갑판의 뒤틀림을 붙여서 표현

'기체 표면의 자잘한 상처나 굴곡'을 표현하기 위해서, 다른 재료를 사용하는 방법을 소개한다. 부품 표면에 잘 달라붙는 얇은 재료를 부품 표면에 붙여나가는 것이 포인트다.

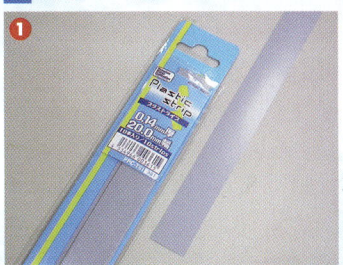
▲두께 0.14mm인 매우 얇은 프라 재료, 「플라스트라이프」(20mm폭, 400엔 / 하비 베이스). 이것을 부품 표면에 붙여서 굴곡을 표현해보자. 플라스트라이프는 0.5mm~20mm폭의 띠 이외에도 B4판, B5판 사이즈의 「플라시트」(각 500엔)도 있다.

▲예를 들은 것은 발목 주변이다. 접착면에 맞춰서 대충 잘라내고 수지가 들어간 일반적인 타입의 플라스틱 접착제를 발라둔다. 이것은 재료를 부드럽게 만들면서 부품과의 빈틈을 메우는 역할 이외에도 건조시간이 걸리도록 만드는 목적도 있다.

▲부품에 붙이고 무수지 타입의 접착제를 흘려 넣어서 접착한다. 일반적인 플라스틱 접착제만으로는 바로 고정할 수는 없기 때문에, 속건성인 용제 타입의 플라스틱 접착제도 같이 사용한다. 여백은 이후에 잘라내면 된다.

▲처음에 플라스틱 접착제를 바른 부분은 바로 마르진 않고 부드러웠다. 이것을 이용해서 표면에 굴곡을 내는 것이다. 여기서는 디자인 나이프의 자루 끝 부분을 사용했다. 표면이 울퉁불퉁 파인 분위기를 알 수 있을까.

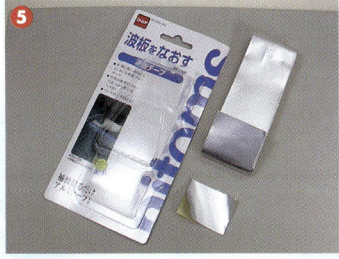
▲이쪽은 매우 얇은 알루미늄 테이프인 「골함석 테이프」(두께 0.1mm×폭 40mm×2m, 451엔 / 니톰즈)다. 보수용 테이프 재료로, 다소의 곡면라인에도 밀착한다. 매우 얇은 재료지만 이 정도 두께로도 굴곡 표현을 할 수 있기 때문에, 작은 스케일의 장갑판의 질감표현에도 적합하다.

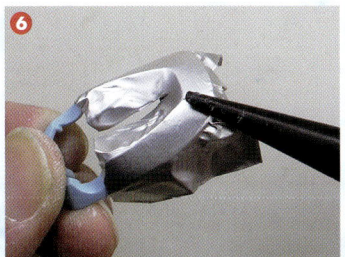
▲발등 부품에 붙인다. 붙이는 방법은 일반적인 씰을 붙이는 것과 마찬가지로, 대지를 떼고 나서 부드러운 것으로 조금씩 눌러서 주름이 생기지 않도록 붙인다. 부품의 가장자리는 씰을 조금 당겨주면 주름이 잘 지지 않는다. 여백은 디자인 나이프로 잘라낸다.

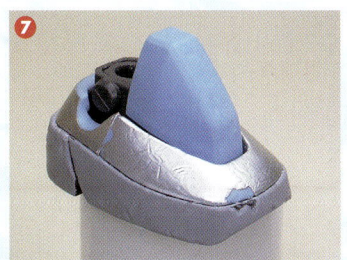
▲완성된 모습. 테이프를 붙일 때 생긴, 표면이 파인 부분이 그대로 '긁힌 상처'와 같은 분위기를 내고 있다. 섬세하지만 스케일에 맞는 장갑판의 표현이라고도 할 수 있다. 일부를 잘라내는 것으로, 깨지고 벗겨진 표면도 쉽게 할 수 있다.

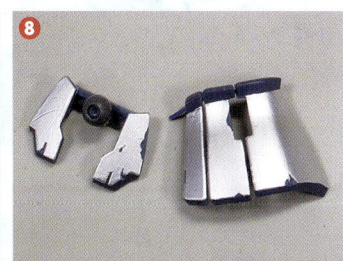
▲허리 아머의 각 면에도 붙여 보았다. 점착력도 있는 곡면에도 잘 붙어 있지만, 가장자리를 구부려서 붙이면 주름이 마련이라 피했다. 붙인 일부를 잘라내서 이가 빠지고 벗겨지고, 뒤집힌 표면도 쉽게 할 수 있다. 치핑 도색의 바탕으로서도 활용할 수 있을 것이다.

부품의 구부러짐이나 결손의 표현

이번에는 부분적인 파손의 표현을 알아보자. '부품의 구부러짐'이나 '대미지로 인한 틀어짐', '장갑이 벗겨진 상황' 등이다. 이 경우에는 키트 부품을 절단하거나 깎아내는 것과 같은 작업이 필요해진다.

▲절단 등의 앞 단계의 표현으로서, 키트 부품에서는 이어진 부분에 패널라인이나 몰드의 구분선을 파내서 '다른 부품'이라는 느낌을 강조한다. 여기에 홈을 깊게 파거나 뾰족하게 만들면, '부품의 틀어짐'이나 '부품이 떠있는' 것 같이 보이게 만들 수 있다.

▲무릎 아머의 '장착 위치가 틀어진 상태'를 재현해보자. 먼저 아머에 단차로 되어있는 부분을 나이프로 파 넣어서 절단한다. 뒷면이 되는 정강이 부품 쪽의 플레이트도 같은 방식으로 절단한다. 잘라낸 무릎 아머 윗면은 뒷면을 얇게 깎아서, 밑 부분과 겹치도록 만든다.

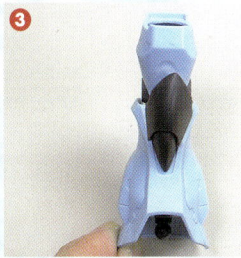
▲잘라낸 무릎 아머는 밑 쪽으로 밀어서 덮어두는 느낌으로 만들고, 여기에 기울어진 상태로 고정시켰다. 허벅지 부품에 낸 파임(무릎 아머가 부딪힌 흔적)과 비교해보면, 위치가 틀어진 것을 알 수 있다. 대미지의 원인에 대해서는 P.105를 참조하도록 하자.

> **! CHECK POINT 평평한 펜치로 구부린다**
> ▲부품의 구부러짐을 표현할 때는, 일반적인 펜치를 사용하면 부품에 뾰족한 자국이 남게 된다. 이런 경우에는, 잡는 면이 평평한 도구(에칭용 플라이어 등)를 사용하도록 하자

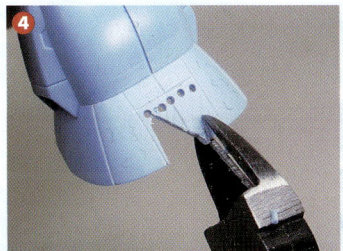
▲'부서진 외장 패널을 떼어낸 상태'를 재현해보자. 사진은 정강이 부품의 뒷면에 패널라인을 추가하고, 그 일부분을 잘라내고 있는 것이다. 이 패널라인은 RG 자쿠를 참고해서 집어넣었다. 날 끝으로 집어넣기 어려운 부분은 핀 바이스로 구멍을 내서, 잘라내기 쉽게 만들었다.

▲패널을 잘라낸 상태. 절단면을 그대로 두면 밋밋하기 때문에, 부품의 단면의 두께를 다듬거나 여기에 장갑을 받치고 있었을 것이라 생각되는 뒷면의 리브 등을 얇은 프라판으로 추가한다. 이런 작은 추가 공작으로 정밀감을 연출할 수 있다.

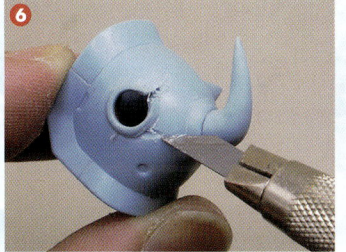
▲이것은 충격으로 '어깨 아머의 가시가 뜯겨져 나간' 표현이다. 가시를 잘라낸 부분을 둥글게 구멍을 내서, 밑둥치의 링 부분은 찢겨지고 아머의 표면에서 떨어져 나간 것처럼 나이프로 칼집을 넣었다.

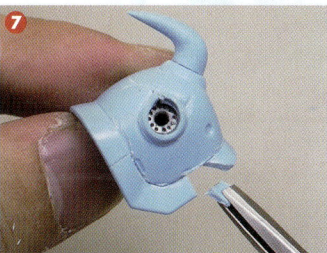
▲가시가 있었던 구멍에는 접착면처럼 보이게 만드는 부품을 추가했다. 이것은 적당한 원형 부품에 구멍을 낸 것이다. 구조를 연상시키는 것은 대미지 표현으로서도 효과적이다. 어깨 아머의 및 부분은 나이프로 흠집을 내거나, 플라이어로 뜯어내서, 끝이 잘라진 상태로 만들어 보았다.

101

금속 재료로 '찢어짐'을 표현

프라 부품만으로는 바깥 판이 찢어진 상태나 우그러든 표현을 하기가 어렵다. 이런 경우에는, 일부를 금속판으로 바꿔버리는 방법도 있다.

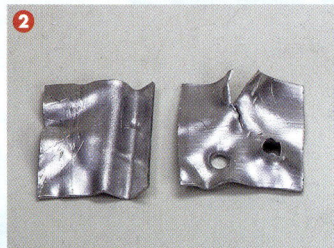
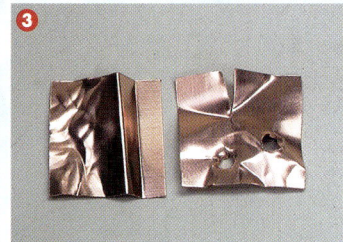
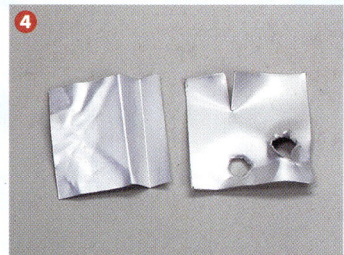

▲준비한 금속재료. 왼쪽은 알루미늄 캔에서 잘라낸 알루미늄 판(약 0.1mm), 오른쪽 위가 동판(두께 0.1mm, 10cm×20cm / 350엔), 오른쪽 밑은 납판(두께 0.5mm, 5cm×30cm / 280엔)이다. 납판은 낚시용의 「판 무게추」로서 더욱 얇은 재료(0.2mm~0.4mm)도 수백 엔에 구할 수 있다.

▲각각의 소재가 가진 특징을, 가로세로 2cm로 자른 샘플을 통해 알아보자. 먼저 납판(0.5mm)이다. 이 정도의 두께라도 손에 쉽게 구부릴 수 있다. 잡아당기면 조금 늘어나기 때문에 곡면에도 잘 밀착하지만, 날카롭게 접는 것에는 적합하지 않다.

▲동판(0.1mm)이다. 가공하기가 쉽고, 가이드를 대면 날카롭게 접을 수도 있다. 얇은 가장자리나 판 재료가 우그러든 표면에 적합하다. 납땜 할 수 있다는 것도 특징으로, 직선적인 부품의 자작에도 사용할 수 있다.

▲알루미늄 판(0.1mm)이다. 가공은 하기 쉽지만 샘플을 보면 알 수 있듯이 동판보다 더 약간 딱딱하다. 프라 부품과 바꾼다면 평면이나 단순한 곡면이 좋다. 큰 스케일의 키트에서 더욱 잘 활용할 수 있을 것이다.

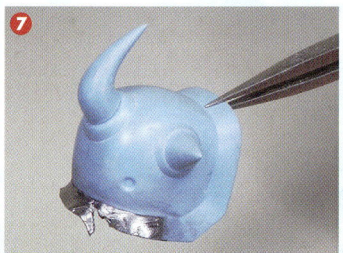

▲이번에는 납판을 사용해서, '어깨 아머의 끝 자락이 찢어진' 표현을 해보겠다. 사진은 그 부분을 이미 잘라낸 모습이다. 왼쪽은 이에 맞춰서 잘라낸 납판(0.5mm)이다. 두께가 어느 정도 있으면서도, 손쉽게 구부릴 수 있는 것이 선택의 이유다.

▲키트 부품을 따라서, 순간 접착제로 접착한다. 소재가 부드럽게 때문에, 밀어 맞추거나 여백을 잘라내는 것도 어렵지는 않다. 그리고, 납은 살에 직접 닿으면 유독하다고 한다. 가공은 짧은 시간에 끝내고, 만진 다음에는 손을 잘 씻도록 하자.

▲금속용의 니퍼로 잘라내서, 가장자리가 찢어진 형태로 가공했다. 여기에 면 전체도 울퉁불퉁하게 찌그러뜨렸다. 굽혔다가 다시 펼 수도 있으니, 여러 각도에서 보면서 가공하는 것도 좋을 것이다. 너무 많이 움직이면 접착면이 벗겨지므로 주의하자.

CHECK POINT - 금속판 잘라내기

▲이번에 소개한 것과 같은 얇은 금속판의 경우는, 나이프나 커터, 가위로 잘라내는 것도 가능하다. 가위로 잘라내면 잘린자리가 솟아 올라온다. 어느 쪽이 더 좋은지 비교하자면, 나이프나 커터를 추천한다.

피탄·절단 자국의 표현

전투에서 탄을 맞거나, 잘리는 등의 큰 대미지 자국을 표현해보자. 여기서는 가열해서 가공하는 도구를 주로 사용해보자.

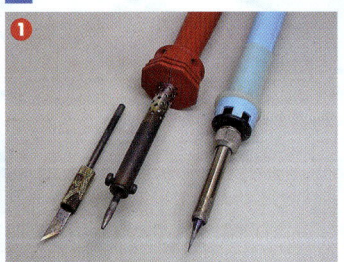

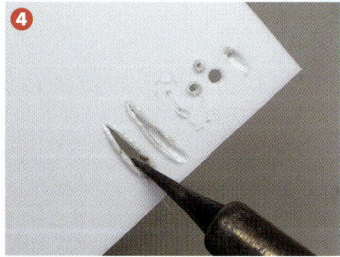

▲플라스틱을 대담하게 자르거나 움푹 파이게 만들 때는, 녹이면서 가공이 가능한 납땜인두가 편리하다. 사진은 왼쪽부터 핫 나이프의 선단(납땜인두의 끝에 붙인다), 일반적인 납땜인두, 끝 부분이 얇은 타입의 납땜인두다.

▲핫 나이프는 납땜인두의 선단을 나이프 날로 교환한 것이다. 잘라낼 때 찌꺼기가 적게 나오고, 녹이는 것은 최소한도로 줄여, 플라스틱을 직선으로도 곡선으로도 잘라낼 수 있다. 잡아 당기듯이 움직이면 잘라낸 부분이 금세 닫히기 때문에, 넓게 만들고 싶을 때는 날을 좌우로 눌러가면서 사용하면 된다.

▲일반적인 납땜인두로 프라판에 흔적을 낸 예다. 수직으로 찔러 넣으면 수지가 녹으며 가장자리가 올라와서, 빔에 녹은 듯한 표현을 할 수 있다. 대각선으로 대면, 탄을 빗맞은 흔적 같다. 두껍게 잘린 흔적을 낼 수도 있다.

▲끝이 얇은 납땜인두는 기판의 납땜용이다. 표현할 수 있는 구멍의 크기가 작은 것을 제외하면 왼쪽의 예와 같은 느낌이다. 끝이 뾰족하기 때문에, 대각선으로 자르면 쐐기형태의 모양이 생긴다. 절단 흔적의 표현에도 사용할 수 있을 것 같다.

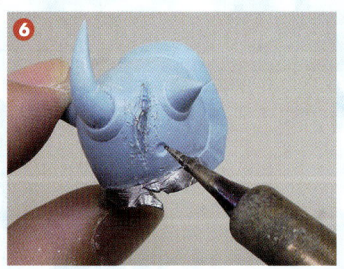
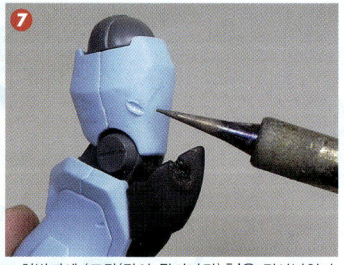

▲부품의 가공 예. '빔 사벨로 잘라진 흔적'은, 핫 나이프로 몇 번 정도 자른 다음 잘린 부분은 굴곡으로 만들었다. 그 오른쪽에 있는 '크기가 큰 탄환 흔적'은 납땜인두를 집어넣은 것이다. 라우터로 표현한 주변의 흔적과 비교해보면 대미지의 질의 차이를 잘 알 수 있다.

▲어깨 아머의 '잘린 흔적'에는, 끝이 가는 납땜인두를 사용했다. 쐐기 모양의 칼자국에, 주위의 미세하게 파인 흔적도 납땜인두 끝 부분으로 살짝 찍어서 만든 것이다. 납땜인두 끝을 부품에 대고 있으면 녹으면서 어느 정도 녹지 감각으로 알 수 있으니, 감촉을 잡으면서 작업을 하는 것이 이 표현을 잘하는 요령이다.

▲허벅지에 '도탄(탄이 튕겨나간)흔'을 집어넣었다. 납땜인두의 끝 부분이 아닌 옆면으로 대면, 이런 흔적이 생긴다. 무릎 아머 쪽의 탄흔은 이 다음에 소개하는, 향으로 낸 자국이다. 여기에 맞친 탄이 튕겨나간 이미지다.

CHECK POINT - 납땜인두 사용의 주의사항

▲납땜인두를 사용할 때는 주위를 태우지 않도록, 스탠드를 준비하자. 또한 플라스틱을 녹이면 유해한 연기가 발생하기 때문에, 충분하게 환기를 시키면서 작업을 하는 것이 중요하다.

CHAPTER 5 : 키트 개조 테크닉

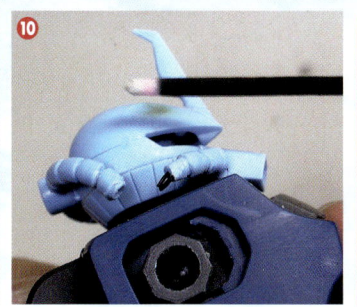
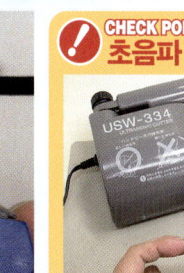

CHECK POINT
초음파 커터의 이용

▲'탄흔'이나 '파임'을 넣을 때 오래 전부터 사용된 것이 향(선향)이다. 대담한 표현은 어렵지만 가격이 저렴하고 위험이 적으니, 향에서부터 시작해보는 것도 좋을 것이다. 재를 떨기 위한 금속제 재떨이도 준비해두자.

▲향의 사용 방법은 2종류다. 부품을 가리듯이 가까이 대서 열을 전달해 표면이 들어가게 만드는 방법(사진 위)과, 직접 눌러서 구멍을 내거나 표면이 파이게 만드는 방법(사진 밑)이다. 부품에 작업하기 전에, 프라판이나 런너 태그에 시험해보는 것도 좋다.

▲머리 부분의 부품에 탄흔을 표현하기 위해 향을 대고 있는 모습이다. 직접 닿게 하지 않으면, 표면이 거칠어지지 않고 주위와의 연결에도 위화감이 적은 흔적이 만들어진다. 열이 전달될 때까지 조금 시간이 필요하니 상태를 보면서 천천히 작업하자.

▲절단 자국의 표현에 「초음파 커터」(혼다전자 / 36540엔)를 사용하는 방법도 있다. 플라스틱의 칼자국은 진동에 의한 발열로 부드러워져서 위로 올라온다. 납땜인두나 핫 나이프보다 더 세밀한 표현이 가능하다.

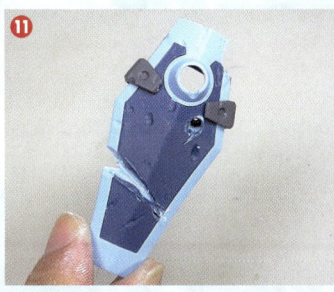

▲핫 나이프나 납땜인두로 낸 절단 자국이나 탄흔은 그대로 사용하는 것도 좋지만, 여기에 금속이 녹아서 튕겨나간 인상 깊은 표현을 해보도록 하자. 먼저 칼 자국을 더욱 넓히고 프라가 녹아서 올라온 부분도 잘라내자.

▲칼집을 에폭시 퍼티로 일단 메운다. 이렇게 하면 퍼티가 주위와 동화되는 것과 동시에, 퍼티를 붙이는 양의 기준이 되기도 한다. 주걱에는 수성 도료 희석액(알코올 계열)을 묻히면서 다루면, 퍼티가 잘 붙지 않고 표면도 매끈하게 된다.

▲퍼티의 경화가 시작되기 전에 주걱으로 칼집을 내서, 녹아서 튕겨나간 듯한 자국을 낸다. 여기서는 위쪽에서 밑 쪽으로 빔 사벨이 베고 지나간 것으로 상정한다. 이러한 흔적이 되도록 밑에서 위로 튀어 오르듯이 자국을 만들어 간다.

▲퍼티가 완전히 굳으면 주위에 붙은 여분의 퍼티를 떼어내거나, 표현이 단조로워지지 않도록 일부를 깎아내서 마감한다. 공작으로서는 여기서 끝이지만, 이러한 표현은 도색까지 고려해서 생각해야 한다. 도색 단계는 다음 페이지에서 소개한다.

파열·폭발의 표현

마지막은, 가장 큰 파손의 표현이다. '탄에 맞아서 내부에서 폭발!'이라는 대미지를 만들어 보자. 안에서도 밖을 향해 힘이 발산했다는 느낌이 부품에서 느껴질 수 있도록 표현하는 것이 포인트다.

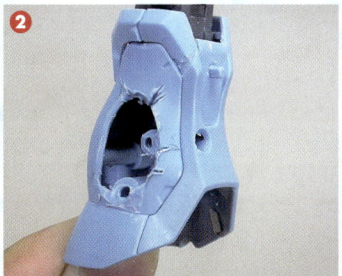

CHECK POINT
간이 본뜨기로 파손 부품을 만든다

▲파손 시킬 부분은 오른쪽 다리의 정강이다. 앞쪽에서 탄에 맞아서 내부에서 폭발, 그래서 오른쪽 면의 덕트 부품이 있는 부분부터 파열되었다 라는 이미지다. 먼저 부품을 파손시키는 범위를 그려 넣어서, 가공하는 기준으로 삼는다.

▲정강이 앞면에 탄흔 구멍을 내고, 옆면을 핫 나이프로 크게 잘라낸 상태다. 구멍을 낸 부품은 장착용 핀 일부를 사용할 수 없기 때문에, 부품의 위치를 맞추거나 강도를 다른 부분으로 확보할 수 있도록 하는 것도 필요하다.

▲파열되어 구멍이 난 부분에는 에폭시 퍼티를 발라, 거의 막힌 상태로 만든다. 퍼티 표면은 주걱으로 평평하게 밀어, 매끈하게 만든다. 또한 퍼티와 플라스틱의 경계선도 눈에 띄지 않도록 부드럽게 연결한다. 여기서도 주걱이나 나이프에는 수성도료 희석액을 묻히면서 작업한다.

▲정강이 옆면의 몰드는 잘라내기 전에, 뜨거운 물로 부드러워지는 본뜨기 재료인 「카타오모이」(웨이브 / 945엔)로 본을 떠서, 폴리 퍼티를 흘려 넣어 복제를 해두었다. 이것을 파손 형태로 깎아내고서, 다시 붙이는 방법도 있다.

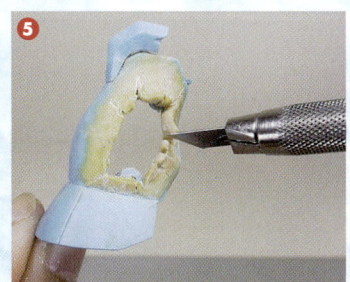

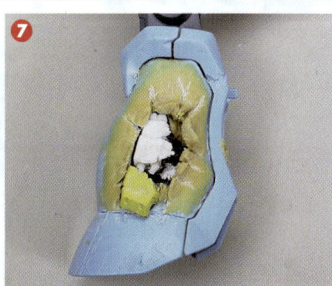

▲붙인 퍼티에 나이프로 칼집을 내서, 방사형태로 뒤집어지도록 넓혀간다. 여기까지는 퍼티의 경화가 시작하기 전에 끝내두도록 하자. 에폭시 퍼티는 1시간 정도 작업 시간을 잡을 수 있는 타미야의 에폭시 조형 퍼티(속경화 타입)를 사용했다.

▲퍼티가 경화하면 뚫린 부분의 단면을 얇게 다듬거나, 퍼티가 붙어있는 부분의 두꺼운 부분을 얇게 자르거나(내부 부품을 넣기 위해서), 표면의 자잘한 홈집을 추가하며 외관을 다듬어 간다.

▲정강이 바깥 판이 완성되면 파손상태의 덕트를 붙인다. 내부의 기계부분은 무릎관절 밑면의 부품을 베이스로, 프라 재료나 유용 부품, 퍼티 등을 채워 넣어서 그럴듯하게 만들었다. 흰 부분은 바깥쪽의 덕트 부품과 나란히 있도록 만들었다.

▲파열 상태의 오른쪽 정강이를 조립한 상태. 정강이 앞쪽 부품이나 위쪽 패널과의 접합선이 어긋나 있는 것처럼 파내고, 각 부품의 위치도 일부러 핀을 제거해서 틈새를 넓혔다. 파열의 충격이 이런 곳까지 전달되도록 고안했다. 이것으로 공작 완료다!

103

CHAPTER 5 : 키트 개조 테크닉

대미지를 강조하는 도색

대미지 표현은, 부품의 형태를 가공하는 것만으로는 충분하다고 할 수 없다. 그 대미지의 모습을 전달하는 도색을 해야지만 부품에 작업한 가공이 살아나는 것이다.

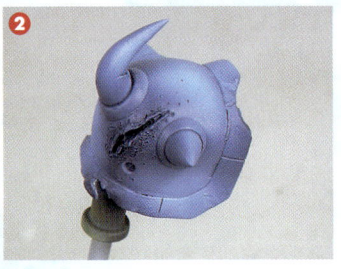

❶ ▲기체색의 도색에는, 대미지 부분의 파인 곳에 사전에 어두운 색(여기서는 락카 계열의 검은색+갈색을 사용)을 발라두면, 나중에 기체색을 에어브러시로 덧칠했을 때, 들어간 부분에 어두운 색이 남아서 음영이 생긴다. 이것으로 대미지 부분의 굴곡이 더욱 강조된다.

❷ ▲기체색을 덧칠한 모습이다. 색을 3단계로 나눠서, 점점 더 밝아지도록 그라데이션을 넣고 있다. 처음에 칠한 파인 곳의 안쪽까지 전부 칠하지 않도록 얇게 칠하거나, 에어브러시로 뿌리는 방향을 바꿔준다. 오염물이 쌓이는 부분이나 그을린 것과 같은 대미지 부분도, 어둡게 남겨두면 이후의 도색과도 쉽게 동화된다.

❸ ▲찢기고 잘려서 금속면이 드러난 표현이다. 이 작품에서는 부서진 단면의 금속색은 은색에 검은색, 갈색, 파란색을 조금씩 섞어 광택을 억제해서, 흐릿한 색으로 만들었다. 부서진 단면의 도색은 그 색깔만을 칠하는 것뿐만 아니라, 단면의 굴곡이 강조되듯이, 검은색 계열의 바탕색 위에 음영이 들어가도록 칠한다.

⚠️ CHECK POINT
붓 칠로 들어간 부분 표현

▲허리 아머는 팔이나 무장과 접촉해서 세세한 흠집이 생길 것 같은 장소다. 그래서 기체색보다 더 어두운 색을 군데군데 붓으로 칠해 흠집자국을 표현해보았다. 부품은 평평해도 농담의 차이로 안쪽으로 들어간 것처럼 보인다. 칠하는 색을 금속색으로 하면, 도색이 벗겨진 것처럼 보이기도 한다.

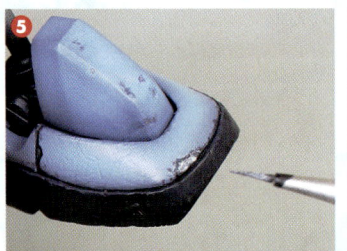
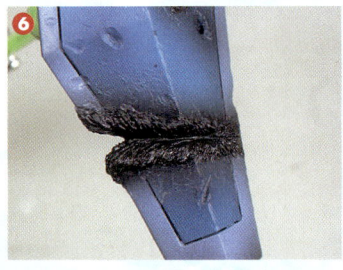

❹ ▲도색이 벗겨져서 바탕색이 나온 것 같은 부분의 표면은, 한 가지 색으로만 도색하면 지나치게 깔끔한 인상을 준다. 그렇기 때문에 가장자리와 면 중앙의 2색을 사용해서 칠하면 된다. 사진은 1단계로 진한 회색을 칠한 상태다.

❺ ▲다음으로 면의 중앙의 바탕색으로서 은색 계열을 칠한 모습이다. 층이나 단면의 모습이 느껴져서, 깊이감이 생긴다. 먼저 면 중앙의 색을 칠하고, 가장자리를 다음에 칠해도 된다. 단순한 평면에서도 이러한 도색법으로 도료막이 벗겨진 듯하게 보일 수 있는 것이다.

❻ ▲빔 사벨로 인한 절단 자국의 도색이다. 위에서 도색한 방법으로 기본색을 칠하고 전체에 그라데이션을 넣고 나서, '용해흔'에 검은색, 갈색과 같이 타 들어간 것과 같은 색을 덧칠해서 형태를 강조하고 있다.

❼ ▲그리고 '용해흔'의 정점 부분에는 은색을 군데군데 붓으로 칠해서, 녹아서 굳은 것과 같은 금속감을 표현했다. 그리고 클리어 옐로, 클리어 레드를 얇게 에어브러시로 덧칠하여 금속감이나 주변이 열로 변색된 표현을 해줬다.

MS-07B-3 구프 커스텀

부품의 가공에서 도색까지, 대미지 표현으로 가득 채워진 구프 커스텀이다. 각각의 공정이 도색 후에 어떤 효과를 냈는지, 전부 다 소개할 수 없었던 부분의 해설과 함께 감상해보자. 대미지 표현은 「어디에 어떤 대미지를 입는가?」, 「어떤 파손상태가 되는가?」등 자기 나름대로 생각해서, 이미지를 넓혀 가면서 만들어가는 것도 흥미로운 부분이다. AFV나 항공기가 피탄 당한 모습을 참고하는 것도 좋고, 모형으로서의 시각적 효과를 우선해서 화려한 표현을 더해보는 것도 좋을 것이다. 이렇게 완성한 작품은 단품이라도, 이 기체가 어떻게 다뤄지며 어떤 전장을 해쳐 나왔는가와 같은 이미지를 보는 쪽에 전할 수 있다. 그러한 의미에서는 디오라마 베이스는 없지만 정경적인 작품이라고도 할 수 있겠다.

사용 키트
- 하이 그레이드 유니버설 센추리 MS-07B-3 구프 커스텀 ● 발매원 / 반다이 하비 사업부
- 1680엔 ● 플라스틱 키트 ● 1:144 스케일, 전고 약 13cm

▲개틀링 쉴드도 별도로 제작했다. 총신은 프라봉으로 다시 만들고, 사벨로 잘려 나간 상태로 만들었다. 방탄판의 탄흔에도 주목하자

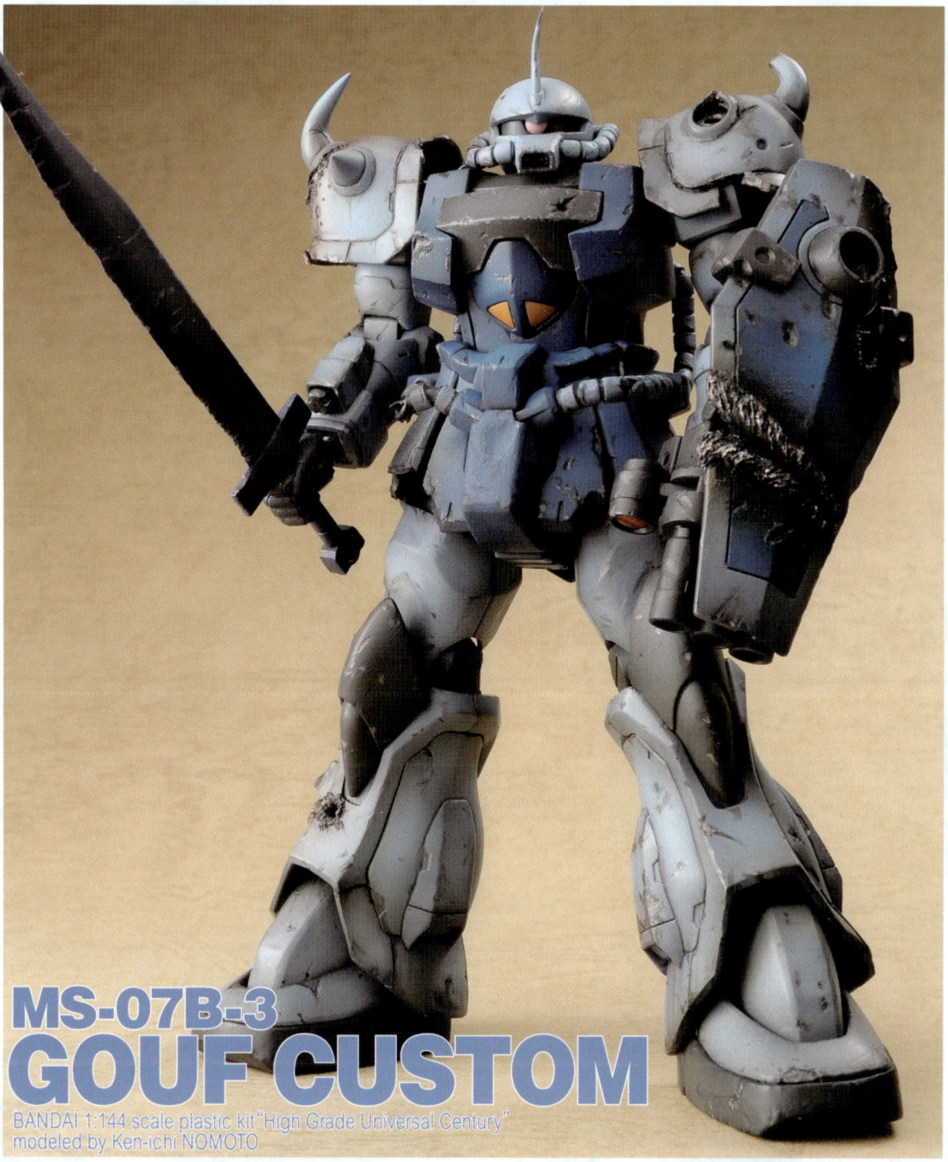

MS-07B-3
GOUF CUSTOM

BANDAI 1:144 scale plastic kit "High Grade Universal Century"
modeled by Ken-ichi NOMOTO

▶빔 사벨로 잘린 자국은 끈적하게 녹은 것인 아닌, 녹아서 튀어나간 듯한 이미지다. 실드를 옆으로 해서 막은 상태에서 세로로 잘렸다고 상정했다.

▼오른쪽의 무릎은 피탄에 의해 아머가 틀어졌다. 정강이는 앞면의 피탄으로 인해 안쪽에서 파열된 상태다. 관통한 장소에서 폭발로 연결되는 운동에너지가 느껴지는가?

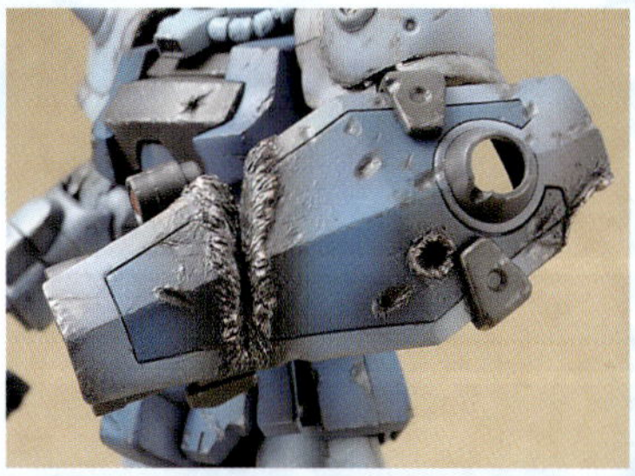

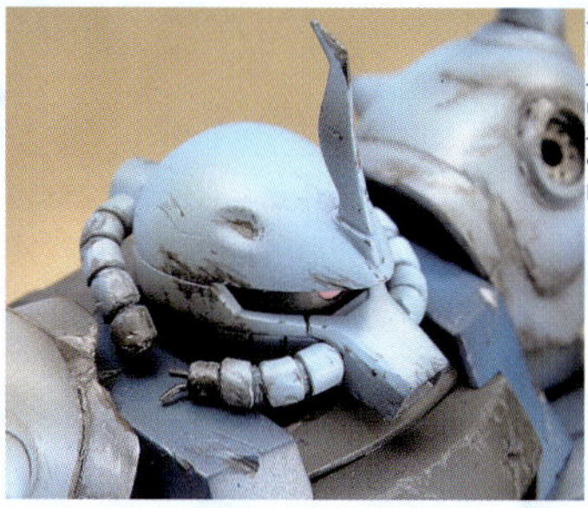

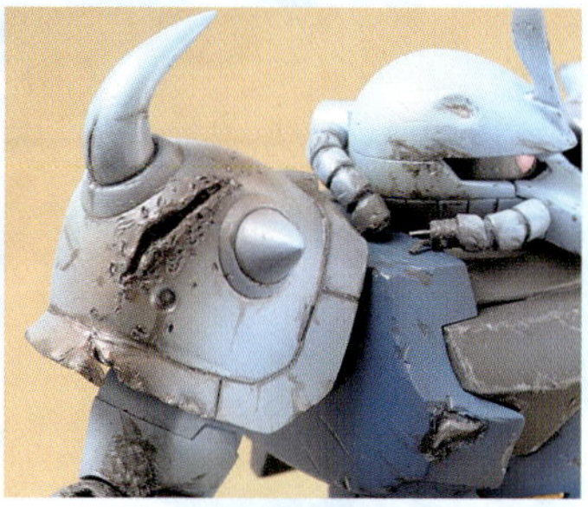

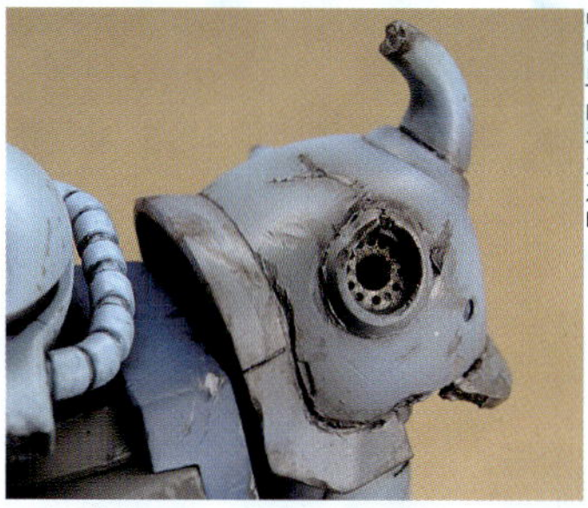

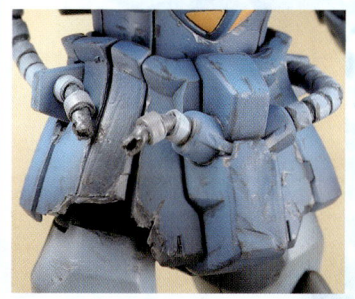

▲등 부분은 대미지를 많이 주지 않았지만, 튀어나와 있기 때문에 자주 부딪히고 장갑도 얇지 않을까? 라고 생각해 백팩을 울퉁불퉁하게 만들었다.

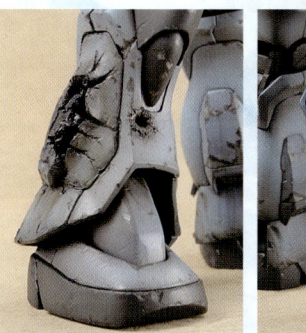

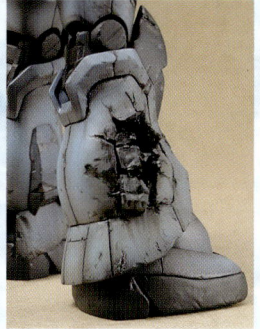

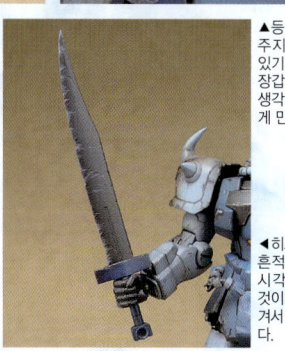

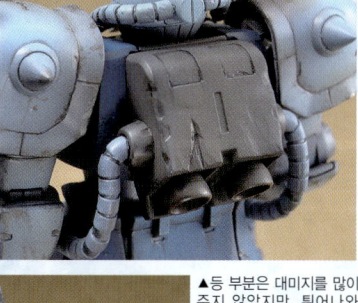

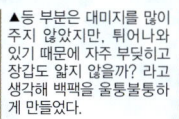

◀히트 사벨에는 날이 나간 흔적이 많이 있다. 이것은 시각적인 박력을 우선한 것이다. 아트나이프로 두들겨서 날이 나간 것을 재현했다.

◀머리 부분의 피탄흔은 향으로 만든 자국이다. 뿔은 접합 부분에 단차를 주고, 전체적으로 샤프하게 만들었다. 동력 파이프는 잘려서 케이블이 삐져 나온 상태로 만들었다.

◀뿔이 뜯겨져 나간 왼쪽 어깨. 뿔의 접합 부분이나 링 부분 안쪽은 바탕색처럼 보이는 금속색을 칠해주어 선명하게 차이가 나게 만들었다. 이것은 부러진 뿔 단면도 마찬가지다.

◀잘린 흔적이 생생한 오른쪽 어깨 아머. 납판으로 바꾼 부분은, 가장자리가 물결치듯 우그러든 느낌에 주목하자. 주위와 시각적인 위화감도 없다.

◀동력 파이프가 잘린 부분은 2㎜의 소프트 프라봉에 구멍을 뚫은 것이다. 파이프는 안이 비어서 기체가 지나다니는 이미지다.

◀장갑판이 떨어진 왼쪽 다리의 끝단 부분. 손상되어 떼어낸 것인지, 부품이 공급되지 않는 것인지. 전차의 스커트 아머의 이미지로 떼어 보았다.

◀발목은 알루미늄 테이프를 붙여서 세밀한 굴곡을 집어 넣었다. 실제로 소재가 다른 것 같은 표현이 되어있다. 검은 부분은 경질고무라고 상정했다.

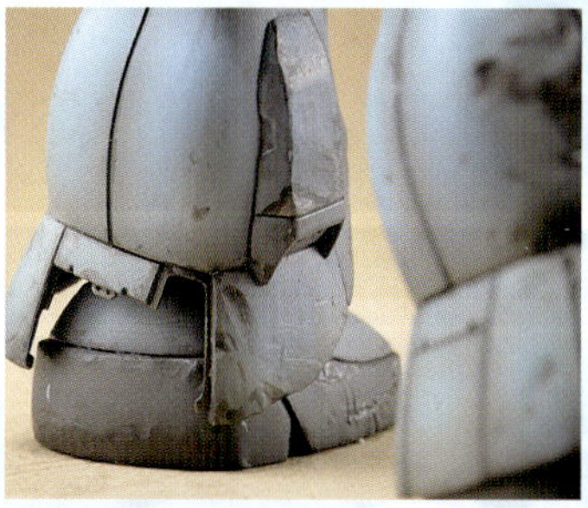

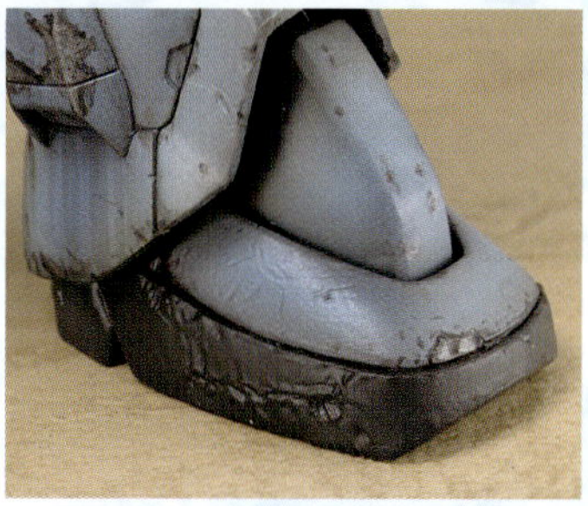

CHAPTER 5 : 키트 개조 테크닉

② 프로포션 변경
～RG 샤아 자쿠를 작화 스타일로 어레인지 하자～

RG 샤아 전용 자쿠는 가동 기구나 부품 형태, 디테일 등 다양한 요소를 파고든 모형으로서 자쿠의 리얼함을 추구한 걸작 키트다. 이번에는 거기에 담긴 기구와 형식을 베이스로 하여 'TV판 작화 스타일'의 이미지를 살려보도록 하자. RG 자쿠의 외장 부품은 세밀하게 분리되어 있긴 하지만, 형태를 잘 이어만 주면 부드러운 이미지도 충분히 내포하고 있다. 그것을 철저하게 살리고 폴리 퍼티와 프라판을 사용하여 각부의 형태를 변경. 거기에 표면 몰드를 줄여주는 공작을 행했다.

작화 스타일이란?

'작화 스타일'이란 설정화와 또 다르게 다양한 장면에서 받은 인상이라서 「이거다!」라고 말하기는 어렵지만, 전체적으로는 '블록의 집합체' 같은 로봇이 아닌 '옷을 입은 사람'처럼 그려진 모습을 말하는 것이다. 제작에 있어서는 베이스 키트의 내용을 바탕으로 자기 나름대로의 인상과 맞춰가는 것이다. 스트레이트 빌드와 가공을 마친 상태를 비교해서 구체적인 변경점을 소개한다.

CHECK POINT
주요 변경점

● **머리**
안테나를 없애서 양산형으로

● **왼쪽 어깨 스파이크 아머**
전체를 작게, 어깨 블록에 밀착되는 느낌으로. 스파이크는 삼각 김밥 모양으로.

● **오른쪽 어깨 실드**
폭을 넓히고 윗면을 짧게. 각은 완만한 곡선으로.

● **등**
백팩을 양산형으로

● **팔**
위팔을 굵게 해서 어깨 블록과의 차이가 적게. 아래팔은 자연스럽게 하고 각을 둥그스름하게.

● **손목**
한 치수 크게

● **허리 아머**
밑단을 길게 하고 뒷면을 길게. 밑단의 경사를 없앤다. 사타구니 블록을 큼직하게

● **다리**
다리 접속 부분(고관절)을 좌우로 벌린다. 허벅지를 굵게. 정강이 밑단이 발 모양으로 벌어지는 형태로. 발끝부터 뒤꿈치를 하나로. 동력 파이프를 기부 부품 없이 연결

● **전체**
패널라인과 작은 몰드를 메워서 매끈한 면으로 만든다.

● **관절**
기본적인 가동 기구와 프레임을 살리고, 세밀한 부분은 형태를 우선시 해서 고정한다.

▲RG 샤아 전용 자쿠 스트레이트 빌드 상태. 가동 기믹과 프로포션, 조립 순서 등 다양한 요소를 고려해서 제작된 최신 '자쿠'. 물론 이대로도 충분히 완성도가 높지만, 이번에는 다른 방향으로 만들었다.

▲작화 스타일 이미지의 양산형 자쿠로 개수한 상태. 모형으로서의 정밀감보다 분위기를 중시했기에 '두리뭉실한 느낌'도 들지만, '허술한' 것은 아니다. 어깨에서 손, 허리에서 발끝으로 흐르는 선을 중시했다는 것을 알 수 있다.

개수한 뒤의 각 부분……

위에서 소개한 포인트를 따라 개수한 각 부품의 모습을 소개한다. 공작 방법에 대해서는 나중에 설명. 부품의 색을 보면 과정을 상상할 수 있을 것이다.

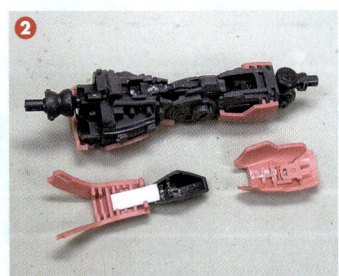

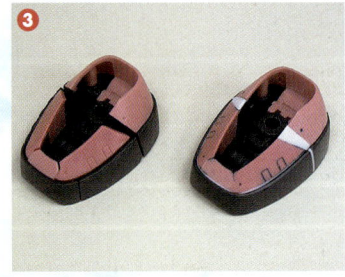

▲허벅지에서 발끝까지를 비교. 노란 부분이 폴리 퍼티를 붙인 곳. 허벅지 측면의 볼륨을 크게 해서 단면이 원형에 가깝게 됐다. 정강이는 퍼티를 이용해 부드러운 라인으로. 끝자락이 벌어지는 위치를 낮게 하고 폭을 좁게 했다.

▲허벅지의 슬라이드 장갑과 무릎 아머를 고정. 프레임과 간섭하지 않게 안쪽을 깎았다. 무릎 아머 뒤쪽에 프라판을 붙여서 정강이 뒷면에 접속되도록 변경. 정강이 부품 전체를 후조립 하기 위해, 정강이 안쪽 프레임의 걸리는 부분을 깎아줬다.

▲발은 키트의 형태를 유지. 발끝과 뒤꿈치의 가동을 없애서 라인을 연결시켰다. 발끝은 그대로 밀착시키고, 사이에 프라판을 물려서 이어줬다. 윗면과 아랫면 사이에 틈이 있어서 프라판으로 메워주고 접합선을 조정. 발바닥은 노즐 부품을 살려서 평평하게 했다.

▲다리의 동력 파이프는 정강이, 허벅지 모두 안으로 들어가있는 느낌으로 하고 싶었기에 기부의 접속 부품을 사용하지 않았고, 시판하는 지름 2mm 스프링 파이프를 길이 38mm로 잘라서 사용. 파이프 아래쪽 끝 부분이 걸릴 수 있게 했다. 스프링의 고정과 보조를 위해 전선을 끼웠다.

CHAPTER 5 : 키트 개조 테크닉

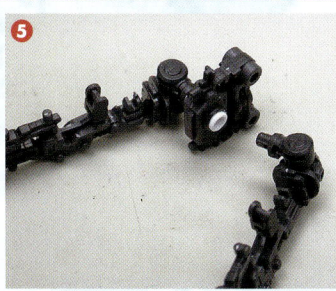
▲고관절 중앙의 축받이 부분을 변경. 키트의 구멍을 크게 해서 4mm 프라 파이프를 꽂고, 안쪽을 2.8mm 드릴로 뚫어줬다. 파이프 길이는 좌우로 1mm씩 튀어나오도록 했고, 이걸로 다리 고정 위치가 벌어졌다. 축 고정력도 확실하다.

▲좌우 스파이크 아머 가장자리를 깎아서 작게 만들었다. 스파이크 위치는 중앙만 조금 내려놨다. 위팔은 어깨 블록 밑면과 비슷한 정도로 폭을 넓혔다. 아래팔은 키트 부품이 자연스럽게 이어진 형태로. 손은 HGUC 구프 커스텀의 것을 사용. 손등은 사다리꼴이 되도록 깎아줬다.

▲팔은 이렇게 분해를 할 수 있어, 도색한 후에 조립할 수 있다. 이러한 후조립 화는, 형태 가동에 들어가기 전의 프레임과 외장이 어디서 고정되고 어느 부분을 깎아내도 괜찮을지를 잘 관찰해서 계획을 세워 놓는다. 손목의 축이 시판되는 지름 3mm의 볼 축을 사용.

▲어깨 아머는 어깨 블록에 될 수 있는 한 밀착시키기 위해서 접착 부분을 변경. 어깨 블록 안에 롤링 십자 폴리캡을 넣고 아머 쪽은 2mm축, 지름 3mm의 볼 조인트를, 스파이크 안쪽을 깎아내서 조립했다.

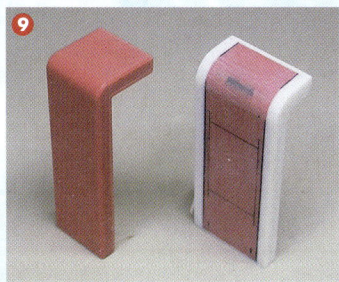
▲실드 양쪽에, 2.5mm 프라판을 붙여서 폭을 넓혔다. 먼저 1.5mm씩 늘렸지만 그래도 좁아 보여서 1mm씩 더 붙였다. 윗면은 3mm 짧게 하고, 각은 키트보다 완만한 곡선으로 만들기 위해 부품이 뚫어질 정도로 깎았다.

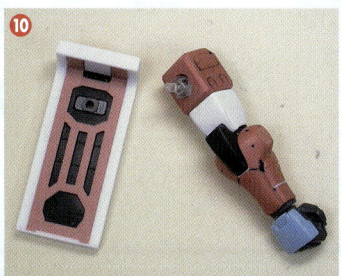
▲실드를 어깨 블록에 밀착시키면서 가동 범위를 확보하기 위해 소형 볼 조인트로 변경. 어깨 블록 외장을 관통해서 안쪽 부품에 꽂은 것이다. 축의 위치는 키트와 같다.

▲허리 아머. 앞뒤 아머의 분할된 부분의 접합선을 정리해서 한 장의 판으로 만들었다. 아래쪽은 프라판으로 연장. 앞쪽은 조금, 뒤쪽은 길게. 밑단의 라인이 자연스럽게 이어지도록 했다. 좌우 아머가 허벅지에 밀착되도록 끝 부분을 얇게 깎아줬다.

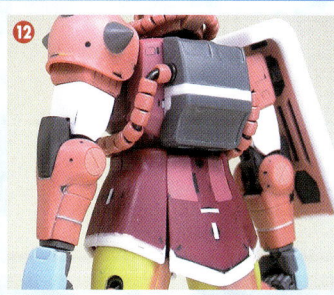
▲RG 샤아 자쿠용 백팩이 너무 커서 HGUC 자쿠의 것을 사용. 일단 위 아래로 잘라내고 프라판을 이용해 2mm 연장, 파이프 접속 위치가 달라져서, 등의 형상에 맞춰서 파이프 구멍을 다시 만들었다. 버니어 노즐은 작품 중의 장면을 참고해서 아래쪽에 만들었다.

폴리 퍼티로 형태 변경

지금부터는 구체적인 형태 변경을 하겠다. 먼저 폴리 퍼티(폴리에스텔 퍼티)를 사용한 부분. 폴리 퍼티는 굳은 후에 깎아내는 것이 기본적인 사용 방법. 이번 제작의 포인트이기도 한 정강이 부품을 예로 들어, 퍼티 붙이기부터 완성까지를 소개한다.

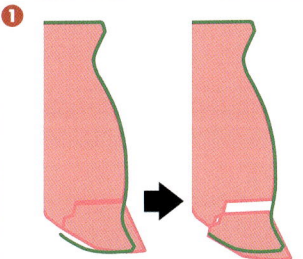
▲정강이 개조를 그림으로 그려봤다. 먼저 왼쪽 핑크색 라인이 키트의 정강이 측면인데 초록색 모양으로 변경하려고 한다. 왼쪽 대로라면 뒤쪽에 퍼티를 채우고 깎아내야 하지만, 가장자리와 안쪽 면의 완성도를 고려해서 오른쪽 그림처럼 밑단 부품을 옮겨주고, 그것을 바탕으로 작업하기로 했다.

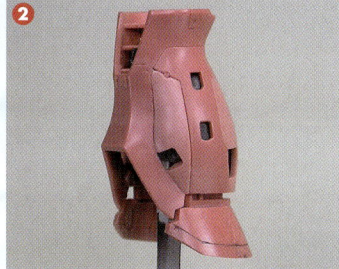
▲이것이 실제 뼈대가 되는 정강이 부품. 각 면을 붙이고 정강이 부품을 그림처럼 내려서 접착했다. 정강이 부품을 분해해서 아래쪽에서 붙인 느낌이다. 아래로 내린 만큼, 나중에 잘라낼 부분을 선으로 표시했다.

▲폴리 퍼티를 섞어주자. 경화제를 적절히 섞은 뒤에 순간 접착제를 약간 섞어주면 경화가 촉진되서 절삭 가공까지의 시간이 줄어든다. 작업을 빨리 하고 싶을 때에 추천하는 방법으로, 이번에도 많이 사용했다.

> **CHECK POINT**
> ### 붙일 면을 거칠게 해두자
>
> ▲퍼티가 플라스틱에 잘 붙기 위해서는, 표면에 사포 등으로 흠집을 내주면 좋다. 참고로 이 사진에서 사용한 것은 허벅지 부품이다.

▲폴리 퍼티를 붙인 상태. 필요한 양보다 많이 붙여서 부족하지 않게 하는 것이 무난하다. 점도가 높으면 붙이기는 쉽지만 표면에 요철이 생기기도 쉽다. 예의 사진에서는 약간 점도가 높다. 점도를 낮추고 싶을 때는 락커 도료의 희석액을 약간 섞어주면 된다.

▲경화가 시작되고 30분~1시간 정도면 절삭성이 좋아서 나이프로 잘라내기도 쉽다. 큰 작업은 이 시간에 해 두자. 시간이 지나서 단단해지면 쇠줄이나 거친 사포로 깎아주면 된다. 가루가 많이 날리니 마스크 등을 착용하자.

▲미묘한 형태 수정은 딱딱해진 뒤에 하는 쪽이 쉽다. 사진은 우묵한 곡면을 만들기 위해 둥근 봉에 감은 사포 끝으로 깎아주는 모습이다. 쇠줄 등을 대기 힘든 우묵한 부분에는 이런 방법도 유효하다.

> **CHECK POINT**
> ### 퍼티를 붙이고 싶지 않은 부분의 마스킹
>
> ▲폴리 퍼티를 붙이고 싶지 않은 부분에는 이형제(기름)를 발라주거나, 붙지 않도록 소재로 마스킹을 하자. 여기서는 위쪽에 프라판을 대서 막아주고, 아래쪽 프레임에는 테이프를 붙였다.

107

CHAPTER 5 : 키트 개조 테크닉

▲폴리 퍼티가 딱딱해진 뒤에 깎거나 다듬기 힘든 부품 뒷면의 절삭에는, 모터 툴(라우터)을 사용하면 편하다. 찌꺼기가 잘 날리니 청소기 등으로 빨아들이면서 작업하면 좋다.

▲사포로 대충 깎아서 이미지에 가까운 형태로 만들었다. 표면에 흠집이 남더라도 우선은 목적한 형태에 근접하는 것이 중요. 이 뒤에는 형태를 유지하면서 표면의 흠집과 '기포'를 정리하는 단계로 들어간다.

▲폴리 퍼티가 경화되면서 퍼티 표면과 내부에 기포가 생기는데, 이것을 깔끔하게 메워줘야 한다. 메울 때는 먼저 기포 구멍이 표면에 드러나도록 한다. 표면에 보이는 것뿐만 아니라, 얇은 피막 뒤에 숨어있는 기포는 브러시로 표면을 두들겨 주면 '구멍'이 된다.

! CHECK POINT
폴리 퍼티를 섞는 작업판

▲퍼티나 접착제를 섞을 때는 스며들지 않고 벗겨내기 쉬운 작업판이 있으면 편리하다. 필자의 경우에는 두꺼운 종이에 박스 테이프를 감고 귀퉁이를 잘라낸 것을 팔레트로 사용한다. 테이프 표면을 벗겨내면서 몇 번이고 쓸 수 있다.

▲기포를 메우는 방법은 여러 가지 있지만, 초기 단계에서는 다시 퍼티를 발라서 메우는 쪽이 작업하기 쉽다. 사진에서는 폴리 퍼티의 점도를 낮게 조정해서(락커 도료 희석제를 섞어서) 면봉으로 문질러주고 있다. 점도가 낮으면 굳으며 수축되니, 위로 조금 부풀어오른 느낌으로 발라주면 좋다.

▲마무리는 사포로. 표면을 매끈하게 다듬어주는 작업이니 너무 세게 하지 말자(너무 많이 하면 또 기포가 생긴다). 부드럽게 연마되도록 고운 사포에 물을 묻혀서 작업하는 '물사포'를 하고 있다. 사포를 휘게 만들어 작업하면 곡면을 처리하기 쉽다.

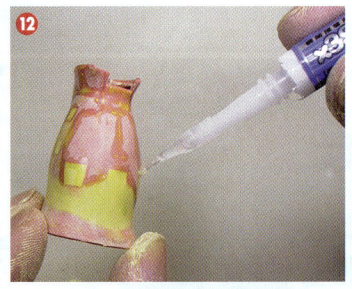
▲폴리 퍼티와 플라스틱의 경계면이 벗겨지거나 깨지는 경우가 있다. 또한 퍼티가 수축해서 단차가 생기는 경우도 있다. 이것을 막기 위해 경계에 점도가 낮은 순간접착제를 흘려 넣는 것도 좋다. 나중에 사포로 다듬어주자.

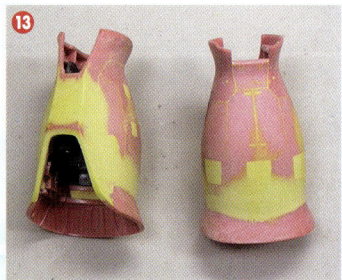
▲폴리 퍼티를 붙이고 다듬기, 기포 메우기까지 끝난 정강이 부품. 플라스틱 부품과 퍼티까지 매끈하게 정리되었다. 이 뒤에 최종적인 확인과 작은 흠집 처리, 도료가 잘 정착되도록 하기 위해 서페이서를 뿌리고 도색으로 들어간다.

프라판을 이용한 볼륨 변경

이어서 프라판, 프라봉 등의 플라스틱 재료를 이용해 부품을 연장하거나 폭을 넓히는 방법을 알아보자. 접착이나 정형도 키트와 마찬가지. 두께와 형태가 정해져 있으니, 적당히 늘리거나 간단한 형태를 만들 때에 좋다.

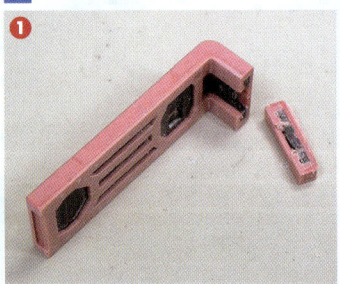
▲오른쪽 어깨 실드의 형태 변경. 실드 부품을 조립하고, 짧게 만들기 위해 위쪽 부분을 잘라낸다. 잘라낸 단면이 'ㄷ'자가 되기 때문에, 프라판 1장을 붙여서 정리해준다. 그리고 실드의 좌우에 프라판을 붙여서 폭을 넓혀준다.

▲폭을 넓히는 프라판은 필요한 형태보다 크게 잘라서 붙이고, 부품 형태에 맞춰서 깎는다. 좌우 양면에 붙인 프라판 부분이 같아지도록 큰 금속줄로 갈아준다. 몰드 메우기(오른쪽 페이지에서 설명)를 한 부분도 마찬가지로 정형한다.

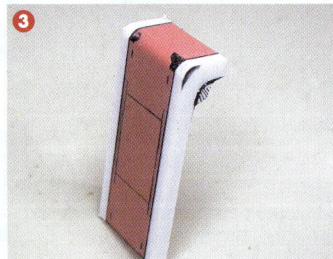
▲옆면 윗면의 정형이 끝난 상태. 폭을 넓힌 부분에서 부품 표면까지 깨끗하게 정리되었다. 각은 부드러운 곡면으로 만들어서 안쪽 가장자리는 부품보다 튀어나와 있다. 옆면에 검게 칠한 부분의 형태로 깎아낸다.

▲왼쪽이 키트 부품 형태, 오른쪽이 가공이 끝난 실드. 폭이 넓어진 것이나 윗면이 짧아진 것을 비교할 수 있다. 또한 각을 둥글게 한 부분은, 단순하게 둥글게 만든 것이 아닌, 크고 일정한 곡면으로 되도록 만든다. 곡면의 안쪽도 옆에서 볼 때 두께가 변하지 않도록 맞춘다.

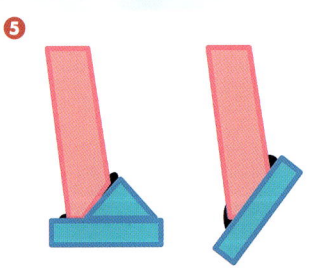
▲이어서 허리 아머 연장을 예로, 가공 절차를 소개하겠다. 그림의 핑크색 부분이 키트의 허리 아머 밑단. 파란색이 플라스틱 자재다. 플라스틱이 꺾인 형태로 되어있어, 거기에 맞춰 프라판을 붙이고 여백을 깎아내는 식으로 진행한다.

▲사이드 아머 연장 예. 그림 왼쪽처럼 테두리가 비스듬하게 되어있어서, '아래'의 길이를 늘리기 위해 프라판을 붙이고 경사면에는 삼각 봉을 감아주듯이 붙였다. 틈새 메우기도 겸해서 순간 접착제로 고정. 그 뒤에 여백을 깎아준다.

▲프론트 아머의 연장 예. 오른쪽처럼 비스듬한 면을 그대로 프라판을 붙여주고, 각이 꺾이는 부분의 틈새는 순간 접착제(검은색 부분)로 메웠다. 이런 틈새나 골을 메우는 데는 순간 접착제와 경화촉진제를 같이 사용하면 편리하다.

▲부품의 모양을 따라 여백을 깎아내고 길이를 연장한 허리 아머. 아직 테두리의 마무리 작업이 남은 상태다. 연장 부분을 길게 남겨두고, 가조립을 해가면 주위와의 밸런스를 맞춰서 줄여주고 형태를 다듬어 간다.

CHAPTER 5 : 키트 개조 테크닉

▲이번에는 사타구니 블록의 폭을 넓히는 예. 측면 앞뒤와 위아래가 우묵하게 되어있어, 그대로 판을 붙이면 큰 틈이 생긴다. 앞에서처럼 순간 접착제로 메우는 방법도 있지만, 이 정도는 프라판 만으로 해결 하는 것도 가능하다.

▲완만한 구면에 붙일 경우에는 적당하게 자른 프라판을 비틀듯이 구부려준다. 이것을 반복하면 프라판이 부드러워져서 곡면을 잡기 쉬워진다. 해보면 의외로 간단.

▲그렇게 해서 폭을 넓히기 위해 붙인 상태. 판의 라인을 보면 전체적으로 완만한 커브를 그리고 있는 것을 알 수 있다. 이 경우에도 여백을 남기고 붙인 뒤에 필요한 부분만을 남기고 깎아준다.

▲형태를 정리한 사타구니 블록. 프라판이 키트 부품에 밀착한 것을 알 수 있다. 아래쪽도 같은 방법으로 프라판을 겹쳐 붙여서 연장한다. 연장한 뒤에는 흠집 체크와 바탕색을 위해 서페이서를 뿌리고, 그 뒤에 도색으로 들어간다.

순간 접착제로 몰드 메우기

부품을 붙인 뒤의 틈새나 얇은 패널라인을 메우는데 편리한, 순간 접착제와 경화 촉진제를 사용하는 방법. 빨리 굳기 때문에 플라스틱 퍼티보다 빠르게 작업할 수 있다. 그 방법을 각 부품의 일례를 통해 소개하겠다.

▲틈새나 패널라인을 메우기 위해 순간 접착제를 바르고 있다. 메워진 상태를 확인하기 쉽도록 웨이브의 「검은 순간 접착제」를 사용했다. 점도가 높아서 작은 틈새에 흘려 넣기 힘들어, 점도가 낮은 「하이 스피드」와 섞어서 점도를 낮췄다.

▲순간 접착제는 보통 양쪽을 물려서 밀착시키면 굳는 것이다. 바르기만 해서는 바로 굳지 않으니, 경화 촉진 제를 뿌려서 빨리 굳게 한다. 경화 촉진제를 조금만 뿌려도 효과가 있다. 냄새가 심하니 환기를 잘 하면서 사용하자.

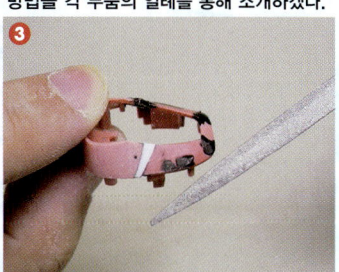
▲붙인 접착제가 굳으면 사포로 갈아서 모양을 다듬자. 굵은 사포나 소형 쇠줄로 다듬으면 좋다. 프라판 가장 자리 등에 검게 남아있는 부분이 순간 접착제로 메운 부분이다.

▲왼쪽이 순간 접착제를 바르고 굳은 상태. 오른쪽은 사포로 다듬은 상태. 접합면에 생긴 작은 홈이나 패널라인 등도 확실히 메워졌다. 이 예에서는 검은 색을 사용했지만, 일반적인 투명 순간 접착제를 사용하면 메운 부분이 눈에 띄지 않게 할 수 있다.

▲스파이크 아머 표면의 요철 몰드를 다듬기 위해 순간 접착제를 발랐다. 틈새 메우기보다는 퍼티를 얇게 바르 는 듯한 방법이다. 바르고 굳히는 것까지는 앞에서 설명한 것과 같다.

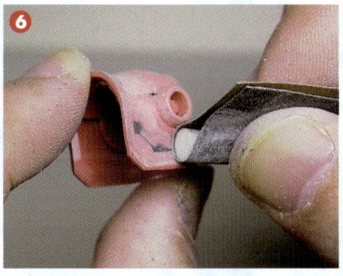
▲단차를 없애는 느낌으로 깎아주면 오목한 부분에는 순간 접착제가 남게 된다. 「검은 순간 접착제」는 굳은 뒤에도 일반 순간 접착제보다 부드러워서 깎기 쉽다. 이처럼 플라스틱 표면과 접착제를 함께 깎아주는 경우에 좋다.

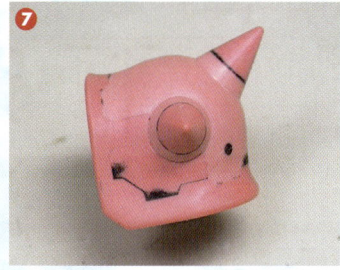
▲단차 몰드와 뿔의 접합선을 순간 접착제로 메우고 표면을 정리한 스파이크 아머. 표면에 넓게 남아있어도 플라스틱 표면과 질감이 크게 다르지 않아서 작업에 큰 지장은 없다. 참고로 이번 작례에서는 스파이크를 더욱 작은 것으로 변경했다.

CHECK POINT
순간 접착제의 발포

▲경화 촉진제를 이용해 강제로 굳히면, 발포 하면서 내부에 기포가 생기는 경우가 있다. 깎았을 때에 기포가 남아있으면 다시 순간 접착제를 발라서 메우면 된다. 그 때는 점도가 낮은 것을 사용하는 것이 좋다.

사포질·응용편

마지막으로 사포질의 응용으로 형태를 다듬는 것을 소개하겠다. 여러 가지 소재를 잘 사용하면, 효율적으로 깨끗하게 정형을 할 수 있다.

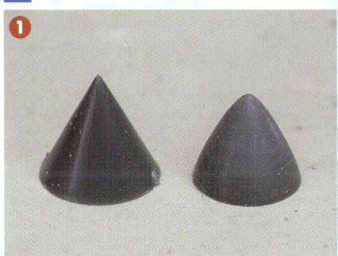
▲스파이크 아머의 뿔을 오른쪽처럼 삼각 김밥 모양으로 변경했다. 왼쪽은 원형인 코토부키야 MSG 프라 파트 「스파이크」 7mm. 이것도 사포를 이용해 오른쪽 모양으로 만들었다.

▲스파이크를 다듬는 중. 스파이크 부품에는 축을 끼워서 손가락으로 돌렸다. 동그랗게 휜 사포에 대고 돌리면서 깎아준다. '선반 작업'을 손으로 하는 요령이다.

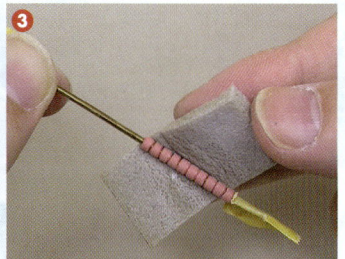
▲동력 파이프의 파팅 라인 다듬기. 황동선이나 프라 파이프에 끼우고 난 뒤에 다듬으면 좋다. 스펀지 사포를 감아서 앞뒤로 쓸어주자.

▲이번에는 '작화 스타일 RG 자쿠' 제작의 주요 공작을 소개했다. 직접 다루지 않은 부분도 같은 방법이나 응용한 방법을 이용해서 작업했으니, 사진을 보면서 조금 상상해 보면 좋을 것이다.

109

CHAPTER 5 : 키트 개조 테크닉

MS-06 ZAKU II

BANDAI 1:144 scale plastic kit "Real Grade" conversion
modeled by Ken-ichi NOMOTO

MS-06 자쿠 II

'작화 스타일 이미지'라는 테마로 만들어 본 RG 자쿠. 작업한 부분을 지금까지 소개했지만, 전체적으로 바꿔주는 것이 아닌, 디테일을 없애거나 모서리를 부드럽게 만드는 작업만 하고 활용한 부품도 많다. 「이럴 거면 굳이 RG를 베이스로 쓸 필요가 있는가?」라고 생각할 지도 모르지만, 활용할 수 있었던 부분이 많았던 것도 RG 자쿠를 베이스로 선택한 이유다. 이 작품을 보고 「그 장면의 분위기와 닮았다」라던지 「나라면 이 부분을 좀더 강조했을 텐데」라고 생각해주면 좋겠다. RG의 프레임 구조는 후조립 할 방법만 찾으면 외장과 관절을 분리할 수 있기 때문에, 외관을 개조하는 것이 쉽다고 할 수 있겠다. 여기서는 허벅지 부분을 후조립 할 수 없어서 프레임에 붙인 채 가공했다. 디테일 면에서는 패널라인을 메우기는 했지만, 별도 부품으로 되어있는 작은 해치 등은 남겨뒀다. 도색은 옅은 색과 진한 색의 녹색을 덧칠해서 그라데이션을 집어 넣었다. 또한 이 작품은 P.158 「장면을 연출해 보자」에서도 활용한다.

사용키트
● 리얼 그레이드 MS06S 샤아 전용 자쿠
● 발매원 / 반다이 하비 사업부 ● 2625엔 ● 플라스틱 키트 ● 1:144 스케일, 전고 약 13cm18cm

▶▶ 정교한 디테일의 RG 자쿠를 기반으로, 둥그런 모습으로 변모한 자쿠. 이런 스타일로 이미지를 바꿔주는 것도 개조작업의 즐거움이다. 어디까지나 '작화 스타일'로 만든 것으로, 마킹도 없는 상태로 만들었다.

◀ HGUC 양산형 자쿠와의 비교. 몰드를 생략하고 프로포션을 약간 살찌게 한 인상은 RG 샤아 전용 자쿠와 HGUC와는 또 다르다. 정강이가 비슷하지만 발목의 어깨의 인상이 많이 달라졌다. 좌우의 RG 샤아 자쿠와를 보면 목을

CHAPTER 5 : 키트 개조 테크닉

◀RG의 특징인 슬라이드 장갑은 고정했지만, 프레임 가동에 간섭하지 않도록 안쪽을 가공해서 이런 포즈도 잡을 수 있다.

▼머리, 가슴의 몰드를 메우고, 각을 둥글게 처리한 정도. 팔이 몸통에 밀착되도록, 어깨 접속축의 길이를 1mm 줄였다

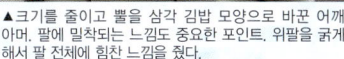

▲크기를 줄이고 뿔을 삼각 김밥 모양으로 바꾼 어깨 아머. 팔에 밀착되는 느낌도 중요한 포인트. 위팔을 굵게 해서 팔 전체에 힘찬 느낌을 줬다.

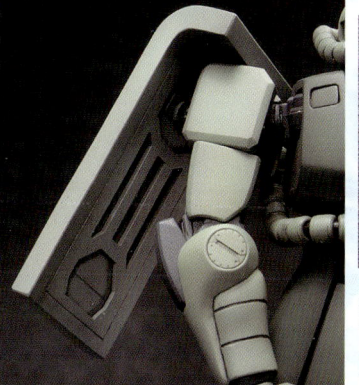

▲손을 한 치수 크게 해주기 위해 손가락의 모양이 좋은 HGUC 구프 커스텀에서 가져왔다. 총을 잡을 때는 RG에 들어있는 가동식과 교환한다.

◀실드의 폭을 넓히고 위쪽의 곡선을 완만하게 만들었다. 정면에서 봤을 때의 인상이 크게 변화. 접속 방법을 볼 조인트 1개로 변경.

▲길이를 늘리고 밑단을 심플하게 정리한 허리 아머. 사타구니 블록의 폭도 넓혀서 아머의 틈을 줄였다.

▲백팩은 HGUC 자쿠의 부품을 가공했다. 작화를 참고로 아래쪽에 노즐을 추가. 뒷면의 허리 아머를 앞쪽보다 길게 연장.

▲심한 형태의 정강이 부품. 폴리 퍼티를 붙여서 완만한 곡선을 그리게 만들었다. 앞쪽은 발을 깊이 덮도록 만들었다.

▲정강이 부품 끝이 발을 따라 펼쳐지는 느낌으로, 동력 파이프 접속 방법을 바꿔서 내부에 접속하도록 했다.

111

CHAPTER 5 : 키트 개조 테크닉

③ 키트 합치기
~RG 건담을 개조해서 짐으로 제작~

키트를 다른 사양으로 개조할 때, 여러 개의 키트를 합치는 방법이 있다. 2개를 사용해서 1개를 만드는 '키트 합치기'라는 것이다. 기존의 부품을 사용해서 모양을 내기는 쉽지만, 다른 키트의 부품을 합치는 것이니만큼 형태를 맞추거나 접착하는 것 등, 2키트의 부품을 하나의 키트처럼 맞춰야 한다. 여기서는 RG 건담을 베이스로 HGUC 짐을 합쳐서, 'RG 사양'의 짐을 만들어보자. 이 과정을 통해서 합치기의 노하우를 소개하겠다.

베이스 키트와 유용 키트의 비교

일단은 개조 플랜을 세우는 것부터 시작해보자. 두 키트를 스트레이트 빌드로 만들어서 비교하고, 변경이 필요한 부분이나 사용할만한 부품을 체크한다.

> **CHECK POINT**
> **붙일 면을 거칠게**
>
> ● **머리** : HGUC 짐의 부품 사용
> ● **어깨** : RG 건담은 어깨 아머의 위치가 가슴 윗부분보다 꽤나 높기 때문에, 짐에서는 이 단차를 줄이고 싶다.
> ● **콕피트 해치** : 단차를 없애서 평평하게
> ● **허리 아머** : HGUC 짐의 부품 사용. 허리 앞뒤 아머는 판 한 장으로 만든다.
> ● **무릎** : 무릎에서 정강이까지는 일련의 형태로 변경. HGUC 짐과 부품을 이을 필요가 있을 듯.
> ● **백팩** : HGUC 짐의 부품 사용.
> ● **빔 사벨** : RG 건담의 부품 사용

▲RG 건담(왼쪽)과 HGUC 짐(오른쪽)의 스트레이트 빌드. 같은 1:144 스케일이지만, 프로포션이나 몰드의 밀도는 많이 다르다. 베이스가 되는 것은 RG 건담으로, 공통 디자인 부분은 RG 건담을 활용한다. HGUC보다 얇은 스타일의 짐으로 완성 될 것이다.

▲뒷면의 비교. 팔 다리 부분은 RG 건담을 많이 살릴 수 있다. 등에 있는 백팩은 사벨의 개수 뿐만 아니라 볼륨도 꽤나 다르기 때문에, 여기서는 짐의 부품을 사용하는 편이 좋을 것이다. 심플한 허리 아머는 가동 범위를 같이 고려해서 어떻게 만들지도 검토해야 한다.

머리 개조

머리는 전부 HGUC 짐의 부품으로 교환하는데, 단순하게 부품을 바꾸는 것만은 아니다. 장착 부분의 변경과, 머리의 높이 조절이 포인트다

▲RG 건담과 HGUC 짐의 머리 장착 부분 비교. 양쪽 다 머리 안쪽에서 동체 쪽의 볼 조인트를 받아주는 스타일이다. 짐의 머리 부분을 그대로 건담에 붙일 수 있다면 좋겠지만……

▲RG 동체에 짐의 머리를 붙인 모습이다. RG는 목관절의 볼 위치가 높아서 머리가 많이 떠 보인다. 또한 볼의 지름도 약간 다르기 때문에, 관절이 헐겁다.

▲그래서 목의 볼받이 부분은 RG 건담의 부품을 사용하고, 이것을 짐의 머리 안에 넣기로 했다. 머리 외장과 축받이를 나누면 높이의 조절도 가능해진다. 왼쪽 앞이 RG 건담의 머리 안쪽 부품.

▲RG의 목 볼받이는 노란색(눈이나 발칸포)과 회색(옆면 내부)의 부품으로 구성되어 있다. 각각 접착하고 나서, 필요 없는 부분을 금속 줄로 갈아내서 전체적으로 작게 만든다. 너무 작아도 부품을 고정하기 곤란하기 때문에, 머리 부분 안쪽에 딱 들어갈 정도의 크기로 만들어 준다.

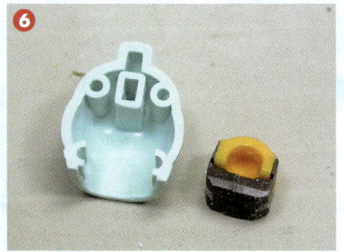

▲짐의 머리 부분은 안쪽의 돌기를 깎아준다. 이런 곳은 나이프보다, 조각도 등으로 조금씩 깎아내면 안전하고 실패하지도 않는다. 대담하게 깎아내려고 힘을 주면 부품이 깨지기 쉬우니 주의하자.

▲내부를 깎아낸 짐의 머리 부품과, 바깥쪽을 평평하게 갈아낸 목의 축받이 부품. 작게 깎을 뿐만 아니라 윗면(사진에서는 밑에 있는 면)이나 옆면을 평평하게 만들어서, 고정할 때 위치 조절을 쉽게 할 수 있는 형태로 만들었다.

▲RG의 동체에 가조립한 모습이다. 목의 볼 축받이 부분이 작아진 만큼, 머리의 위치는 꽤나 내려갔다. 하지만, RG의 목 부품이 두꺼워서 짐의 머리 밑 부분이 간섭을 한다. 목의 가동범위도 고려하여, 이 부분도 조금 깎아야 한다.

> **CHECK POINT**
> **안쪽을 깎아내는 작업에는**
>
> ▲부품의 뒷면에서 조형을 하는 경우에는, 라우터(전동공구)가 있으면 편리하다. 안으로 들어간 부분도 쉽게 깎아내고, 표면도 깨끗하게 정리할 수 있다. 저렴한 가격의 제품도 있으니, 개조작업을 할 때 준비해두면 좋은 도구다.

112

CHAPTER 5 : 키트 개조 테크닉

▲목 부품은 주위를 위로 갈수록 점점 좁아지도록 깎아냈다. 이것으로 머리 안쪽으로 들어가서도 목을 전후 좌우로 움직일 수 있는 틈도 확보할 수 있다. 사진은 대강 깎아낸 단계로, 이후 원래의 다면체 형태로 정형했다.

▲목 볼 축받이를 머리 안에 고정한다. 이 예에서는 머리 부분 안쪽에 네모난 돌기가 있기 때문에, 여기에 볼 축받이의 사이에 얇은 프라판을 몇 장 끼워 넣어 높이를 조절하면서 고정할 수 있게 만들었다. 사진은 0.5mm 프라판을 2장 겹친 상태다.

▲가조립한 머리의 위치를 체크. 머리의 밑단 부분은 노란 옷깃 형태의 부품 위치와 같이 만들어주면 시각적으로 좋을 것이다. 이 형태로 목 볼 축받이의 위치가 결정되면 머리 부품의 주요 공작은 끝이 난다.

CHE K P INT 위치를 맞출 때의 주의점
▲높이의 조절뿐만 아니라, 목의 관절축이 외관의 중심과 일치하지 않는 경우에도 주의하자. 이러한 부분은 부품의 접합선이나 중심선에 있는 몰드를 이용해서 맞추자.

허리 아머 개조

짐의 허리 아머는 좌우가 독립되어 있지 않고, 연결되어 있는 것이 특징이다. MG키트와 같이 가동을 우선해서 분할해버리는 방법도 있지만, 이번에는 원래 디자인을 존중하기로 했다. 결과적으로 이 결정이 RG 기믹도 살리게 되었다.

▲RG 건담의 허리는 각 면의 아머가 독립되어, 볼 조인트로 프레임에 연결되어 있다. 한편, 짐은 사타구니 블록도 없이 그대로 좌우가 연결되어 있다. 허벅지의 가동범위는 좁아지지만, 일부러 연결된 스타일로 만들었다.

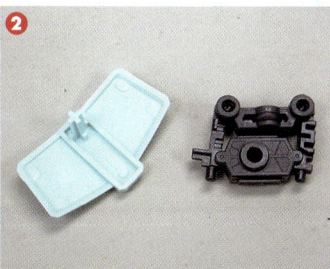
▲왼쪽은 HGUC 짐의 허리 프론트 아머. 오른쪽은 RG의 허리 아머 중앙 부품을 옆에서 본 모습이다. 위에 있는 2군데의 구멍은 허리 아머의 볼받이지만, 이것을 활용하지 않고 허리 프레임 앞뒤로 허리 아머를 끼워서 장착하도록 한다.

▲그렇다 해도 이 허리 프레임은 옆에서 보면 사각형의 '틀'과 같은 구조로, 이렇게 '평행사변형'과 같이 움직인다. 이 구조를 활용하면, 허리 아머가 앞으로 올라가지 않더라도 다소는 가동범위를 확보할 수 있을 것이다.

▲짐의 허리 아머를 RG의 프레임에 붙이기 위한 가공. 뒷면 중앙에 프레임을 끼우도록, 프라판으로 폭을 조절한다. 여기에 여분의 돌기들 깎아낸다. 사진은 소형 끌로 깎아내는 모습이다.

▲프레임 선단에 허리 앞 아머를 장착한 모습. 아머 뒤에 프라판을 덧댄 부분이 프레임을 잡고 있는 구조다. 허리 아머의 위치(높이)는 건담과 같도록 만들었다.

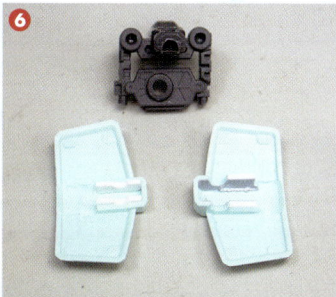
▲장착 부분의 가공이 끝난 앞 뒤 허리 아머. 중앙 부분으로 고정하면 허리 아머의 앞뒤 위치가 넓어지기 마련이다. 가능한 그러지 않도록, 아머 뒤쪽을 깎아서 프레임 쪽으로 깊게 들어가게 만들었다.

▲상반신을 장착하고, 허리 아머를 움직인 모습. 앞 아머가 올라가면 콕피트 주변에 닿을 것 같은 탓에 이 정도가 가동의 한계다. 배 블록과의 틈도 크지 않아서, 위화감이 잘 느껴지지 않게 완성되었다.

▲이어서, 사이드 아머다. 이 부분은 아머 뒤의 힌지 부품까지는 RG를 사용하고, 아머의 바깥쪽은 짐의 부품을 사용한다. 문제는 아머가 평판이기 때문에, RG 건담과 같이 튀어나온 부분 뒤로 힌지 가동 공간을 확보하기 어렵다는 점이다.

▲그래서, 힌지 부품의 아머쪽 면에 프라판을 붙여서, 조금이라도 힌지(볼가 아머 뒤쪽으로 떨어지도록) 만들었다. 거기에 아머 뒷면의 볼 부근을 깎아서 공간을 확보. 힌지 부품 자체는 짐의 아머 뒤쪽에 잘 들어갔다.

▲아머 뒤쪽의 힌지만 두꺼워져있으면 좋지 않기 때문에, 아머 자체도 이에 맞춰 두께를 늘려준다. 뒷면의 들어간 부분은 그대로 두고, 주위에 프라판이 삐져나오도록 붙이고 정형했다. 크기에 꼭 맞춰 자르는 것보다 이 방법이 편하다.

▲가공 후의 사이드 아머. 두께를 늘인 아머이지만 아머의 중앙 부분은 프레임 쪽 부품과의 닿기 때문에 잘라내고 가장자리를 경사지게 깎아줬다. 이 역시 가동 부분을 확보하기 위해서다.

▲허리 주위에 아머를 장착한 상태. 각 아머의 장착 부분의 위치를 여러 가지 공작을 한 것과 동시에, 서로 맞닿은 아머의 위치를 맞춘 것도 시각적인 포인트다. 각 아머의 형태는 HGUC 짐의 것이지만, 위화감 없이 완성되었다.

CHAPTER 5 : 키트 개조 테크닉

정강이 형태의 개조

RG 건담은 무릎 아머가 독립해서 가동하긴 하지만, 이번에는 이 기믹을 생략한다. 짐답게 무릎에서 정강이까지 일체형으로 변경한다. 주위의 부품과 맞추는 것도 포인트다.

▲RG 건담과 HGUC 짐의 정강이 부품 비교. 그 차이는 무릎 주변의 형태로, 짐은 무릎에서 정강이까지 면이 하나로 연결되어있다. 이 부분은 짐의 부품을 이식하도록 하자. 장딴지나 정강이 뒤쪽 면은 그대로 활용할 수 있을 것 같다.

▲먼저 짐의 정강이 부품 앞면을 톱으로 잘라낸다. 이 단계에서는 어느 범위까지 사용할 것인가를 알 수 없기 때문에, 장딴지의 일부분이나 정강이의 뒷면도 남겨두었다. 정강이의 좌우 부품은 미리 접착해두고 같이 절단한다.

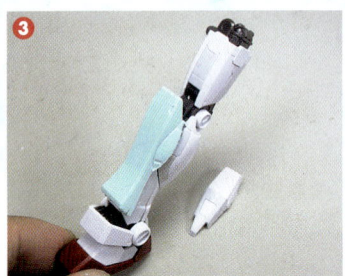

▲무릎 아머를 떼어낸 RG의 다리 부분에 짐의 정강이 부품을 맞춰보고, 여러 각도나 부품 위치를 움직여 보면서 확인하는 것으로, 어떻게 합체시킬 것인가를 생각할 수 있다. 짐의 정강이 부품 폭이 넓기 때문에, RG에 맞춰서 폭을 맞추는 것이 좋을 것 같다.

▲좌우를 접착해둔 정강이 부품이지만, 가운데를 잘라내서 접착면을 깎아서 폭을 좁힌다. 접착면과 평행인 선을 그어두면(기준선을 그린다). 어느 정도 깎았는지 알 수 있고 깎인 면을 평평하게 만들기도 쉽다. 실제로는 좌우 모두 0.5mm 정도 깎았다.

▲RG에 맞도록 짐의 정강이 부품 폭을 줄인 모습이다. 짐의 장딴지는 깎아낸 상태로, RG의 장딴지와 거의 맞게 되었다. 정강이 아래쪽이 넓어지는 부분에서, RG의 부품과 연결하면 될 것 같다.

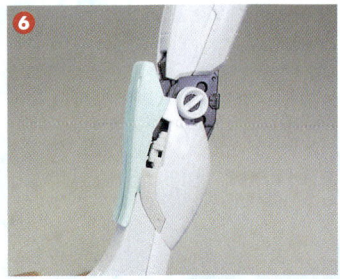

▲무릎 옆 원형 부품의 앞 부분에서 짐 부품과 RG의 장딴지 위쪽 가장자리가 맞도록 위치를 결정했다. 이 면에 맞춰서 무릎을 앞으로 내오는 정도도 조절했다. 정강이 아래쪽은 볼륨을 생각해서, 평평하게 만들어 주지 않고 겹쳐서 접착했다. 이것으로 이어 붙인 부분의 강도도 확보할 수 있다.

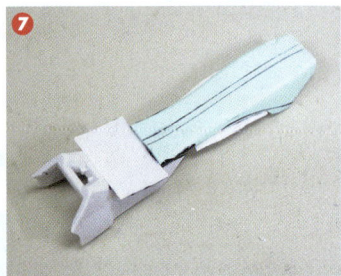

▲앞 단계에서 짐의 정강이 부품 위치가 결정되었기에, RG의 정강이 아래쪽과 그대로 접착한다. 겹쳐서 이은 부분을 부드럽게 정형하기 위해서, 단차 부분에는 프라판을 붙여둔다. 검게 보이는 것은 틈새를 메우기 위한 순간 접착제다.

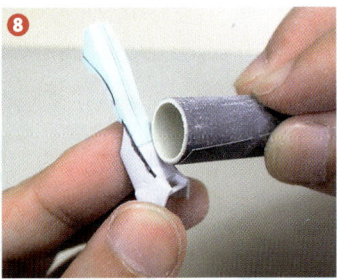

▲정강이의 앞면을, 짐 부품에서 아래쪽의 RG부품까지 부드럽게 연결되도록 다듬는다. 활 모양으로 휜 넓은 면을 깎을 때는 둥글게 만 사포를 쓰면 좋다. 사진에서는 두꺼운 프라파이프에 사포를 감아서 사용하고 있다.

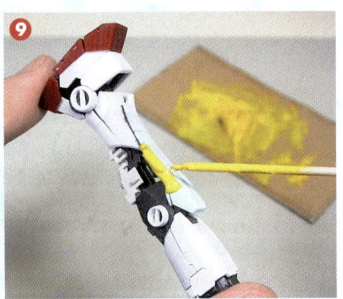

▲이어서, 정강이 부품과 장딴지의 접합 조정. 딱 맞게 조절하는 것이 어렵기 때문에 퍼티를 이용한다. 먼저 정강이 옆면에 폴리 퍼티를 붙인다. 이 단계에서는 장딴지 부품을 떼낸다.

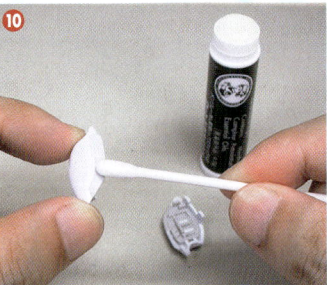

▲장딴지 부품의 표면에는 이형제(여기서는 맨소래담을 사용)를 면봉으로 얇게 바른다. 이형제를 바르면 퍼티가 붙어도 부품에 대미지를 주지 않고 깨끗하게 떼어낼 수 있다. 실제로는 퍼티를 바르기 전에 이렇게 준비해두자.

▲정강이 가장자리에 폴리 퍼티를 붙인 후, 장딴지 부품을 붙이고, 잘 눌러준다. 이것으로 부품 사이의 틈새에 퍼티가 채워진 상태가 된다. 퍼티를 부품 사이의 틈새에 밀어 넣는 것보다 이 방법이 더 확실하다.

> **! CHECK POINT**
> **프레임 클리어런스**
>
>
>
> ▲지금까지는 그림 위와 같이 표면을 파냈지만, 상처나 파임은 가장자리가 올라오기도 한다(그림 밑). 이러한 굴곡의 정도로 장갑판의 경도나 대미지의 종류도 표현할 수 있다.

▲폴리 퍼티가 굳으면 정강이 부품을 프레임에서 떼어낸다. 이형제를 발랐기 때문에 깨끗하게 떨어진다. 만약 다른 곳에 퍼티가 붙어있으면 깎아내자. 또한, 이형제도 잘 닦아내고, 부품을 중성세제로 씻어둔다.

▲정강이 부품에 퍼티가 붙어있는 부분을 주위에 맞춰서 정형한다. 여기서는 정강이 옆면에 포인트를 주듯이 크기를 조금 키웠다. 때문에, 장딴지와의 접합 부분뿐만 아니라, 옆면에도 얇고 넓게 퍼티가 남아있다.

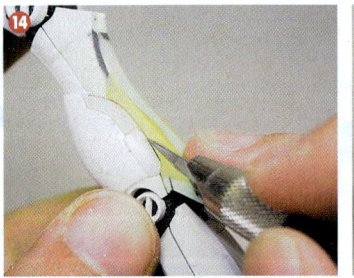

▲다시 프레임에 붙여서, 장딴지와의 접합 부분을 미세하게 조절한다. 장딴지 부품의 가장자리 모양에 따라 나이프로 그어 퍼티 쪽 가장자리의 형태를 맞춰서 샤프하게 만들 수 있다. 주위 부품의 접합이 잘 되어있는 만큼, 여기도 세세하게 다듬었다.

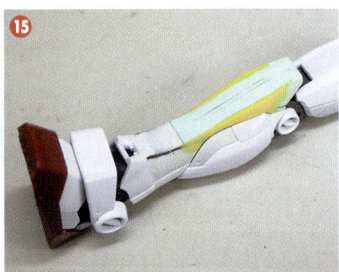

▲형태 변경이 끝난 다리 부분. 부품을 이어주거나 퍼티를 사용한 부분은, 나중에 서페이서를 뿌려서 흠집이나 뒤틀림을 체크하는 것도 중요하다.

CHAPTER 5 : 키트 개조 테크닉

어깨 아머 개조

RG 건담은 어깨 아머가 가슴의 윗면보다 상당히 높은 위치에 있다. 여기서는 짐 특유의 심플한 이미지에 가까워지도록, 위치나 형태를 조금 변경해보자.

  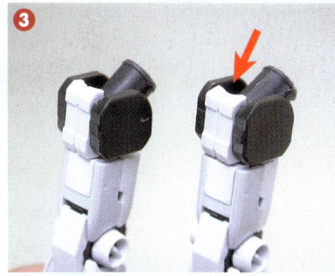 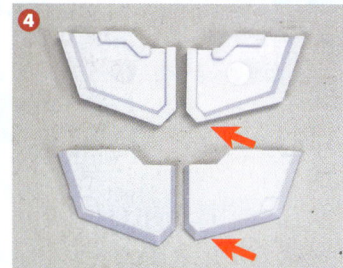

▲오른쪽 어깨 아머는 RG의 부품. 왼쪽은 위치를 내려서, 밑단을 조금 깎은 형태다. RG 부품을 그냥 사용하면 가슴과 어깨의 단차가 커서, "커스텀 스타일"이라는 인상을 준다. 아머의 위치를 내리고, 형태도 날카로운 곳의 각을 깎아내, 차분한 인상을 주도록 변경했다.

▲어깨 아머의 위치를 내리기 위해서는, 아머 안쪽의 개구부(화살표로 표시한 부분) 위쪽을 깎아내면 된다. 여기는 팔과 동체의 연결 축이 통과하는 부분이다. 축을 기준으로 아머가 더욱 깊게 들어가게 되어, 위치가 내려가는 것이다.

▲팔 자체의 위치는 변경하지 않기 때문에, 어깨 아머를 내려가면 '어깨와 닿게 된다. 그래서 상부의 흰 부품을 조금 깎아낸다(왼쪽:가공 전, 오른쪽:가공 후). 이것으로 아머의 선단 쪽이 어깨에 잘 덮여서, 전체적인 위치가 내려간다.

▲어깨 아머의 밑 부분을 깎아낸 모습이다(왼쪽:가공 전, 오른쪽:가공 후, 위:뒷면, 하:표면). 이것으로 아머가 약간 작게 보이고, 형태도 사각형에 가까워 졌다. 부품의 두께나 주위의 몰드에 영향이 없는 범위에서 깎아낸다.

백팩의 장착

백팩 본체는 HGUC 짐의 부품을 사용한다. RG의 등에 장착하고, 피팅 조절을 하는 것이 주요 작업이다. 다른 부품을 붙인 것 같다는 인상을 주지 않도록, 동체 쪽에 맞춰서 가공하도록 하자.

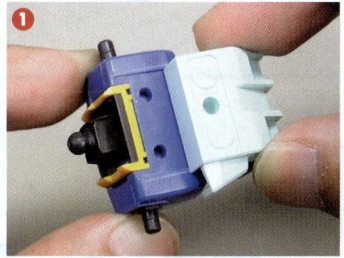 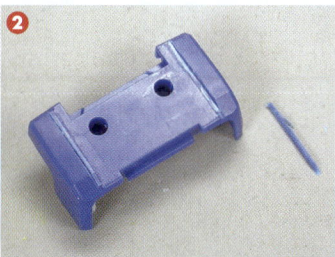  

▲RG의 등에 짐의 백팩을 대보았다. 중앙의 파인 부분은 백팩의 폭보다 조금 좁다. 일체감을 내기 위해서는, 들어간 부분을 넓혀서 백팩이 딱 들어가도록 만든다.

▲들어간 부분의 가장자리, 단차 부분을 넓히려면, 깎아내는 것보다 잘라내는 쪽이 깨끗하게 만들 수 있다. 넓히려는 넓이에 나이프로 칼집을 넣은 후, 나이프의 날을 눕히듯이 안쪽에서 옆 방향으로 칼집을 넣는다. 그러면 사진과 같이 잘라낼 수 있다.

▲백팩의 등에 닿는 면은, 사벨을 장착하는 부분이나 아래쪽 단에 맞춰서 형태를 맞춰야 할 필요가 있는다(녹색 칠한 부분). 너무 많이 깎아내지 않도록, 조금씩 깎고 확인하면서 진행하자.

▲RG 등 부분의 빨간 면은 완만하게 부풀어오른 형태로 되어있다. 여기에 맞춰서, 백팩의 아래쪽은 중앙부분을 깎아서 맞춰야 한다. 위나 옆면만을 맞추다 보면 이러한 부분을 놓치기 쉽기 때문에 주의하자.

  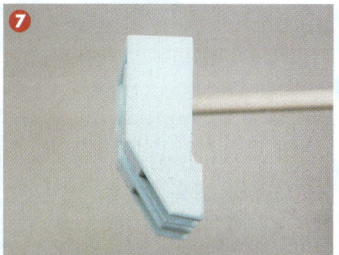 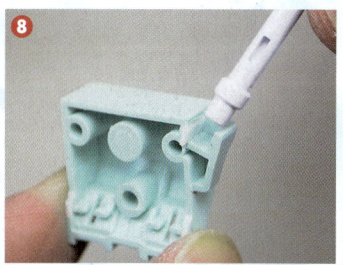

▲옆면이나 아래쪽을 깎아서 등에 백팩이 딱 들어맞은 상태. 동체의 빨간 부분에 맞춰서 깎아내는 것도 확인할 수 있다. 이것으로 위치 결정은 완료. 이후, 부품의 접합부에 남은 틈새를 해결하는 작업으로 이동한다.

▲부품 간의 접합 조절은 깎는 것만이 아니라, 부품의 가장자리를 더해서 맞추는 방법도 있다. 폴리 퍼티를 사용한 가공 예에서 이미 소개했으나, 여기서는 직선적인 형태이기 때문에 프라판을 붙이는 방법을 채택했다. 삐져나올 정도로 붙이고서 깎아낸다.

▲등 부분의 면에 맞춰서 조형한 모습이다. 붙여놓았던 프라판은 작은 크기로 남아있을 뿐이지만, 이것으로 딱 들어맞게 되었다. 게다가 다른 부품과 분위기를 맞추기 위해 주위의 모서리를 살짝 깎아서 각도를 낮추는 것에도 주목하자.

▲왼쪽에만 장착하는 빔 사벨은 RG 부품을 사용한다. 백팩에 장착할 때는 꽂아두기만 하기 때문에, 안에서 알맞게 잡아둘 수 있도록 안쪽에 얇은 프라판을 붙여서 조절했다. 여기에 앞면에 열려있는 부분도 프라판으로 메워두자.

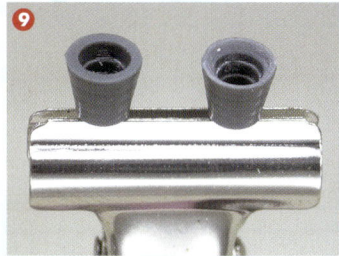 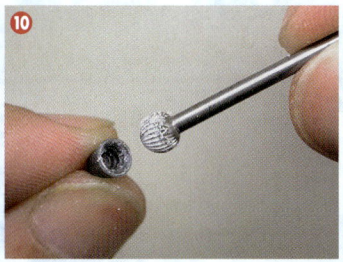  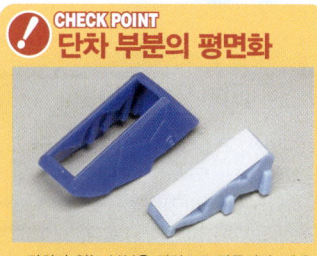

CHECK POINT
단차 부분의 평면화

▲백팩의 노즐도 HGUC 짐의 부품을 사용하는데, 여기서도 살짝 가공을 한다. 왼쪽은 키트에 들어있는 부품으로, 노즐의 가장자리가 두꺼운 상태다. 오른쪽은 가장자리를 얇게 깎아낸 모습이다. 가장자리를 얇게 깎으면 정밀감이 증가한다.

▲작은 부품의 가장자리를 얇게 깎을 때는, 전동공구의 구형 비트를 이용하자. 전동으로 깎으면 깎아내는 것을 조절하기 어려우니, 손가락으로 직접 돌리거나 핀 바이스에 물리고 가볍게 노즐을 누르면서 돌려서 깎는다.

▲백팩을 다듬고, 본체에 장착한 상태. 위화감 없이 잘 들어간 것처럼 보인다. 윗면은 동체와 높이를 맞췄다. 백팩 중앙의 구멍은 실드 장착용이지만, 실드는 RG 부품을 사용하기 때문에 구멍을 막기로 했다.

▲단차가 있는 부분을 평면으로 만들려면, 메우거나 깎아서 조형하는 방법도 있지만 얇은 판을 한 장 덧붙이면 간편하게 해결할 수 있다. 짐의 콕피트 해치 부분은, 부품 표면을 약간 깎은 다음 프라판을 붙여서 평면으로 만들었다.

115

CHAPTER 5 : 키트 개조 테크닉

몰드 추가

RG 건담은 각 부분에 세세한 몰드가 들어가있다. 지금까지 변경한 부품도 'RG 부품인 것처럼' 몰드를 추가해서, 분위기를 맞춰보자.

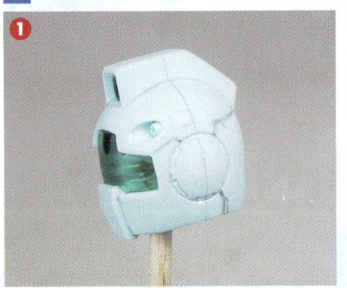

▲머리 부분은 앞뒤를 접착한 다음, 원형 부분을 다시 파낸다. 여기까지는 원래 부품에 있는 몰드. 여기에 주위가 부품 분할되어있는 것처럼 패널라인을 넣기 위해서, 일단은 연필로 그려 넣어서 어떻게 파면 좋을 지를 검토한다.

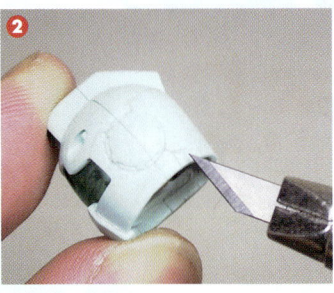

▲P.054에서 소개한 대로, 패널라인을 파는 데는 디자인 나이프나 에칭 톱 등 여러 가지 도구와 방법이 있다. 짧은 직선적인 부분에는, 나이프의 날로 헤어라인을 만들고 「V」자로 칼집을 넣는 방법이 편하다. 이번에는 이 방법을 많이 사용했다.

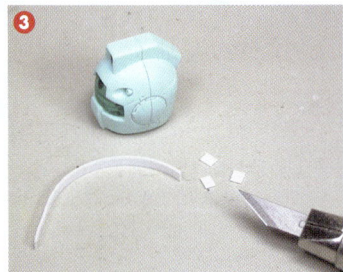

▲머리 부분의 기총 뒤에 사각형 패널을 양각 몰드로 추가한다. 얇은 프라판(두께 0.3mm)을 잘게 자른 후, 손톱으로 훑어서 약간 휜 상태로 만든다.

▲프라판을 붙인 다음, 붙인 부분의 표면을 깎아서 두께를 얇게 만든다. 두께 0.3mm는 너무 많이 튀어나오기 때문이다. 붙이기 전에 얇게 깎는 것은 어려우니, 붙이고 나서 깎는다. 이 외에도, 어느 정도로 튀어나오게 만들지 판단하기도 쉽다.

▲정강이 앞면에 사각 패널의 라인을 넣는다. 패널의 형태에 맞춰 사각형으로 프라판을 자르고, 이것을 가이드로 주위를 나이프나 철필로 파낸다. 프라판은 좌우 부분을 맞춰서 잘라내면, 한 변을 팔 때마다 가이드를 붙이는 것보다 확실하게 형태를 잡을 수 있다.

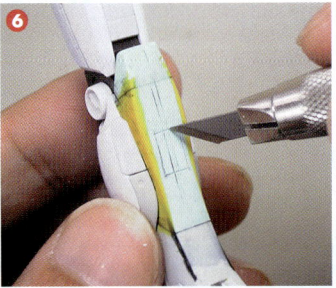

▲패널라인을 파낸 후 프라판을 떼고 평평하게 조형한다. 사진은 패널라인의 골을, 나이프의 날을 옆으로 밀어서 골의 단면을 「V」자로 다듬고 있는 모습이다.

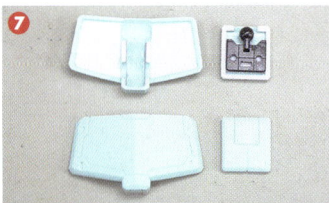

▲허리 아머는 RG의 구분도색도 참고해서, 크랭크 모양의 패턴으로 패널라인도 추가했다. HGUC 짐의 음각 몰드도 활용했다. 앞뒤 아머의 뒷면은 평평하게 다듬은 후, 프라판으로 막아서 몰드도 추가했다.

▲각 부분의 가공이 끝나고 전신을 조립한 상태. 일반적으로는 전신에 서페이서를 뿌리고 색을 맞춰 이미지를 확인하고 싶은 부분이지만, 섬세한 몰드가 메워지는 것을 피하기 위해, 서페이서는 정강이 부분에만 뿌렸다.

RGM-79 짐

「RG로 짐이 발매되면 어떤 형태가 될 것인가?」라는 상상을 하면서, 같은 스케일의 HGUC 짐을 합쳐서 제작한 'RG 사양' 짐이다. 건담과 차이가 나는 부분은 HGUC 짐에서 부품을 가져와서 '합치기'를 했다. 제작하는데 있어 짐 스타일의 심플함과 취약함을 염두에 두고, 부품 형태나 마감 형태를 선택했다. 사용한 짐의 부품은 무릎 이외에는 크게 형태를 변경하지 않고 사용했지만, 그대로 붙이는 것이 아니라 잘 들어맞는 방법을 생각하는 것이 중요하고 재미있는 포인트다. RG는 일반적인 1:144 키트보다 각 부품이 세밀하고 섬세하기 때문에, 가조립이나 해체할 때 파손되거나 없어지는 것에 주의하자.

사용 키트
● 리얼 그레이드 RX-78-2 건담 ●발매원 / 반다이 하비 사업부 ●2625엔 ●플라스틱 키트 ●1:144 스케일, 전고 약 13cm

● 하이 그레이드 유니버셜 센츄리 RGM-79 짐 ●발매원 / 반다이 하비 사업부 ●735엔 ●플라스틱 키트 ●1:144 스케일, 전고 약 13cm

▲도색도 RG 사양으로, 빨간색이나 녹색은 진하고 연한 색으로 나눠서 도색했다. 마킹은 RG 건담용 습식 데칼을 사용.

CHAPTER 5 : 키트 개조 테크닉

RGM-79 GM

BANDAI 1:144 scale plastic kit "Real Grade"
& "High Grade Universal Century" conversion
modeled by Ken-ichi NOMOTO

▲HGUC 짐의 부품을 사용한 머리 부분. 보이지 않는 곳의 장착 부분을 변경한 것은 소개한 대로다. 전체의 형태는 그대로 두고 패널라인, 몰드를 추가했다.

▲상반신은 건담과 디자인적으로는 거의 같기 때문에 큰 변경은 없지만, 어깨 아머의 위치나 형태를 약간 바꾸어 짐의 이미지에 가깝게 만들었다.

▲허리 아머는 앞뒤의 장착 방법을 변경. 상반신이나 다리 부분에 가능한 밀착되도록 만들었다. 각 면에는 RG다운 패널라인이나 구분도색을 넣었다.

◀백 팩은 동체와의 조절을 한 다음, 풍으로 패널라인을 추가했다. 도색으로 다른 부품처럼 보이게 만들었다. 패널라인과 구분도색으로 RG풍으로.

▶RG 건담과의 비교. 각 부분의 형태의 차이에 특히 주목하자. 어깨 아머의 위치나 허리, 무릎 부분의 형태를 잘 알 수 있다. 짐이 더 정돈된 인상을 준다.

▲이어 붙인 부품이라고는 보이지 않는다. 부드러운 라인의 무릎~정강이 부품, 무릎에 추가한 사각형 패널이 건담과의 구조적인 공통성을 표현하고 있다.

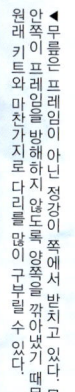

◀무릎은 프레임이 아닌 정강이 쪽에서 받치고 있다. 무릎 안쪽이 프레임을 방해하지 않도록 원래 키트와 마찬가지로 다리를 양옆에서 깎아냈기 때문에 무릎을 많이 구부릴 수 있다.

CHAPTER 5 : 키트 개조 테크닉

④ 구판 키트 업데이트
~1:144 가르스J를 개선해보자~

건프라에서는 오래된 캐릭터의 업데이트가 종종 이루어져서, 내용을 새로 바꾼 리뉴얼 판 키트도 다수 발매되어 있다. 그러나, 개중에는 리뉴얼 되지 않고, 접착식의 '구판 키트'밖에 없는 MS도 있다. 이런 아이템을 최근 발매된 건프라와 비교해도 손색이 없을 정도로 업데이트 해보도록 하겠다. 주요 변경 점은 프로포션과 관절부의 개수다. 구판 키트를 재료로 활용해서 지금까지 소개한 개조 테크닉을 응용해서 제작한다.

개조 계획을 세운다

개수할 곳은 크게 나눠서 두 가지다. 프로포션과 관절 가동부. 최근 몇 년간 발매된 건프라는 원래 설정화보다 슬림한 프로포션으로 만들어져 있는 경우가 많다. 이런 흐름에 따라서 형태를 만들어 보겠다.

▲① 스트레이트 빌드를 마친 가르스J. 발매 당시(86년)에는 입체적인 완성도라고 할 수 있지만, 오늘날의 기준으로는 단순한 형태들이 되어가고 있고, 볼륨감으로 보면 부품들의 제대로 가로 나누어져 있는 등, 눈에 띄지 않는 관절 부분도 있다.

▲② 발목의 부착 부분을 검토한다. 사진은 위치 결정 기준을 삼기 위해서, 지우개 반죽으로 가고정한 모습이다. 이것으로 발목이 좌우로 움직이도록 가동범위를 넓혔을 때의 인상을 파악할 수 있다.

▲③ 팔 부착 위치는, 시각적 인상에 영향을 주는 포인트다. 가조립 단계에서는 양면 테이프로 고정해서, 높이나 앞뒤 위치는 어느 정도가 적절한지 검토할 수 있도록 만든다. 어깨 아머의 윗면 위치와 가슴의 미사일 포트 윗면의 높이가 같도록 만드는 것이 좋은 인상을 줄 것 같다.

▲④ 팔의 부착 부분이나 발목의 길이와 각도, 프로포션이 개선되어 조금 키가 커져서 유즈풀 키가 된 스타일이 되었지만, 전체적으로 조절해서

▲⑤ 가르스J의 가동부. 관절부는 끼워 맞춰 조립하는 구식 스타일로, 관절축의 폴리캡 형태도 단순하다. 각 블록은 요즘 나온 키트처럼 도색 후 후조립 식으로, 가동부도 유연하게 움직이도록 변경하고 싶다.

▲⑥ 1:144 HGUC 자쿠. 다채로운 포즈를 취할 수 있고, 접지성도 높다. 관절을 새로 자작하는 방법도 있지만, 비슷한 형태의 키트 부품을 사용하는 방법이 작업하기 쉬울 것이다. 가동부는 이 키트를 이용해서 제작하도록 하자.

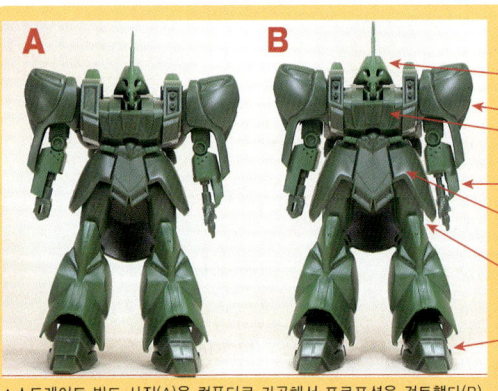

▲ 스트레이트 빌드 사진(A)을 컴퓨터로 가공해서 프로포션을 검토했다(B). 전체적으로는 사람 형태에 가깝게 상반신을 균형 있는 스타일로 만들고, 허리 부분에서 발끝까지의 형태를 다듬는다.

⚠ CHECK POINT 개수 포인트

- 머리 : 폭을 넓히고, 높이는 낮춘다. 각 부분 라인의 변경. 머리 개수
- 어깨 : 아머 내부, 어깨 블록을 새로 만든다.
- 가슴 : 전체적으로 폭을 좁힌다. 앞면의 라인이나 몰드 변경
- 팔 : 위팔, 아래팔을 볼륨업, 실린더 부분 다시 제작. 손목 다시 제작
- 허리 아머 : 앞, 좌우를 독립시킨다. 중앙의 크기를 키워 다시 만든다. 좌우는 밑으로 연장.
- 다리 : 허벅지는 폭을 넓히고, 연장
- 발 : 폭을 넓히고, 발목 접착위치를 옮긴다.
- 이외 : 세세한 부분의 디테일 업. 파이프 부분의 변경. 각 부품의 장착을 변경. 도색하기 쉽게 만든다.

머리 부분 개조

그러면 각 부분별로, 가공 방법을 소개하겠다. 머리 부분에서는 볼륨 변경이 가장 중요한 포인트다. 폭이나 높이를 바꾸는 경우에도 원래 부품의 형태를 살릴 수록, 정밀도가 올라가고 만들기도 쉬워진다.

▲① 머리 부분을 그냥 조립한 상태(좌)와 가공 후(우)의 비교. 전체적으로 조금 낮게 내려앉은 느낌을 변경해서 전후 좌우로 넓어진 형태로 만든다. 노란 부분은 폴리 퍼티로 개조한 곳이다. 안테나나 얼굴 주변도 형태를 바꿔서, 샤프하게 만들었다.

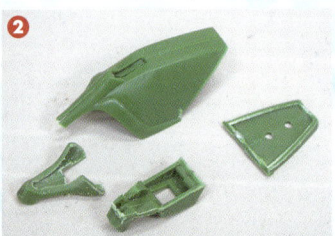

▲② 머리 부분 부품은 얼굴 등 각 부분별로, 쉽게 형태 변경이 가능하도록 '부리'나 '턱' 등으로 각각 잘라 냈다. 잘라내서 어떻게 연결할 것인가를 만들면서 생각한다. 잘라낼 때는, 부품이 뒤틀리는 것을 막기 위해서 에칭 톱을 사용한다.

▲③ 머리 부분의 전체 부품은, 아래쪽이 좌우로 열리도록 재접착한다. 천고를 낮추고, 폭을 넓힌다. 바깥쪽에 퍼티를 붙여서 볼륨을 바꾸는 것보다는, 이쪽이 부품 형태를 잘 활용할 수 있기 때문에 만들기도 쉽다. 차양 부분 형태 변경은 프라판을 크게 붙인 다음 깎아서 각도를 정한다.

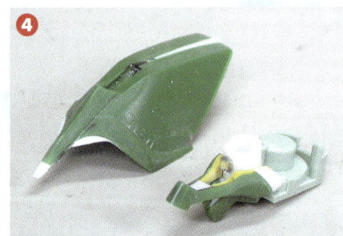

▲④ 차양 부분의 가공이 끝난 머리 부품. 머리 안쪽은 목 관절을 추가하는 경우도 있기 때문에 자쿠의 머리 밑부분을 베이스로 사용하고, 거기에 가르스J의 부리, 턱 부품을 붙일 수 있게 만들었다. 모노아이는 프라파이프로 레일 부분을 추가해서, 렌즈 부품을 붙인다.

118

CHAPTER 5 : 키트 개조 테크닉

▲머리의 상하 고정 부분. 위쪽 부품의 뒤에 3군데 핀 구멍을 만들었다. 뒤의 2개는 자쿠 머리 부분에서 잘라낸 것이다. 앞쪽은 프라봉으로, 이것은 머리 아래 부분으로 고정했다. 위치는 모노아이 레일 가운데다. 차양 끝 부분으로 접착하는 것을 피하기 위해, 이 방법을 선택했다.

▲차양에서 옆면으로 이어지는 단차 몰드 수정. 여기서는 폴리 퍼티를 붙여서, 두께감 형태를 바꾼다. 머리 뒷부분은 프라판을 끼워서 조금 연장한다. 머리 부분의 폭을 넓히기 위해 접착면에 쐐기형으로 프라판을 넣는 것도 잘 알아 둘 수 있다.

▲왼쪽 측면의 단차가 완성되면, 좌우를 대칭형으로 만들기 위한 기술. 형태를 본뜨기 위해 양면 테이프(필름이 단단한 것)를 붙이고, 몰드를 따라서 잘라낸다. 그리고 나서 부품에서 떼어내, 이것을 '본'으로 사용한다.

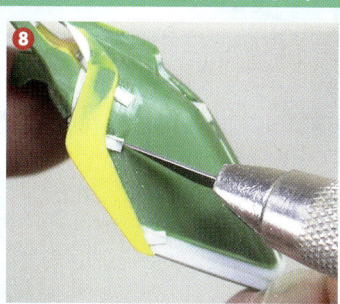
▲단차 몰드의 주위에 있는, 작은 쐐기 형태의 양각 몰드를 재현한다. 직사각형으로 작게 자른 프라판을 붙이고, 부품 위에서 쐐기 모양으로 자른다. 쐐기 모양으로 작게 잘라서 붙이는 것보다 가공하기 쉽고, 방향이나 각도도 맞추기 쉽다.

가슴 부분 폭 줄이기 가공

가슴 부분 가공은 폭을 좁게 만드는 것에 주안점을 두고 있다. 그래서, 가슴 부분을 가운데와 양 옆으로 나눠서, 각각의 폭을 줄여준다. 또한 폭을 줄이는 것에 맞춰서 세세한 부분을 다시 만들 필요도 있다

▲가슴에서 허리 아머까지는 앞뒤로 붙이는 형식의 일체형 부품이다. 그래서 앞뒤를 붙인 후, 가슴의 중앙과 좌우(미사일 포트 부분), 그리고 허리 아머 별로 나눴다. 이제 원래 형태로 돌아갈 수 없다.

▲부품을 잘라낼 때는, 이후 활용하고 싶은 면이나 기준이 되는 부분을 먼저 생각해서 절단 위치를 정한다. 부품을 안정시켜, 톱이 흔들리지 않도록 잡고서 잘라낸다. 이 경우 미사일 포트 안쪽 면의 형태를 따라서 톱질한다.

▲미사일 포트를 잘라낸 모습이다. 부품의 강도가 떨어져있기 때문에, 주의해서 취급해야 한다. 남은 부분은 큰 힘이 걸리지 않도록 에칭 톱으로 조금씩 자른다. 빨간색으로 그린 선 부분을 잘라서, 가슴 부품의 아래쪽이 앞뒤로 이어지도록 만들어서 강도를 확보한다.

CHECK POINT 단면의 정형
▲톱으로 잘라낸 단면은 필요에 따라 평평하게 정형해두자. 평평한 판에 사포를 붙이고, 거기에 부품의 절단면을 대고 밀면서 갈면 된다. 힘을 잘못 주면 경사면이 될 수도 있으니 주의하도록 하자.

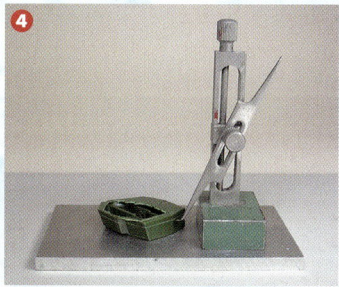
▲다음은 양 옆 미사일 포트의 폭을 줄인다. 여기서는 바깥쪽을 살리고 안쪽을 깎기로 했다. 먼저 잘라내는 위치를 부품에 표시해 둔다. 토스칸을 사용해서, 일정한 높이로 헤어라인을 넣는다.

▲안쪽을 잘라낸 미사일 포트. 톱을 사용한 절단과 이후의 정형은, 이미 소개한 것과 같다. 정형한 후 프라판을 붙여서 절단면을 막기 때문에, 프라판의 두께도 염두에 두고 절단폭을 정하고 있다. 사진은 부품 폭 8.3mm를 6mm로 깎은 상태이다.

▲비어있는 공간에 프라판을 붙여서 막는다. 필요한 크기에 맞춰서 프라판을 잘라내는 것보다, 크게 붙이고 남은 여백을 잘라내는 것이 편하다. 확실하게 전부 접착하는 건 아니고, 벗겨낼 수 있도록 여러 군데에 순간 접착제로 점을 찍듯이 발라준다.

CHECK POINT 헤어라인 표시하기
▲공작의 가이드가 되는 헤어라인을 부품 표면에 표시할 때는, 펜으로 그리는 것보다 상처를 내는 것이 좋다. 문지르거나 어느 정도 지워도 자국이 남기 때문이다. 사진은 같은 폭의 헤어라인을 그리기 위해서 캘리퍼스를 사용하는 예다.

▲프라판의 여백은 니퍼나 커터로 대강 자르고, 부품 형태에 가까운 부분은 줄로 깎아낸다. 여기에 미사일 발사구 등의 바깥 둘레 형태도 일부, 테두리를 바꾸기 위해 깎아낸다. 앞뒤가 바깥쪽으로 오므라들도록 변경했다.

▲미사일 포트 전체의 형태가 잡히면, 미사일 발사구를 다시 만든다. (폭을 줄여서 중심에서 위치가 벗어난 걸 수정하고, 방향을 변경하기 위해) 일단 프라판을 벗기고, 키트의 미사일 몰드를 깎아준다.

▲미사일 발사구를 프라판으로 짠다. 키트의 몰드를 깎아낸 위치에 딱 맞도록 프라판끼리 붙인다. 사각형 틀을 만들 때에도, 필요한 부분 이외에 여백을 남겨두고 나중에 깎아내서 만들어 준다.

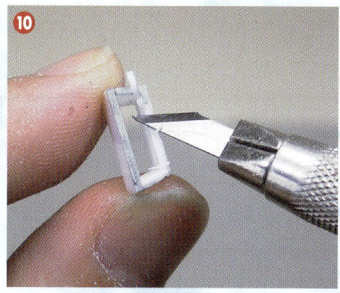
▲미사일 발사구의 가장 자리는 안쪽이 경사지게 되어있기 때문에, 나이프로 깎아서 정형한다. 이러한 가공을 쉽게 할 수 있도록, 그 부분만 떼어낼 수 있게 만들었다. 완전히 고정해두지 않는 방법이다. 이후의 작업에서 자유도를 확보할 수 있다.

CHAPTER 5 : 키트 개조 테크닉

허리 아머의 대형화

허리 아머는 이미 가운데와 좌우로 나눴다. 가운데는 선단 노즐 재현도 필요하기 때문에, 프라판으로 자작한다. 좌우 아머는 부품 형태를 활용해서 퍼티로 밑 부분을 연장하는 방법을 선택했다.

■ 프라판 가공

▲허리 중앙의 아머를 프라판으로 자작한다. 먼저 정면 형태를 만들어내는데, 이번에는 프로포션 검토용 이미지 B를 기준으로 결정했다. 키트와 같은 크기로 프린트하고 이것을 본으로 삼아서, 일단 한쪽 면의 정면 형태를 잘라낸다.

▲1장을 잘라내면, 다음은 그것을 가이드로 잘라내면 된다. 이 때도 프라판 사이에 순간 접착제로 점을 찍어서 가고정한다. 이 부분은 직선적인 형태라서, 먼저 칼집을 내고 부러뜨리면 간단하게 잘라낼 수 있다.

▲그리고 프라판을 붙여둔 채로, 가장자리를 다듬듯이 사포질 한다. 이렇게 하면 절단면도 똑같이 만들 수 있다. 정형이 끝나면 접착해둔 곳에 나이프를 넣어서 떼어낸다. 이런 방법으로 같은 형태의 프라판 4장을 만들었다.

! CHECK POINT
순간 접착제로 점 찍기
▲순간 접착제는 부품을 완전하게 고정하는 것 이외에, 부분적으로 접착제를 조금 바르면 공작 중의 고정에도 사용할 수 있다. 벗겨내면 접착제가 얇게 남으니 깎아내도록 하자.

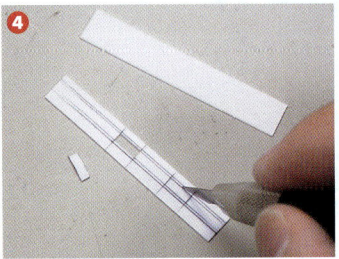
▲아머 선단 부분의 노즐 바닥면을 만들고 있다. 들어간 부분을 재현하기 위해서는 먼저 사각형 구멍을 뚫고, 그 구멍을 다른 한 장의 프라판에 붙인다. 그리고 바깥 테두리의 여백을 깎아내서 바닥면으로 사용한다. 프라판에 구멍을 낼 때는 여백이 있는 상태가 가공하기 쉽다.

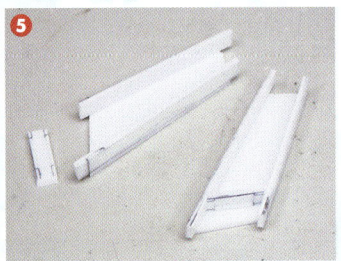
▲앞에서 잘라낸 윗면 형태에, 일정한 폭의 프라판을 붙여서 상자의 옆면을 만든다. 선단 노즐 바닥면은 사이에 낀 위치에 붙이지만, 옆면과 딱 맞는 길이, 각도로 조금씩 깎아서 맞춘다. 이 위치로 노즐의 깊이도 결정된다.

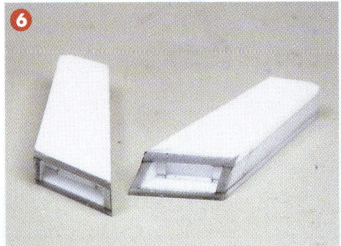
▲윗면에 뚜껑을 덮듯 프라판을 붙이고, 박스 형태로 만든 것이 왼쪽. 그리고 오른쪽은 노즐 개구면을 경사지게 깎은 것이다. 처음부터 목표로 하는 형태를 만들려 하지 말고, 일단 단순한 모양을 만들고 그것을 가공해 가는 것이 좋다.

▲그리고 표면의 단차를 재현하기 위해, 얇은 프라판으로 주위를 감싸듯이 붙인다. 두께가 다른 프라판을 덧붙이는 것으로 단차의 정도를 결정한다.

■ 폴리 퍼티 가공

▲이어서 허리 아머의 연장이다. 윗단은 프라판을 붙여서 조금 연장한다. 아래쪽 변은 완만한 곡선을 표현하기 쉽도록, 폴리 퍼티로 연장하기로 했다. 퍼티가 잘 붙을 수 있도록 부품 표면을 사포로 갈고, 연장 부분은 안쪽에 프라판을 가공해서 준비를 마쳤다.

▲아머의 아래쪽을 중심으로 폴리 퍼티를 붙여간다. 폴리 퍼티가 굳기 전에는 끈적한 상태이기 때문에, 가장자리에 붙여놓기만 해서는 흘러내린다. 그래서 프라판을 덧댄다. 표면에는 굴곡이 생기지만, 굳고 난 후 깎아서 정형해주면 된다.

▲폴리 퍼티는 30분이면 절삭이 가능하게 된다. 이 정도 단계라면 커터로도 잘 잘리기 때문에, 이 상태에서 대강의 형태를 만들어두자. 작은 기포가 나타나지만, 이것은 나중에 메운다. 고정했던 프라판은 이미 떼어냈다.

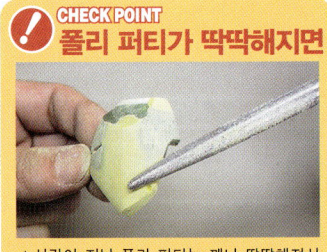
! CHECK POINT
폴리 퍼티가 딱딱해지면
▲시간이 지난 폴리 퍼티는 꽤나 딱딱해져서 나이프로는 쉽게 깎아낼 수 없게 된다. 이렇게 되면, 거친 사포나 금속줄을 사용해서 모양을 다듬으면 된다. 플라스틱 용이 아닌, 금속과 같은 딱딱한 것을 갈아낼 수 있는 타입의 공구를 추천한다.

▲왼쪽은 줄로 갈아서 거의 형태를 만들어낸 모습이다. 아래쪽 단은 5mm 정도 연장했다. 오른쪽은 왼쪽에 가까운 형태이지만, 아직 정형이 끝나지 않았다. 손으로만 작업해서는 좌우의 형태를 똑같이 만들기는 쉽지 않으니, 왼쪽 부품을 원형으로 해서 반대면을 맞춰보자.

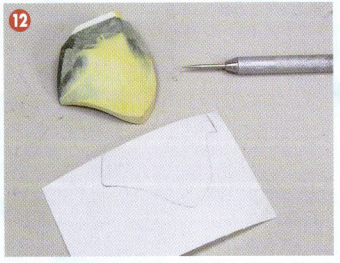
▲부품에 프라판을 덧대고, 가장자리 형태를 철필로 따낸다. 연장 부분뿐만 아니라 형태가 바뀌지 않은 부분에서 따내면 위치를 맞추기 쉬워진다. 이후 헤어라인을 따라서 프라판을 잘라낸다. 게이지로 사용한다.

▲반대편 부품에 프라판제 게이지를 뒤집어서 붙인다. 이렇게 하면 가장자리 형태를 맞출 수 있다. 표면을 만들 때도 이것을 기준으로 하면 거의 비슷해질 것이다. 엄밀하게 똑같이 맞추는 것보다, 부품 하나하나를 부드러운 라인으로 만드는 것이 중요하다.

! CHECK POINT
폴리 퍼티 벗겨짐
▲폴리 퍼티는 얇게 깎아내다 보면 부품에서 벗겨지기 마련이다. 퍼티가 뜨는 틈새에 순간 접착제를 흘려 넣어서 접착하자. 이렇게 하면 이음새의 성형에도 효과적이다.

다리 부분 폭 넓히기·연장

다리 부분에는 허벅지나 발목의 볼륨업 작업을 한다. 여기서는 퍼티 붙이기가 아닌, 프라판을 스페이서로 끼워 넣어서 크게 만드는 방법을 사용하고 있다. 그 방법을 알아보도록 하자.

❶

다리 부분에는 허벅지나 발목의 볼륨업 작업을 한다. 여기서는 퍼티 붙이기가 아닌, 프라판을 스페이서로 끼워 넣어서 크게 만드는 방법을 사용하고 있다. 그 방법을 알아보도록 하자.

❷

▲허벅지 양쪽 부품과 사이에 끼워넣을 2mm 프라판. 관절부의 방해가 되지 않도록 사전에 깎아둔다. 부품의 접착면은 키트 그대로 두지 말고, 약간의 사포질로 평평하게 정형해주면 잘 맞출 수 있다.

❸
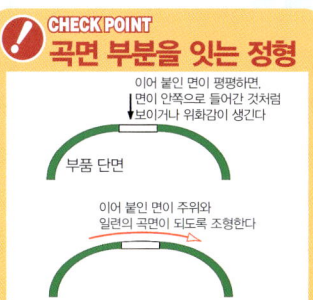

▲크게 붙여서 여분을 깎아내는 것은 이미 소개했으니 여기서는 생략한다. 여백의 정형은 부품 표면과 평평하게 되기 바로 직전에 멈춰두는 쪽이 좋다. 가장자리를 너무 많이 깎아내는 것을 방지하면서, 오른쪽 그림에서 설명하고 있듯이 표면을 부드럽게 만들 수 있기 때문이다.

> **! CHECK POINT**
> ## 곡면 부분을 잇는 정형
>
> 이어 붙인 면이 평평하면, 면이 안쪽으로 들어간 것처럼 보이거나 위화감이 생긴다
>
> 부품 단면
>
> 이어 붙인 면이 주위와 일련의 곡면이 되도록 조형한다
>
> ▲곡면 부품 사이에 프라판을 이어 붙인 경우, 가장자리를 따라서 평평하게 만든 것으로는 그림 위와 같이 이어 붙은 부분에 위화감이 남는다. 그림 밑과 같이 주위와 이어지는 면이 되도록 정형해주자.

❹

▲앞에서 그린 헤어라인이 같아지도록 반대면의 부품을 접착한다. 미묘한 위치 조정에는 플라스틱 접착제로 가접착을 하고, 조금씩 움직이면 된다. 또한 폭을 넓히고 싶은 만큼, 무릎 관절의 개구부도 넓어지기 때문에, 이후 안쪽에 프라판을 붙여서 원래 폭에 맞췄다.

❺

▲이어서 길이를 연장한다. 좌우의 부품을 접착한 상태에서 톱으로 대담하게 절단한다. 절단면이 기울어지지 않도록 평평한 면을 밑으로 해서 자른다. 대각선으로 자르면 중간에 끼는 프라판의 두께보다 더 길게 연장된다.

❻

▲둘로 자른 다음에는, 옆으로 늘일 때와 마찬가지로 작업하면 된다. 어느 정도로 연장할지는, 가조립을 해서 밸런스를 살펴보고 정하는 것이 좋다. 여기서는 2mm 프라판을 1장 껴서 연장했다.

> **! CHECK POINT**
> ## 프라판을 붙이는 요령
>
> ▲프라판을 부품면에 단단히 붙일 때는, 프라판의 앞면에도 400번 정도의 사포로 살짝 흠집을 내주자. 이렇게 한 정도로 순간 접착제를 흘려 넣었을 때 확실하게 고정된다.

❼
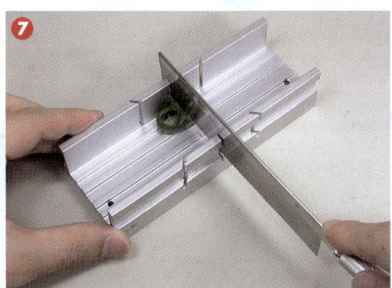

▲허벅지 연장의 다른 패턴. 좌우를 먼저 붙이지 않고, 각각의 부품을 잘라서 연장하는 방법이다. 이 방법은 부품을 평면으로 놓을 수 있기 때문에, 톱의 가이드(마이터 박스)를 사용하면 쉽게 수직으로 절단할 수 있다.

❽
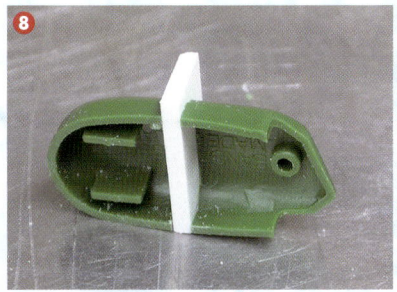

▲부품의 연장을 위해 자르는 경우에는, 내부 형태에도 신경 써서 위치를 결정해야 한다. 관절의 축 위치뿐만 아니라, 사이에 들어가는 관절유닛 공간도 확보해야 한다.

❾

▲발목의 폭을 넓히는 것도 외관을 활용하기 위해서 부품 사이에 프라판을 끼우는 방법으로, 기본적으로는 허벅지와 같다. 사진은 수직의 가이드를 사용해서 바닥면이 맞도록 부품을 붙이고 있는 모습이다. 바닥면의 절단 필요 없이 때문에 반대쪽과의 위치를 맞추기도 쉬워진다.

❿

▲왼쪽이 일반 발 부품. 오른쪽이 폭을 넓힌 발목 부품이다. 사이에 프라판을 끼워 넣는 것으로, 복잡한 측면 형태에 손 대지 않고 볼륨업을 했다. 발끝도 폭을 넓혔지만, 위화감이 들어 폭을 넓힌 부분을 잘라내서 원래 폭으로 돌렸다. 잘라낸 부분에서 조금 연장하고 있다.

⓫

▲각 부분의 형태를 변경해서 가조립한 가르스J. 여기까지 소개한 개수 이외에도, 팔은 프라판을 덧붙여서 볼륨업, 허리 부분에는 이미 HGUC 자쿠의 동체를 조립해서, 다리나 어깨 아머를 잠정적으로 연결했다. 이렇게 전체를 조립하고서, 신경 쓰이는 부분이 있다면 부착 위치를 바꾸거나 형태를 수정하는 것이다. 이 단계에서는 세세한 부분보다 전체적인 인상이 중요하다.

동체와 사타구니 부분의 제작

잘라낸 동체 부분에 허리 블록을 추가하고 조립하는 단계다. 여기서는 키트에는 없는 '허리 블록'을 만드는 것이 포인트다. 허리 아머의 접속 방법이나 동력 파이프가 장착되는 허리 주변의 조형도 같이 만들어야 한다.

❶ ▲아머 선단 부분의 노즐 바닥면을 만들고 있다. 들어간 부분을 재현하기 위해서는 먼저 사각형 구멍을 뚫고, 그 구멍을 다른 한 장의 프라판에 붙인다. 그리고 바깥 테두리의 여백을 깎아내 바닥면으로 사용한다. 프라판에 구멍을 낼 때는 여백이 있는 상태가 가공하기 쉽다.

❷ ▲가르스J의 가슴 중앙 블록과 자쿠의 배~허리 블록을 붙인 모습이다. 가슴 부품은 잘라내서 안이 비어있기 때문에, 강도를 버티기 위해서 옆면과 밑면을 프라판으로 막았다. 윗면의 목 관절 부분도 자쿠에서 떼어낸 부품을 심어 넣었다.

❸ ▲허리 부분의 사이드 아머 장착은, 자쿠와 마찬가지로 옆으로 찔러 넣으면 간단하지만 외관이 손상된다. 그래서 폴리캡을 90° 회전시켜서, 아머에서 축을 배 블록의 밑면에서 찔러 넣도록 했다. 넣고 뺄 때 다리 부분이 간섭하지 않는가도 확인해두자.

❹ ▲허리 둘레 부품이 접속되는 과정의 예상을 세우고 나면, 가슴의 형태 수정이나 배 부분의 조형을 한다. 가슴 앞부분은 윗면이나 전면의 각도의 라인을 내리기 위해서, 앞면을 볼륨업 했다. 그렇기 때문에 콕피트의 해치는 일단 떼어내고, 나중에 다시 붙인다. 배의 동력 파이프도 자쿠의 부품을 가공했다.

다리 부분 관절 제작

다리 부분의 관절 가동은, 포즈를 잡기 위해서는 중요한 포인트다. 대담한 포즈뿐만 아니라 자연스런 포즈로 접지 시키기 위해서도, 특히 고관절이나 발목은 여러 방향으로 움직이도록 만들어 보자.

❶ ▲위쪽이 HGUC 자쿠, 밑이 가르스J의 고관절~무릎 관절의 구조다. 관절 부분은 자쿠의 볼 조인트 방식을 그대로 이식하고 싶다. 무릎은 형태가 다르고 가르스J 에서도 이미 이중 관절로 되어있기 때문에, 가르스J의 부품을 활용해서 후조립이 가능하도록 변경하기로 했다.

❷ ▲허벅지 안쪽에 자쿠의 고관절 폴리캡을 끼워 넣는다. 원래 축 위치에 잘 들어가도록, 장착용 홈을 파냈다. 개구부는 볼이 들어가도록 중심 부분만 조금 넓혔다. 폴리캡의 위치에 따라 두 다리 사이의 간격이 바뀌기 때문에, 다리 부분을 가조립해서 체크를 하고 고정한다.

❸ ▲허벅지는 앞에서 다룬 대로 폭을 넓혔다. 폭을 넓히기 위한 프라판을 폴리캡이 들어가는 반대쪽 부품에 넣어두면 작업하기가 쉽다. 무릎 관절 축의 한쪽이 프라판으로 되어있는 것은, 이 키트는 원래 축이 한쪽밖에 없어서 추가했기 때문이다.

CHECK POINT
폴리캡을 잘라서 사용한다

▲폴리캡은 나이프로 잘라 형태를 바꿔서 사용하는 것은 가능하다. 여기서는 옆면을 평평하게 만들어서, 관절 블록 안에 쉽게 고정 가능하도록 만들었다. 일반적으로는 사각형 폴리캡을 사용하는 부분을 이 방법으로 대체한다.

❹ ▲아머 선단 부분의 노즐 바닥면을 만들고 있다. 들어간 부분을 재현하기 위해서는 먼저 사각형 구멍을 뚫고, 그 구멍을 다른 한 장의 프라판에 붙인다. 그리고 바깥 테두리의 여백을 깎아내 바닥면으로 사용한다. 프라판에 구멍을 낼 때는 여백이 있는 상태가 가공하기 쉽다.

❺ ▲관절축이 빠질 수 있도록 위 아래는 「U」자 형으로 뚫린 형태로 만들다. 관절 블록 안에서 폴리캡이 흔들리지 않고 확실히 고정될 수 있도록, 뒷면에 프라판을 덧붙여서 조절해둔다. 고정이 잘 되는지는, 좌우 부품을 붙이기 전에 신중하게 체크하도록 한다.

❻ ▲발목 관절의 제작. 관절 블록에 자쿠의 부품을 통째로 사용하고, 발목 위의 패인 부분에 프라판으로 축받이를 새로 만든다. 관절축 위치는 이전과 변함이 없지만, 앞뒤로 움직이는 것에 더해서 볼 조인트 덕에 어느 방향으로도 움직이기 때문에 접지성이 좋아진다. 관절 블록 위쪽 축을 정강이 안쪽에 고정한다.

❼ ▲정강이 안쪽은 평면이 아니기 때문에, 축받이를 정확하게 설치하는 것은 어렵다. 그래서 축받이도 자쿠의 정강이 부품을 통째로 잘라내서 안에 집어 넣었다. 고정하는 위치는 틈새에 지우개 반죽을 채워 넣어서 가고정 시키고 나서 정한다. 위치가 결정되면 양쪽 부품에 표시(헤어라인)를 해두자.

❽ ▲축받이가 되는 자쿠의 정강이 부품을 가르스J의 정강이 안에 중심을 맞춰서 고정하는 방법이다. 일단 자쿠 부품의 접착면에 투명 프라판을 붙인다. 이것이 정강이의 중심선(면)이 된다. 투명 프라판의 1변은 위치를 맞추기 위한 표시(빨간선)에 맞춰둔다. 그리고 나서 정강이 쪽 접착면에 고정한다.

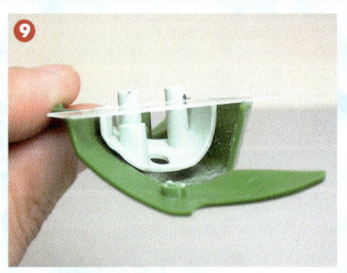

❾ ▲같은 상태를 밑에서 본 모습. 자쿠의 정강이 부품은 가르스J의 부품으로부터 떠있지만, 같은 평면 위에 고정되어 있기 때문에 중심도 잘 맞고 축받이도 수직으로 된다. 양쪽 다리의 위치가 틀어지지 않도록, 위치 표시는 사전에 철필로 반대편에 표시해둔다.

❿ ▲자쿠의 부품과 가르스J의 부품 사이에 폴리 퍼티를 채우고, 양쪽을 확실하게 고정시킨다. 에폭시 퍼티도 좋지만, 원치 않는 곳으로 흘러 들어가거나 강하게 채워 넣어서 위치가 틀어지는 일이 없도록, 폴리 퍼티를 골랐다.

⓫ ▲관절 제작이 끝나고, 다리 부분 전체를 조립한 모습이다. 자연스럽게 서있는 모습만 보더라도 허벅지, 발목의 가동 방향이 넓어진 효과를 알 수 있다. 또한 끼워 넣는 방식이 아니고 허벅지, 무릎, 정강이, 발목 등을 각각 떼어낼 수 있어 도색 역시 간편하다.

CHAPTER 5 : 키트 개조 테크닉

팔 부분 관절 제작

가르스J의 키트는 어깨 블록이 없고 어깨 아머에서 위팔이 직접 나와있기 때문에, '아머'와 '내부 어깨 블록'이라는 형태로 독립시키고 싶다. 자쿠의 위팔을 심으로 삼아서 팔 부분을 만들어, 관절과 구조 변경에 대응한다.

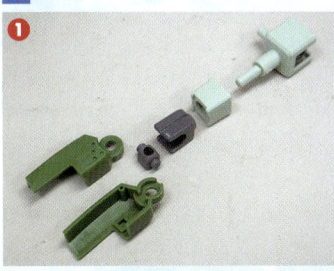
▲팔의 주요 구성 요소. 어깨 블록, 위팔, 팔꿈치 관절 커버까지, 자쿠의 부품이다. 팔꿈치 부분의 폴리캡은 자쿠에서는 큰 것이 사용되고 있기 때문에 형태가 비슷하면서도 더욱 소형인 「N」폴리캡으로 변경했다. 이 폴리캡이라면 가르스J의 아래팔 팔꿈치 부분에 잘 들어갈 것이다.

▲아래팔의 팔꿈치 관절은, 키트에서는 폴리캡을 고정하는 부분에, 폴리캡을 스윙하듯이 집어넣어야 하기에 공간 확보를 위해 검게 칠한 부분을 깎아낸다. 자쿠의 부품인 팔꿈치 관절 커버는 폴리캡과 같은 폭으로 깎아낸다.

▲팔꿈치 주변의 부품을 가공해서 조립하는 모습. 팔꿈치의 폴리캡을 아래팔에 끼우는 형태가 된다. 부품의 사정상 접합 부분에 틈새가 있지만, 여기서는 아래팔의 볼륨업도 겸해서 프라판을 사이에 끼워 폭을 넓히는 작업을 했다.

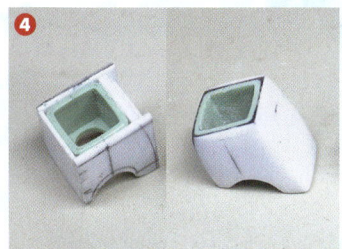
▲위팔은 자쿠의 부품을 심으로 하고 프라판으로 볼륨업을 한 후, 가르스 J의 형태로 깎아낸다. 왼쪽이 정형 전, 오른쪽이 정형 후다. 옆면 형태는 팔꿈치 관절이 뒤로 빠지는 부분의 형태로 가공하고 나서 붙였다. 네모나게 붙인 프라판을 기준으로 하면서, 각 면이 완만한 곡선이 되도록 깎는다.

▲어깨 아머의 독립과 가동을 위한 공작. 먼저 어깨 아머 안에, 자쿠의 어깨 블록이 어느 위치에 들어가는 게 가장 좋은지를 검토한다. 어깨 안쪽의 돌기 등은 미리 깎아서 없앴다. 오른쪽에 있는 것은 장착과 가동에 사용하는 관절 부품이다.

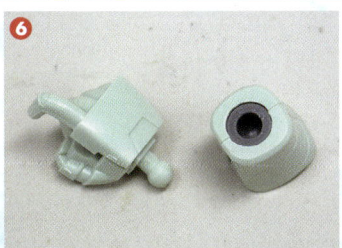
▲어깨 아머의 가동에는, 자쿠의 손목 관절을 이식하기로 했다. HGUC 자쿠는 어깨 블록과 아머의 장착 방법이 좌우 다르기 때문에, 부품을 그대로 사용할 수 없기 때문이다. 구프와 같이 좌우대칭인 키트였다면, 그대로 사용할 수 있었을지도 모른다.

▲어깨 블록에 자쿠의 손목에서 자른 볼 축을 붙이고, 어깨 아머 쪽에 아래팔의 선단을 접착하는 것으로 장착과 가동을 겸한다. 어깨 블록의 위치는 바닥면과 어깨 아머의 위팔 장착면을 맞춰서, 아머에서 팔이 나오는 위치관계가 변하지 않도록 만들었다.

! CHECK POINT
장착 축의 보강
▲관절의 축 부분 안을 붙이는 경우에는, 그냥 접착만 해두면 부하가 걸리는 경우에 파손되기 십상이다. 핀 바이스로 구멍을 뚫고, 황동선을 이용해 연결해서 강도를 확보하도록 하자. 접착면을 넓게 확보하는 것도 효과적이다.

▲가슴 부분의 축받이 부분(미사일 포트 안)은 키트의 구조를 살리기로 했다. 폴리캡을 지지하는 부분이 흔들리는 탓에 프라판으로 보강하고 있다. 구판 키트이지만, 이 부분에서는 스윙 구조가 들어가 있다.

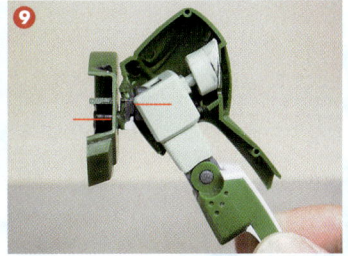
▲어깨 블록을 가슴 부분에 연결하는 방법. 가슴 쪽의 축 위치를 그대로 두고 어깨 블록에 자쿠의 부품을 그대로 사용하면 양쪽 축의 높이가 맞지 않는다. 그래서 각각을 연결해주는 크랭크 형태의 축을 자작했다. 축 위치 차이에 주목하자.

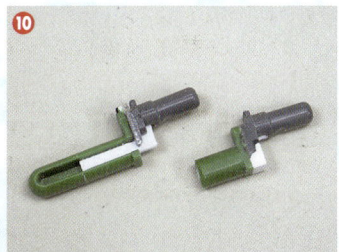
▲축을 크랭크 형태로 만들기 위해서, 각각의 축 부품을 절단하고 이어 붙였다. 이어 붙이는 경우에는 강도가 부족하기 때문에, 양쪽 축의 속을 파낸 부분에 프라판으로 두 축을 연결해서 확실하게 접착했다. 축의 가동이 뻑뻑하면 부하가 걸리게 되니 이쪽도 같이 조절해준다.

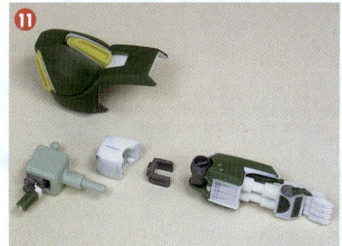
▲왼쪽 팔의 부품이 완성된 상태다. 아래팔을 볼륨업 했기 때문에, 손목의 파이프 부분도 프라파이프로 한층 더 크게 다시 만들었다. 팔꿈치 관절의 「一」자 몰드는, 시판되는 프라 부품을 사용했다.

노즐 부분의 가공과 복제

노즐이 일체성형 되어있는 경우, 형태나 깊이의 표현이 만족스럽지 않은 경우도 있다. 노즐을 별도 부품으로 만들어서, 더욱 정밀하게 보이도록 만들자. 별도의 부품으로 만들면 구분도색 역시 쉬워진다. 그리고 노즐이 여러 개 필요하기 때문에, 간단하게 본을 뜰 수 있는 방법으로 부품을 복제했다.

▲어깨 아머는 밑의 노즐만 별도 부품이고, 위쪽 2개는 일체성형이다. 일체성형 되어있는 부분은 형태가 일그러져 있고, 두리뭉실 하게 파져 있다. 외관상의 특징이기도 해서, 윗면도 별도 부품으로 만들어서 입체적으로 재현해보겠다.

▲원래 별도 부품으로 되어있는 노즐을 이용해서 노즐 부품을 만든다. 한쪽 면 3군데를 같은 형태로 하고, 이것을 본뜨기·복제해서 사용하기로 했다. 노즐 양 끝단은 완만한 곡선으로 바꾸고, 폭이 넓은 쪽을 약간 짧게 자른 프라판을 붙여서 정형했다.

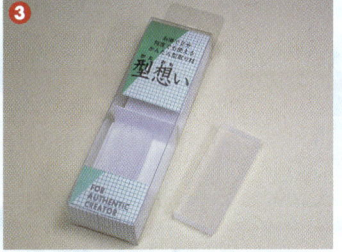
▲여기서부터는 만들어놓은 노즐의 형틀 만들기 방법을 알아보자. 이번에는 간단한 방법을 사용했다. 먼저 준비한 것이 「형틀생각」(웨이브 / 945엔)이다. 이 제품은 뜨거운 물로 데우면 부드러워지는 고무 형태의 본뜨기 소재이다. 식으면 딱딱해지만, 다시 데우면 몇 번이고 사용할 수 있다.

▲적당한 크기의 블록을 뜨거운 물에 2분 정도 데운다. 그러면 물렁물렁해져서 형태를 바꿀 수 있게 된다. 부드러워진 「형틀생각」은, 원형의 모양을 찍거나 틀에 채워 넣는 등, 점토처럼 사용할 수 있다.

123

CHAPTER 5 : 키트 개조 테크닉

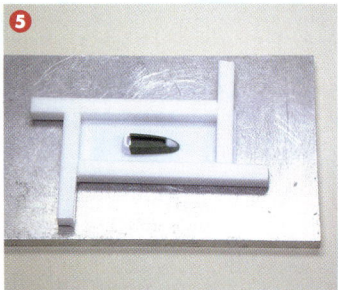
▲노즐의 원형을 본뜨기 위한 준비. 굴곡이 있는 형태이기 때문에, 본뜨기 재료가 바닥까지 잘 밀착되도록 평평한 대를 설치하고 프라봉으로 간단한 틀을 만들어봤다.

▲부드러워진「형틀 생각」을 원형에 누른다. 노즐 안쪽에도 들어가도록 잘게 잘라서 노즐 안에 먼저 넣는 것이 효과적이지만, 잘게 자르면 금방 차가워져서 딱딱해지기 때문에 재빨리 작업을 해야 한다.

▲「형틀 생각」이 식어서 딱딱해지고 원형에서 떼어내면 형틀이 완성된다. 이 형틀에 재료를 흘려 넣는다. 이번에는 복제용 레진 수지가 아닌, 손쉽게 쓸 수 있는 폴리 퍼티를 채워 넣었다. 폴리 퍼티를 채운 뒤에 프라판을 겹쳐서, 바닥이 되는 면을 평평하게 만든다.

▲굳은 폴리 퍼티를 형틀에서 떼어낸 모습. 바닥의 프라판은 간단하게 벗겨낼 수 있어서 이것으로 거의 평면이 되었다. 퍼티를 자르거나, 다소 모자란 부분은 폴리 퍼티로 재차 수선해서 복제 부품이 완성되었다.

▲어깨 아머 윗부분은 키트의 노즐 부분을 깎아낸다. 또한 그 개구부도 노즐의 형태와 같은 모양으로 만들기 위해, 밑면을 프라판으로 수정했다. 오른쪽 개구부의 '바닥'을 성형하기 위해 자작한 스탬프 부품이다.

▲노즐용 개구부는 단순하게 뒤에서 뚜껑을 덮는 것뿐만 아니라 가장자리나 바닥 면을 다듬기 위해서, 에폭시 퍼티를 채운 뒤 준비해둔 스탬프 부품을 눌러서 사진과 같이 정형했다. 준비하는데 다소 손이 가지만 완성도는 좋아진다.

▲본뜨기를 한 노즐을 붙인 어깨 아머. 윗면도 다른 부품으로 만드니 입체감이 잘 표현 되었다. 또한 각 노즐을 공통화 했기 때문에, 완성된 모습에서도 통일감이 느껴진다.

CHECK POINT
파내서 입체감을 낸다
▲여기서는 다른 부품으로 만들어서 입체감을 냈지만 다른 부품으로 만들지 않고도, 면을 깎아내서 각도를 바꾸거나 사진에서 나오듯이 골 등으로 들어간 부분을 더욱 깊게 파주는 방식으로 입체감을 내는 방법도 있다.

AMX-101
GALLUSS-J
BANDAI 1:144 scale plastic kit modeled by Ken-ichi NOMOTO

AMX-101 가르스J

구판 키트의 업데이트로, 'HGUC 레벨'의 가동이나 스타일 재현을 목표로 한 가르스J. 가동에 관해서는 HGUC 자쿠의 부품을 각 부분에 사용하여 그 목표를 거의 달성했다. 기체를 통째로 사용했기 때문에, 관절을 자작하는 것보다 효율 좋게 제작할 수 있었다. 프로포션 면에서는 각 부품에 꽤나 손을 댔지만, 그래도 원래 키트가 기준이 되기 때문에 가공의 기준을 쉽게 세울 수 있었다. 하나부터 다시 만드는 것보다 편하게 만들 수 있고, 구형 키트의 풍미를 남기는 것이기도 하다. 또한 각 부분의 가공과 동시에 부품의 후조립화도 작업했다. 구분 도색을 쉽게 만드는 것이 포인트다. 아무튼 원래 키트는 구분 도색을 위한 분할 같은 것은 아무것도 되어있지 않다. 이렇게 구판 키트도 최신 키트에 버금가는 완성도로 다시 태어났다.

사용키트
●AMX-101 가르스J ●발매원 / 반다이 하비 사업부 ●735엔 ●플라스틱 키트 ●1:144 스케일, 전고 약 15cm

▲각 부분의 개수가 끝난 상태. 소재 색을 보면 어떻게 가공 했는지를 알 수 있다. 대체로 키트 부품을 살려서 가공하고 있지만, 팔의 파이프 부분은 프라파이프로 교환. 왼쪽 손의 핑거 런처는 프라 재료로 깎아서 자작했다.

▲다리의 가동범위 향상과 허리 아머 분할, 가동화로 대담한 포즈도 취할 수 있게 되었다. 허리 리어 아머 뒷면에는 몰드도 추가했다.

CHAPTER 5 : 키트 개조 테크닉

▲노려보고 있는 듯한 표정으로 변화한 머리 부분. 키트 부품을 각 부분에서 절단해서 안테나, 턱을 날카롭게 깎았다.

▲어깨 아머는 윗면 노즐도 별도 부품으로 만들었다. 성형 방향에 의한 뒤틀림도 없어져서 통일감이 있는 완성도를 보여준다.

▲배, 허리 블록은 HGUC 자쿠를 이용했다. 허리 아머의 가동이나 동력 파이프의 장착, 관절 부분도 그에 따르고 있다.

▲가슴 쪽은 전체의 폭을 좁히고 중앙부분, 미사일 런처는 각 면의 각도나 볼륨도 변경했다.

◀핑거 런처를 장비한 왼팔. 자잘한 손가락 끝도 날카롭게 완성되었다. 손목의 신축기구는 파이프의 교체로 재현했다.

▶손은 키트에 네 가지 것을 잡는 손은 HGUC 자쿠의 손을 사용하고 쥐는 손은 HGUC 자쿠의 손을 사용했다. 교환식이다.

▲무릎관절은 키트 부품을 활용하면서, 후조립 식으로 변경했다. 허벅지, 정강이에 있는 폴리캡을 관절 부품과 연결한다.

CHAPTER 5 : 키트 개조 테크닉

❺ LED 이식 1
～『건담UC』판 가자C를 LED 이식해서 제작～

라이트나 센서, 버니어 등에 LED등으로 광원을 심어서, 실제로 빛이 나게 만든다. 도색이나 디테일의 재현과는 다른 방법으로 모형의 리얼리티를 부여해서, 더욱 멋지게 만들 수 있는 효과적인 공작이다. 여기서는 각종 LED 이식의 조립 예와 함께, 조립에서 사용하는 아이템이나 사용 방법, 좁은 공간 대처법 등을 소개하고자 한다. 최종적으로는 기체 각 부분에 발광 기믹을 내장한『기동전사 건담 UC』판 가자C를 만들어 보겠다.

LED 이식에 사용하는 재료

먼저 LED 이식에 사용하는 기본적인 용품을 소개한다. 여기서 소개하는 제품은 모형점에서도 입수가 가능하지만, LED등은 전자부품 전문점 쪽이 더 다양한 종류가 갖춰져 있다. 또한, 철도 모형용으로도 소형 LED 이식 부품이 발매되어 있으니 체크하도록 하자.

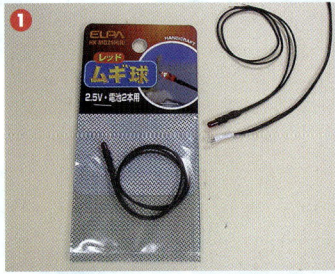

▲꼬마전구. 소형의 전구로, 예전에는 키트에 심어 넣는 가장 일반적인 광원이었다. 특징은 백열등과 마찬가지로 빛이 주위를 넓게 비춘다. 연결하는데 +−극성은 없다. 크기는 지름 약 3mm 정도의 통 형태이다. 사진에 나온 제품은 2개/150엔 정도이다.

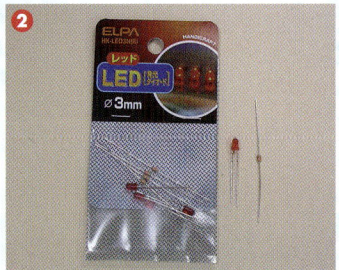

▲LED(발광 다이오드). 포탄 형태에 지름 3mm, 5mm가 일반적이다. 소비 전류가 적고 수명이 길기 때문에, 모형 내부에 설치하는데 적합하다. 사진에 나온 제품(빨강)은 저항이 포함되어 있고, 5개/200엔 정도이다. 흰색, 파란색 계열은 가격이 비싸면 적정 전압을 높기 때문에, 사용할 때는 주의하자.

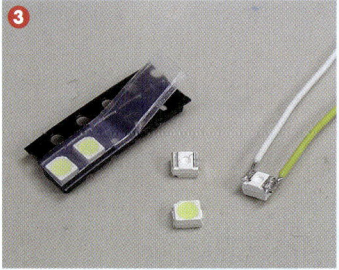

▲칩형 LED. 원래는 전자회로의 기판용으로 포탄형보다 더 좁은 공간에 설치하는데 적합하다. 발광하는 것은 표면의 둥근 부분. 전선은 뒷면의 양변에 연결하며, 자신이 직접 납땜질을 할 필요가 있다. 사진은 엘레키트의 『LK1-WH』(3.5×2.8mm, 5개 들이/420엔). 가로세로 2mm 정도의 더욱 작은 것도 있다.

CHECK POINT
LED 사용상의 주의

▲LED는 연결할 때 극성이 있어서, 반대로 연결하면 점등되지 않는다. 또한 적정 이상의 전류가 흐르지 않도록 필요에 따라서 저항을 넣는다. 저항치는 LED의 특성이나 전원 전압에 따라서도 변하기 때문에, 저항이 같이 들어가 있는 제품을 사용하는 것이 좋다.

▲전지. LED는 전압 2～3V 이상을 필요로 하기 때문에, 건전지(1.5V)라면 2개 이상이 필요하다. 전원을 내장하는 경우, 왼쪽의 N사이즈 건전지 용 전지박스도 어느 정도 크기가 있기 때문에 내장할 때는 오른쪽의 「버튼형 건전지」가 작고 편리하다. 사진의 「SR521」(1.55V)은 지름 5.8mm에 두께 2.1mm다.

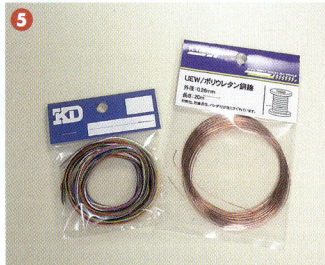

▲배선용 리드선. 이것도 의외로 장소를 차지하니, 얇은 선을 준비해두자. 왼쪽의 비닐 피복선, 유연성이 있어서 부드럽게 움직인다. 사진의 제품은 지름 0.8mm이다. 오른쪽은 더욱 가는 폴리우레탄 동선(0.26mm). 단선으로 표면이 투명한 피막으로 덮여있다. 양쪽 다 200～300엔이다.

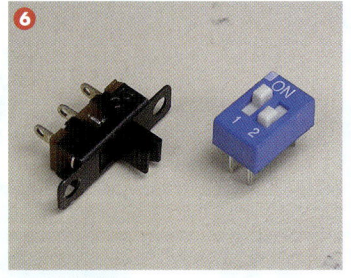

▲점등을 조작하는데 필요한 스위치. 공간이 없는 경우는 전지를 넣고 빼는 것으로 대신하는 방법도 있지만, 역시 스위치를 설치하는 쪽이 조작과 완성 면에서 스마트하다. 왼쪽은 일반적인 슬라이드 식. 오른쪽은 기판 위에 설치하는 DIP스위치다.

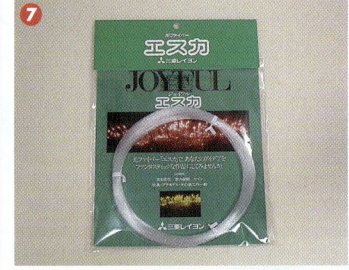

▲광 파이버(광섬유). 투명하고 가는 선으로, 끝부분에 빛을 받으면 반대편 끝 부분으로 빛을 전달한다. 광원에서 떨어진 곳을 비추거나, 하나의 광원에서 여러 개로 분기시키는 것과 같은 방법으로도 사용할 수 있다. 공작용으로는 미쯔비시 레이온의 「에스카」를 쉽게 구할 수 있다. 지름은 0.25mm~1.5mm, 각 1580엔

건담의 카메라아이 발광

LED 이식 실전 1은, 「MG 건담 Ver.2.0」의 카메라아이를 빛나게 만드는 공작이다. LED를 카메라의 위치에 맞춰서 잘 집어넣는 것이 이 작업의 포인트다. 1:144클래스라면 공간상 어렵지만, 1:100이라면 어떻게든 될 듯하다.

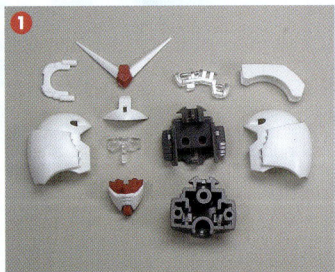

▲「MG건담Ver.2.0」의 머리 부품. '눈'은 클리어 부품이고, 안쪽으로는 내부 메카닉이 검은색으로 칠해진다. 구조적으로는 이 내부 메카닉에 발광 부분을 넣을 수 있다면 좋을 것이다. 전원까지의 배선은 목 밑으로 빼야 될 것이다.

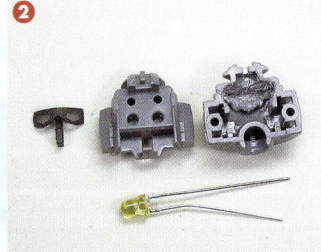

▲카메라의 클리어 부품은, 눈 부분만을 투명하게 남겨두고 주위를 검은색으로 칠한다. 내부 부품은 눈의 위치 바로 뒤에 구멍을 뚫었다. 이 뒤쪽에 노란색 LED(지름 3mm)를 배치한다. 안쪽에는 고정용 핀이 있기 때문에, 라우터나 끌로 깎아서 공간을 확보한다.

▲내부 메카닉의 안쪽 모습이다. 눈 뒤쪽에 사각형 공간이 만들어진 것을 알 수 있다. LED는 이렇게 선단이 정면을 향하게 해서 사용해야 한다. 포탄형의 LED는 빛의 지향성이 강해서 정면은 매우 밝지만, 옆면은 빛의 양이 극단적으로 떨어진다.

▲2개의 LED를 가고정하고 발광 테스트를 한다. 여기에 눈의 클리어 부품을 겹쳐서, 광점의 위치가 이상하지 않은지 확인해두자. 부품이 차광성이 높은 회색이기 때문에, 주위로 빛이 새는 일이 거의 없다. 그리고 나서 LED는 에폭시 접착제로 고정한다.

CHAPTER 5 : 키트 개조 테크닉

▲이어서 전선의 장착. 2개의 LED는 전원에 대해 '병렬'로 연결한다. 양쪽의 애노드쪽에 +선(빨강)을, 캐소드 쪽에는 -선(검정)을, 단자를 4mm 남겨두고 잘라낸 곳을 납땜질한다. 리드선이 접합부나 목 관절을 방해하지 않도록, 홈을 파내서 밑으로 내려준다.

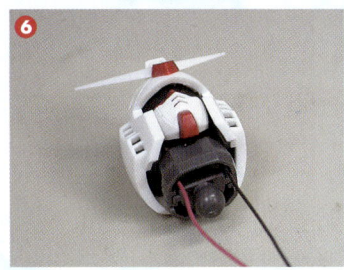
▲외장 부품은 키트에 있는 그대로 조립해서 머리를 완성시킨다. 전원에 연결하는 리드선은 목 내부의 실린더 부품에도 간섭하지 않고, 그 양 옆으로 나왔다. 또한, 눈 부분은 빛이 나지 않을 때는 검은색이 되도록 투명하게 놔뒀지만, 빛이 부옇게 보이도록 표면을 1000번 사포로 문질렀다.

▲카메라를 발광시킨 모습이다. 눈의 형태로 확실하게 빛이 난다. 이것으로 카메라아이 LED 이식이 끝난다. 외관을 손상시키는 일 없이 배선을 밑으로 빼냈기 때문에, 전원은 몸체에 내장하는 것, 밖에 설치하는 것, 양쪽 모두 선택할 수 있을 것이다. 전원의 내장 방법은 P.130에서 설명한다.

CHECK POINT 반대면을 사용해서 더욱 빛나게 만든다
▲옆면에서 봤을 때도 카메라 부분이 확실히 발광하듯 보이도록 공작했다. 클리어 부품 뒤 공간의 칸막이나 윗면 등, 주위에 알루미늄 테이프를 붙여서 빛을 반사하게 만들면 된다.

실드 안쪽의 모노아이 발광

LED 이식 실전 2는, 지온계 MS에서 흔히 볼 수 있는, 실드 안에서 빛나는 모노아이를 재현해 보자. 예는, P.061에서 소개한 HGUC 지온. 완성 후의 모습은 해당 페이지를 참조.

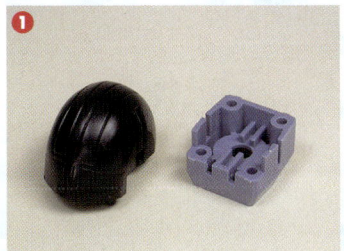
▲HGUC 지옹의 머리 부품. 왼쪽이 모노아이가 이동하는 실드(모노아이가 이동하는 부분) 부품이다. 오른쪽은 그 밑에 겹치는 머리 부분 아래쪽 부품. 광원은 이 부품들의 내부공간에 집어넣게 된다. 실드를 투명하게 만드는 것과, LED를 어떻게 배치해야 하는지를 생각한다.

▲실드를 투명하게 만들기 위해, 키트 부품을 원형으로 해서 '히트 프레스'를 한다. 사진은 클립으로 고정한 부품에, 라이터로 가열한 염화 비닐 판을 짜듯이 누른 모습이다.

▲키트 쪽의 부품은 모노아이의 횡 이동 부분을 잘라내서, 히트 프레스한 염화 비닐 판을 그 형태로 맞춰서 잘라내고, 붙인다. 이것으로 모노아이 실드의 투명화 작업이 끝나고, 나중에 투명 부분은 스모크로 도색해서 내부가 어두워 보이도록 만든다.

CHECK POINT 납땜질을 할 때 LED를 고정시키는 법
▲납땜질을 할 때, LED를 고정하는데 필요한 것이 gesse의 「페인트 베이스」와 부속된 페이다. 그립 형태의 페이는 둥근 것을 잡는 형태로 되어 있고 수지로 만들어져서 흡집을 내지 않으며, 베이스에 찔러서 간단하게 고정시킬 수 있다.

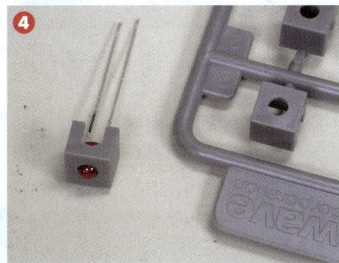
▲이어서 LED 고정 방법이다. 적당한 하우징(틀)이 될 만한 부품을 찾은 결과, 웨이브의 「프라서포」(PC-03 프라서포2의 [2])가 적격이었다. 네모난 박스 형태로, 3mm LED의 선단부분이 적당히 노출되는 형태다.

▲머리 부분 아래쪽 부품에 LED를 심어 넣은 상태. LED의 위치는 완성 후의 이미지를 좌우하는 만큼, 외장까지 전부 씌워서 꼼꼼하게 확인하고 나서 고정하도록 하자. 여기서는 공간의 여유가 있었기 때문에, 저항은 LED 단자에 직접 붙였다. 리드선은 목 부분 축의 홈을 통과시켜 밑으로 빼냈다.

▲실드 부분이 되는 위쪽 부품을 장착한 상태다. 스모크로 도색 되어있는 실드는 어두워서, 안쪽이 슬쩍 비치는 정도다. 스모크 도색은 일반적으로 뒷면에 하지만, 클리어 부품이 아닌 위쪽의 모노레일과의 질감을 맞추기 위해 바깥쪽에도 도색했다.

▲완성 후의 모노아이 점등상태. 완성된 모습에서 깊이가 느껴진다. LED 자체는 얼굴의 중심에 배치되어 있기 때문에, 정면에서 봤을 때 모노아이는 지지기둥 뒤쪽으로 오게 된다. 옆에서 보면 지지기둥에서 들어간 위치에 있는 것처럼 보인다. 이러한 점에서도 지옹다운 모습이 재현되었다.

가자C의 각 부분에 LED 이식을 한다

LED 이식 실전 3. HGUC 키트를 사용해서 『기동전사 건담 UC』판 가자C를 제작한다. 형태 구조나 가동부는 그대로 살리고, 내부공간이 적은 기체의 각 부분에 LED를 이식한다. 지혜를 짜내서 구석진 부분에 전원이나 스위치를 집어 넣어야 한다.

▲HGUC 가자C(일반기)의 스트레이트 빌드. 빛이 나게 만들 부분은 카메라아이, 오른쪽 가슴의 센서, 뒷부분 버니어 노즐×2, 등 윗부분의 빔건×2의 4군데이다. 외관도 「UC」판 가자C로 변경하기 때문에, 카메라아이나 가슴의 클리어 부품은 파란색이 된다. 이 부분도 자작해 보자.

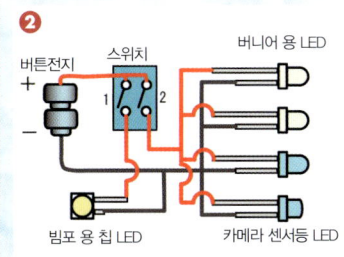
▲카메라아이, 센서 부분에 파란색 LED, 빔건은 칩 형태의 하얀색 LED를 사용한다. 기본적으로는 각각의 LED를 전원(버튼전지)에 병렬로 연결하는 타입이다. 중간에 스위치를 붙이고, 빔건 부분만 다른 곳과는 별도로 끄고 켤수 있도록 만든다.

▲버니어, 카메라아이, 센서 부분에 사용하는 LED. 3mm의 포탄형으로, 색상은 흰색과 파란색이다(미네시마 / 5개 들이 / 흰색 368엔, 파란색 315엔). 넓은 지향특성을 가지고 있어 빛이 확산하는 타입이라는 것이, 선택의 이유다. 발광하지 않을 경우에는 양쪽 다 투명하게 보인다.

▲가자C의 등 부분 유닛은 볼륨이 있어 보이지만, 변형시에 머리가 수납되기 때문에 사용할 수 있는 공간은 위쪽 밖에 없다. 또한 전원이 어떻게 접속하는가, 배선을 어떻게 배치할 것인가도 생각해둘 필요가 있다. 각 부분의 발광과 함께, 전체를 얼마나 잘 수납시킬 수 있는가를 생각해서 제작하도록 하자.

127

버니어 노즐 발광

그러면 간단할 것 같은 부분부터 살펴보자. 먼저 버니어 노즐의 발광이다. 노즐의 밑부분에 LED를 넣어 고정하고, 노즐을 그대로 우산처럼 만들면 된다.

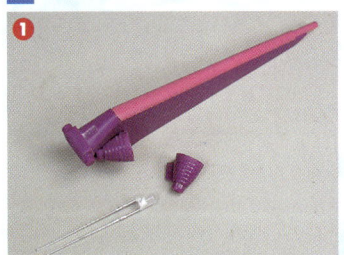

❶ ▲등 부분의 버니어 노즐도 흰색 LED다. 노즐 부품은 옆쪽에 판 형태로 튀어나온 부분이 있어서, 이 부분을 꼬리처럼 생긴 스테빌라이저에 끼워 넣어서 고정하는 스타일이다. 그래서 노즐의 밑 부분에 LED를 끼워 넣어도, 부품을 장착하는 방법을 바꾸지 않아도 될듯 하다.

❷ ▲그래서 3mm LED가 들어가도록 노즐의 밑 부분에 드릴로 구멍을 냈다. 끼워진 LED가 흔들리지 않도록 목표 구경에 가깝게 구멍을 뚫고 나면, 그 다음부터는 둥근 줄로 조금씩 넓혀서 딱 맞게 만들자.

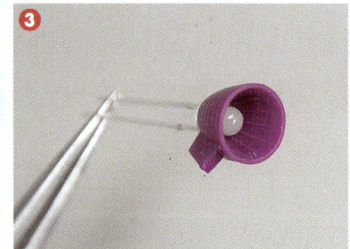

❸ ▲LED를 버니어 노즐에 끼운 모습이다. 노즐 안에 LED가 튀어나오지만, 크기 밸런스 등 외관에서 위화감이 느껴지지 않기에, 그대로 사용할 것 같다. LED 뒷부분의 두꺼운 부분은 아직 노즐 안에 들어가지 않은 상태다.

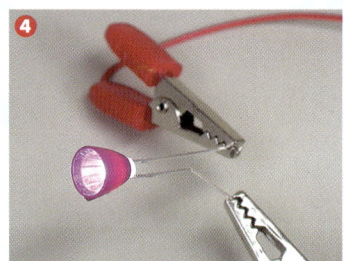

❹ ▲이 단계에서 점등해보면, 노즐 안이 강하게 빛나고 있는 것을 알 수 있다. 발광시키면 노즐 안의 몰드도 살아난다. 또한, 제작하는 동안 배선을 여러 번 가연결하기 때문에, 사진과 같이 악어집게를 붙인 리드선도 준비해두면 편리하다.

❺ ▲앞 단계에서는, 가장 두꺼운 LED의 밑동치 부분에서 빛이 새어나왔다. 이것을 가리기 위해서, 주위를 프라 부품(얇은 둥근 노즐에 구멍을 낸 것)으로 덮어씌우기로 했다. 버니어에 붙일 때는 빈틈이 없도록, 「검은 순간 접착제」로 메워둔다. 그리고 나서 리드선을 납땜질한다.

❻ ▲스테빌라이저에 양쪽 노즐을 붙이고 점등 테스트. 이것은 노즐의 방향이나 발광의 상태 등, 외관 확인 작업이다. 노즐의 밑동치가 두꺼워졌기 때문에, 그만큼 스테빌라이저 쪽을 파내서 원래 방향과 일치하도록 정확하게 맞춰주자.

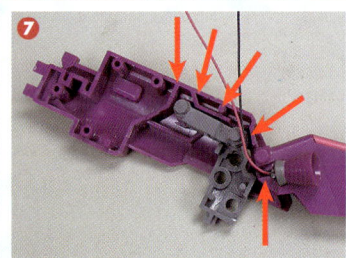

❼ ▲스테빌라이저는 배면 유닛에 끼워 넣는 구조이기 때문에 접합선 수정, 도색 타이밍도 고려해서 조립 순서를 검토해야 한다. LED 배선은 화살표의 각 부분에 홈을 파고, 끼워 넣을 때 윗면의 공간까지 통과시키기로 한다. 이것은 배면 유닛의 윗부분에 전원을 내장하기 위해서다.

⚠ CHECK POINT
LED 뒤로 새어나오는 빛

▲각 부분의 LED는 뒷부분에서 빛이 새어나오는 것을 막기 위해, 조립하기 전에 밑동치 부분을 검게 칠했다. 이것은 리드선을 눈에 잘 띄지 않는 색으로 칠하는 작업도 겸하고 있다.

카메라아이 발광

이 부분은 이미 소개한 실전 예의 응용이다. 카메라아이의 위치에 LED를 잘 수납하는 것이 포인트다. 또한 『건담UC』판 가자C는 키트와 색이 다르기 때문에, 클리어 부품도 자작해야 한다.

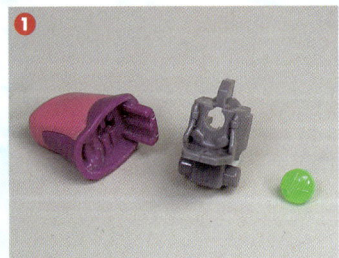

❶ ▲머리 부품. 클리어 그린의 렌즈 부품을 장착하는 구멍은 약 3mm라서 LED를 끼워 넣기 좋다. 빛의 폭을 변경하지 않기 위해서도, 여기에 LED를 끼우는 것이 가장 좋을 것이다.

❷ ▲머리 부품의 뒷면에서 LED를 끼워 넣으려고 하면, 구멍 위쪽에 LED의 두꺼운 뒷부분이 닿는다. LED를 깎는 방법도 있으나, 여기서는 부품 쪽을 깎아내서(빨간색으로 표시한 부분) 앞쪽까지 끼워 넣을 수 있도록 만들었다.

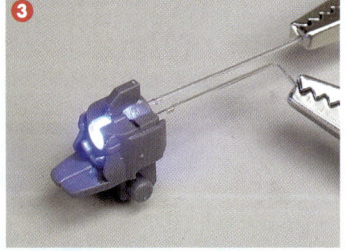

❸ ▲LED의 선단이 부품의 개구부 면에 나란히 올 정도로 집어 넣는다. 이것은 키트의 렌즈 부품을 사용하지 않는 것을 전제로 한다. LED의 단차 부분은 부품 윗면의 검은 선 부분까지 들어가 있다. 이대로라면 LED의 윗면에서 빛이 새기 때문에, 프라판을 붙여서 메운다.

⚠ CHECK POINT
LED의 빛을 확산시킨다

▲LED의 빛이 너무 강한 것 같다면, 빛을 확산시키기 위해 표면을 사포질해서 뿌연 유리 상태로 만든다. 800번 정도의 스폰지 사포를 사용하면, 구면을 망가뜨리지 않고 쉽게 가공할 수 있을 것이다.

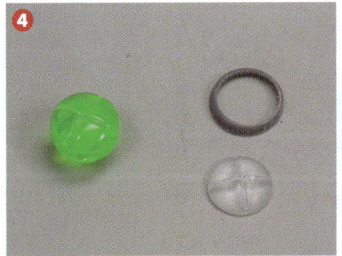

❹ ▲클리어 그림 부품을 사용할 수 없기 때문에, 오른쪽과 같이 투명 렌즈 부품과 그것을 고정하는 링 부품을 자작했다. 렌즈 부품은 웨이브의 「H·아이즈」 지름 4.5mm 부품에 십자형태로 패널라인을 판 것이다. 링은 렌즈에 맞는 둥근 노즐의 가장자리만을 떼어낸 것이다.

❺ ▲새로 만든 렌즈 부품을 머리 부품에 조립한 모습이다. LED도 뒤쪽으로 들어가 있다. 링 부품은 머리 쪽에 접착하고, 렌즈 부품은 클리어 블루로 도색한 후 끼워 넣는다. 또한 렌즈 부품 뒷면에는 빛이 확산하도록 사포질로 미세한 자국을 냈다.

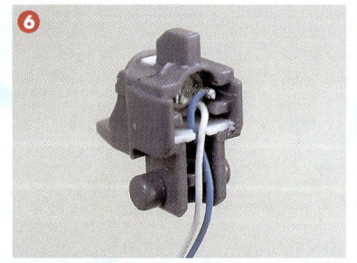

❻ ▲머리 부품을 뒷면에서 본 모습. LED를 끼워 넣기 위해 깎아낸 부분을 알 수 있다. 흰색 판은 LED의 아래면을 차광하기 위해 추가한 프라판이다. 이 부분은 나중에 검은색으로 칠한다. LED에서 나오는 리드선은 흰색 판의 홈을 통과해서 밑으로 빠지게 만든다.

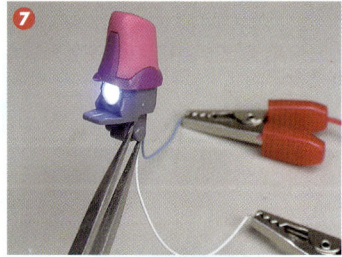

❼ ▲머리 부품에 외장 부품을 끼워서 완성한다. 뒷면은 이 부품으로 막히기 때문에 빛이 새지 않는다. 카메라의 클리어 부품 지름은 발광부품보다 크지만, 뿌연 유리로 만든 효과도 있어서 전체적으로 빛나 보인다.

CHAPTER 5 : 키트 개조 테크닉

가슴 부분 센서 발광

이 부분도 기본적으로는 카메라아이의 발광과 같은 구조다. 무엇보다 안쪽의 공간이 좁기 때문에, LED를 가공해서 좁은 공간에 대처하는 것이 포인트다.

▲오른쪽 가슴의 센서 부분 부품. 겉에서 보면 센서 뒷부분에는 공간이 있는 걸로 보이지만, 그곳은 너클 버스터 걸이 들어가기 때문에 빈 공간이 거의 없다. 또한 클리어 그린의 렌즈 부품도 바꿔줘야 한다.

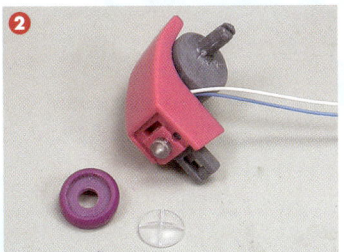

▲이쪽이 LED를 내장하고, 뒤쪽의 어깨축 블록까지 연결하는 가공을 한 상태다. 렌즈 부품은 모노아이와 같은 순서로 바꿔줬고, 베이스 부분의 중심과 가슴 쪽 부품에 구멍을 뚫고 평평하게 만든 LED를 끼워 넣었다. 기밀을 희생하지 않고 잘 만들었다.

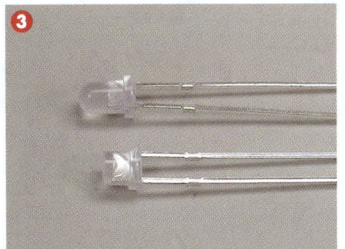

▲먼저 포탄형 LED의 선단을 사진 아래와 같이 평평하게 가공한다. LED를 빛에 비춰서, 발광 부분에 영향이 없는 정도로 선단을 깎았다. 칼을 사용하면 표면에 흠집이 가거나 가공면을 깨끗하게 만들기가 어렵기 때문에, 사포(320번 정도)로 조금씩 깎아낸다. 발광 테스트를 해서 문제가 없는 것을 확인해두자.

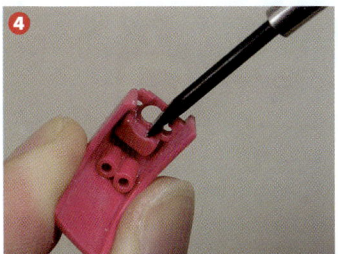

▲가슴 부분의 안쪽을 끌로 파고 있다. LED를 통과시킬 구멍을 뚫은 다음, 여기에 LED 끝 부분이 수납되는 공간을 확보하는 것이다. 깎고 있는 것은 렌즈 부품 조립용 핀이 들어가는 부분이다. 가공방법은 머리 부분에 LED를 넣는 것과 마찬가지다.

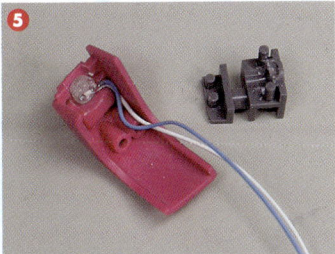

▲LED를 집어넣은 모습이다. LED 단자도 최소화 하고, 리드선은 옆의 들어간 부분에 맞춰서 옆으로 냈다. 내부에 조립하는 회색 부품도 LED 끝 부분과 닿는 부분을 깎아냈다. 깎아낼 때는 어느 부분이 닿는지를 확인하면서, 조금씩 진행한다.

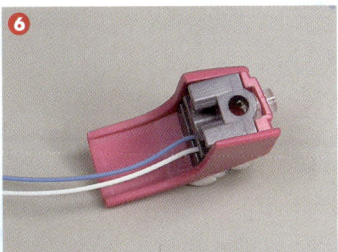

▲가슴 내부 부품까지 조립하고 밑에서 본 모습이다. 너클 버스터 걸이 부품을 집어넣는 구멍으로 LED 단자가 살짝 보인다. 외장 부품과의 틈이 있으니 여기를 메워서 빛이 새어나오지 않도록 하자.

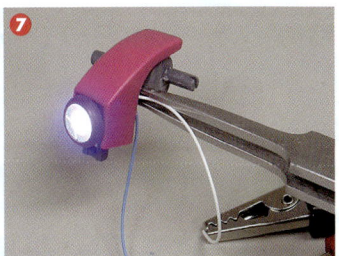

▲발광상태 체크. 클리어 부품, 뒤쪽의 어깨축 블록, 밑면의 걸이 부품 등이 가동하는데 이상이 없는지도 확인한다. 문제가 없다면 이 부분은 종료한다. 여기서는 포탄형 LED를 가공해서 사용했지만, 칩형 LED를 심는 것 역시 가능하다.

> **CHECK POINT**
> **렌즈 부품 가공**
>
>
>
> ▲카메라나 센서 부분에 만든 십자 패널라인의 렌즈 부품. 이렇게 가공은 런너에 붙어있는 상태에서 하는 것이 편하다. 또한 표면을 고운 사포로 갈아서 뿌연 유리 상태로 만들면, 가공의 상태를 확인하기 쉽다.

빔건 발광

빔건은 포신이 좁기 때문에, LED를 집어 넣는 것은 무리다. 발광에는 광섬유를 사용하기로 했다. 2군데에서 동시에 빛이 나도록 하나의 광원에서 분기시키는 것 역시, 광섬유라면 가능하다.

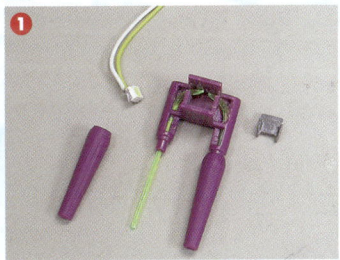

▲먼저 가공 후의 상태로, 발광 구조를 설명하고자 한다. L형으로 굽힌 광섬유를 좌우 포신으로 통과시키고, 중앙의 박스형 공간에 광섬유의 끝 단을 배치. 이 안에 칩형 LED를 빛나게 만들어 2자루의 포신 선단에 빛을 전달한다.

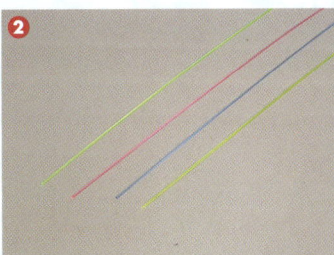

▲광섬유는 빔의 색에 맞춰서 「형광 컬러 파이버」(제마코퍼레이션/136~627엔)에서 고르기로 했다. 색은 녹색, 빨간색, 파란색, 노란색의 4색이다. 두께는 0.5, 0.8, 1, 1.5mm가 있다. 사용한 것은 지름 1.0mm의 녹색이다.

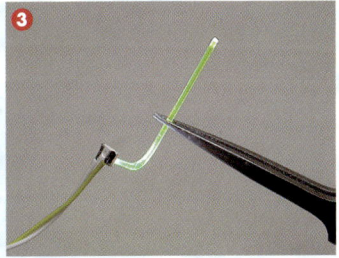

▲광섬유가 빛을 전달하는 모습이다. 밑부분에 댄 칩형 LED의 빛이 위에 뻗어있는 선단 부분에 전달된다. 선단의 빛이 주위에 확산하도록, 옆면도 약 2mm 폭으로 사포질을 해서 뿌연 상태로 만들었다.

> **CHECK POINT**
> **광섬유의 곡선 가공**
>
>
>
> ▲광섬유는 아무런 가공을 하지 않고 예각으로 구부릴 수 없으며, 무리해서 구부리면 흐려진다. 그러나 드라이어 등으로 가열한 다음에 구부리면, 심하게 구부려도 흐려지지 않은 상태로 가공 할 수 있다.

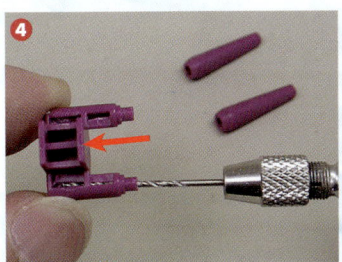

▲공작으로서는, 먼저 빔건의 포신 부분에 광섬유를 끼울 구멍을 뚫는다. 약간 경사지게 광섬유를 끼우게 되니, 구멍의 지름은 1.5mm로 조금 넓게 잡았다. 또한 LED를 집어넣는 공간을 만들기 위해, 화살표 부분의 칸막이를 깎아낸다.

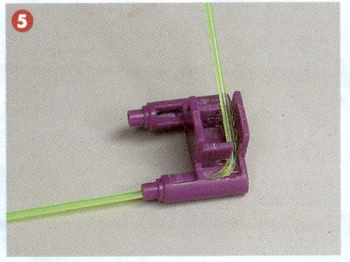

▲광섬유 장착. 뒤쪽에서 앞쪽으로 끼우고, 굽힌 부분을 안쪽에 쓰러트리듯이 수납한다. 끝 부분은 주위의 가조립을 해서 적절한 길이로 절단한다. LED 쪽의 선단 부분은 대각선으로 잘라서, 빛을 받는 면적을 넓게 만들어 둔다.

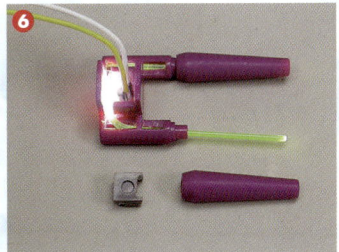

▲발광 테스트. 칩형의 LED는 이렇게 꽤나 밝다. 안쪽의 포신은 부품 끝 부분에서 빛이 비춰서 나오고 있는 것을 알 수 있다. 앞쪽의 사각형 부품은 사각 노즐을 가공한 것이고, 이것으로 LED의 박스부분의 뚜껑을 덮는다. 내부에는 알루미늄 테이프를 발라서 효율을 높인다.

> **CHECK POINT**
> **모아서 발광체크**
>
>
>
> ▲각 발광 부분이 조립되면, 모든 발광 부분을 모아서 전류를 연결, 발광 형태를 확인한다. 처음에 나온 그림과 같이, 각 LED는 전원에 대해서 각각 병렬로 연결된다. 잘못 연결하지 않도록 리드선은 색으로 구분해두면 좋다.

129

CHAPTER 5 : 키트 개조 테크닉

전지, 스위치 넣기

공간이 넓고 후조립으로 안쪽에 접근하기 쉬운 모델이라면 간단하지만, 가자C는 내부 공간이 좁은 데다가 좌우로 합쳐서 조립하는 매우 어려운 조건의 키트다. 그것을 어떻게 극복하느냐가 문제이다.

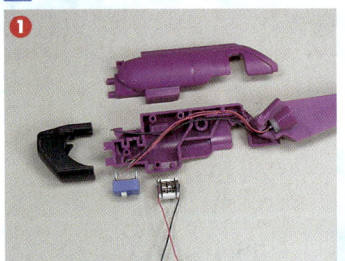

▲ 배면 유닛에 들어가도록 전원은 작은 버튼 건전지를 사용하고, 건전지 박스도 자작했다. 전원 스위치도 가능하면 달고 싶다. 전원과 스위치는, 왼쪽의 검은 부품을 빼서 수납하도록 만들기로 했다.

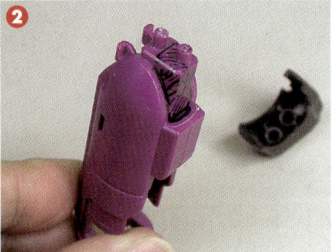

▲ 전원과 스위치를 넣기 위해, 배면 선단의 검은 부품을 끼웠을 때에 감춰지는 범위에 구멍을 뚫기로 했다(검은색으로 칠한 부분). 위에 2개 나와있는 접합용 핀 중 하나만 남겨두고, 앞면을 잘라내기로 했다.

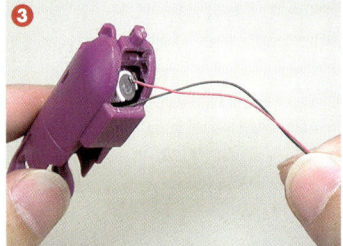

▲ 내부로 들어가는 입구는 이렇게 만들었다. 건전지 박스를 안쪽으로 밀어 넣는 느낌이다. 꺼낼 때는 리드선을 잡아당겨야 하기 때문에, 중간에 걸리지 않도록, 내부의 두꺼운 부분을 깎아내고 둥글게 만든다.

! CHECK POINT
건전지 박스 자작

▲ 버튼 건전지(SR521)용 극소형 건전지 박스 제작. 먼저 바깥 지름 7.1mm, 안 지름 5.9mm의 프라파이프(에버그린 제)를 바깥 통으로 하고, 평 노즐(지름 6mm)을 사진과 같이 조립한다.

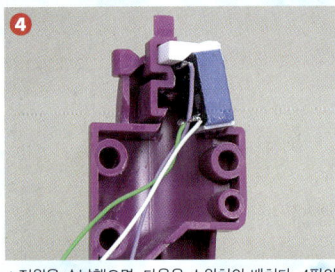

▲ 전원을 수납했으면, 다음은 스위치의 배치. 4핀의 DIP스위치를, 개구부의 뚜껑이 되는 위치에 딱 맞춰서 넣기로 했다. 키트 부품의 형태에 맞춰서, 프라판으로 허를 만들어 붙인 것으로, 탈착에 대응하고 있다.

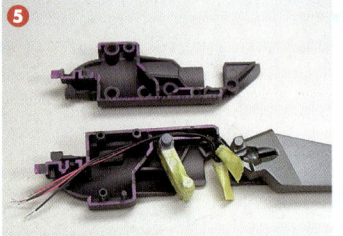

▲ 건전지, 스위치를 넣는 단계에 이르면, 배면 유닛을 조립한다. 끼워지는 부품의 도색을 마치고, 마스킹해 두었다. 그리고 접합선 수정을 하고, 다른 부품과 마찬가지로 기본색을 도색했다.

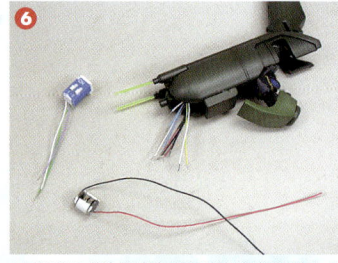

▲ 부품의 도색이 끝나면, 최종적인 배선연결이다. 각 발광 부분의 배선을, 안쪽 면을 통해 입구 부분에서 잡아당겨 꺼낸다. 여기에 건전지나 스위치를 납땜질한다. 제대로 절연하고 나면, 내부에 밀어 넣듯이 집어넣는다.

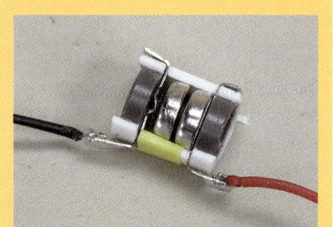

▲ 노즐 부품의 안쪽 벽을 따라 바깥쪽 통에 홈을 파고, 거기에 양손으로 된 띠 모양의 판을 끼워 넣어서 단자로 만든다. 전지는 꽉 끼워져 있어서, 교환할 때는 뒤에 뚫은 구멍에 이쑤시개로 밀어서 꺼낸다. 이번 가자C에는, 노즐 부분을 더욱 얇게 가공한 것을 사용했다.

AMX-003 가자C

각 부분에 'LED'를 이식해 완성한 가자C. 좁은 공간에 집어넣기 위해 머리를 많이 썼지만, 그 덕분에 외관이 손상되는 일 없이 완성되었다. LED 이식 이외의 제작에는 큰 외관 변형 없이, 세세히 신경 쓰이는 부분만 수정했다. 실드는 색 구분 분할에 의한 단차가 크기 때문에, 일련의 곡면이 되도록 부드럽게 깎아냈다. 정강이 부품 아래쪽은 가장자리를 둥글게 해서, 장갑이 두껍게 보이지 않도록 만들었다. 『UC』판의 특징인 문장 마크는 새기지 않고 데칼로 표현했다. 머리 부분은 1:144 시난주 용의 데칼을 사용했다. 다른 부분의 데칼은 자작했다. 얇은 라인은 도색으로 재현하고 있다. 기체 각 부분의 파이프는 색이 비슷했기 때문에, 사출이이 다른 「하만 기」의 키트 부품을 사용했다. 처음부터 하만 기를 베이스로 사용했으면 될 것을…….기체색은 자쿠용 컬러를 베이스로 조색했다.

사용키트
● 하이 그레이드 유니버설 센츄리 AMX-003 가자C(일반기) ●발매원/반다이 하비 사업부 ●1575엔 ●플라스틱 키트 ●1:144 스케일, 전고 약 13cm

▲▲ 라이트를 끈 상태. 녹색으로 변경된 배색이 지온 계열의 모빌슈트 답다. 이것으로 하나의 완성형이지만, 빛이 나는 모습도 즐길 수 있는 것이 LED 이식의 장점이다.

AMX-003 GAZA C

BANDAI 1:144 scale plastic kit
"High Grade Universal Century"
modeled by Ken-ichi NOMOTO

▲ 카메라아이와 가슴의 센서는 부품을 클리어 블루로 변경하고, 파란색 LED를 내장했다. 빛이 확산되도록 LED표면이나 클리어 부품 뒷면을 뿌옇게 만들었다.

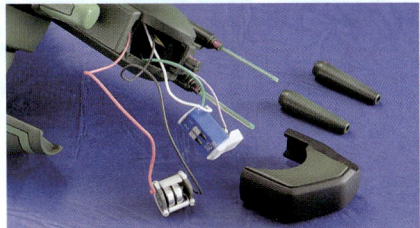

▲ 건전지나 스위치는 배면 유닛의 상부 부품을 떼어내고 조작한다. 꺼낼 때는 먼저 스위치를 떼어내고, 안쪽에서 건전지 박스를 잡아 당겨서 꺼낸다.

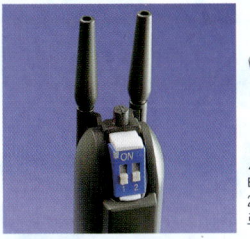

▲ 발광용 스위치는 2계통 타입이다. 1은 빔건만 발광, 2는 이외의 전부, 라는 식으로 나눠져 있다.

▲ 얇은 포신의 끝 부분이 빛나도록 광섬유를 사용한 빔건이다. 색이 들어간 광섬유를 이용해서 녹색으로 빛나게 만들었다.

▲ 버니어 노즐의 발광은 중심부에 그대로 LED를 심었다. 여기는 갓이 깊은 형태라 그대로 달아도 외관을 해치지 않는다.

◀ 버니어 노즐은 배면이나 밑에서 올려다 보는 각도에서 가장 멋지게 빛나는 부분으로, 강하게 빛을 내고 싶은 부분이다. 이 각도에서 보면, 한가운데의 스테빌라이저가 한쪽을 가리게 되는 것이 약간 아쉽다.

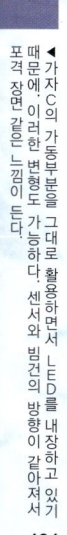

◀ 가자 C의 가동부분을 그대로 활용하면서 LED를 내장하고 있기 때문에, 이러한 변형도 가능하다! 센서와 빔건의 방향이 같아져서 포격 장면같은 느낌이 든다.

❻ LED 이식 2
～MG 유니콘의 전신 발광에 도전～

「LED 이식 1」에서는 LED 이식의 기초에서 조립하는 방법까지 소개했다. 여기서는 더욱 화려하고, 어려운 LED 이식에 도전해보자. MG 유니콘 건담을 베이스로, '디스트로이 모드'에서의 사이코 프레임 전신발광을 재현한다. 기체 각 부분의 클리어 부품을 면으로 빛나게 만들려면 어떻게 해야 좋은가, 또한 전신에 걸친 배선의 배치나 전원의 배치, 여기에 관절가동도 살리고 싶다, 등 해결할 문제는 많다. 이러한 것들을 극복하기 위해 어떻게 대처해야 하는가를 소개하자.

준비하는 재료

키트에 심어 넣는 발광 유닛은 가능한 그 수를 줄이고 싶다. 모형점에서 입수 가능한 제품은 크기가 한정되어 있어, 주요 부품은 종류가 풍부한 전자부품 전문점에서 구입했다. 인터넷으로 구입한다면 어려움 없이 구할 수 있을 것이다.

▶베이스 키트는 MG 유니콘 건담에서 각 부분이 전신에 하얀색으로 변신하는 디스트로이 모드로 재현하고 정밀도에 따라 내부에도 공간이 한정되어 있지만, 여기서는 변신시켜서 제작한다.

◀모 있는 구조이지만, 변신에 따라 생각하지 않고, 디스트로이 부분도 모에 한정시켜서 제작한다.

▲LED는 소형 칩형을 준비했다. 주로 사용하는 것은 사진 왼쪽의 「1608사이즈」 흰색 LED다. 크기는 1.6×0.8mm다. 검은색 띠 안에 들어있는 사각형 부분이 LED로, 20개 들이 200엔 정도다. 이것을 2세트 사용한다. 오른쪽은 「LED 이식 1」에서도 사용한 엘레키트의 「3528사이즈」 흰색 LED다. 5개 들이 420엔이다.

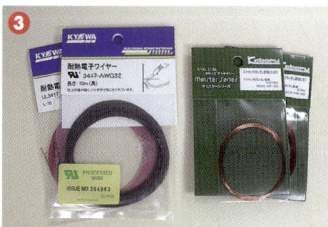

▲배선에 사용하는 리드선도 가는 것을 준비했다. 왼쪽의 비닐 선은 바깥 지름 0.56mm, 10m에 500엔 정도다. 자동차 모델의 디테일 업에 자주 사용한다. 오른쪽은 0.1mm의 폴리우레탄 동선이다(코바루 / 각색 420엔). 매우 가늘며 클리어와 빨강 2종류가 있어서, 플러스/마이너스를 구별하기 쉬운 것이 선택의 이유다. 철도모형용품으로 판매되고 있다.

▲배선을 나눠서 연결하는 것을 생각해서 작은 커넥터 부품도 준비했다. 선택한 것은 전자기판 위에 장착하는 핀 / 소켓이다. 왼쪽은 일반적인 2.54mm피치(단자의 간격). 중앙은 같은 사양의 IC소켓. 오른쪽이 이번에 사용한 하프 피치(1.27mm) 핀 / 소켓이다.

칩형 LED 납땜

흔히 볼 수 있는 포탄형 LED와 비교해서, 칩형 LED는 익숙하지 않은 사람도 많을 것이다. 다리와 같이 생긴 단자도 없고, 사용하려면 납땜이 필요하다. 제작하기 전에, 어떻게 사용하면 좋을지 정리해두자.

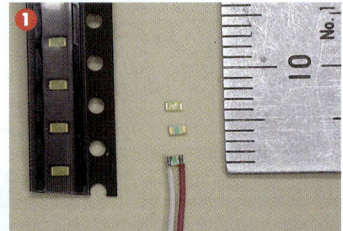

▲칩형 LED를 확대한 모습. 왼쪽의 검은 띠는 포장재로, 노란색 사각형이 LED 본체다. 칩형 LED는 소형인 것뿐만 아니라, 비치는 각도가 넓은 것도 특징이라 이러한 점에서도 이번 목적에 적합한 제품이다. 전원은 정격전압이 2.7~3.2V의 제품이기 때문에, 건전지 2개(3V)를 사용한다.

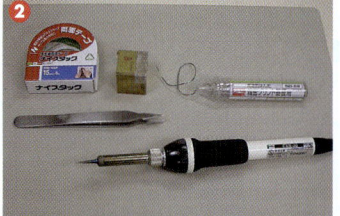

▲이 LED의 납땜질은, 단자가 작고 배선도 얇으니 이에 맞는 것을 준비하자. 납땜 인두는 끝이 얇은 타입으로 와트는 15~20W 정도다. 납땜용 납 역시, 선의 지름이 가는 것으로, 여기서 부품의 유지용으로 적당한 받침대(예를 들면 금속 블록)와 양면 테이프, 핀셋은 면으로 잡을 수 있는 데칼용이 사용하기 쉽다.

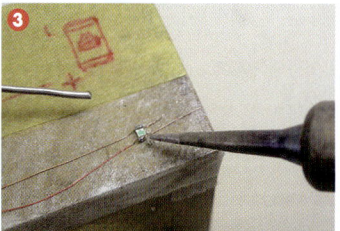

▲LED와 0.1mm 동선의 납땜질. 먼저 금속 블록에 양면 테이프를 붙이고, 거기에 LED와 동선을 확실하게 고정시킨다. 그 위에 납땜질을 한다. 폴리우레탄 동선은 사전에 표면의 클리어 층을 납땜인두로 녹이거나 사포로 깎아서 벗겨낸다.

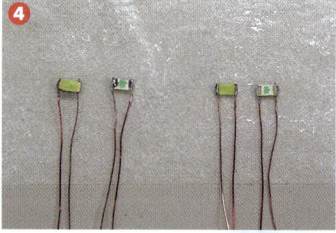

▲납땜이 끝난 모습이다. 전류가 통할 때 발광하는지도 확인해두자. 왼쪽은 앞에 예와 같이 뒷면에 납땜한 것이다. 오른쪽은, 납을 붙여서 고정하기에는 뒷면이 평평한 쪽이 작업하기 편하기 때문에, LED의 좌우에 나와있는 아주 조그만 단자에 동선을 납땜한 것이다. 원래의 연결방법은 아니지만 이 쪽이 사용하기 쉽다.

광원의 배치를 생각한다

카메라나 버니어와 같이 포인트가 결정된 경우와는 다르게, 이번에는 광원의 위치나 방향을 검토하는 것이 매우 중요하다. 각 부분에 LED를 가조립 하면서, 효과적인 장소를 찾아보자.

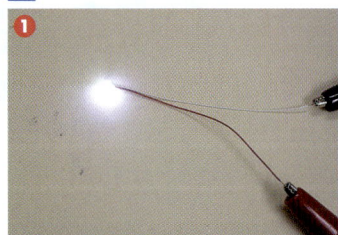

▲점등한 모습이다. 푸르스름하며 밝게 빛나서, LED 본체가 보이지만 할 정도다. 칩형 LED는 소형인 것뿐만 아니라, 비치는 각도가 넓은 것도 특징이라 이러한 점에서도 이번 목적에 적합한 제품이다. 전원은 정격전압이 2.7~3.2V의 제품이기 때문에, 건전지 2개(3V)를 사용한다.

▲유니콘의 클리어 부품 안에 끼워 넣고 발광시킨 상태다. 빛이 닿으니 클리어 부품의 형광 핑크가 더 돋보이고, 몰드도 강조된다. 단, 발광점이 너무 하얗게 되는 건 어떻게 해야 할 것 같다.

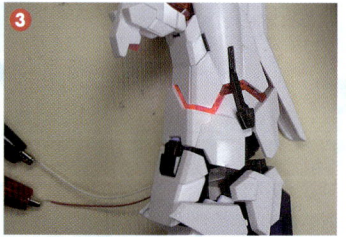

▲이번에는 정강이 아래쪽에서 LED를 비친 모습이다. 광원이 보이지 않는 상태라면, 클리어 부품이 면으로 빛이 나는 것처럼 보여서 느낌은 산다. 부품에 둘러싸여 간접조명과 같이 되는 것이다. 소형 LED이기 때문에, 장소를 바꿔가면서 어떻게 보이는지를 시험 가능한 것도 장점이다.

▲머리 부분은 변형 기믹으로 인해 안쪽이 비어있고 좌우, 앞쪽, 뒷부분에 양면 테이프로 가고정하고, 뒤에서부터 앞쪽으로 비추게 만들어 봤다. 유니콘 모드용의 얼굴 부품을 벗기는 것이 빛의 양이 늘기 때문에, 변형시키는 것을 중지했다.

CHAPTER 5 : 키트 개조 테크닉

⑤
▲동체는 화살표 위치에 LED를 심기로 했다. 가슴 쪽은 덕트 부분 안쪽의 약간 위, 다른 부품을 방해하지 않도록 LED 심는 면을 조금 파낸다. 배 부분은 클리어 부품에 둘러 쌓여있는 곳에서 밑으로 비춰서, 붉은 색으로 빛이 나도록 했다.

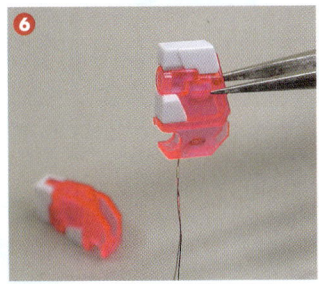
⑥
▲가슴 윗면의 좌우에 있는 센서 형태의 부품. 시각적으로도 포인트를 주기 때문에, 독립해서 빛이 나도록 만들었다. 장착했을 때 외장에 가려지는 밑부분에 LED를 배치, 프라판으로 작은 밑판을 추가했다. 부품 안에서 밑에서 위로 비추도록 했다.

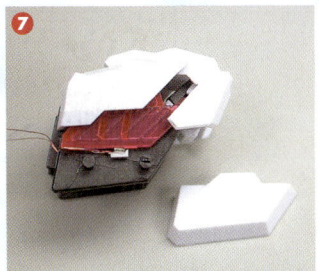
⑦
▲어깨 아머 LED는 외장의 「凸」형태에 가려지는 부분에 배치. 클리어 부품 옆면에 LED의 발광면이 향하도록, LED는 위를 보도록 고정했다. 각각의 LED를 고정할 때는 위치나 방향가이드로서, 「ㄷ」자형 단면의 프라 재료를 잘게 자른 것을 붙였다.

CHECK POINT
기체 각 부분의 배선도

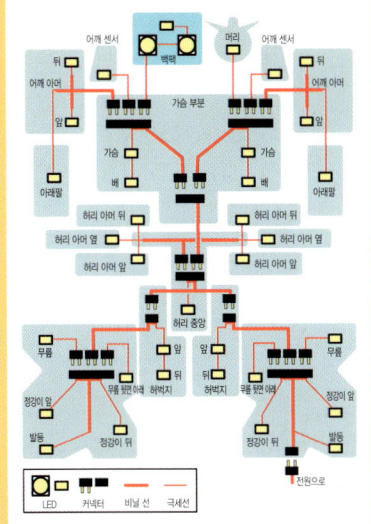

▲실제로 유니콘에 내장한 LED를 그림으로 나타낸 것이다. 사용한 LED는 전부 37개나 되었다. 숫자는 많지만 회로로서는 단순해서, 모두 병렬로 플러스/마이너스를 각각 연결한 것뿐이다(그림에서는 간략화 시켜서 1가닥 선으로 그렸다). 전원은 내장하지 않고 발바닥에서 외부로 연결한다. 배선은, LED에 직접 연결하는 경우는 동선, 관절부 등 다른 블록으로 연결할 때는 비닐선을 사용했다. 동체, 다리 내부에 설치한 커넥터는 처음에 소개한 시판품을 가공한 것이다. 자세한 것은 하단에서 설명하겠다.

⑧
▲LED를 이식한 다리 부분. 이식한 모든 부분은 광원이 직접 보이지 않는 장소에 LED를 배치해서, 클리어 부품 내부나 옆면에서 비추도록 했다. 사진에서는 외장을 떼어냈기 때문에, 각 광원 위치를 알기 쉽다. 그러나, 무릎 부분은 어디서 비추고 있는지 알 수 있는가?

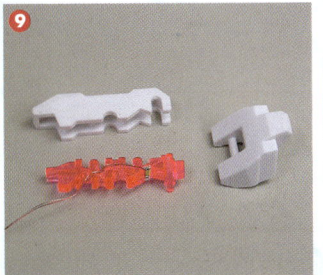
⑨
▲무릎은 봉 형태의 아머 뒷면에 LED를 배치했다. 즉, 앞에서 뒤를 향해 비추는 것이다. 아머가 겹쳐 있기 때문에 주위에서는 광원이 잘 보이지 않고, 빛을 비추는 방향도 효율적이라 판단했다. 배선은 부품 사이에 홈을 파서, 다리 부분 프레임 쪽까지 빼낸다.

⑩
▲백팩의 LED 배치. 이 부분은 발광면이 넓고 외장에 둥근 형태의 의장이 2개있기 때문에, 맞춰서 큰 LED(3528사이즈)를 사용했다. 여기에, 위의 센서 스타일 부품이 올라오는 부분에도 소형 LED를 붙였다.

배선 작업

각 부분의 발광점을 결정하면, 다음은 배선을 어떻게 할 것인가를 생각해보자. 가동이나 외관을 그대로 유지하면서, 어떻게 선을 통과시키느냐가 중요하다. 이번 장에서는 이 부분을 가장 신경 썼다. 예로 들기에는 조금 특수한 키트이긴 하지만, 기본적인 사항은 다른 키트의 제작에도 활용할 수 있을 것이다.

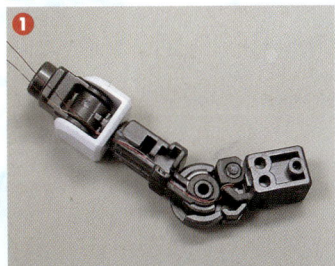
①
▲배선에 관한 첫 번째 포인트는, 「공간의 확보」다. 여기서 다루는 유니콘 건담과 같은 MG 시리즈는 외장&프레임이라는 구성이기 때문에 안쪽 공간에는 여유가 없지만, 프레임에 홈을 파서 선을 깔면 선이 지나가는 길을 쉽게 낼 수 있는 측면도 있다.

②
▲두 번째 포인트는, 「관절 가동의 대책」이다. 관절을 움직여도 배선이 꼬이지 않도록 만드는 배선 방법이 필요하다. 또한 배선을 부드러운 소재로 잘 끼지는 얇은 것을 고르는 것 등, 관절이 움직이는 범위와 맞춰서 생각하자.

③
▲세 번째 포인트는, 「배선의 블록 구분」이다. 키트에서도 손발이나 동체 등 각 블록을 조립해서 마지막에 연결하듯이, 배선도 어느 정도 구분을 한 다음 조립하는 단계에서 연결하는 쪽이 제작이 쉽고 문제도 쉽게 수정할 수 있다. 부품의 후조립과 같이 커넥터로 연결할 수 있으면 이상적이다.

CHECK POINT
커넥터 제작

①

▲커넥터는 더욱 소형화 하기 위해서, 1.27mm 피치를 필요한 핀 수로 잘라서 사용했다. 2핀의 경우는 단면 약 1.5×3mm가 된다. 절단에는 에칭톱을 사용했다.

④
▲팔의 배선을, 어깨 관절이 움직이도록 동체 쪽에 연결하는 부분. 왼쪽은 어깨 블록 쪽, 오른쪽은 가슴 블록에 들어가는 어깨축 부품이다. 어깨 블록의 축받이는 위에서 안으로 배선을 연결하고 나서 어깨축 중심을 통과시킨다. 이 어깨축은 배선을 옆으로 통과시키도록 홈을 판다.

⑤
▲가슴 내부에는 목의 좌우에 커넥터를 넣는다. 이 부분은 디스트로이 모드로 변형할 때 생기는 빈틈이다. 팔이나 머리, 어깨 센서에서 오는 배선이 여기서 모이고, 좌우 커넥터 분을 콕피트 부근에서 모아 허리 부분으로 연결한다.

⑥
▲어깨 아머를 장착하는 플레이트 형태의 부품 밑면. 이 부분은 사타구니 블록의 윗면이 끼워져서 가려지는 부분이다. 얼마 되지 않는 얇은 부분을 깎아내서, 허리 아머로 배선을 수납한다. 각 볼 부분에 홈을 파서 선을 통과 시켜, 각 아머로 배선을 연결하고 있다.

②

▲커넥터는 플러스/마이너스를 틀리지 않도록 색으로 구분해둔다. 소켓 뒤의 단자는 각 열에 직결되어있기 때문에, 플러스/마이너스만 맞으면 핀은 어느 위치에 끼워도 좋다.

CHAPTER 5 : 키트 개조 테크닉

▲정강이 안쪽은 무릎 밑 부분에 커넥터를 설치하고, 거기서 프레임에 홈을 파서 밑으로 배선을 늘린다. 발목 주변은 배선이 노출되어 외관을 손상시키지 않도록, 화살표 부분에 홈을 파서 안쪽으로 전선을 붙였다. 여기서 밑의 발등의 LED와 발꿈치 쪽의 전원 커넥트로 나눠진다.

▲고관절에서 허벅지로 연결은, 관절축으로 통과시키지 않고 잘 보이지 않는 곳으로 깔아주는 방법을 사용했다. 고관절 뒤쪽의 공간에서 배선을 밖으로 빼내서, 허벅지 외장에 생기는 틈새에서 내부로 집어 넣는다. 그리고 화살표의 커넥터에 연결한다. 이 부분은 허벅지 외장에 거의 가려지게 된다.

▲전원으로 연결하는 커넥터는 눈에 띄지 않도록, 발꿈치 바닥 부분에 배치했다. 여기에 있는 커넥터는 맨 처음에 소개한 IC소켓이다. 이걸로 전시대에 내장된 전지와 연결한다. 그리고, 베이스 없이도 전원에 연결하기 위한 커넥터도 증설했다.

CHECK POINT 빛의 투과를 막는다

▲부품에서 빛이 투과되는 것을 막기 위해, 외장 부품은 은폐력이 강한 은색으로 밀도를 높이고, 그 위에 기체색을 덧칠했다. 흰색 부분은 모서리 부분에 은색을 약간 남기고 완성시켰다.

전원 베이스 제작

MG 유니콘 건담은 내부의 공간에 여유가 없기 때문에, 전지를 내장하는 것이 매우 곤란하다. 그러니 마지막으로, 작례를 전시하는 것과 동시에 전원을 수납할 수 있는 전시대를 제작해보자.

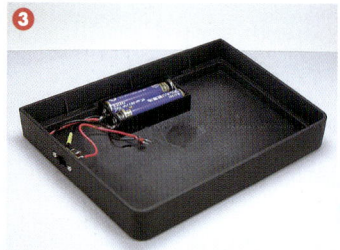

▲건전지를 넣을 수 있는 공간이 있고, 커넥터나 스위치의 장착가공이 쉬운 것을 찾은 결과, 전시케이스인 「케이스 DL」(웨이브 / 1890엔)의 베이스 부분을 사용하기로 했다. 물론 그대로 케이스에 넣어서 장식하는 것도 가능하다.

▲전원에는 AAA건전지 2개를 사용했다. 전지 박스에 슬라이드 스위치, 기체에 연결하는 커넥터 핀을 연결한다. 베이스 뒤쪽의 공간에 여유가 있으니, AA 건전지를 사용해도 좋았을 것이다.

▲베이스의 뒷면에 전원 유닛을 고정한다. 슬라이드 스위치의 장착용 구멍이나 표면에 커넥터를 빼내는 부분은 물론 자신이 직접 가공해야 한다. 그리고 베이스 표면은 사포질을 하고 난 후, 플랫 블랙으로 도색했다.

CHECK POINT 발광확인!

▲전기가 통하는지 확인해겸 외장이 없는 쪽에 LED의 개수가 많으니 주의를 기울여야 한다. 제작 도중에도 LED의 확인을 해두면 각 단계에서 잘 확인해서 번거로운 작업을 쉽게 진행할 수 있다.

RX-0 유니콘 건담

드디어 완성된 빛나는 유니콘 건담!! 그 모습은 그야말로 압권이다. MG 유니콘 건담은 원래 이렇게 만들어야 하는 것이 아닌가, 라고 착각할 정도다. 이번 LED 이식에서는, 납땜질이나 부품 가공 등의 실제 작업과는 별도로 광원의 배치나 배선 통과 방법, 이런 것을 전제로 한 조립 방법을 퍼즐을 풀듯이 생각해내는 것이 커다란 포인트였다. LED 이식 이외의 키트 부품에 대해 언급하자면, LED 이식 검증을 위해 조립, 분해를 몇 번이고 해야 하기 때문에 각 부분의 스냅 핏은 헐겁게 해둔다. 「C」형에 끼우는 부분 등, 헐겁게 만들 수 없는 부분은 그대로 두고 신중하게 다루도록 한다. 클리어 부품은 파팅 라인이나 게이트 자국이 발광으로 눈에 띄어 꼼꼼히 사포질을 하고, 여기에 컴파운드로 닦아내서 평활하게 만들면서 투명도도 높였다.

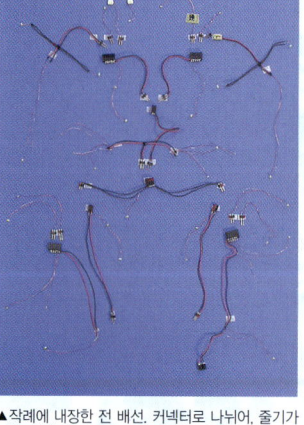

▲작례에 내장한 전 배선. 커넥터로 나뉘어, 줄기가 되는 배선에서 가지처럼 나뉜 얇은 배선의 끝에 각각의 LED가 연결되어 있다.

◀37군데에 LED를 내장해서 전신의 사이코 프레임을 빛나게 만든 유니콘 건담. 표면적인 광택이나 반사와는 다르게, 내부에서 떠오르는 듯한 효과는 LED 이식만의 것이다.

▶전원을 수납한 디스플레이 베이스에 다리 부분을 연결하고, 전류를 흘러넣는다. 또한 베이스를 사용하지 않는 경우에도 대응할 수 있도록, 발꿈치 에는 추가 커넥터도 수납했다.

사용 키트
● 마스터 그레이드 RX-0 유니콘 건담 ● 발매원 / 반다이 하비 사업부 ● 5250엔 ● 플라스틱 키트 ● 1:100 스케일, 전고 약 22cm

CHAPTER 5 : 키트 개조 테크닉

RX-0 UNICORN GUNDAM

BANDAI 1:100 scale plastic kit "Master Grade"
modeled by Ken-ichi NOMOTO

▲머리 부분은 얼굴 쪽과 옆면이 발광. '눈'은 클리어 부품이 아니기 때문에, 이번에는 일부러 도장으로 마감했다.

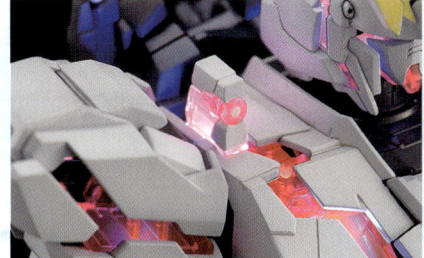

▲조금 신경을 더 쓴 어깨 센서 부분. 광원은 동체 쪽에 가려져, 아래쪽에서 나오는 빛이 형태나 몰드를 돋보이게 한다.

▲옆구리 부분은 소개 했듯이 앞쪽에서 뒤쪽을 향해서 비추고 있다. 그래도 뒤쪽까지 빛이 확실하게 닿고 있다.

▶발꿈치에는 베이스를 사용하지 않는 경우의 커넥터도 증설했다. 사용할 때는 발꿈치의 외장을 배선이 통과하도록 틈새를 만든 부품으로 교환한다. 이것은 단품 촬영을 할 때의 대응이다.

정강이 내부의 커넥터는 주위에 있는 배선이 연결된다. 부품의 조립과 연동해서 배선을 정리하는 것도 중요한 포인트다.

▲머리 부분은 목 밑부분으로 배선을 빼서, 가슴 안쪽 부분의 왼쪽 커넥터에 연결한다. 그 부분은 어깨 센서나 팔의 배선도 집중되어있다. 백팩에서 오는 것은 배면 유닛을 통과해서 오른쪽 커넥터로 연결된다.

▲전원은 디스플레이 케이스의 베이스 부분에 수납한다. 연결은 눈에 띄지 않도록 발바닥의 커넥터로 연결하고, 스위치는 베이스 옆면에 배치했다.

135

CHAPTER 5 : 키트 개조 테크닉

❼ 레진 부품으로 키트 개조
～개조 부품으로 자쿠 데저트 타입을 제작～

여기서 선택한 '개조 부품'은, 특정 키트를 다른 배리에이션 기체로 만들기 위한 것이다. 건프라에서는, B-CLUB 브랜드에서 레진 키트라는 형태로 발매된 케이스가 있다. '레진'이라는 소량 생산에 적합한 재료를 사용하여, 프라 키트로 만들기 어려웠던 마이너 아이템도 제품화가 가능해진 것이다. 부품의 자작은 어려운 사람도, 이 부품을 사용하면 조금 색다른 기체를 제작할 수 있다. 단, 재료의 취급이나 부품의 가공 등, 어느 정도의 테크닉도 필요하다. 자쿠 데저트 타입의 개조를 예로, 제작과정을 소개하고자 한다.

레진 부품의 기초지식

제작에 들어가기 전에 재료가 되는 레진, 그리고 레진 부품의 특징을 설명하겠다. 레진은 실리콘 형틀과 합쳐서, 자신이 부품을 '본뜨기·복제'할 때에도 사용하는 소재다. 취급법을 알아두면, 부품의 자작에도 활용할 수 있다.

레진이라고 한마디로 뭉뚱그리긴 해도 실제로는 여러 가지 소재가 있지만, 일반적으로는 '무발포 폴리우레탄 수지'가 사용되기 때문에 여기서는 「레진=무발포 폴리우레탄 수지」라고 설명하도록 하겠다. 이 수지는 굳기 전에는 액체 형태로, 형틀에 흘려 넣고 경화시켜서 원하는 형태로 만드는 것이다. 형틀에 흘려 넣어 성형하는 점에서는 프라모델과 같지만, 형틀에 실리콘을 사용하여 비용을 억제해 소량생산이 가능하다는 점과, 탄력을 이용해서 점점 넓어지는 부품이나 복잡한 형태라도 재현이 가능한 것이 장점이다. 단 정밀도는 프라 부품에 비해 떨어지고, 부품에 약간의 뒤틀림이나 기포가 발생하는 경우도 있다. 조립할 때는 이러한 부분을 수정하면서 조립한다. 또한, 제작하기 전에는 부품 표면의 '이형제'를 씻겨야 한다. 접착제는 주로 순간 접착제를 사용하고, 바탕처리도 레진에 잘 달라붙는 레진용 서페이서를 사용한다.

> **! CHECK POINT**
> **레진 부품의 특징**
> ● 접착 : 순간 접착제, 에폭시 접착제(도색 후)
> ● 보수 : 순간 접착제, 순간접착 퍼티, 레진의 파편, 폴리 퍼티 등
> ● 가공성 : 플라스틱에 가깝고, 절삭이 쉽다.
> ● 도색의 바탕 처리 : 레진용 서페이서
> ● 주의점 : 제작하기 전에 이형제를 씻겨준다 / 기포를 메운다 / 부품의 뒤틀림을 수정한다

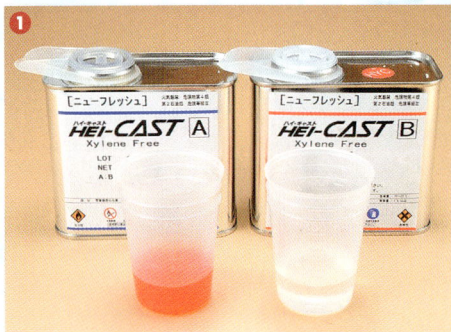

▲'무발포 폴리우레탄 수지'는 이렇게 액체 형태로, A, B액을 같은 중량(용적은 아님) 혼합한다. 몇 분이면 굳기 때문에, 그 전에 형틀에 부어 넣는다. 이 때는 냄새가 심하니 환기에 신경을 써야 한다. 굳고 난 후에는 플라스틱과 비슷한 경도와 절삭감을 가진다. 사진은 「하이캐스트 미니 1kg」(히라이즈미 양행 / 2079엔)

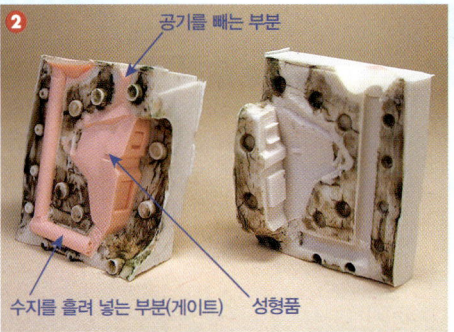

공기를 빼는 부분
수지를 흘려 넣는 부분(게이트)
성형품

▲실리콘 형틀의 예를 살펴보자. 레진은 왼쪽 위에서 흘려 넣기 때문에, 성형품에는 여기에 연결되는 부분과 형틀의 위쪽으로 공기를 빼는 부분이 있어야 하고, 이것이 게이트가 된다. 형틀의 분할 면에는 파팅 라인도 남는다. 사진은 자작 부품의 복제에 사용한 것이다. 제품의 경우는 형틀이 좀더 세련되고, 게이트도 작아진다.

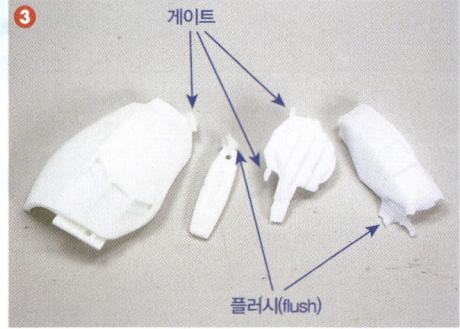

게이트
플러시(flush)

▲이번 장에서 제작하는 부품의 일부. 수지를 붓는 주입구와 공기를 빼는 부분에 작은 게이트가 있다. 또한 얇은 부분에 수지가 흘러 들어가는 경우에는, 일부러 튀어나오게 만들어서(플러시) 제대로 형태가 이루어지도록 했다. 부품에 플러시가 있다고 해서 불량은 아니다. 이러한 부분을 정형해서 조립한다.

제작하는 키트

베이스가 되는 키트는 「1:100 MG MS-06J 자쿠 Ver.2.0」이다. 자쿠 데저트 타입을 제작하기 위해서, B-CLUB의 레진 키트 「1:100 MS-06D 자쿠 데저트 타입 개조 부품」을 사용한다. 먼저, 각각의 내용을 체크해두자.

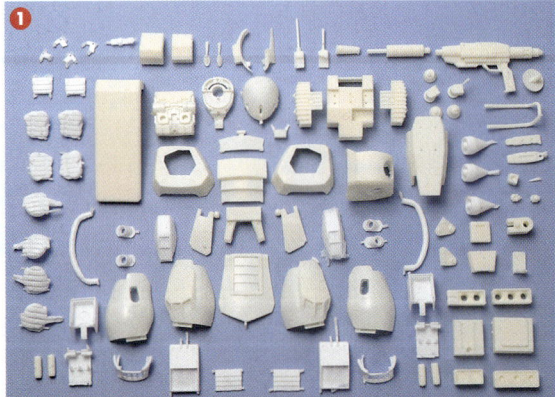

▲「1:100 MS-06D 자쿠 데저트 타입 개조 타입」. 전 97개 부품, 2008년 8월 발매(현재는 매진, 절판). 기체 각 부분의 부품에다, 머신건이나 미사일 포트도 들어있다. 머리 부분의 안테나는 2가지 타입을 고를 수 있다. 프라모델과는 다르게 부품이 런너에 달려있지 않기 때문에, 만에 하나 부품이 모자란 경우에도 알기 어려우니 구입 후에는 설명서의 부품 리스트와 비교하여 체크하자.

▲베이스 키트인 「1:100 MG MS-06J 자쿠 Ver.2.0」. 데저트 타입은 지상용이기 때문에, 같은 지상용인 '06J형'으로 개조한다. 베이스 키트를 먼저 조립해두면, 부품의 조립을 쉽게 확인할 수 있다.

◀자쿠 데저트 타입의 완성 견본. 샌드 계열의 컬러링에 '카라칼 소속기체'로 만든다. 형태는 각 인상으로 변경되었다. 부품 상태에서 각각의 외장이 머리 부분의 안테나 형태가 다른 타입으로, 지금부터 제작되는 기체 활용해서 각각 진형의 견본으로 형임을 알 수 있지만, 지금까지 컬러링 변경이었던 것으로 프레임의 외장을 위주로 한 것은, 전문용의 부분양식은

이형제를 씻어낸다

제작하기 전에, 먼저 부품 표면에 묻어있는 '이형제'를 씻어내자. 이형제는 실리콘 형틀의 틀 안쪽에 바르고, 부품을 형틀에서 쉽게 떼어낼 수 있게 만들어 준다. 이형제가 부품에 남아있으면 접착이나 도색의 방해가 되고 잡는데도 미끄러우니, 처음에 씻어내자.

▲이형제를 씻어내는 방법은 여러 가지가 있지만, 가장 편한 방법은 크림 클렌저와 중성세제를 섞어 칫솔에 찍어서 닦아내는 방법이다. 유분을 씻어내면서 표면을 연마할 수 있기 때문에, 끈적거리는 것도 확실히 씻어낼 수 있다. 물로 씻어낼 때, 작은 부품이 물에 흘러가지 않도록 주의하자!

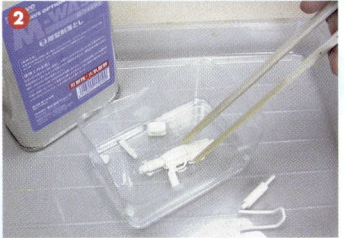

▲이쪽은 전용 세정액에 담가서 놔두는 방법이다. 「M 워시」(웨이브 / 997엔)는 등유 계열의 세정제다. 깊이가 있는 용기에 부품을 넣고 3~5분 정도 담가두면, 표면의 유분을 씻어낸다. 세정액은 반복해서 사용할 수 있다.

▲유분을 씻어낼 때는, 자동차 전용의 부품 클리너도 사용할 수 있다. 스프레이 식으로 부품에 뿌리는 것만으로 씻어낼 수 있어서 편리하지만, 이번에 제작하는 것과 같이 부품 수가 많으면 손이 많이 간다. 부품을 비닐 봉지에 넣고, 그 안에서 분사해서 사용하는 방법도 있다.

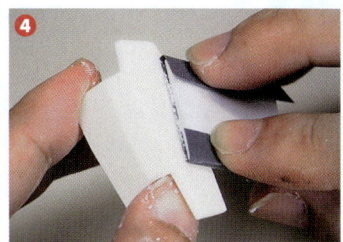

▲좀더 확실하게 이형제를 씻어내는 방법은, 부품 표면을 전부 사포질 하는 것이다. 손이 많이 가긴 하지만, 표면에 미세한 흠집이 생겨 서페이서가 잘 붙는 효과도 있다. 게이트 처리나 부품의 뒤틀림 정형을 겸해서 작업하면 좋을 것이다.

부품 정형

세정이 끝나면 게이트나 플러시를 다듬는다. 이 작업은 프라모델과 같은 요령이지만, 레진 부품의 경우는 게이트나 플러시가 커다랗다는 점이 다르다. 따라서, 니퍼로 잘라내는 것만으로는 깨끗하게 다듬을 수 없으니 꼼꼼하게 대처하도록 하자.

▲게이트 부분의 확대사진. 게이트는 부품의 모서리를 덮듯이 남아있다. 이것을 게이트 통째로 자르려 하면 부품의 형태가 깨진다. 부품의 형태를 손상시키지 않도록 게이트를 잘라내려면, 주위의 면에 맞춰서 각각의 방향으로 잘라낸다.

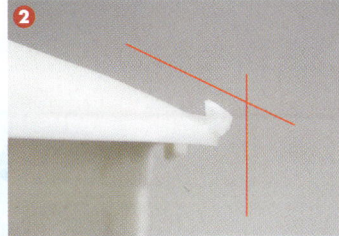

▲같은 부분을 옆에서 본 모습이다. 위쪽은 경사지게, 가장자리는 세로로 잘라낸다. '게이트가 튀어나와 있기 때문에 잘라낸다'라기보다, '부품 면을 따라서 평평하게 만든다'라고 생각하는 것이 좋을 것이다.

▲그런 이유로, 게이트 부분을 조금 남겨두고 잘라낸 상태다. 여기까지는 나이프나 프라스틱용 니퍼를 사용하면 될 것이다. 레진은 프라스틱과 경도가 비슷하기 때문에, 이 정도 두께라면 프라스틱용 니퍼도 사용할 수 있다.

▲마지막으로 사포질을 해서 마감한다. 이 부분은 프라 부품과 마찬가지다. 표면을 부드럽게 만드는 것과 동시에, 이 경우에는 부품의 모서리 부분이기 때문에 주위의 면을 따라서 사포질의 방향을 바꿔 모서리가 확실하게 나오도록 만들자.

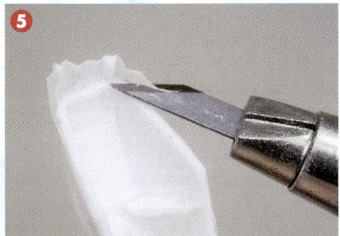

▲이어서 플러시를 깎아내자. 얇은 플러시는 이렇게 부품의 가장자리에 나이프를 대고 밀어서 깨끗하게 깎아낼 수 있다. 필요한 부분까지 깎아내지 않도록, 역시 조금 여유를 두고 깎아내는 것이 무난할 것이다. 그리고 나서 사포질을 해서 평평하게 만들면 된다.

▲이것은 판 형태의 결합용 핀 가장자리에 있는 플러시를 끌로 깎아내는 것이다. 부품의 안쪽에 있기 때문에, 자세히 살펴보지 않으면 놓치기 쉬운 부분이다. 안으로 밀어 넣는 방향으로 깎아낼 수 있어서, 이 경우에는 끌이 편리하다.

▲플러시를 다듬은 부품. 사진은 부품의 뒷면이지만 프레임 쪽과 조립하는 부분이기도 하니, 역시 부품의 형태를 망가뜨리지 않고 싶다. 플러시와 같이 부품 가장자리의 파팅 라인도 같이 정리해주자.

CHECK POINT
잘라낸 플러시의 사용법

▲게이트나 플러시를 정리하고 난 후의 레진 파편. 이것들은 나중에 '기포 메우기'나 '모서리 보수'에서 사용할 수 있기 때문에, 바로 버리지 않고 남겨두는 것이 좋다. 런너 형태의 덩어리가 있으면 더욱 좋다.

기포 메우기

기포는 수지의 흐름이 좋지 않거나, 수지가 경화할 때 발포로 생긴 '공기 구멍'이다. 물론 없는 쪽이 좋지만, 레진 부품에서는 어느 정도는 피할 수 없는 것이기도 하다. 이것을 깨끗하게 처리하는 것이 레진 키트 제작에서 중요한 요소라고 할 수 있겠다.

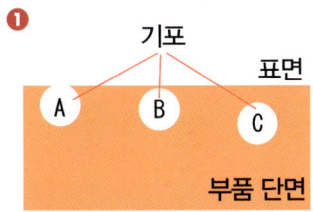

▲기포의 형태를 그림으로 만들었다. 「A」와 같이 표면은 작은 구멍이라도 안에는 넓게 퍼져있는 경우도 있다. 「B」는 표면의 구멍은 없지만 얇은 껍질 바로 밑에 기포가 숨어있는 경우다. 이런 기포로 인해 수축이 일어나거나, 사포질로 인해 기포가 밖으로 나오게 된다. 「C」는 완전히 안쪽에 들어가 있는 경우로, 문제가 없다.

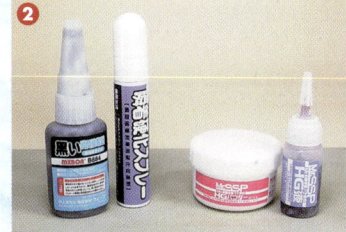

▲미세한 기포를 메우기 위해 편리한 재료들. 왼쪽은 「검은 순간 접착제」와 「순간 경화 스프레이」, 오른쪽은 순간접착 퍼티인 「Mr.SSP」. 순간 접착제는 레진과 상성이 좋다. 그 중에서도 이 제품들이 기포를 메우는 작업에 적합하다.

▲기포 메우기 1단계. 부품에 빛을 비춰서, 기포의 모양을 비춰본다. 그리고 앞의 그림의 「A」나 「B」를 확실하게 메우기 위해, 기포 부분에 나이프의 날 끝으로 넣고 돌려서 구멍을 넓힌다. 이 작업은 쉽게 구멍을 메우기 위한 것이다. 표면만 메우려 하는 것보다 확실한 방법이다.

▲넓힌 기포에 순간 접착제를 흘려 넣는다. 「검은 순간 접착제」는 일반적인 접착제보다 굳고 나서 탄력이 있기 때문에, 레진에 잘 밀착된다. 또한 색이 들어있어서 메운 부분을 쉽게 알 수 있다. 구멍을 쉽게 채우기 위해서 저점도 순간 접착제를 섞는 방법도 있다.

CHAPTER 5 : 키트 개조 테크닉

▲순간 접착제를 흘려 넣은 것만으로는 굳지 않기 때문에, 스프레이 방식의 경화촉진제를 뿌린다. 경화하면 표면이 약간 주름지는 것을 알 수 있다. 뿌린 다음에는 조금 간격을 두고 깎아내면 된다. 접착제를 두껍게 바르면 표면만 굳는 경우도 있으니 주의하자.

▲굳은 뒤에 금속 줄이나 거친 사포를 사용해서 깎는다. 접착제가 칠해진 부분을 평평하게 깎는다. 사진은 사포질이 끝난 상태이다. 기포가 메워진 곳은 검은색으로 평평하게 되어있다. 이것으로 기포 메우기가 완료되었다.

▲이것은 팔꿈치 관절의 부품이지만, 축 부분이 기포로 인해 깎여나갔다. 이런 부분은 메우는 재료를 많이 붙여서 확실하게 접착을 시키고 싶은 부분인 만큼, 순간접착 퍼티「Mr.SSP」로 메우는 것이 적합하다. 이외에는, 프라봉으로 새로 만들어서 대체하는 방법도 있다.

▲「Mr.SSP」를 사용해서 메우고 있는 모습. 기포 안쪽은 물론, 주위에도 삐져나올 정도로 붙인다. 금방 굳기 때문에 퍼티를 빨리 붙이고, 굳은 후에 축 모양으로 정형한다. 관절축이라 강도가 필요한 부분이지만, 완성 후에도 문제가 없었다.

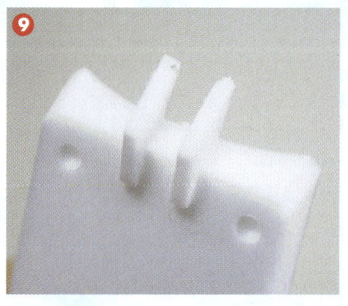
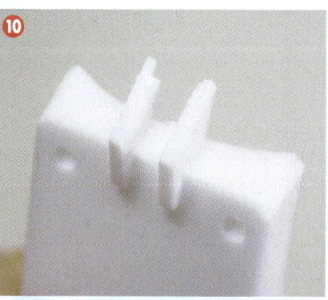
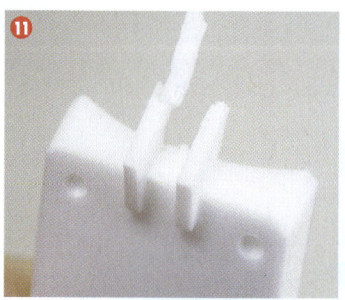
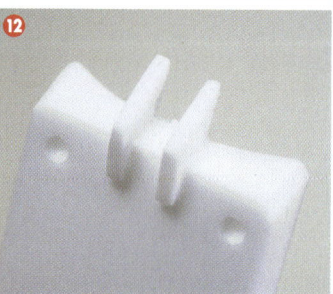

▲얇은 부품의 모서리에 작은 기포가 들어간 예다. 이 역시 자주 보는 종류의 기포이다. 이런 경우에는 기포를 메우는 것보다, 그 부분을 잘라내고 보강한 다음에 정형해서 만드는 것이 빠를 것이다.

▲그 기포가 있던 부분을「ㄴ」자 형으로 잘라냈다. 깨끗하게 선단 부분을 잘라내는 방법도 있지만, 사진처럼 끼워 맞추는 부분 등 원래 형태나 길이를 모르면 곤란해지는 경우에는 이렇게 조금이라도 형태를 남겨놔야 한다.

▲잘라낸 부분에 맞춰서, 레진의 파편을 순간 접착제로 붙인다. 처음에 잘라냈던 플러시 부분의 재이용이다. 파편은 그대로 사용하지 말고 접착면만이라도 가로 세로로 사포질을 해두면, 잘려나간 부분에도 확실하게 접착할 수 있다.

▲그리고 나서는 게이트 커트나 플러시 커트와 마찬가지로, 남는 부분을 잘라내서 완성시키면 된다. 이렇게 가공해서 완성한 것이 이 상태다. 여기서 다룬 것과 같이 모서리 부분은 퍼티로 메우면 깎여나가기 쉽기 때문에, 같은 소재인 레진으로 수복해두는 것이 좋다.

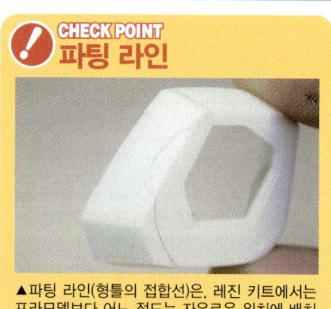

▲이번에는 커다란 기포가 있는 경우다. 부품의 오른쪽 모서리 부분에 구멍이 났다. 기포를 넘어 안쪽이 부분적으로 동굴이 되었다. 이러한 경우에는 안쪽에 퍼티를 메워야 할 것이다.

▲안에 퍼티를 쉽게 채워 넣을 수 있도록, 역시 구멍이 있는 부분을 나이프로 넓혀준다. 이 때도 원래 형태를 알 수 있고 나중에 쉽게 정형할 수 있도록, 변이나 정점부분은 그래도 남겨두는 데 신경을 쓰자. 표면에 가능한 원래 레진 부분이 남아있는 편이 완성도도 높아진다.

▲이 경우는 구멍이 크기 때문에, 안까지 채워 넣기 쉽도록 폴리 퍼티로 메워봤다. 삐져나올 정도로 붙이고, 굳고 나서 부품 면에 맞춰서 정형한다. 지금까지 소개한 것처럼, 기포를 메우는 데도 여러 가지 방법이 있다. 부품의 상태에 맞춰 보수 방법을 골라서 잘 대처하도록 하자.

> **! CHECK POINT**
> **파팅 라인**
>
>
>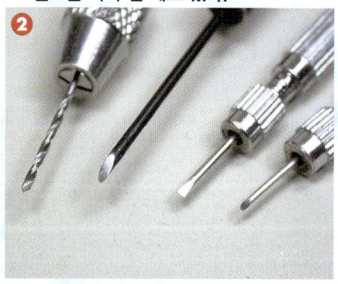
>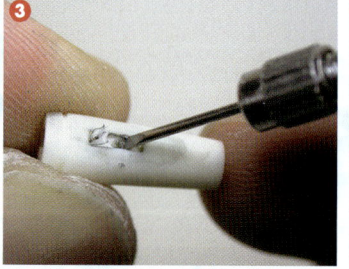
>
> ▲파팅 라인(형틀의 접합선)은, 레진 키트에서는 프라모델보다 어느 정도는 자유로운 위치에 배치할 수 있다 보니 의외의 부분에 나있는 경우가 있다. 놓치지 않도록 주의하자. 여기서는 선을 그은 곳이 파팅 라인이다.

▲이번에는 커다란 기포가 있는 경우다. 부품의 오른쪽 모서리 부분에 표면에 구멍이 났다. 기포를 넘어 안쪽이 부분적으로 동굴이 되었다. 이러한 경우에는 안쪽에 퍼티를 메워야 할 것이다.

▲안에 퍼티를 쉽게 채워 넣을 수 있도록, 역시 구멍이 있는 부분을 나이프로 넓혀준다. 이 때도 원래 형태를 알 수 있고 나중에 쉽게 정형할 수 있도록, 변이나 정점부분은 그래도 남겨두는 데 신경을 쓰자. 표면에 가능한 원래 레진 부분이 남아있는 편이 완성도도 높아진다.

▲이 경우는 구멍이 크기 때문에, 안까지 채워 넣기 쉽도록 폴리 퍼티로 메워봤다. 삐져나올 정도로 붙이고, 굳고 나서 부품 면에 맞춰서 정형한다. 지금까지 소개한 것처럼, 기포를 메우는 데도 여러 가지 방법이 있다. 부품의 상태에 맞춰 보수 방법을 골라서 잘 대처하도록 하자.

형태의 수복

레진 부품은 실리콘 형틀의 부드러움을 활용해서, 형틀을 벗겨내는 방향에 걸리는 부분이 있는 몰드라도 일체성형이 되어있는 경우가 많다. 그러나 그런 부분은 음각 몰드가 얕거나, 몰드가 제대로 파여 있지 않은 경우도 많다. 상황에 따라서는 자신이 직접 구멍을 내거나, 몰드를 파야 할 때도 있다.

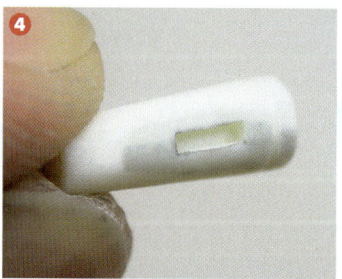

▲이것은 머신건의 선단 부분의 부품이다. 옆면에 사각형 음각 몰드가 있지만, 형틀의 일부가 찢어진 것인지 안쪽 면이 뭉개졌다. 이것을 파내서 깨끗하게 정형하자. 방법은 프라 부품에 음각몰드를 파는 것과 마찬가지다.

▲이번 경우와 같이 파내는 수복작업에는, 핀 바이스나 소형 끌이 적합하다. 오른쪽의 2자루는 정밀 드라이버의 끝 부분을 갈아 만든, 자작 소형 끌이다. 한쪽은 평날 형태, 다른 한쪽은 대각선으로 갈아낸 환도 형태이다. 이들을 몰드에 따라 구분해서 사용한다.

▲음각 몰드의 수복 개시. 먼저 파내는 주위를 나이프로 칼집을 내고, 안쪽을 좁은 평끌로 파낸다. 레진(무발포 폴리우레탄 수지) 부품은 플라스틱보다 부드럽기 때문에, 끌이 잘 들어가 쉽게 가공할 수 있다.

▲음각 몰드를 수복한 모습이다. 작업을 하기 전의 상태보다, 가장자리가 샤프해지고 깊이가 있는 몰드가 되었다. 여기서는 부품 표면에 처리된 몰드를 정형했지만, 조립용 핀 구멍이 이렇게 얕은 경우도 있을 수 있다. 그럴 때는 같은 방법으로 파내서 조립하도록 하자.

CHAPTER 5 : 키트 개조 테크닉

▲같은 부품의 끝 부분 면. 다른 부품과의 접착구멍이 메워져 버렸다. 그래서 십자 형태로 선을 그려 중심에 헤어라인을 내고, 드릴로 구멍을 낸다. 한 번에 원하는 지름만큼의 구멍을 내려고 하지 말자. 처음에는 작은 구경의 드릴로 구멍을 내고, 비뚤어지지 않는 것을 확인한 후 서서히 크게 넓힌다.

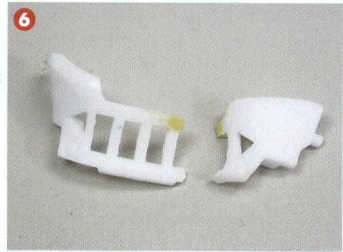
▲부품을 부러뜨린 경우. 얇은 부품이나 구멍이 뚫린 부품에서는, 주의를 하지 않으면 (상황에 따라서는 주의를 해도) 이러한 실패를 겪는 경우가 있다. 이런 경우에는 얇아진 부품에 기포가 있어서 쉽게 부러진 것 같다. 노란색 부분이 폴리 퍼티로 기포를 메운 부분이다.

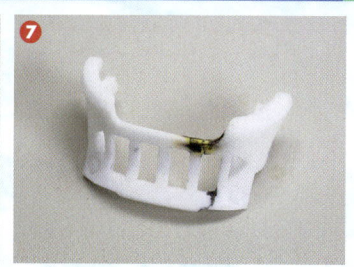
▲부러진 곳은 순간 접착제로 붙여서 수복한다. 여기서도 「검은 순간 접착제」를 사용했다. 프레임에 끼워 넣는 부품이기 때문에, 무리하기 끼워지지 않도록 확인해둔다. 가능하다면 안에 황동선을 통과시키거나, 보이지 않는 쪽에 프라판 등을 덧대어 보강해두면 좋다.

> **CHECK POINT**
> **휜 부품은 데워서 고치자**
>
>
> ▲레진 부품의 얇은 부분은 휘기 마련이다. 이 경우 수정은, 부품을 뜨거운 물에 담그고 부드러워졌을 때 힘을 줘서 고친다. 부분적인 것이라면 드라이어로 가열하는 방법도 있다.

바탕색 처리 · 서페이서 뿌리기

부품 정형 후 표면 체크나 미세한 흠집 메우기, 그리고 도색의 바탕색으로서 필요한 것이 서페이서를 뿌리는 작업이다. 기본적으로는 프라모델과 같은 작업이지만, 서페이서를 뿌리고 나서 처음으로 발견하는 미세한 기포도 있다. 레진 부품에 도료를 정착시키기 위해서도, 반드시 서페이서를 뿌려줘야 한다.

▲레진 부품에 서페이서를 뿌릴 때는, 특히 레진에 잘 붙는 제품을 사용해야 한다. 레진 전용 서페이서도 있지만, 여기서는 프라 부품과 조립할 것이기 때문에 프라, 레진 양쪽에 다 사용할 수 있는, 타미야의 「파인 서페이서」를 사용하기로 한다.

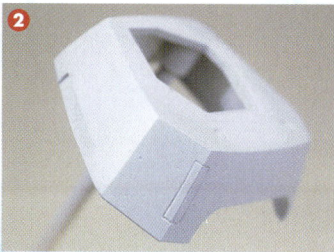
▲서페이서를 뿌린 부품. 잘 보면 옆면에 미세한 기포가 발견되었다. 이 정도 기포라면, 녹인 퍼티나 병에 든 서페이서로 메우는 것이 좋을 것이다. 스프레이 방식으로 서페이서를 두껍게 뿌리는 방법도 있지만, 몰드가 메워지기 때문에 여기서는 사용하지 않았다.

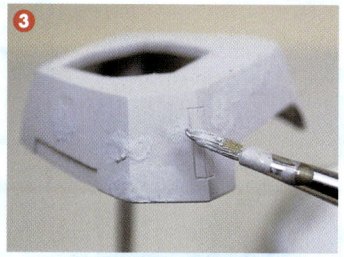
▲그 대신 녹인 퍼티를 붙인다. 레진의 표면에 직접 바르는 것보다 이렇게 서페이서를 뿌리고 나서 바르는 것이, 락커 퍼티도 부품의 표면에 쉽게 밀착된다. 파인 곳에는 두껍게 칠하지 말고, 금방 건조하는 정도로 2번 발라주는 편이 빨리 메울 수 있다.

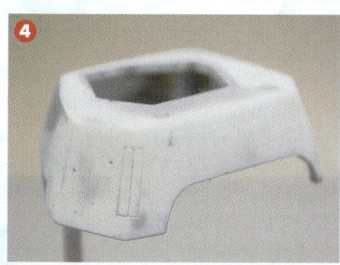
▲퍼티가 마른 곳에 사포질을 해서 완성한 모습. 메워진 부분을 확실하게 알 수 있도록 부품 표면이 노출될 때까지 사포질을 했다. 실제로는 이 상태의 바로 앞 부분에서 멈춰도 된다. 이 이상 사포질을 해서 깎으면 새로운 기포가 나올 수도 있으니 주의하자!

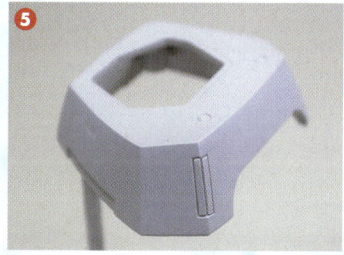
▲다시 서페이서를 뿌려서 표면을 확인한다. 이번에는 기포가 있었던 부분이 매끄러워졌다. 이것으로 작업 완료. 또한, 실제로 조립할 때는 각 부품의 결합 조절이나 레진 부품 간의 조립 후, 서페이서를 뿌려준다.

> **CHECK POINT**
> **레진용 서페이서**
>
> ▲레진용 서페이서는 잘 달라붙고, 흠집 메우기 효과도 좋다. 레진 부품만 있을 때는 사용하기 좋지만, 프라 부품에 뿌리면 쉽게 벗겨져서 적합하지 않다. 특징을 이해하고 상황에 맞는 것을 사용하자.

키트 부품에 조립하기

여기까지는 레진 부품의 기본적인 취급법을 소개했다. 이것을 베이스로 하고, 여기서부터는 베이스 키트인 프라스틱 부품과 레진 부품을 조립할 때의 주의점 등을, 실전적으로 소개하고자 한다.

■ 머리

▲머리 부품의 구성. 동력 파이프나 내부 메카닉, 머리 밑 부분, 목관절이 프라 부품으로, 이외의 것은 레진 부품이다. 스냅 핏으로 조립하는 부품도 있지만, 레진끼리는 접착제가 필요하다.

▲레진 부품은 원형의 단계에서 샤프한 몰드도 형틀 만들기, 주형을 거칠수록 몰드가 두리뭉실해진다. 서페이서를 뿌릴 테니 얇은 몰드는 깊게 다시 파주자. 그런 이유로, 로우 덕트의 홈을 에칭 톱으로 깊게 다시 파고 있는 모습이다. 먹선을 넣으면 이 부분이 돋보인다.

▲머리 윗부분의 레진 부품과 밑 부분의 프라 부품을 조립한 모습. 모노아이 레일의 지지 기둥으로는 아주 잘 조립되어 있다. 레진 부품이 사용하면 쉽게 빠진다. 뒤쪽 부분에는 단차가 있다. 레진은 미세하게 수축하기 때문에 이런 일이 일어난다. 일반적으로 '접착~퍼티 메우기'로 정형을 하지만......

▲여기서는 스냅 핏 스타일의 조립을 살리기 위해서, 접착하지 않고 형태수정을 했다. 레진 부품의 뒤쪽에 폴리 퍼티를 붙여서 프라 부품에 맞췄다. 접합면만을 맞추는 것이 아니라, 주위가 부드럽게 연결될 수 있도록 마감했다.

CHAPTER 5 : 키트 개조 테크닉

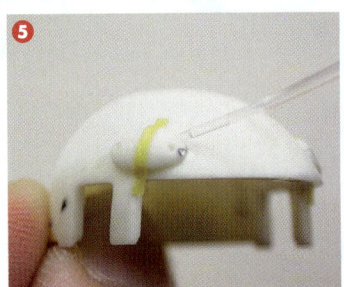
▲머리의 총구를 막는 벌지 부품. 이 부품은 좌우에 있지만, 위치 가이드가 조금 두리뭉실하다. 그래서, 먼저 마스킹 테이프로 고정을 하고, 위치나 각도를 맞추고, 저점도 순간 접착제를 접합 부분에 흘려 넣는다. 좌우를 똑같이 맞추기 위한 신중한 작업 방법이다.

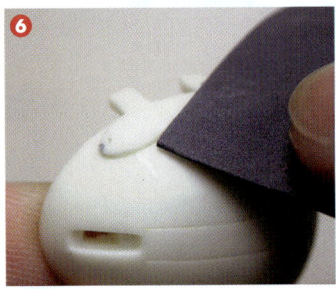
▲순간 접착제의 노즐이 닿은 부근에 생긴 삐져나온 부분을 사포로 갈아준다. 미세한 부분이지만, 이대로 두면 붙인 자국이 눈에 띄게 된다. 또한, 순간 접착제를 너무 많이 흘려 넣어서 접합선 부분에 고인 경우도 있다. 이럴 때도 나이프나 줄로 깎아서 없애주자.

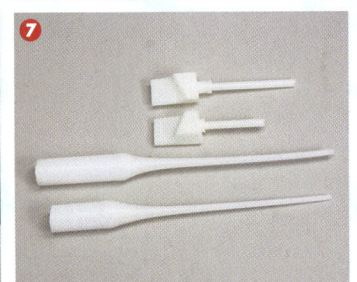
▲위의 2개 부품은 좌우에 붙여주는 안테나 부품이다. 여기서는 디테일 업의 일환으로, 선단 부분으로 갈수록 좁아지는 테이퍼드 형태로 만들기 위해 밑의 '늘인 런너'로 대체하기로 했다. 늘인 런너에서 두께가 얇아진 부분을 사용한다.

▲각 부품의 정형이 끝나고 조립한 모습. 정수리 부분의 부품 등, 조립에 관련이 없는 부품은 이 상태에서 접착한다. 부품의 접합이나 외관에 문제가 없다면 각 부품을 해체해서, 서페이서 뿌리기나 최종적인 표면 처리를 하고, 각각 도색을 한다.

■ 동체

▲레진 부품으로 교환한 허리 아머의 힌지 부분. 구체가 수축되어 있기 때문에, 그대로 끼우기에는 너무 헐겁다. 그래서 순간 접착제를 발라서 구체를 크게 만들었다(검은색으로 보이는 부분). 이 부품은 가동과 접합의 역할을 동시에 하는 만큼, 적당한 지름이 되도록 꼼꼼하게 조절하자.

▲왼쪽과 같은 조절을 하던 중에 완전히 부러져 버렸다!라고 하더라도 걱정할 필요 없다. 남은 부품을 신중하게 빼내고서, 부러진 부분을 다시 접착. 보강을 위해 뒷면에 얇은 프라판을 붙여 줬다. 가동부분에 사용된 레진 부품은 프라 부품보다 더 약하기 때문에 주의해야 한다.

▲이 부품은 백팩 아래 면의 작은 레버와 같은 부품을 접착하는 모습이다. 접착면이 작은 부품의 접착에는, 이렇게 황동선을 연결해주면 위치 가이드와 보강을 겸하게 된다. 축이 있다면 접착할 때 방향을 조절하기도 쉽다.

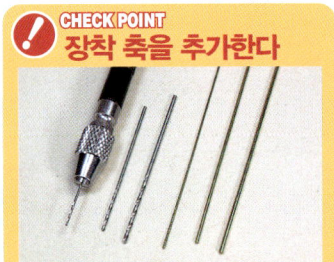
CHECK POINT
장착 축을 추가한다
▲레진 부품의 접착에는, 왼쪽 열과 같이 접착 축을 추가하는 쪽이 좋은 경우가 많다. 또한, 힌지의 축으로 가공이 전제 되어있는 경우도 있다. 주로 사용하는 축의 두께는 0.5~1.5mm 정도다. 구멍을 뚫을 때는 핀 바이스와 각종 지름의 드릴 날을 사용한다.

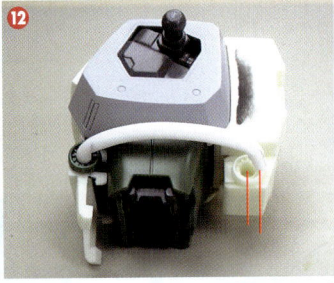
▲옆구리의 동력 파이프 심(레진 부품)을 조립한 모습. 백팩 밑의 장착 부분에서, 위치가 틀어져있다. 조금 길어 보이지만, 이것을 무리해서 구부리거나 짧게 자르면 안 된다. 앞에서 설명한 방법으로 이 역시 수정하자.

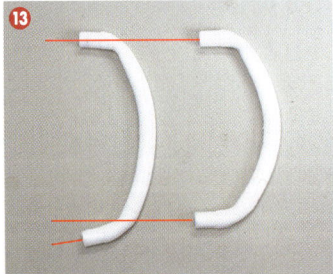
▲왼쪽이 수정 전, 오른쪽이 수정 후다. 뜨거운 물로 가열해서 부드럽게 만드는 방법으로 이렇게 수정했다. 수정 후의 축 방향이 맞춰져 원래 이러한 형태였다는 것을 알 수 있다면, 서둘러서 자르거나 하지 않아도 된다. 얇고 긴 부품은 변형이 쉽게 일어나는 것을 알고 있다면, 서둘러서 자르거나 하지 않아도 된다.

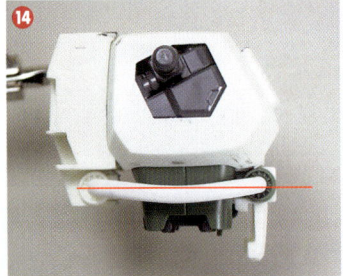
▲가열에 의한 수정 방법을 더 응용해보자. 앞뒤로 연결된 파이프 중앙을, 무게로 처진 듯 만들어봤다. 아주 약간이지만, 이것으로 더욱 자연스러운 느낌이 든다. 소재가 레진이기 때문에 간단하게 쓸 수 있는 기술인 것이다.

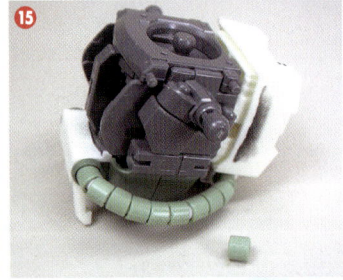
▲동력 파이프의 바깥 부품은 일반 자쿠보다 2개를 줄이라고 지정되어 있지만, 조립해보니 틈새가 컸기 때문에, 앞, 뒤 끝의 부품을 약간 대각선으로 잘라서 틈새를 메워 1개만 줄여보았다. 틈새도 균등하게 되도록 조절했다.

■ 팔 부분

▲팔 부분에서는 팔꿈치 관절이 레진 부품으로 바뀌는 만큼, 가동축의 경도를 꼼꼼하게 체크하도록 하자. 레진 부품으로 관절을 좌우에 끼우지만, 오른쪽의 상태처럼 레진 부품만을 끼운 상태를 먼저 확인해 두자. 이렇게 하면 끼웠을 때 불량이 있더라도 원인을 쉽게 파악할 수 있다.

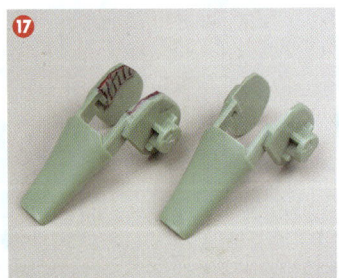
▲여기서는 키트 부품의 가공도 필요하다. 팔꿈치 관절 블록이 일반 자쿠보다 두껍기 때문에, 관절 부분과 닿는 부분을 깎아낸다. 사선으로 표시된 부분이, 오른쪽이 가공 후 모습이다. 팔꿈치 관절이 안쪽에 닿는 부분을 얇게 깎았다. 어느 정도 깎아낼 필요가 있는지는, 가조립을 해서 판단하도록 하자.

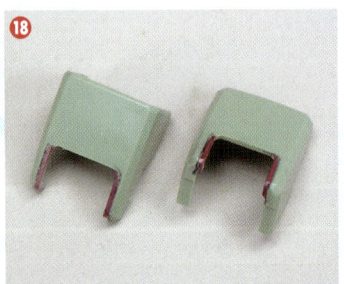
▲같은 이유로 개구부의 폭을 넓히기로 했다. 위팔의 내장 부품을, 빨갛게 표시한 부분을, 약 1mm 폭을 좌우 함께 깎아 준다. 아래면은 일반 키트에서 이미 깎아내고 난 후의 폭으로 되어있으니, 이 폭에 맞추면 좋을 것이다. 이렇게 깎는 범위의 기준이 있으면 작업하기 편하다.

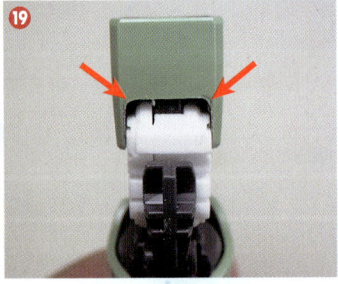
▲깎아서 넓힌 부분의 모서리 처리. 가장 윗부분에 폭을 넓혀버리면 모서리가 직각이 되어 너무 딱딱한 느낌을 준다. 이러한 표현도 나쁘지는 않지만, 여기서는 약하게 커브를 줘서 윗변에 연결이 되도록 만들었다. 이렇게 하면 가공한 것처럼 보이지 않고, 자연스럽게 만들어진다.

CHAPTER 5 : 키트 개조 테크닉

■ 다리 부분

▲정강이 주변의 부품 구성. 무릎 관절 커버와 무릎 뒤쪽 아래, 장딴지 좌우가 레진 부품으로 되어있다. 조립은 베이스 키트와 마찬가지로, 장딴지 외장을 좌우 조립한 부품에 발목 밑단 부품을 뒤에서 접착한다. 이외에는 무릎 아머도 레진 부품이다.

▲가조립한 상태. 다리 부분은 레진 부품끼리 접착하는 부분에 약간이지만 틈새가 있다. 이것은 레진의 수축 때문이다. 프레임 식이 아닌 키트라면 접착해서 퍼티로 메우면 되지만, 여기서는 조립 방식을 바꾸지 않는 방법으로 조형해보자.

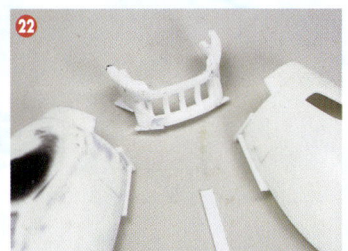
▲틈새 조형을 위해, 부품의 접합면에 잘게 자른 프라판을 붙인다. 사용하는 것은 0.3mm이나 0.5mm. 틈새보다 약간 두꺼운 것을 붙이고, 표면을 조금씩 깎아서 맞춰주자. 정형과 가조립을 반복해서 맞춰주자.

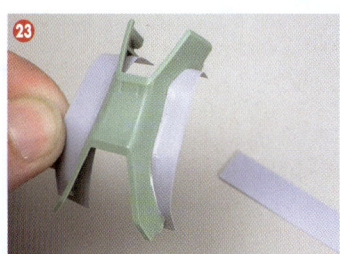
▲정강이 앞부분의 부품에도 덧붙여서 틈새를 조절해주자. 여기 붙이고 있는 것은 0.14mm 두께의 「프라 스트라이프」다. 매우 얇기 때문에, 이렇게 곡면에도 밀착 시킬 수 있다. 틈새가 많이 벌어진 곳은 이것을 2장 겹쳐주도록 하자. 확실하게 접착한 후, 여백은 잘라내서 정형한다.

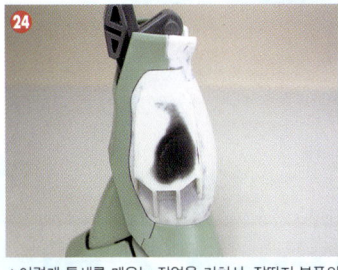
▲이렇게 틈새를 메우는 작업을 거쳐서, 장딴지 부품의 주위에 접합 틈새가 거의 없어진 상태이다. 무릎 아래 부품 주위에도 얇은 프라판을 붙이고 조절한 흔적이 보인다. 이후 서페이서 뿌리기나 도색의 두께를 생각해서, 너무 빡빡하게 붙이지 않도록 한다.

▲정강이의 외장에서 부품의 빈틈이 생긴 것은 레진 부품의 수축이 큰 이유이지만, 그에 맞춰서 외장과 접촉하는 내부 부품의 표면을 깎아서 두께를 줄이는 작업도 진행했다. 사진은 장딴지 내부의 부품 표면을 깎아내는 모습이다.

▲서페이서를 뿌리고, 바탕 처리가 끝난 부품을 조립한 모습이다. 깎아서 조절한 장소를 알 수 없을 정도로 마무리 되었다. 또한, 서페이서를 뿌리자 레진과 프라 부품의 구별도 가지 않을 정도로 된 것도 포인트다. 이후의 도색은 일반 키트와 마찬가지로 진행한다.

> **CHECK POINT**
> ### 도색 후 접착
>
>
> ▲레진 부품끼리 도색 후에 접착하는 경우에는, 접착면의 도료막을 벗겨내고 원래의 면끼리 붙여주는 것이 확실하다. 도색면을 붙이게 되면 접착력이 약해지고, 힘이 걸렸을 때 도료막과 같이 벗겨지는 일도 있다.

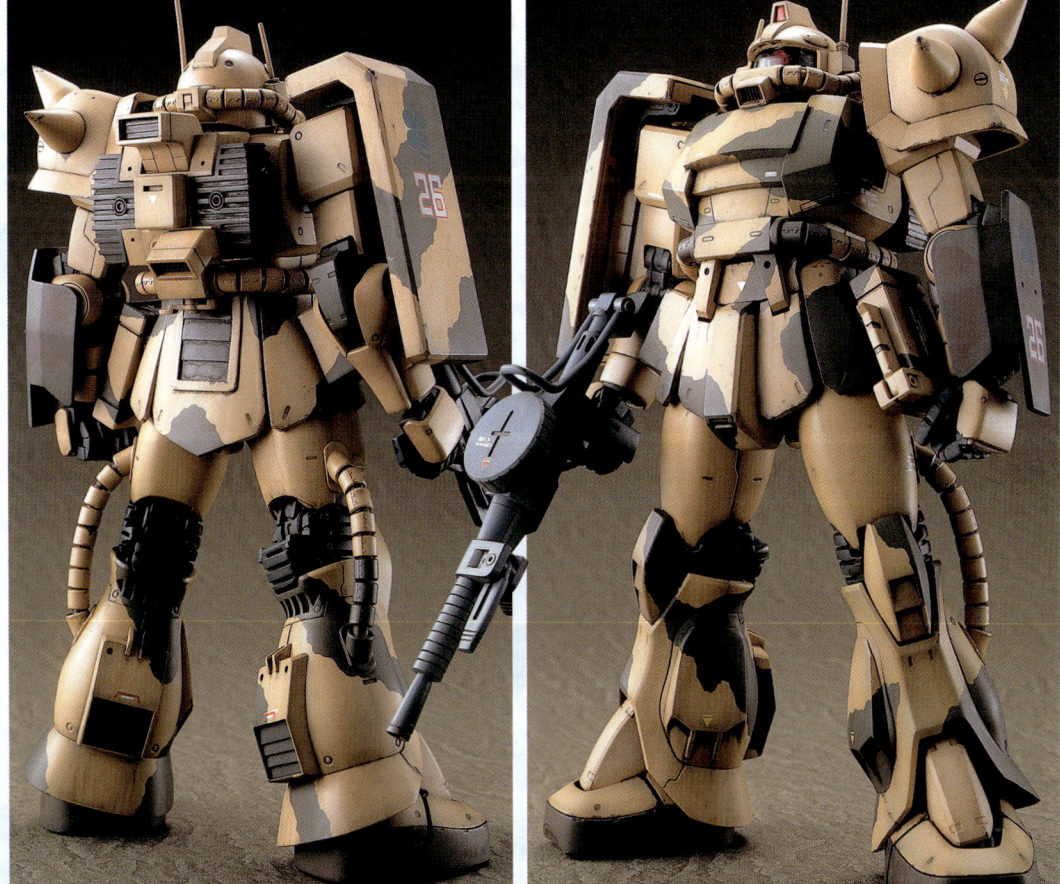

MS-06D 자쿠 데저트 타입

프라 키트와 레진제 개조 부품을 합쳐서 완성한 자쿠 데저트 타입이다. 완성한 모습은 다른 프라 키트와 비교해도 전혀 손색이 없는 완성도를 보여준다. 개조 부품의 구성은 'MG 시리즈 준거'라고도 할 수 있는 수준으로, 프레임을 살려서 외장 부품을 교환하였기 때문에 가동 부분을 그대로 활용할 수 있다. 제작 과정은 정형이나 짜맞추는 작업이 많지만, 레진 부품 자체에 크게 손을 댈 필요는 없다. 대규모의 작업을 하지 않더라도 이렇게 완성이 되는 것이다.

> **CHECK POINT**
> ### 마스킹은 마스킹 졸로
>
>
> ▲자쿠 데저트 타입의 위장도색은, 구분도색 선이 구불구불하면서도 블랜딩이 없는 확실하게 구분된 스타일로 만들고 싶어서 마스킹 졸을 붓으로 발라서 마스킹했다. 이러한 사용 방법도 있는 것이다.

CHAPTER 5 : 키트 개조 테크닉

▲ 세세한 부분 정도만 바뀐 것처럼 보이지만, 사실은 많은 부품이 변경된 머리 부분. 깊게 다시 파낸 로우 덕트 안 슬릿의 형태도 알 수 있다.

▶ 위 드럽 장식도이다. 세세한 곡선으로 명확하게 구분이 되도록. 위 장색은 샌디 브라운과 올리브색. 왼팔의 실드는 레드 브라운이다.

▶ 각 부분에 붙여놓은 마킹은 「MSV」설정으로 디자인을 해서 프린터로 데칼 종이에 출력한 것이다.

▲ 허리 아머 옆면에 크래커 포트. 이것도 레진 부품이지만, 황동선을 축으로 해서 개폐구조도 재현되었다.

▲ 팔 부분에 재현된 3연 미사일 포트, 이 역시 레진 부품이지만, 내부의 미사일에는 프라 부품(자쿠의 다리 부분 용)을 합친 것이다.

MS-06D
ZAKU DESERT TYPE

BANDAI 1:100 scale plastic kit "Master Grade" conversion
modeled by Ken-ichi NOMOTO

사용 키트

● 마스터 그레이드 MS-06J 자쿠 Ver.2.0 ● 발매원 / 반다이 하비 사업부 ● 3990엔 ● 플라스틱 키트 ● 1:100 스케일, 전고 약 18cm

● 1:100 MS-06D 자쿠 데저트 타입 개조 부품 ● 발매원 / 반다이 하비 사업부(B-CLUB) ● 17640엔, 절판 ● 레진 키트 ● 1:100 스케일

스크래치 빌드

1. 1:100 도·다이YS 제작

CHAPTER 6

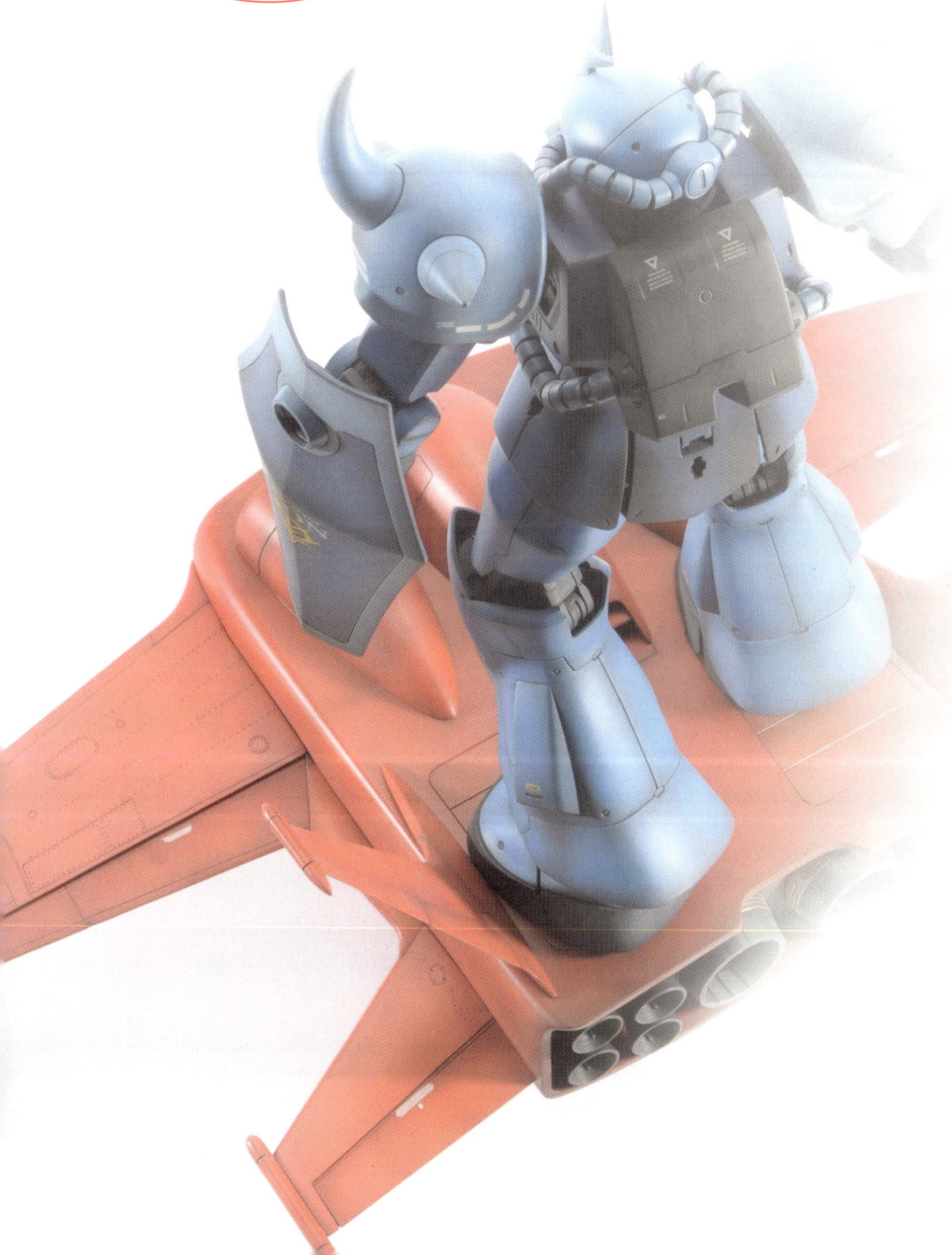

MS-07B
GOUF & DO-DAI YS
BANDAI 1:100 scale plastic kit
"Master Grade" & scratch built

CHAPTER 6 : 스크래치 빌드

❶ 1:100 도·다이YS의 제작
~프라판 가공으로 풀 스크래치 빌드~

제품화가 되어있지는 않지만 가지고 싶은 아이템이 있으면 어떻게 하겠나? 그저 발매만을 기다리거나, 비슷한 제품이 있으면 그것을 베이스로 개조하는 방법이 있다. 그러나 그것조차 없다면, 스스로 자작하는 수 밖에 없다. 그래서 이번 장에서 소개하는 것은, 작품을 처음부터 만드는 '스크래치 빌드' 테크닉이다. 1:100 스케일로 도·다이YS를 제작해보자. 어려울 것 같지만, 공작 자체는 개조가공의 연장이라 할 수 있다. 중요한 것은, 하나의 작품으로서 완성시킬 때까지의 과정을 스스로 구축하는 것이다.

제작을 위한 단서를 얻는다

아무것도 없는 상태에서 만드는 것이니, 단서가 될 만한 것은 준비해두고 싶다. 토대가 되는 디자인은 물론이고 실제로 만드는 형태나 크기의 전망을 세우거나 어떤 공작 방법으로 만들 것인지 등, 제작에 참고가 될만한 것을 찾아서 제작 과정을 구축하도록 하자.

▲1:144 도·다이YS 키트, 발매는 1981년이다. 오래된 제품이기는 하지만 이미 입체화 되어있는 것이 있다면, 형태를 잡는 방법이나 부품의 구성 등 어떤 곳에서든 참고가 된다. 이번에는 이 제품을 충분히 활용했다.

▲1:144 키트를 가조립 한 것이다. 상자 형태의 기체에서 각 날개가 주위로 뻗은 스타일이다. 콕피트 등은 윗면에 올려놓은 느낌으로, 알기 쉬운 부품 구성이다. 전체의 밸런스는 설정화보다 날개 길이가 긴 인상이지만, 멋은 더 있다.

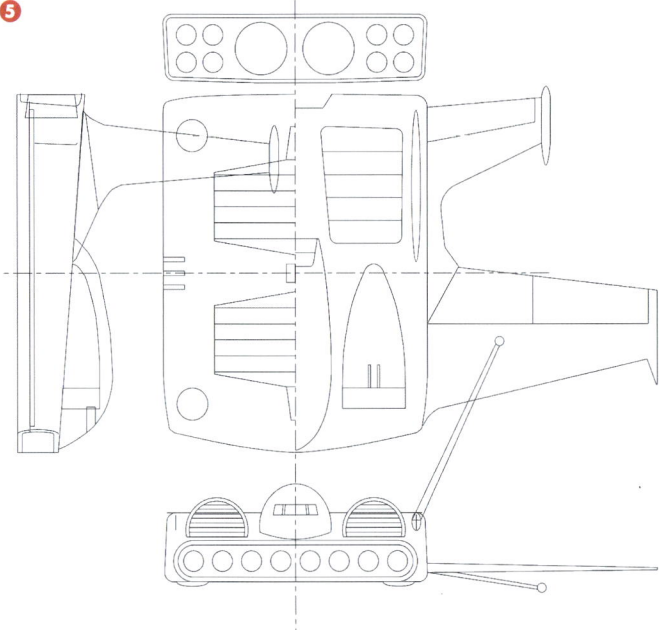

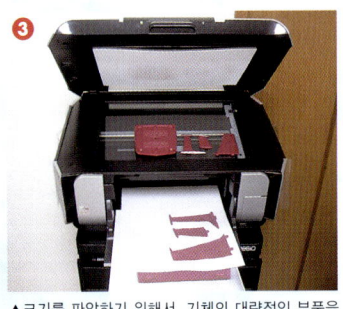

▲크기를 파악하기 위해서, 기체의 대략적인 부품을 스캔&확대 복사했다. 1:144 스케일을 1:100 스케일로 환산하면 그대로 1.44배로 복사하면 되지만, 배율을 다소 앞뒤로 조절해서 1.4, 1.44, 1.5배로 바꾼 것을 준비해두기로 했다.

▲MG 구프 Ver.2.0을 태우기 위해 만들고 있는 것이지만, 이 책에 게재된 구프를 제작하기 전이었기 때문에 대역으로 자쿠를 태워서 비교했다. 배율은 결국, 1.44배가 딱 맞았다. 이 크기로 키트의 형태와, 당연히 설정화를 참고로 해서 도면을 그려봤다.

▲제작에 들어가기 위해 그려본, 도·다이YS의 사면도. 실제로는 1:100 스케일의 크기로 그렸다. 원래 크기의 도면이라면 그대로 복사해서 프라판에 대고 자르는데도 사용할 수 있다. 기체 형태는 1:144 키트의 프로포션보다 약간 앞뒤를 길게 만들었다. 도면의 인상대로라면 꽤나 상자형태에 가까운 느낌을 줄 것 같지만, 실제로는 옆면이 둥그렇게 되어 앞부분으로 갈수록 좁아져서 선단의 미사일 발사구 원형에 연결되는 이미지이다. 도면을 그릴 때는 각 부분의 형태나 부품 배치 등의 요소를 정리하고 파악해서, 제작하는 데에 기준이나 가이드로 사용하는 것이 목적이다. 세세한 형태나 도면으로 표현하기 어려운 곡면은 여기에는 그리지 않고, 만들면서 결정하는 것이 좋은 부분도 있다.

날개 제작

먼저 알기 쉬운 부분인, 날개를 먼저 제작하기로 하자. 1:100 정도가 되면, 날개도 날개 단면 형태를 재현하고 싶다. 프라판을 잘라서 깎아내는 방식으로는 어려울 것 같아서, 적당한 항공기 키트의 부품을 사용하는 방법을 채택했다. 다행히 쓸만한 키트를 찾았다.

▲도면에 맞춰서 이런 저런 항공기 키트를 물색한 결과, 1:48 스케일의 F-15E와 F/A-18E의 부품을 사용하기로 했다. F/A-18E는 각 날개 단면이 크며 주익 형태가 닮아서 선택. F-15E는 사실 대형 노즐인 것도 선택의 이유다.

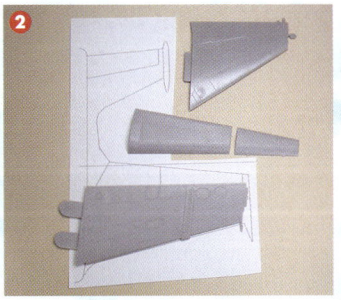

▲실제 치수도면에 F/A-18E의 주익 부품을 겹쳐서 검토하고 있는 모습이다. 플랩 이외의 형태가 비슷하다. 이렇게 키트의 부품을 여기저기 겹쳐보고, 사용하는 키트를 결정한 것이다. 남은 부품은 다른 기회에 활용하자.

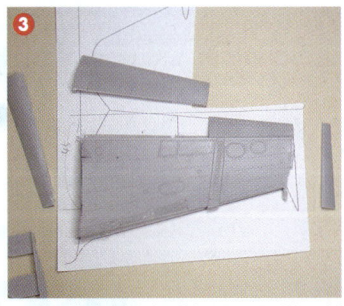

▲주익의 앞쪽 가장자리를 활용해서, 동체 접착 쪽이나 날개 끝 부분을 도면에 따라서 잘라내기로 했다. 플랩은 뒤쪽 가장자리를 활용해서 주익과의 접착면을 절단. 이렇게 날개 전체의 형태를 다듬어 간다. 도면보다 플랩의 앞뒤 폭이 좁아졌지만, 여기서는 부품을 우선한다.

CHECK POINT
날개의 강도 확보

▲주익 부품 동체 접착면의 단면. 위 아래로 접착한 날개 부품은 가장자리를 자르면 지지하는 부분이 없어져서 강도가 떨어진다. 실수로 만져도 날개가 구부러지지 않도록 보강을 할 필요가 있다.

CHAPTER 6 : 스크래치 빌드

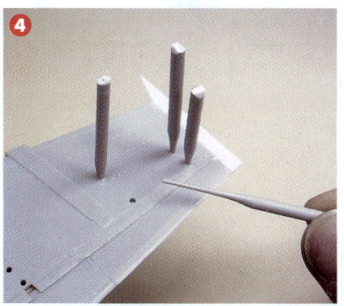
④ ▲주익 부품 뒤에 파일런 장착용 구멍을 메운다. 퍼티 종류로 메우면 나중에 수축이 일어나거나 안쪽으로 떨어지기 때문에, 런너를 늘려서 끼워 넣고 접착을 해서 메우고 있다. 주익 끝 부분은 프라판을 붙여서 연장했다.

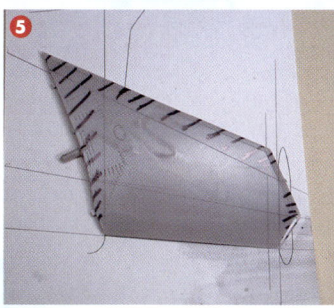
⑤ ▲수평 미익도 F/A-18E의 부품에서 잘라냈다. 도면상의 뒤쪽 가장자리에 맞춰 폭을 끝까지 사용해서 안쪽, 앞쪽 가장자리의 여분을 잘라내기로 했다. 도면의 날개 각 부분을 연장해서 그려두면 부품을 겹쳐 놓더라도 크기를 쉽게 비교할 수 있다.

⑥ ▲수직 미익은 길이에 차이가 있어서 그대로 사용할 수 있는 부품이 없다. F-15E의 날개를 바탕으로 위쪽을 더하고 잘라냈다(덧붙인 것은 남은 날개 부품). 연장 부분은 황동선을 안쪽에 삽입하여 보강해둔다.

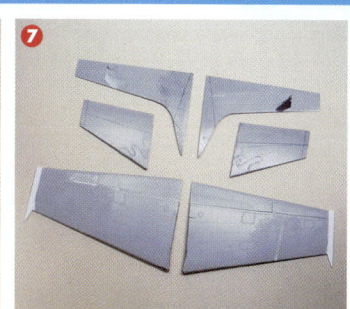
⑦ ▲이렇게 각 날개의 부품을 맞췄다. 주익 표면에 있던 돌기는 프라판을 뒤에 덧댄 다음 평평하게 깎아냈다. 이 단계에서는 외형을 잘라낸 것뿐이라 가장자리의 곡면이나 표면은 아직 완성하지 않았지만, 이것은 다른 진행에 맞춰서 조정해간다.

기체 제작

기체는 상자형이기 때문에, 프라판으로 상자를 만들어서 제작한다. 주위의 부품 장착이나 표면의 몰드, 여기에 기체의 강도도 고려하여 상자를 만드는 도중에 이러한 것들을 집어넣기로 했다. 상자를 닫아 버리면 나중에 대응하기 힘든 부분도 나오게 되니 이러한 부분에 주의하면서 작업한다.

① ▲기체 각면은 1.5mm나 2mm 두께의 프라판을 사용하기로 했다. 두꺼운 프라판을 잘라낼 때는 커터로 칼집을 내고서 부러뜨린다. 칼집이 뒤틀리는 것을 예상하여 필요한 형태보다 조금 더 크게 잘라주고 여백을 정형한다.

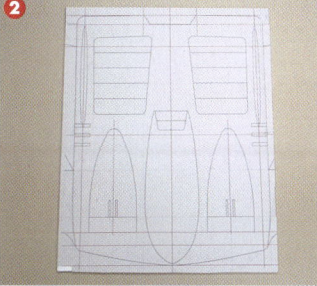
② ▲윗면 부분을 프린트해서 프라판에 접착 스프레이로 붙였다. 잘라내는 외형을 칼집을 내는 것은 당연하고, 뒤의 공작을 위한 가이드 선이나 나중에 장착하는 부품의 중심선 등도 칼집을 내서 프라판에 선이 남도록 한다.

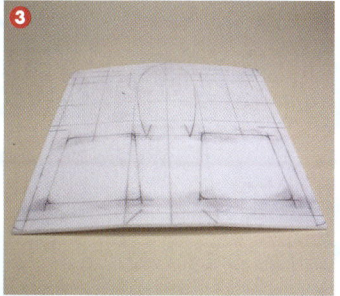
③ ▲잘라낸 윗면의 판. 각 부분에 들어간 가이드선의 형태를 알 수 있다. 뒷부분 쪽은 조금 둥글게 나온 형태로 만들기 위해서 2군데에 칼집을 내고 얇은 받침대 형태로 바깥쪽으로 접었다. 최종적으로는 완만한 곡선으로 정형했다.

④ ▲바깥쪽으로 접은 부분의 틈새에 순간 접착제를 흘려 넣어 굳혀서 각도를 고정했다. 미묘한 각도이기 때문에, 앞의 상태에서 받침대 형태로 떠오른 틈새에 프라판을 스페이서로 넣어 각도가 안정되도록 만든 다음 접착제를 채웠다.

⑤ ▲구프의 발이 올라갈 장소를 주위보다 낮추기 위해 구멍을 뚫고 있다. 모서리의 곡선 부분을 먼저 정형하고, 그것들을 연결하듯 금속 줄로 깎아내고 있다. 구멍을 다듬으면, 뒤에 0.5mm 프라판을 전면에 붙여서 구멍 메우기와 보강을 겸한다.

⑥ ▲밑면의 판 역시 마찬가지로, 도면을 프라판에 붙이고 잘라냈다. 두께 1.5mm와 0.5mm를 겹치고, 셔터형의 몰드 부분을 주변보다 한 단 내렸다. 사진은 거기에 가로선의 패널라인을 넣는 모습이다. 프라판을 가이드로 파내고 있다.

⑦ ▲밑면 판과 옆면 형태와 뒷면의 완성된 부분을 붙이고, 그 사이에 보강용 판을 넣었다. 보강은 스탠드를 끼워 넣는 중앙 부분이나, 발을 올리는 장소 등이 꺼지지 않도록 했다. 옆면의 판에는 날개를 다는 위치 가이드가 그려져 있다.

⚠ CHECK POINT
스탠드 유지 확인

▲「액션베이스1」에 장착해서, 전시 형태의 유지력이나 밸런스 체크를 해둔다. 연결은 중앙의 1점이지만, 기체도 뒤틀리지 않고 자루를 태워도 기울지 않고 유지할 수 있다.

⑧ ▲윗면 부품을 가조립한 모습. 윗면이 완만하게 휘어진 것을 확인할 수 있다. 이것으로 대략적인 부분의 계획을 세웠다. 먼저 여기까지의 작업을 뒤틀림 없이 완성하는 것이 첫 단계이다. 세세한 부분의 가공이나 부품의 제작은 아직 남아있다.

⑨ ▲기체 바닥 면의 중앙에 설치한 스탠드 삽입구. 「액션베이스1」의 형태로 뚫었다. 사각형 구멍뿐만 아니라, 내부에는 스탠드 선단 부분을 확실히 받쳐주는 사각 파이프(9.5mm / 에버그린)를 집어 넣었다.

⑩ ▲밑면의 보강에 관해서. 밑면은 평평한 디자인이지만, 약간 부풀어 오르게 만드는 쪽이 부하를 잘 견딘다. 그래서 보강판의 아래쪽에 약간의 곡선을 주어서 접착했다. 외관적으로도 평면인 경우에는 들어간 것처럼 보이기 때문에, 그것을 방지하는 효과도 있다.

145

CHAPTER 6 : 스크래치 빌드

미사일, 노즐 부분 제작

외관상의 특징인, 미사일과 노즐 부분의 제작. 원형 부품은 자작하는 것이 어렵기 때문에, 비슷한 형태의 프라 부품을 이용해서 정밀도와 정밀감을 확보하는 쪽이 좋다. 프라판으로 완만한 곡선을 만드는 것도 이 부분에서의 포인트다.

▲기체 앞부분 면을 프라판에서 잘라낸다. 여기서는 완만한 곡면으로 만들어야 해서, 잘 휘는 얇은 프라판(0.5mm)에서 잘라냈다. 여백을 넓게 남긴 것은 이후의 작업을 하기 쉽게 만들기 위해서다. 미사일의 위치도 그려 놓았다.

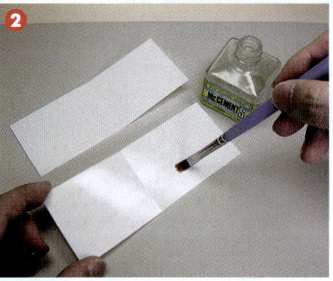
▲곡면을 만들기 위해 얇은 프라판을 잘라냈지만, 미사일을 장착할 구멍을 내거나 접착을 하기에는 더 두꺼운 쪽이 가공하기 쉽고 강도도 높아진다. 그래서 0.5mm판을 덧붙인다. 접착은 용제 계열 플라스틱 접착제를 붓으로 발라서 붙였다.

▲두께 0.5mm를 3장 덧붙여 두께 1.5mm로 만들었다. 덧붙이면 잘 밀착시키고, 손가락으로 훑어주듯이 곡면 형태를 만들어간다. 접착제가 굳으면, 완만한 커브가 그대로 유지된다.

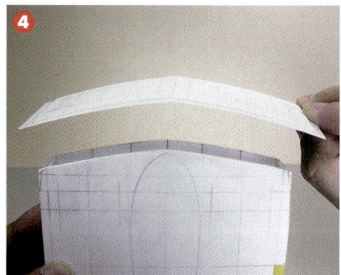
▲기체 선단 부분을 따라 커브 형태로 고정된 모습. 중앙은 그것과는 다르게 약간 둔각이 되어있다. 손이 많이 가는 제작 방법이지만, 처음부터 두꺼운 프라판을 부드럽게 구부리는 것은 어렵다. 그래서 이러한 방법을 사용했다.

▲미사일 부분에 사용하는 프라 부품. 왼쪽의 버니어 부품(U·버니어[환] / 웨이브)의 개구부 쪽을 얇게 깎고, 그 안에 원형 부품(환 몰드[7] / 코토부키야)을 끼워 넣는다. 이렇게 오른쪽과 같은 부품을 8개 만든다.

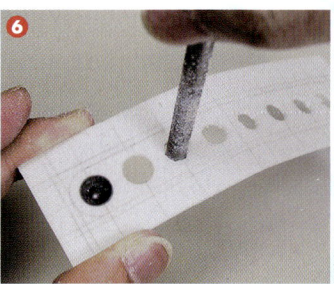
▲미사일을 장착하는 구멍은 드릴로 뚫기에는 크기 때문에, 두꺼운 둥근봉 줄이나 프라파이프에 사포를 만 것으로 구경이 확실히 맞을 정도로 조형한다. 이러한 가공이 확실하게 가능하도록 판을 두껍게 만든 것이다.

▲뒷면의 노즐 부분. 보강판과는 다르게 바닥판 1장을 설치하고 노즐을 붙였다. 이것으로 노즐면을 후조립화 했다. 커다란 노즐은 F15의 부품을 사용했다. 안쪽 부품도 바닥판에 심었다. 작은 노즐은 배치의 밸런스를 주의해서 위치를 결정한다.

⚠ CHECK POINT 절삭 가이드 자작

▲미사일 부분은 노즐을 같은 높이로 깎는 가공을 8개 분량한다. 그래서, 절단 중의 부품 파지와 깎는 높이의 가이드를 겸하는 것을 프라 재료로 만들었다. 이렇게 하면 부품 가공이 쉬워지고 정밀도도 높아진다.

날개 장착

기체의 대략적인 형태가 완성되었으니, 날개의 장착부를 제작한다. 실제로 고정하는 것은 아직 뒤의 일이지만, 기체의 '상자'를 닫기 전에 만들어 두는 것이다. 나중에 가공할 때 제대로 장착을 할 수 있고, 각도도 잘 맞도록 만들어 둔다.

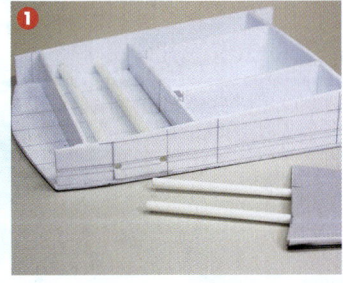
▲주익의 장착은 표면만 붙이지 않고, 기체 쪽에 프라파이프를 2자루 연결하고 그것을 날개에서 나온 봉을 끼워 넣을 수 있게 했다. 날개가 기울지 않도록, 기체 내부로 넣는 봉은 길이를 길게 만들었다. 이렇게 해두면 가조립도 하기 쉽다.

▲주익에 장착한 봉은 3.2mm의 프라파이프다. 날개에 집어넣는 부분은 위 아래로 두께를 맞춰서 깎아내고, 안쪽까지 집어넣었다. 이것은 날개 위 아래가 안으로 들어가지 않도록 하는 보강도 겸하고 있다.

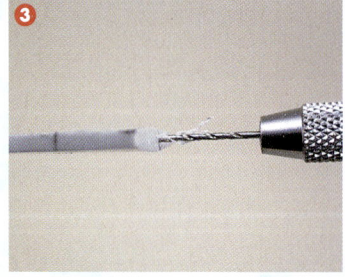
▲각 미익은 강도확보를 위해서 황동선으로 장착했다. 날개의 단면에 삐뚤어지지 않게 드릴로 구멍을 냈다. 각 미익은 기체 표면에 대해서 대각선으로 장착되지만, 접하는 면을 대각선으로 깎아내는 것은 이 구멍을 내고 난 다음이다.

▲미익을 기울이기 위해 장착면을 대각선으로 깎아내고, 1mm의 황동선을 2자루씩 끼워 넣는다. 먼저 대각선으로 깎아내면 날개의 두께로 인해 똑바로 구멍을 내는 것이 어렵기 때문에 이러한 순서로 가공을 한 것이다.

▲본체에 장착할 때는, 외벽에 구멍을 세우고 황동선을 사용하지만 이것만이라면 흔들리기 쉽다. 황동선이 쓰러지지 않도록 안쪽에 프라봉을 붙여서 기울어지는 것을 잡아주도록 만들었다. 이것은 수직 미익의 예다.

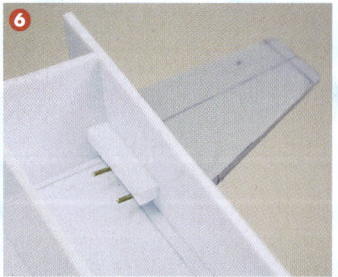
▲수평 미익도 밑으로 기우는 하반각이 들어가 있기 때문에, 마찬가지 방법으로 장착했다. 황동선의 윗면에 프라봉을 붙이고, 의도한 위치보다 더 밑으로 내려가지 않도록 한다. 프라봉을 붙일 때는 좌우의 각도를 맞추듯 확인하면서 붙이자.

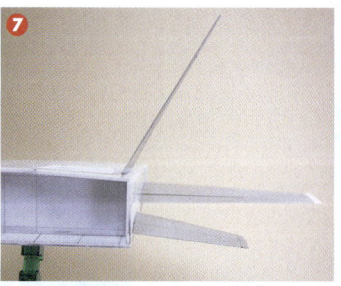
▲각 날개를 가조립한 모습이다. 주익은 수평, 미익 각각 밑으로 기울어져 있다. 어느 정도 기울어지게 만들 것인가도 외관상의 포인트이고 좌우로 맞출 필요가 있기 때문에, 장착 방법은 이러한 조절이 쉬운 것을 선택했다.

▲각 날개의 장착이 끝나면, 전체를 가조립해서 밸런스 등을 체크한다. 전체의 실루엣은 만들어졌지만, 공작은 아직 반 정도가 끝난 상태다. 여기에 기체 윗면이나 세세한 부분을 만들어서 완성하도록 하자.

CHAPTER 6 : 스크래치 빌드

버큠 폼으로 부품 만들기

'버큠 폼(진공성형)'은, 가열한 프라판을 원형에 겹치고 주위의 공기를 빨아 들여 원형에 밀착시켜서 형태를 만드는 방법이다. 투명 염화 비닐을 사용하면 투명 부품도 제작할 수 있다.

❶ ● 버큠 폼의 원리

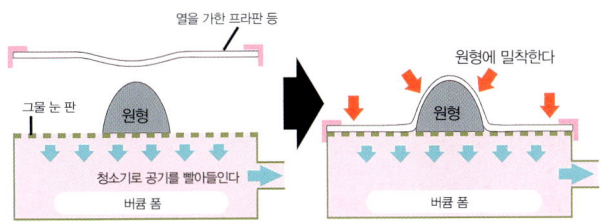

▲버큠 폼으로 작업할 때는 공기를 빨아들이는 장치인「버큠 포머」가 필요하다. 순서로서는, 먼저 성형품의 '원형'을, 공기를 빨아들이는 면에 배치한다. 공기를 빨아들이기 위한 청소기를 호스로 연결해둔다. 이것으로 공기를 빨아들이면서, 전열기로 가열한 프라판을 원형에 겹친다. 그러면 부드러워진 프라판이 원형에 밀착해서, 형태가 만들어진다.

▲모형용 버큠 포머,「버큠프레서 모모조」(웨이브 / 절판). 원형을 위에 올려서 공기를 빨아들이는 상자와, 소재를 지탱하는 틀로 구성되어 있다. 현재는 더 이상 손에 넣을 수 없게 되어 아쉽지만, 이것을 예로 버큠 과정을 소개한다.

CHECK POINT 버큠 포머의 자작

▲버큠 포머는 목제 패널, 펀칭 시트, 호스, 문풍지 스폰지 등의 재료로 자작이 가능하다. 제작 방법은 이미 출간된「NOMOKEN1」에서 소개하고 있으니, 참고하도록 하자.

▲기체 윗면에 콕피트 캐노피나 공기 흡입구를 버큠폼으로 제작한다. 먼저, 제작을 위한 원형을 만들어보자. 이것은 단면을 기준으로 캐노피를 가로 세로, 밑면의 형태로 프라판을 잘라서 붙인 게 이지다.

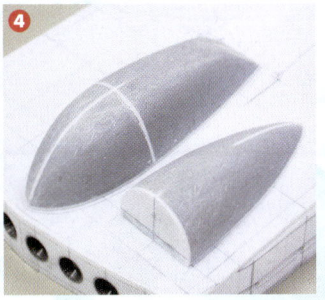

▲게이지의 틈을 메우듯이 에폭시 퍼티를 붙이고, 형태를 다듬은 상태. 공기 흡입구 부분도 마찬가지로 제작했다. 프라판의 두께를 생각하면서, 도면보다 조금 작게 만들어 둔다. 기체 윗면에 올려서 볼륨감을 체크한다.

▲캐빈 부분의 원형은 클리어 부품의 성형에도 사용되기 때문에, 표면을 특히 부드럽게 만들고 싶다. 서페이서를 뿌려준 다음, 고운 스폰지 사포로 닦아주고 있다.

CHECK POINT 원형을 더 높이 쌓아 올리기

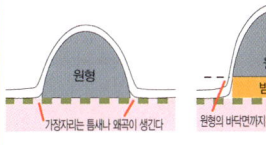

▲원형을 필요한 부품의 형태로 만든 경우, 빨아들이는 면에 바로 놓으면 아래쪽까지 확실하게 성형할 수 없다. 그래서 성형할 때는 원형 놓을 올려줄 받침대에 올려두고, 원형 전체를 유효하게 사용하도록 한다. 처음부터 원형에 여백을 만들어두는 방법도 있다.

▲캐노피의 부품부터 성형해보자. 버큠 포머의 그물면(흡인면)에 원형을 설치한다. 원형은 점토로 되어있다. 공기의 흡입구에는 청소용 호스를 연결한다. 틈새가 있어도 껌 테이프로 둘러서 막아두면 문제없다.

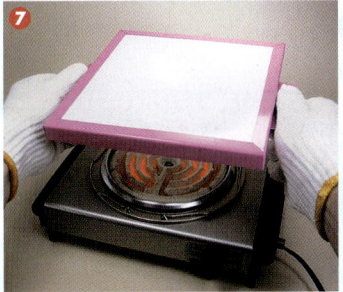

▲이어서 프라판의 준비다. 잘라낸 프라판을 틀에 고정시키고, 전열기에 위에서 가열한다. 맨손으로 잡으면 화상을 입을 수 있으니 물에 적신 목장갑을 낀다. 넓은 면적이 부드러워지도록 움직인다. 부드럽게 변하며 처지기 시작할 때다.

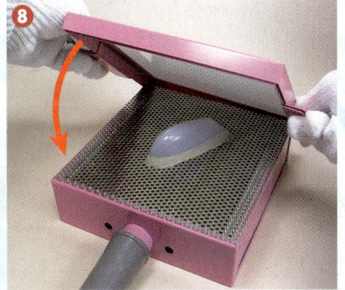

▲프라판의 준비가 끝나면, 여기서부터는 재빠르게 진행한다. 청소기의 스위치를 넣고 공기를 빨아들이기 시작한 후, 틀을 본체 쪽에 겹친다. 이때, 한 변을 본체에 맞춘 다음에 틀을 쓰러트려서 겹치게 만들면, 전체적으로 위치가 틀어지는 일 없이 겹칠 수 있다.

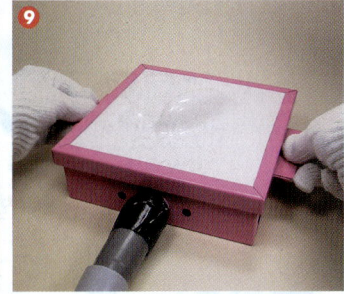

▲이렇게 밀착이 된다. 공기를 빨아들이는 시간은 10초 정도로 한다. 작업 후 틀에서 떼어내고, 원형도 꺼낸다. 밑 부분에 주름이 생기는 경우도 있으니, 몇 번이고 작업을 해서 상태가 좋은 부품을 사용하면 된다.

▲성형한 프라판에서 필요한 부품 부분만을 잘라낸다. 얇아진 부분에서 깨지는 일도 있기 때문에, 부품에 힘이 걸리지 않도록 잘라낸다. 여기서는 얇은 날 톱으로 신중하게 절단했다. 이것은 공기 흡입구 부품이다.

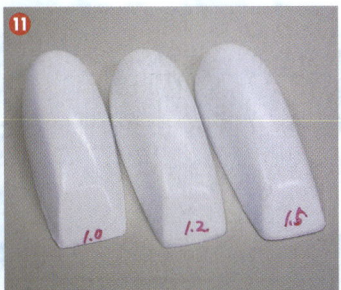

▲두께 1mm, 1.2mm, 1.5mm의 프라판으로 캐빈을 성형한 것이다. 프라판의 두께가 두꺼워질수록 모서리가 완만해지는 것을 알 수 있다. 부품의 두께는, 이 형태에서는 옆면이 얇아지기 마련이어서 원래의 절반 정도 두께가 되었다.

▲콕피트의 투명 부분을 만들기 위해서, 투명 염화 비닐(두께 0.3mm)을 사용해서 성형했다. 원형은 캐빈용을 그대로 사용했다. 프라판도 염화 비닐판도 성형의 순서는 같다. 성형품에 흠집이 나지 않도록, 다시 한번 원형을 닦아내고서 작업했다.

CHECK POINT 투명 염화 비닐 판의 사용

▲투명부품의 성형은 염화 비닐 판으로 한다. 염화 비닐은 가열하면 잘 늘어나기 때문에 버큠 폼 작업에 적합한 재료다. 투명 프라판은 가열 하더라도 적당하게 부드러워지지 않는 탓에 버큠 폼에는 사용할 수 없다.

147

CHAPTER 6 : 스크래치 빌드

콕피트, 공기 흡입구 제작

버큠 폼으로 대강의 형태가 완성되었다. 이것들을 더 가공해서 콕피트, 공기 흡입구를 제작한다. 버큠 폼으로 제작한 부품은 플라스틱이기 때문에 쉽게 가공할 수 있고, 표면처리도 간단한 것이 장점이다.

▲버큠 성형한 부품은 표면에 미세한 울렁임(수축과 비슷한 것이)이 있기 때문에, 전체를 사포질해서 평평하게 만들고 사용하자. 서페이서를 뿌리고서 사포질을 하면 표면의 상태를 알기 쉽다.

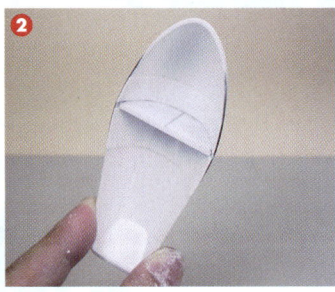
▲콕피트의 부품은 좌우의 두께가 얇아서 보강재를 넣었다. 이때, 폭을 조금 넓게 잡아서 좌우가 부풀어 오르도록 형태수정도 같이 했다. 버큠 부품이기 때문에 가능한 수정 방법이다.

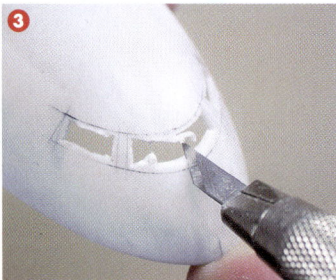
▲콕피트의 창 부분을 열어준다. 일반적인 프라재료에 구멍을 뚫는 것과 같이, 끝 부분에 핀 바이스로 구멍을 내고 그곳을 나이프로 연결하듯이 정형한다. 창틀의 기둥을 남겨야 하기 때문에 신중하게 작업을 해야 한다.

▲유리창이 되는 클리어 부품은, 안쪽에서 덧붙여서 사용한다. 창 주위의 여백부분은 에폭시 접착제로 고정시킨다. 콕피트 안의 도색이 끝나고 나서 접착한다.

▲콕피트 내부 제작. 바닥 판이나 대쉬 보드는 프라판을 사용했다. 파일럿 피규어와 시트는 MG 자쿠 Ver.2.0의 부품을 사용했다. 머리 부분의 위치와 창 너머로 보이는 위치를 고려해서 제작했다.

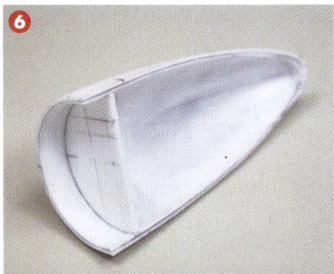
▲공기 흡입구 부품이다. 반원으로 구멍을 낸 가장자리에 두께가 있는 것을 표현하고 싶기 때문에, 1mm 프라판으로 성형한 것을 2장 겹쳐서 사용했다. 앞쪽에는 반원형의 판을 넣어두었다.

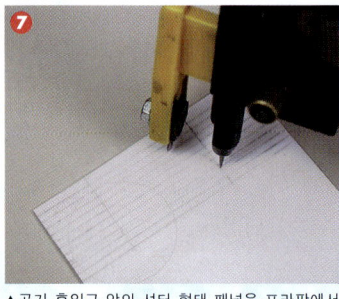
▲공기 흡입구 안의 셔터 형태 패널을 프라판에서 잘라낸다. 셔터 부분은 잘라내기 전에 패널라인을 파뒀다. 그리고 컴퍼스 커터를 사용해 원형으로 잘라냈다.

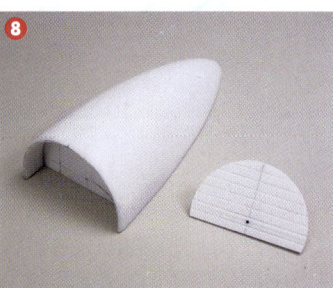
▲바깥쪽 면에 설정대로 패널라인과 몰드를 추가하면 공기 흡입구가 완성된다. 셔터 부분은 색이 다르기 때문에, 다른 부품으로 만들고 도색 후에 접착한다.

기체 세부 가공

부품이 다 모였으면, 기체의 '상자'를 닫고 세세한 부분을 완성시킨다. 윗면 부품과의 밸런스를 확인할 수 있을 때까지, 이 작업을 보류해 두었다. 그리고 옆면을 둥글게 깎아서 가공한다. 기체 이미지를 좌우하는 조형상의 포인트다.

▲상자 형태로 만든 기체 밑면의 내부. 모서리를 둥글게 만들기 위해 깎아낸 부분은 안쪽에 삼각 프라봉이나 에폭시 퍼티로 뒤를 메워줬다. 여기까지 작업을 하고 윗면 패널을 접착한다.

▲윗면을 접착하면 옆면을 정형한다. 뒤쪽의 모서리를 둥글게만 만들고, 앞단은 원형 단면으로 만든다. 그 사이가 부드럽게 연결될 수 있도록 넓은 버팀판에 거친 사포를 감아서 갈아준다.

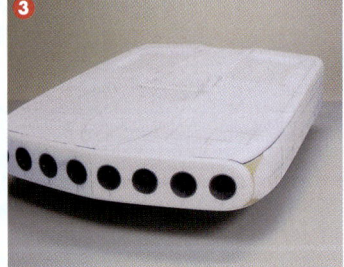
▲옆면의 절삭이 끝난 모습. 앞단의 모서리는 프라판의 두께 이상으로 깎아냈기 때문에 에폭시 퍼티의 색이 보인다. 이것을 예상하고 뒤쪽에 퍼티를 바른 것이다. 옆면의 둥근 부분은 미사일과 동심원이 되도록 만들었다.

▲기체 뒷면의 가장자리도 둥글게 가공. 안쪽의 귀퉁이에는 폴리 퍼티를 바르고, 셀로판 테이프를 감은 봉(5mm)을 밀어서 굳혔다. 이 곡면에 맞춰서 바깥쪽을 깎아준다.

날개 부분 완성

기체 중앙의 형태가 완성되고 나면 기체와 각 날개의 장착 부분을 만든다. 기체의 표면에 딱 들어맞도록, 이러한 작업 순서를 택했다. 주익을 메인으로 설명하지만, 미익의 장착 부분도 똑같이 만들어준다.

▲주익 선단의 기수 쪽으로 뻗은 부분을 제작한다. 기수 옆의 곡면을 깎아낸 다음에, 주익을 확실하게 고정한다. 셀로판 테이프로 기체 쪽을 마스킹한 곳에 폴리 퍼티를 붙여준다.

▲폴리 퍼티가 굳고 나면, 날개를 기체에서 떼어내서 정형한다. 이 방법이라면 기체와 딱 맞는 형태를 만들 수 있다. 주익 쪽에서의 커브도 선단을 향해서 부드럽게 연결되도록 정형한다.

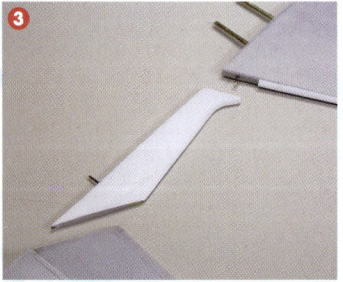
▲주익과 미익을 연결하는 부분에는 비틀림이 있기 때문에, 얇은 프라판을 덧붙여서 만들었다. 앞뒤의 날개와 기체의 옆면에 딱 들어맞도록 조정하고, 황동선으로 고정한다.

CHECK POINT
다른 키트 부품의 몰드도 활용한다
▲날개 면의 몰드는 다른 키트의 부품에 있는 것을 활용했다. 제작 중에 지워진 리벳은 0.3mm의 드릴로 다시 파뒀다. 끊어진 패널라인도 잘 맞도록 다시 파뒀다.

CHAPTER 6 : 스크래치 빌드

! CHECK POINT
전 부품 완성

◀모든 부품이 완성되고 조립한 상태다. 소재의 색으로 그 장소에 어떤 재료를 사용했는지 알 수 있다. 주 재료로 프라판을 사용했지만 덧붙이기나 상자 만들기, 버큠 폼 등 여러 가지 가공방법을 사용했다. 대형모델이라 도색 중이나 완성된 후의 취급법도 생각해서 각 날개는 떼어낼 수 있도록 만들었다. 서페이서를 뿌리면, 지금까지 한 고생이 전부 서페이서 밑으로 감춰지지만, 확실하게 바탕색을 처리한 후 도색해서 완성시킨다.

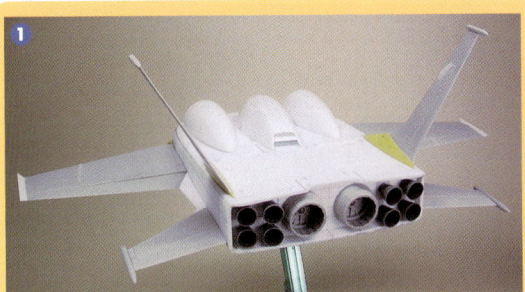

DO-DAI YS
1:100 scale scratch built
modeled by Ken-ichi NOMOTO

도·다이YS

완성한 1:100 도·다이YS. 전체의 형태는 단순하기 때문에 대강의 형태는 쉽게 만들 수 있는 것처럼 보이지만, 세부 형태나 디테일에 신경을 쓰면 제작 과정은 험난해진다. 스크래치 빌드에서는 목표로 하는 형태만을 만드는 것이 아닌, '최종적인 완성까지의 수순을 자기자신이 직접 짠다'는 것이 중요하다. 제작의 흐름을 보면 알 수 있듯이, 앞의 단계를 미리 예상해서 가공 순서를 짤 필요가 있다. 또한 다른 키트의 부품을 잘 활용하는 것도 부품 제작에 도움이 되고, 정밀도를 높이는데도 도움이 된다. 도색은 면적이 크더라도 무게감이 없어지지 않도록 기체색은 빨간색 계열로 섞은 어둡고 밝은 색 2가지 색으로 그라데이션을 넣고, 패널 라인이 없는 부분도 패널라인 스타일로 쉐도우를 넣어서 마무리 했다.

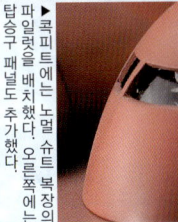
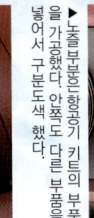

▶콕피트에는 노멀 슈트 복장의 파일럿을 배치했다. 오른쪽에는 탑승구 패널도 추가했다.

▶노즐부분은 항공기 키트의 부품을 가공했다. 안쪽에 다른 부품을 넣어서 구분도색 했다.

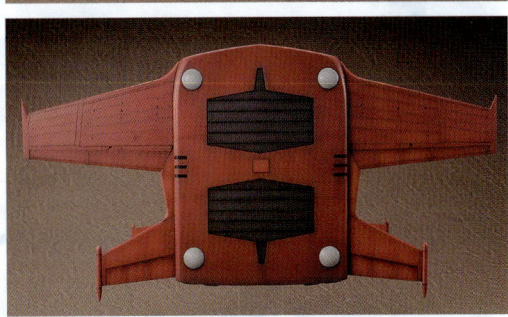

▲스크래치 빌드에서는 형태를 만드는 것과 동시에, 전체의 정밀도에 신경을 쓰는 것도 중요하다. 위에서, 밑에서 봐도 뒤틀림이 없이 완성되었다.

CHAPTER 6 : 에어브러시 테크닉

▶사격 자세를 취하고 있는 MG 구프 Ver.2.0을 올린 도·다이YS. 풀 스크래치로 만들었기 때문에 1:100 스케일로 실현할 수 있는 조합이다. 전시 스탠드인 「액션 베이스 지온 Ver.」도 잘 어울린다.

MS-07B GOUF & DO-DAI YS
BANDAI 1/100 scale plastic kit "Master Grade" & scratch built
modeled by Ken-ichi NOMOTO

CHAPTER 7

작품이 완성되면

1. 전시와 보관
2. 포즈 잡기의 달인이 되어보자
3. 사진촬영을 해보자
4. 장면을 연출해 보자

MS-06
ZAKU II
BANDAI 1:144 scale plastic kit
"Real Grade" conversion

CHAPTER 7 : 작품이 완성되면

❶ 전시와 보관
~작품의 취급에도 다양한 방법을 사용하자~

정성을 들인 작품이 완성되면, 그냥 놔두는 것만으로는 아깝다. 좀 더 시각적으로 돋보이도록 전시하고 싶다. 전시할 때는 간단하게 쓰러지지 않도록 주의하자. 또한, 작품이 늘어나서 전시할 공간이 없어지면 상자에 수납해서 제대로 보관하는 것도 중요하다. 튀어나온 부분이 많은 경우에는, 파손되지 않도록 수납방법에도 신경을 써야 한다. 정성을 들여 만든 작품이니, 오랜 기간 동안 깨끗한 상태로 보관하도록 하자.

작품을 전시해보자

책상이나 책장에 장식할 때도, 간단한 베이스 위에 놓거나 이름표를 붙여주어 '중요한 작품'이라는 분위기를 낼 수 있다. 또한 받침대에 고정시키거나 스탠드로 잡아주면 넘어지거나 파손되는 것을 방지할 수도 있다. 이외에도, 전시할 때 주의해야 할 점을 소개한다.

▲작품을 전시하기 위한 베이스의 소재. 모형용으로 쉽게 다룰 수 있는 베이스 플레이트나 턴 테이블 등도 발매되어 있고, 시판되는 전시대나 색이 들어간 스티로폼 보드와 같은 것도 사용할 수 있다. 쉽게 구할 수 있는 재료로 자작하는 것도 좋을 것이다.

▲예시로 목제 전시대(데쿠파주 용)를 사용해서 전시해보자. 이대로 사용하는 것도 좋지만, 조금 심심한 느낌이 드니 오일 스테인(목제에 침투해서 착색하는 도료)을 칠해서, 나뭇결을 살려서 간단하게 착색해봤다.

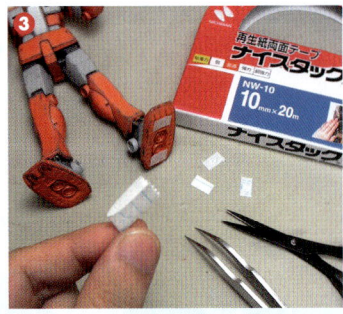
▲베이스 위에 놓는 경우, 쓰러지지 않도록 발 바닥에 양면 테이프를 붙여두는 것을 추천한다. 테이프가 떨어질 때 도료도 같이 떨어지지 않는지 확인하고 사용하자. 얇은 테이프는 반을 접어서 밀착시킨다.

▲베이스에 작품을 설치한 모습이다. 이름표로 전시작품이라는 느낌을 더해준다. 전시대에 고정하면 장식하는 위치를 옮기거나 들어 올리기도 쉬워진다. 작품을 직접 만지는 것을 방지하는 장점도 있다.

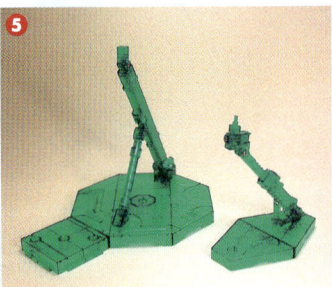
▲건프라를 위로 띄워서 전시할 수 있는 전용 스탠드인 「액션 베이스1」(반다이 / 578엔)과 「액션 베이스2」(반다이 / 473엔). 각각 1:100과 1:144 사이즈 용이다. 봉으로 된 암은 각도나 높이를 변경할 수 있다.

▲암의 선단 부분은 사타구니 블록에 연결한다. 요즘에 나온 키트라면 그대로 연결할 수 있거나, 키트에 들어 있는 조인트를 연결해서 고정할 수 있도록 되어있다. 대응하지 않는 낡은 키트라도, 범용의 연결 부품이 몇 종류가 있어서 그걸 사용하면 된다.

▲「액션 베이스」에 고정한 모습이다. 공중에 띄워서 장식하면 포즈의 자유도가 높아지고, 세우기 힘든 작품도 쉽게 전시할 수 있다. 다양한 포즈를 간단히 취하게 하여 즐길 수 있다. 「액션 베이스」는 색이나 베이스의 형태가 다른 것도 있다.

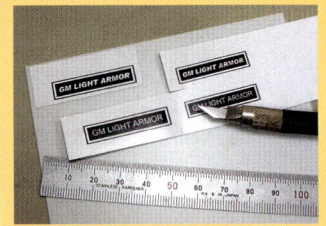

> **CHECK POINT**
> **이름표 자작**
>
> ▲이름표를 자작할 때 추천하는 것이, 가정용 프린터로 라벨 용지(씰 종이)에 인쇄하는 방법이다. 깨끗하게 문자를 찍어낼 수도 있고, 인쇄하고 나서 프라판에 붙이고 잘라내면 두께가 있는 이름표를 만들 수 있다.

■ 전시할 때 주의점

▲작품의 형태에 따라, 발바닥을 고정하는 것만으로 충분하지 않은 경우에는 다른 지지대를 설치하는 것이 좋다. 여기서는 자작한 보조 걸이로 허리 부분을 지지한다. 「액션 베이스」의 연결 부품과 투명 프라봉을 연결해서 간단한 지지대를 만들었다.

▲실내에 전시를 한다 하더라도, 시간이 지나면 의외로 먼지가 쌓이게 된다. 먼지를 떨어낼 때는 털이 긴 붓이나 솔로, 부품에 걸리지 않도록 주의하자. 정전기를 제거하는 '정전기 브러시'를 사용하는 것도 좋다.

▲보여지게 맡을 수 있지만 케이스에 넣으면 먼지가 쌓이는 것을 막을 수 있다. 여기서는 단품이지만, 여러 개의 작품을 넣을 수 있는 케이스다. 케이스 뒷면을 거울로 하면 작품 뒷면의 모습도 보기 수 있다.

> **CHECK POINT**
> **광택을 낸 작품이라면**
>
> ▲광택을 유지하려면, 도색 면에 모형용 왁스나 코팅재를 칠해주면 좋다. 광택을 낼 수도 있고, 먼지가 붙거나 지문이 묻거나 하는 경우가 줄어든다. 조심해서 다루려면 장갑을 끼는 것도 좋다.

작품의 보관

작품의 보관에서 중요한 것은, 일단 부서지거나 더러워지지 않도록 포장을 하는 것이다. 뾰족한 부품에 대한 대응과, 작품의 형태를 고려하여 수납하자. 또한, 다시 꺼낼 때의 일도 생각해서 다루기 쉽게 만들어 놓거나 주의점을 메모해 놓는 것도 좋다.

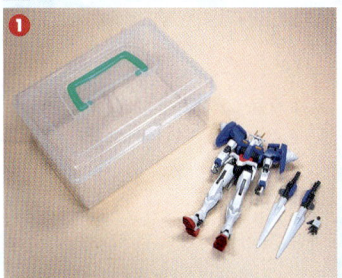

▲싸고 쉽게 구할 수 있는 폴리 케이스를 사용해서 수납해보자. 작품은 무장 등을 떼내고 '차렷 자세'로 해둔다. 교환용의 손목 부품 등, 주변의 장식품도 잊지 말자.

▲본체와 별도로 장식품 등, 각각의 묶음 별로 폴리 비닐 봉지에 넣는다. 이것은 부품 표면이 긁히는 것을 방지하고, 부품이 떨어져 없어지는 것을 막기 위함이다. 부러지기 쉬운 부품은 떼어놓고, 종이에 테이프로 고정시켜서 보호한다.

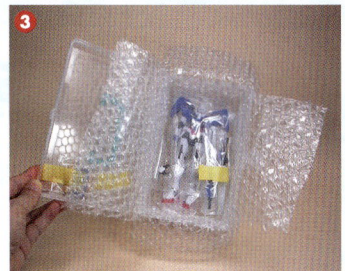

▲상자 안에 그대로 넣지는 말고, 완충재(여기서는 에어 패킹)를 깔고 에어 패킹으로 감싸듯이 덮어둔다. 완충재는 상자 안에서 작품이 움직이지 않을 정도로 채워 넣는다. 꽉꽉 채워두는 것도 좋을 것이다.

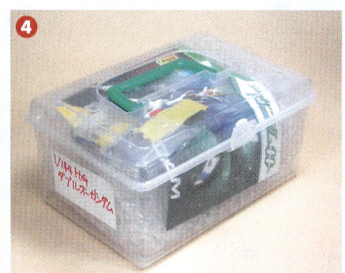

▲꺼내는 것을 고려해서, 테이프는 마스킹 테이프를 사용했다. 상자에 수납하고 나면, 눈에 잘 띄는 면에 내용물을 적어두자. 설명서도 같이 보관해 두면, 나중에 파손되었을 때 도움이 되는 경우도 있다. 이것으로 수납완료다.

■수납 시 주의점과 수납 테크닉

▲부러지기 쉬운 부품을 떼어낼 수 없는 경우에는 '가드'를 설치하면 된다. 여기서는 두꺼운 종이를 「ㄷ」자로 접어서, 관절 부분 축이나 등 부품에 맞물리도록 고정한다. 이것으로 머리 부분의 안테나를 보호한다.

▲이것은 돌기가 많은 부품을 필름 케이스에 수납한 예이다. 안테나에 힘이 걸리지 않도록 휴지로 싸고, 안에 채워 넣는다. 이렇게 적당한 용기를 찾아내는 것 만으로도, 포장이 상당히 편해진다.

▲부품을 직접 휴지로 싸고 있는 모습이다. 데칼을 붙인 부품을 그대로 휴지로 싸면 조금 남아있던 데칼의 풀로 인해 종이 섬유가 표면에 붙어버리는 경우도 있다. 가능하면 직접 싸는 것은 피하도록 하자.

⚠ CHECK POINT 부품이 빠졌다!

▲부품이 접착면에서 빠진 경우에는, 그대로 다시 붙여도 접착력이 약하다. 떨어진 면의 요철(접착제가 남은 것이나 접착제로 녹은 자국)을 정형하고 나서 재접착을 하면 된다. 특히 순간 접착제로 접착할 때는 중요한 포인트다.

▲튀어나온 부품이 많은 경우의 대응예시. 두꺼운 종이에 부품의 패키지를 테이프로 붙여서 돌기의 파손을 막을 수 있다. 상자에 수납할 때는 이 종이 그대로, 상자의 밑바닥에 붙이듯이 수납하면 된다.

▲왼쪽의 예에서는 부품을 마스킹 테이프로 고정하고 있지만, 부품과 접촉하는 면에는 점착면이 붙지 않도록 테이프를 맞붙여 놓는다. 즉, 부품에 마스킹 테이프 표면이 닿아 그로 인해 도색이 벗겨지는 것을 방지하기 위한 하나의 테크닉이다.

▲눕혀서 보관하기에 적합하지 않은 형태의 경우는, 세운 상태 그대로 상자에 넣는다. 이것은 세워서 넣기 위한 가이드를 제작한 것이다. 바닥에서 허리 블록을 잡아주는 것으로, 고관절 축이나 사타구니 블록에 끼워 넣어 잘 기울어지지 않게 만들었다.

▲가이드를 설치하고, 폴리 비닐 주머니로 감싸고, 세운 상태로 상자에 넣은 모습이다. 가이드의 바닥을 상자의 바닥에 맞춰주면 기체 크기로 상자의 바닥에 맞춰두면 위치가 틀어지지 않는다. 다음에 빼낼 때를 위한 주의점이나, 상자를 거꾸로 두지 않도록 위아래의 방향을 써 놓는다.

■패키지를 이용한다

▲작품을 수납하는 상자를 새로 준비하는 것이 아닌, 키트의 패키지를 재이용하는 방법이다. 이 방법은 필자가 자주 사용하는 것으로, 박스 아트를 활용할 수 있는 점이 장점이다. 여기서 사용하는 것은 「LED 이식」장에서 제작한 HGUC 가자C다.

▲작품을 어느 정도의 크기로 정리하고 필요한 사이즈를 생각해서, 상자를 어떻게 이용할 것인가를 적어둔다. 이 경우 상자의 짧은 변은 그대로 사용하고, 긴 변을 짧게 만든다. 사용하는 부분에 선을 긋고, 이후 가장자리에 칼집을 넣는다.

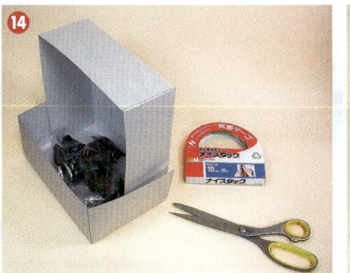

▲상자에 칼집을 넣고, 사용하지 않는 쪽을 90° 세운 상태다. 상자의 높이는 원래대로도 충분했기 때문에, 불필요한 부분을 잘라낸다. 상자의 가장자리가 겹쳐진 부분은 양면 테이프를 붙이거나 스테이플러로 고정하자.

▲여분을 잘라내서 만든 밑 상자와, 이에 맞춰서 같은 방식으로 작게 만든 윗 상자다. 윗 상자의 일러스트가 나와있는 부분을 사용하자. 이것으로 작품에 맞춘 전용 박스를 만들었다. 어떤 것이 들어가 있는지 바로 알 수 있다.

CHAPTER 7 : 작품이 완성되면

❷ 포즈 잡기의 달인이 되어보자
~작품을 멋진 포즈로 장식하기 위해~

건프라의 매력 중 하나는 손발에서 관절까지 모든 가동부가 잘 움직여서, 자유롭게 포즈를 취할 수 있다는 점이다. 설정화의 스탠딩 포즈, 극중에서의 인상적인 포즈 등, 이러저러한 포즈를 잡아보고 보는 것도 건프라의 즐거움이다. 그렇다고 하더라고, 그냥 아무 생각 없이 세우거나 아무렇게나 가동부를 움직인다고 해서 좋은 포즈가 쉽게 나오지는 않는다. 멋진 포즈를 잡기 위해서는, 알아둬야 할 포인트가 있다. 이 포인트를 알아두고 멋진 포즈를 잡아보자.

스탠딩 포즈를 잡아보자

먼저, 스탠딩 포즈를 잡아보자. 전체의 완성도를 쉽게 알 수 있고, 전시하거나 촬영할 때 기본이 되는 자세다. 단순하게 '서 있다'라는 것과 '스탠딩 포즈를 잡고 있다'라는 것은 시각적인 인상이 상당히 다르다. 모처럼 만든 작품, 더욱 멋지게 보이도록 포즈를 잡아보자.

▲도색을 하고 조립한 MG 건담 Ver.2.0에, 무장류를 장착시키고 세워봤다. 작품으로는 제대로 완성되었지만, 별로 멋이 없게 느껴진다. 어디가 잘못 되었는지 체크해보자.

▲자세나 부품의 방향에 주의하자. 상반신이 기울어지고, 배 부분의 가동부가 대각선으로 되어있다. 먼저 똑바로 편 자세를 잡게 해주자. 사벨의 각도가 서로 어긋나있는 점이나, 오른쪽 어깨 아머가 내려가서 가슴과의 틈새가 생긴 것도 신경 쓰인다.

▲허리 옆면의 아머가 기울어져 틈새가 보인다. 앞에서도 지적했듯이, 각 부품의 위치나 방향을 주위에 맞춰보자. 왼쪽 아래팔 부품은 약하게 끼워져서 얇은 틈새가 생겼다. 이러한 일이 없도록 주의하자.

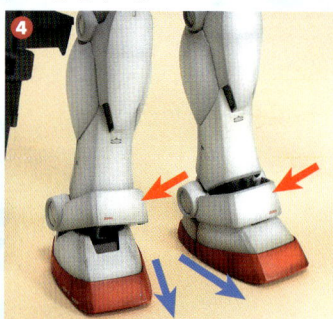
▲스탠딩 포즈에서는 발의 방향이 중요한 포인트다. 이렇게 발끝의 방향이 똑같으면 그다지 멋있어 보이지 않는다. 발끝을 팔자로 벌려서 땅에 닿도록 하자. 또한, 발등의 아머는 각도가 틀어지지 않도록 신경 쓰자.

▲'차렷 자세'를 취한 모습이다. 이 자세에서 여러 가지 포즈를 잡아보자. 수순을 알기 쉽도록 무장 부품은 떼어냈다. 자세를 바로 하고, 부품의 위치나 방향도 맞춘 상태다.

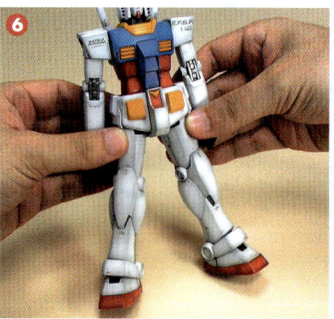
▲다리를 좌우로 벌린다. 간격을 넓게 할 뿐만 아니라, 무릎 부분이 바깥을 향하도록 허벅지의 접합부에서 회전 시킨다. 이것으로 발바닥 접지면이 팔자가 된다. 발목 방향을 바꾸는 것이 아닌, 다리의 접합부에서부터 움직이는 것이 포인트다.

▲팔은 팔꿈치를 조금 구부려서 강력한 느낌을 주도록 하자. 손도 주먹을 쥔 상태로 해서, 약간 안쪽으로 기울게 만든다. 여기서는 어깨와 위팔은 방향을 맞추지만, 형태에 따라서는 팔의 옆면이 살짝 앞으로 보도록, 팔을 안쪽으로 돌려도 된다.

▲머리 부분은 좌우로 기울어지지 않도록 바로 세워서, 정면을 보도록 만들거나 턱을 약간 당긴 듯한 각도로 놓는다. 상반신은 가슴을 편 듯한 이미지로 만든다. 어깨를 뒤로 당기는 것은, 키트의 가동범위에 따른다.

▲이렇게, 스탠딩 포즈가 완성되었다. 이것만 보면 평범한 자세인 것 같지만, 세세한 부분까지 신경을 쓴 자세다. 발매 시기가 낡은 키트의 경우 가동범위가 좁은 것도 있는데, 관절 부분을 가공해서 가동범위를 넓혀주는 대처법도 있다.

▲왼쪽의 포즈를 바탕으로, 무기를 들고 대각선 방향으로 약간 밑에서부터 올려본다. 얼굴을 보는 쪽으로 돌리면 설정화에 나오는 자세가 된다. 라이플의 각도나, 실드가 팔을 가리지 않게 만드는 등 세세한 위치에도 신경을 쓰자.

▲각 부분의 포즈를 강조해봤다. 다리를 더욱 넓게 벌리고, 허리를 앞으로 밀어서 가슴을 뒤로 가게 만들었다. 팔꿈치를 구부려서 라이플의 위치를 올렸다. 더욱 긴장감이 있는, 힘이 느껴지는 스탠딩 포즈로 변화했다.

⚠ CHECK POINT
등을 집어넣자

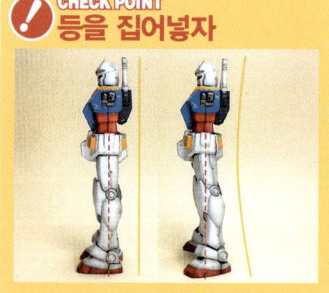
▲스탠딩 포즈는 옆에서 봤을 때에 수직이 되도록 자세를 잡는 것이 아니라, 등 전체가 완만하게 활처럼 휘도록 자세를 잡으면 시각적으로 좋다. 가슴을 집어넣고 무릎을 뒤로 당겨서, 중심이 발끝에 오는 상태다.

CHAPTER 7 : 작품이 완성되면

▲이번에는 돔·트로펜을 마찬가지로 방법으로 스탠딩 포즈를 잡아봤다. 정돈된 자세 때문인지 얌전한 인상을 줘서 그렇게 멋있지는 않다. 좀더 박력이 있는 포즈를 만들어보자.

▲허리를 내리고 다리를 약간 구부려, 힘을 주고 있는 듯한 포즈를 잡았다. 강력함이나 박력이 느껴져서, 더욱 중후한 돔다운 인상을 준다. 너무 기본에만 얽매이지 말고 멋있어 보이는 포즈를 찾아보도록 하자.

▲짐개를 '모델 스탠딩 포즈' 스타일로 세워봤다. 날씬한 MS라면 이런 포즈도 어울린다. 다리 부분은 발끔치를 모아서 얇게 보이도록 만드는 한편, 팔 부분은 약간 힘을 준 것처럼 구부려서 약해 보이지 않게 만들어 준다.

CHECK POINT 시선을 관객 쪽으로

▲포즈를 잡을 때, 시선이 바로 앞(작품을 보고 있는 쪽)을 향하면 매우 강력한 인상을 줄 수 있다. 역으로 포즈에 맞춘 자연스러운 시선 처리를 하는 경우에는, 영상의 한 장면과 같은 인상을 줄 수 있다.

액션 포즈를 잡아보자

건프라의 넓은 가동범위를 활용해서, 활동적인 액션 포즈를 잡아보자. 어떤 포즈로 만드는지는 자유이지만, 포즈를 잡을 때 멋있어 보이도록 연출하기 위해 지켜야 할 몇 가지 포인트가 있다.

▲사격 포즈를 잡아보려고 라이플을 들어올린 상태다. 그러나, 이 포즈는 너무 재미가 없었다. 손으로 총을 잡고 있는 것뿐만 아니라, 전신으로 움직임을 표현해보자. 팔이 움직이면, 다른 부분도 관련된 움직임을 취할 것이다.

▲오른쪽에서 발견한 적을 향해 사격하는 포즈. 오른쪽 팔을 들어서 총을 내려놓듯이 얼굴을 바라보고 있다. 왼팔은 오른팔 움직임의 밸런스를 맞추고 있으며, 하반신은 안정시키기 위해 허리를 낮춘 자세, 와 같은 상태다.

▲팔을 크게 틀어서, 급하게 방향을 바꿔 사격하는 포즈. 몸의 움직임이 크지만 왼쪽 다리, 총, 가슴, 얼굴의 방향이 일치하고 있어서, 제대로 조준을 하는 자세를 취하고 있다. 오른쪽 발이 지탱을 해서, 안정감을 내고 있다.

CHECK POINT 조준한다

▲사격 포즈에서는 총의 방향과 시선의 방향을, 더욱 가까운 거리에 맞춰놓으면 확실하게 조준하고 있다는 분위기를 낼 수 있다. 포즈에 따라 가깝게 할 수 없는 경우도 있으나, 향하고 있는 방향은 맞춰주자.

▲사벨을 들고 자세를 취하고 있는 구프. 평평한 면에 안정시켜서 장식을 하려면 발 바닥이 지면에 딱 붙어버리기 마련이다. 보기에는 안정감이 있지만, 움직임으로서는 조금 얌전해져 버린다.

▲발 바닥을 땅에 대지 않고, 시선은 약간 앞을 보는 포즈. 이렇게 만들면 지금이라도 움직일 것 같은 박력이 느껴진다. 이런 자세라도 쓰러지지 않고 전시할 수 있지만, 동적인 포즈와 안정적인 장식을 동시에 만족시키기 어려운 경우도 있다.

▲건담 Ver.2.0에서, 박스 아트를 재현해봤다. 달려가면서 베고 있는 모습이다. 포즈를 잡는 포인트는, 허리에서부터 상반신을 틀고 있는 점과 왼쪽 발에 확실하게 중심이 걸려있는 자세를 잡은 점이다.

▲옆에서 본 모습. 그대로 놔두면 쓰러지기 때문에, 오른쪽 발을 지지해줄 것을 받치고 있다. 이 정도로 대담한 포즈를 취할 수 있는 만큼, 구도를 정해서 한쪽에서 볼 수 있도록 배치하거나 지지대를 눈에 띄지 않도록 해서 사진을 찍어 두는 것도 좋을 것이다.

▲접지를 생각하지 않고 포즈를 자유롭게 잡을 수 있도록 도와주는 것이, 키트를 공중에 띄울 수 있는 「액션 베이스」(P.152 참조)다. 이것은 비약한 후의 포즈다. 다리 부분은 지면을 박찬 다음이기 때문에, 힘이 들어가지 않은 부드러운 자세를 잡아서 부유감을 표현했다.

▲비약하면서 조준을 하고 사격하는 포즈! 를 잡으려 했지만, 어딘가가 조금 어색하다. 확실하게 조준을 한 자세인데, 어떤 부분이 좋지 않은 것인가?

▲수정 후 모습이다. 대담한 포즈도 몸의 움직임을 하나로 연결하는 것을 의식하자. 크게 수정한 것은, 들어올린 왼쪽 다리와 가슴의 정면이 같은 방향이 되도록 상반신을 비튼 것이다. 오른쪽 발에서 왼쪽 어깨까지 일련의 흐름이 되도록 맞춰주었다.

CHECK POINT 보여주는 방향을 우선한다

▲대담한 포즈를 잡을 때는, 앞에서 보면 멋있더라도 다른 방향에서 보면 부품의 위치가 틀어진 것처럼 보이는 경우도 있다. 어느 방향에서 보더라도 멋있어 보이게 만드는 것은 어려우니 일단은 보여주고 싶은 방향을 우선하도록 하자.

CHAPTER 7 : 작품이 완성되면

③ 사진촬영을 해보자
~ 작품을 사진으로 남겨두자 ~

완성된 작품을 그대로 장식하거나 보관해두기만 하는 것이 아니라 사진을 찍어 두면, 완성도가 높은 상태를 그대로 남길 수 있고 친구에게 자랑할 때도 편리하다. 또한, 액션 포즈를 잡거나 멋진 앵글로 촬영해서, 사진을 '하나의 작품'으로 만드는 것도 좋을 것이다. 건프라 콘테스트에 응모할 때도, 작품이 멋있어 보이는 촬영방법을 알아두면 좋을 것이다. 이러한 촬영의 포인트를 소개하고자 한다.

촬영에 사용하는 것

사진을 찍는 것뿐이라면 카메라만 있으면 되지만, 깨끗하게 찍고 싶다면 라이트나 배경 종이 등, 주변기재에도 신경을 써야 한다. 특별하게 비싼 것을 사용하지 않더라도, 주변에서 흔히 볼 수 있는 것을 대용으로 사용하거나 연구를 하는 것으로 대응할 수 있을 것이다. 또한 촬영을 위한 공간도 확보해두자.

▲요즘 사용하는 카메라는 거의 디지털 카메라다. 흔히 말하는 '컴팩트 디지털 카메라'나 렌즈 일체형, 렌즈 교환이 가능한 DSLR까지 그 종류는 다양하지만, 먼저 자신이 가지고 있는 것을 사용해보자. 휴대전화의 카메라로도 촬영이 가능하기는 하지만, 역시 제대로 된 카메라를 사용하는 것을 추천한다. 이후의 촬영 예에서는 왼쪽의 디지털 카메라를 사용했다.

▲카메라의 위치를 고정시켜주는 삼각대. 손떨림을 방지하거나 카메라의 위치를 조절할 때 편리하다. 이 역시 높이나 방향을 바꾸기 쉬운 본격적인 제품부터 간이 삼각대까지 다양한 제품이 있다. 간단한 제품이라도 있는 것만으로도 많은 도움이 되니 꼭 준비해두자.

▲테이블 위에 촬영기재를 세팅한 모습이다. 작품의 뒤에는 다른 것이 찍히거나 벽과 테이블의 경계선이 보이지 않도록, 배경이 되는 것을 준비하자. 커다란 종이나 천을 사용해서, 뒤에서 앞으로 늘어뜨린다. 여기서는 크기가 큰 색도화지를 준비했다.

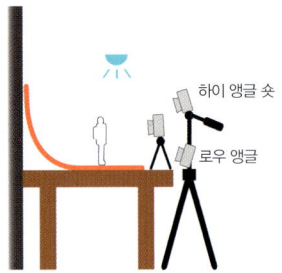
▲배경용지는 접은 부분이 나오지 않게 완만한 곡선을 그리도록 늘어뜨린다. 작은 삼각대를 사용하는 경우는 테이블 위에 배치한다. 높이를 조절할 수 있는 삼각대라면 밑에서 로우 앵글이나 반대로 위에서의 하이 앵글 숏과 같이, 찍는 방향을 쉽게 바꿀 수 있다. 조명은 방의 등과는 별도로 작품 주변을 비추는 것을 준비한다.

▲위에서 비추는 조명으로 준비한 전기스탠드. 구형태의 형광등을 사용하고 있다. 빛이 부분적으로 강해지지 않도록, 반투명 종이(트레이싱 페이퍼)로 감싸주어 빛을 확산시킨다. 얇은 종이나 천으로도 대응할 수 있지만, 뜨거워지기 때문에 주의하도록 하자.

▲조명을 보조하는 것들. 왼쪽의 판은 빛을 반사시키기 위한 '반사판'이다. 흰색은 프라판이고, 은색은 강하게 반사 되도록 알루미늄 호일을 바른 것이다. 오른쪽은 클립식 전기스탠드다. 테이블의 옆 부분에서 빛을 비출 때 편하게 사용할 수 있다.

⚠ CHECK POINT 모형용으로 판매되고 있는 촬영 세트

▲「포터블 촬영 스튜디오」(타미야 / 14490엔). 접이식으로, 펼치면 배경의 천이나 빛이 확산하는 디퓨저를 간단하게 설치할 수 있다. 프레임 부분은 길이를 조절할 수 있어서, 피사체의 높이에 맞춰서 조절이 가능하다. 조명은 별도로 준비해야 한다.

▲「포드라」(오사토 가공 / 19800엔). 효과적인 조명을 손쉽게 준비할 수 있다. 피사체의 넓은 면에 빛을 비출 수 있는 박스 형태의 조명 2개와 배경용 종이, 스탠드가 세트로 되어있다. 조명 후드는 접어서 작게 수납할 수 있다.

구도를 생각한다

카메라의 방향이 살짝만 달라도, 보이는 부분이 변하거나 작품 전체의 인상도 변한다. 그냥 전체를 찍는 것뿐만 아니라, 어떻게 보이고 싶은가를 의식해서 촬영하는 방법을 정하면 된다. 포즈에 대해서도, 포즈를 잡고 난 후 멋있어 보이는 앵글을 찾는 것이 아니라 사진이 잘 받는 포즈를 탐색하는 방법론도 있다.

▲스탠딩 포즈를 취한 1:144 RG 에일 스트라이크 건담을 대각선 방향에서 카메라는 아이 레벨 숏(피사체와 같은 높이에서 찍는 것)으로 촬영한 것이다. 작품 전체의 완성도나 각 부분의 부품 형태 및 밸런스를 쉽게 알 수 있다. MS 촬영에서는 기본적인 구도이다.

▲같은 포즈를 잡은 채로 카메라의 위치를 올려서 하이 앵글 숏으로 촬영하는 모습이다. 가슴이나 어깨의 윗면이 보이게 되어 입체감을 느낄 수 있다. 이 정도의 구도 차이로도, 의외로 그 차이가 크게 느껴진다. 외관상으로도 차이가 느껴지고, 더욱 설명적인 사진이 되었다.

▲로우 앵글로 촬영한 사진이다. 이런 구도는 1:144 스케일이라도 거대한 느낌을 줄 수 있다. 이 구도는 모형의 완성도를 보여주는 것보다는 분위기를 중시하는 구도이다. 또한 로우 앵글은 배경의 윗부분이 잘 찍히기 때문에, 끝 부분이 보이지 않도록 주의하자.

▲클로즈업을 하는 경우에는 보여주고 싶은 부분보다 조금 넓게 찍는 편이, 사진으로서 인상이 좋다. 초점이 맞는 곳으로 자연스럽게 눈이 가게 되는데, 카메라를 피사체에 너무 가까이 대면 초점이 잘 맞지 않는다는 이유도 있다.

CHAPTER 7 : 작품이 완성되면

⑤
▲총을 겨누는 포즈를 앞에서 촬영. 포즈 자체는 나쁘지 않지만, 총과 몸이 겹쳐서 알아보기 힘들게 되었다. 육안으로 바라볼 때는 신경 쓰이지 않는 것도, 렌즈를 통해서 볼 때는 이러한 일이 일어나기 마련이다.

⑥
▲같은 포즈에 구도를 변경해서 로우 앵글로 잡아봤다. 총이 몸과 겹치지 않고, 시선이 총과 같은 방향을 향해 있는 것을 알 수 있다. 힘이 들어간 왼팔이나, 힘을 주고 있는 하반신도 강조된다.

⑦
▲같은 것을 하이 앵글 숏으로 찍은 사진이다. 정면에서 하이 앵글 숏으로 찍으면 손발이 주위로 퍼진 모습으로 평평한 그림이 되기 때문에, 카메라를 조금 대각선으로 옮겨 동적인 느낌이 나도록 촬영했다. 이러한 촬영에는 카메라의 각도를 쉽게 바꿀 수 있는 삼각대가 있으면 좋다.

⑧
▲비상 포즈의 예. 이 구도에서는 배면 유닛은 거의 가려지지만, 기체 너머로 각 날개의 끝 단이 보이도록, 부품의 위치나 카메라의 방향을 조절해봤다. 각 부분이 어떻게 보이는지(찍히는지)도 신경을 써보자.

중요한 것은 조명

작품이 사진 상태를 크게 좌우하는 것이 조명이다. 조명은 단순하게 밝게 비추는 것이 아닌, 색상이나 형태를 잘 표현할 수 있도록 적당하게 음영이 들어가도록 만들어야 한다. 조명에 따라 어떻게 찍히는지, 조명의 배치 별로 비교해봤다.

①
▲실내의 조명만으로 촬영한 예. 전체적으로 어둡게 나왔다. 기체색은 흰색 부분이 회색으로 보이고, 진한 회색 부분은 어두워서 디테일이 잘 보이지 않는 상태다. 이 상태의 사진은 사용할 수 없으니 제대로 조명을 비춰주자.

②
▲어둡다면 카메라의 플래시를 터트리면 되지 않는가? 라는 생각을 바탕으로, 플래시를 터트려서 촬영한 예다. 거리가 가까운 곳에서부터 강한 빛을 받기 때문에, 표면의 반사가 강해서 흰색 부분의 디테일을 확인할 수 없는 상태가 되었다.

③
▲앞에서 소개한 전기스탠드를 사용해서, 위에서 비춘 상태다. 이것으로 작품과 주위의 배경 종이를 비추고 있지만, 빛이 한 방향에서만 비추기 때문에 아래쪽에 짙은 그림자가 생긴다. 이대로는 세세한 부분의 모습까지는 알 수 없다.

⚠ CHECK POINT
반사판으로 그림자를 조절

▲조명이 하나 밖에 없어도, 반사판으로 반사시켜서 다른 방향에서도 빛을 비출 수 있다. 여기서는 카메라 앞에 반사판을 설치. 위에서 오는 빛을 반사시켜서 대상에 비추어 그림자를 줄일 수 있다.

④
▲두 번째 조명을 왼쪽 앞에서 비춘 예. 세로 방향 면에도 빛이 닿아서, 가슴이나 얼굴의 디테일도 확실히 알 수 있다. 조명의 기본으로서, 일단 이 정도까지의 상태를 목표로 하자. 아직 그림자가 짙다고 생각되면, 반사판도 같이 사용하자.

⑤
▲여기에 또 하나의 빛을 두 번째 조명의 대각선으로 추가한 예다. 이렇게 조명을 비추면 전체의 윤곽이 강조된다. 이 정도까지 조명을 비추면 꽤나 본격적이다. 두 번째 조명에 의해 그림자가 생긴 면(예를 들어 각 부분의 왼쪽 면)도, 색상이나 디테일이 알기 쉬워진다.

⑥
▲조명을 배경에 강하게 비춰서 실루엣으로 만든 예. 작품을 깨끗하게 촬영하는 방법은 아니지만, 조명에 따라서는 이러한 이미지 컷 스타일의 촬영도 가능하다. 구도에 맞춰서 극단적인 그림자를 넣는 것도 재미있을 것이다.

⚠ CHECK POINT
눈을 비춘다

▲안쪽으로 들어가 있는 '눈'은 조명이 잘 닿지 않는다. 애써서 촬영을 해도, 눈 부분이 어두워서 아쉽다. 눈 부분에는 반사판으로 빛을 비춰주자. 잘 비춰주면 사진과 같이 빛나 보인다.

초점을 맞추는 요령

초점을 맞추는 것은 요즘에는 거의 카메라에 맡겨도 될 듯하지만, 그래도 자신이 원하는 대로 초점이 맞지 않거나 떨리는 경우가 있다. 간단한 요령을 알아두면 이러한 실패를 예방할 수 있다. 또한, 자신의 카메라에 편리한 기능이 들어가 있는지도 확인해두자.

①
▲모형의 촬영은 피사체가 가깝기 때문에, 초점을 맞추기 쉬운 매크로 모드로 촬영하자. 이 기능은 '튤립 모양'으로 표시되어 있는 경우가 많다. 또한 셔터를 누르는 동작 때문에 흔들리는 것을 막으려면, 타이머를 사용하면 좋다.

②
▲앞쪽의 총에 초점이 맞은 예다. 앞뒤로 긴 작품이나 포즈를 잡았을 때, 이러한 일이 벌어지기 마련이다. 오토 포커스로 촬영하더라도, 초점이 맞는 위치를 조절하는 방법은 있다. 동체 부분에 초점이 맞도록 해보자.

③
▲먼저 카메라의 방향을 바꾸고, 총에서 떨어진 사각 부분을 화면의 중앙에 오도록 한다. 여기서 셔터를 반 정도만 눌러서, 초점을 고정시킨다. 셔터를 반만 누른 채로 카메라의 방향을 원래 방향으로 돌려서 셔터를 끝까지 누른다. 이렇게 하면 동체에 초점이 맞는다.

⚠ CHECK POINT
조리개를 조절할 수 있다면

▲카메라의 기능에서 '조리개'를 조절할 수 있다면, 앞뒤로 긴 초점을 맞출 수도 있다. 이것은 조리개로 피사계 심도를 깊게 만들고 촬영한 예다. 앞부분의 라이플에서 기체 쪽까지 초점이 맞는다.

157

CHAPTER 7 : 작품이 완성되면

④ 장면을 연출해 보자
~ 전시대로 명장면을 재현해보자 ~

'비넷'이란, 본격적인 정경작품(디오라마)은 아니지만 주역인 모형에 맞춰서 소형 베이스나 주변물을 조합해서 그 장소, 그 장면을 잘라낸 모습으로 전시해주는 것이다. 공을 들인 전시베이스 제작이라고도 할 수 있는데, 지면이나 배경을 더하여 더욱 이미지를 넓혀주는 작품이 될 것이다. 이 책의 마지막 장으로, 양산형 자쿠를 사용해서 명장면을 재현해 보겠다. TV시리즈 제1화의, 움직이기 시작한 건담을 발견한 장면을 재현한다.

비넷 제작을 위한 재료

비넷 제작은, 당연히 키트제작과는 다른 재료를 사용하게 된다. 전시대의 재료로 정해진 것은 없지만, 지면이나 주변물을 만들 때는 시판되는 디오라마용 재료를 사용하면 편리하다. 이 재료들은 철도모형을 취급하는 모형점에서 구입할 수 있다.

▲베이스로 사용할 수 있는 재료들. P.152에서도 소개했듯이, 시판되는 목제 전시대나 모형용 베이스 용품이다. 오른쪽 사진을 넣어두는 포토 스탠드로서, 이것을 높인 상태에서 사용하는 것도 좋을 것이다. 이외에도 두께가 있는 목재나 가공하고 남은 재료 등 쓸만한 크기의 재료라면 무엇이든 사용할 수 있다.

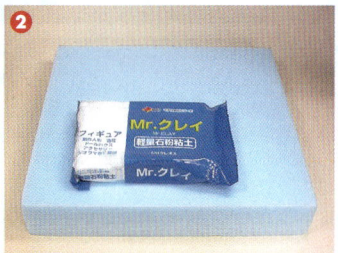
▲지면을 만들기 위한 재료. 높이가 있는 지면을 만들거나 대강의 형태로 만들 때 편리한 것이 발포 스티렌 수지로, 사진에서 밑에 깔려있는 스티로폼이다. 그 위의「Mr.클레이」(GSI크레오스 / 473엔)는 조형용 석분점토로, 여기서는 지표면을 만드는데 사용한다.

▲지면이나 초목을 재현하는 디오라마 재료. 왼쪽이 지면의 거친 느낌을 표현하는 것으로, 미세한 모래알 형태의 파우더다. 바위나 암석 모양의 제품도 있다. 오른쪽은 초목이나 잎을 표현하는데 사용하는 스폰지 파우더다. 지면에 직접 붙이거나 가지를 사용하여 붙인다.

▲철도모형의 'N게이지'는 스케일이 약 1:150이기 때문에, 'N게이지'용의 디오라마 재료나 건축물은 1:144 스케일에 사용할 수 있다. 이미 만들어져 있는 수목이나 피규어, 탈 것, 건물 등 여러 가지 제품이 있어서 아주 편하다. 이런 제품들에 살짝 가공을 해서 분위기를 맞춰서 사용해보는 것도 좋을 것이다.

베이스 제작

어떤 장면을 재현할 것인가를 결정하면 베이스 부분의 제작에 들어간다. 이번 예는 밑에서 위로 올려보도록 만들고 싶기에, 높이가 있는 베이스를 만들기로 했다. 막연하게 지면을 만드는 것이 아닌, 완성된 후에 어떻게 보일 것인가를 생각하고 베이스를 만들도록 하자.

▲스티로폼을 쌓고 포즈를 잡은 자쿠를 배치한 모습이다. 올려다 보는 정도나 전체의 구조를 확인하고, 구상이 정리되면 가공을 시작한다. 윗면은 아직 평평하지만, 이것은 오른쪽 뒤편으로 기울어지게 만든다. 맨 밑에 있는 나무 틀은 포토 스탠드를 사용했다.

▲스티로폼은 전용 접착제를 사용해서 붙인다. 사진은 접착 후, 커터로 지면을 깎기 시작하는 모습이다. 자쿠의 발을 배치하는 위치에 표시를 내고, 가배치를 하면서 기울기나 지면의 형태를 결정한다.

▲지면의 절삭이 끝난 상태다. 사진 오른쪽이 정면이 되는 부분이다. 이어서 스티로폼의 옆면을 다듬기 위해, 주위에 프라판을 붙였다. 이것은 시각적인 부분도 있지만, 스티로폼의 모서리가 떨어져 나가는 것을 방지하는 목적도 있다. 윗면은 지형에 맞춰서 조형해주자.

CHECK POINT 스티로폼 절단

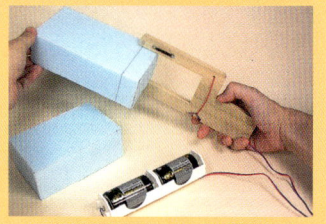
▲스티로폼을 자를 때는 커터의 날을 길게 빼고 자르는 것보다 열선식 스티로폼 커터를 사용하면 간단하고 깨끗하게 잘라낼 수 있다. 여기서는「스티렌 커터」(타미야 / 840엔)을 사용했다.

▲지표면을 만들기 전에, 자쿠의 발을 고정하는 부분을 만들어 둔다. 발바닥에서 프라봉이 나오도록 만들고, 베이스 쪽에 프라파이프를 심어서 끼우도록 만들었다. 베이스에 완전 고정을 한다면 황동선으로 연결해서 확실하게 접착하지만, 여기서는 베이스에 고정하지 않고 탈착이 가능하도록 만들었다.

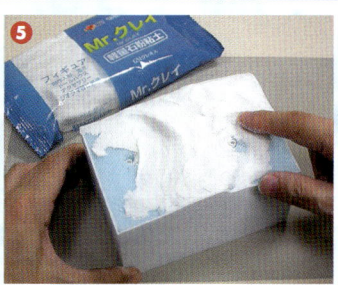
▲스티로폼 표면을 스티렌 브러시로 거칠게 처리하여 접착성이 좋아지도록 만든 다음, 점토를 붙여서 지표면을 만든다. 점토는 지표면에 문지르고 주위의 프라판 사이 틈새도 메워준다.

▲그리고 손가락으로 누르거나 깎아내면서, 지면의 세세한 표정을 표현한다. 점토의 질감 덕분에 부드러운 흙의 분위기가 난다. 표현하고 싶은 지면의 질감에 따라서는 모래알 파우더나 거친 모래알을 섞어도 좋을 것이다.

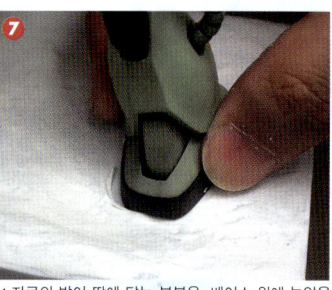
▲자쿠의 발이 땅에 닿는 부분은, 베이스 위에 놓았을 때 지면에서 떠있는 느낌을 주지 않도록 발로 눌러서 조금 들어가도록 만든다. 걷고 있는 상태이기 때문에, 발 밑의 위치가 자세 변화로 틀어진 듯한 표현을 했다. 점토가 굳기 전에 작업해두자.

CHAPTER 7 : 작품이 완성되면

나무 제작

이어서, 자쿠의 뒤편에 배치하는 수목을 만들어 보자. 수목은 나무 줄기나 가지가 되는 부분을 먼저 만들고, 거기에 잎이 되는 재료를 붙인다. 침엽수나 활엽수의 차이에 따라 줄기나 가지의 제작방법도 변하지만 기본적인 방법은 똑같다. 여기서는 침엽수를 만들었다.

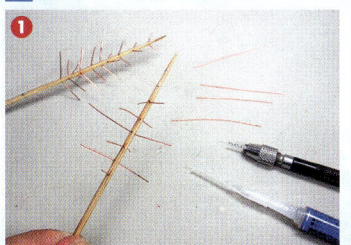

▲먼저 줄기와 가지가 되는 부분을 제작한다. 줄기 재료로는 대나무 꼬치, 가지에는 동선을 선택했다. 대나무 꼬치에 핀 바이스로 구멍을 뚫고, 동선을 길게 꽂아서 접착한다. 나무 가지의 방향은 위와 아래가 겹치지 않도록 적당하게 끼워준다. 대나무 꼬치는 베이스에 끼워 넣을 부분도 필요하기 때문에, 뿌리 부분을 길게 남겨둔다.

▲길게 만들어둔 가지를 잘라서 전체적으로 가지 모양을 정리해주고 착색을 한다. 동선을 사용하고 있으니 프라이머를 전체적으로 뿌려주고 도색한다. 이 상태에서도 마른 나무와 같은 분위기가 난다. 여기에 나뭇잎을 붙여주자.

▲가지에 접착제를 바르고 스폰지를 붙여준다. 스폰지는 앞에서 소개한 디오라마 용품이다. 잘 흩날리는 탓에 용기에 넣고 그 위에서 작업을 하고 있다. 접착제는 마르면 투명해지고 굳고 난 뒤에도 유연성이 있는 크래프트 본드를 사용했다.

▲스폰지를 전체에 붙여서, 수목이 완성됐다. 나뭇잎 스폰지는 빽빽하게 붙이지 말고 줄기나 가지가 보이는 정도로 붙인다. 취향에 따라 붙이는 정도를 조절한다. 나뭇잎 부분은 스폰지의 재료색만으로는 단조롭기 때문에, 밝은 녹색을 에어브러시로 뿌려서 변화를 줬다.

베이스 완성

베이스 위에 배치할 소재가 완성되면, 베이스 쪽도 본격적으로 완성단계로 들어간다. 여기서 작업하는 것은 베이스 주위의 도색, 지면의 도색과 마무리다. 그리고 나무나 기체를 설치하면 비넷의 완성이다.

▲지면은 마스킹이 어렵기 때문에, 지면 도색 전에 베이스 주위를 칠해둔다. 사진은 이미 도색이 끝난 옆면 부분을 마스킹하고 있는 모습이다. 가장자리에 테이프를 붙이고, 지형을 따라 잘라주고 있다. 지면을 먼저 칠하면 귀찮은 일이 벌어지니 주의하자.

▲베이스의 주위를 마스킹하고, 지면의 도색을 시작한 모습이다. 지형에 맞춰서 명암을 강조하듯 에어브러시로 바탕칠을 한다. 특히 바깥쪽 부분과 발을 놓는 움푹 파인 부분 등, 지형이 주변보다 내려가 있는 부분을 중심으로 칠한다. 수목의 위치는 사전에 꽂아서 구멍을 뚫어둔다.

▲지면의 본 도색은 수성도료를 사용해서 붓으로 칠한다. 브라운과 데저트 옐로를 섞은 색을 기본으로, 서서히 밝은 색으로 덧칠해서 입체감을 낸다. 부분적으로 다른 색조도 넣어서 악센트를 준다. 깨끗하게 칠하는 것보다, 조금 거친 터치로 변화를 주는 것도 좋을 것이다.

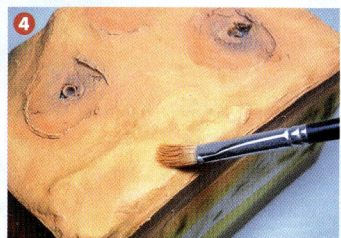

▲지면의 세세한 굴곡을 강조하기 위해, 붓에 물기를 제거하고 표면을 문지르는 '드라이 브러싱'으로 칠하는 모습이다. 이것으로 튀어나온 부분만 밝은 색이 들어간다. 완성되는 모습은 위에서 보는 것뿐만 아니라, 실제로 전시할 때에 보는 방향(이 경우는 수평)에서도 체크를 하면서 칠하자.

▲수목과 베이스의 위화감을 없애기 위해, 모래색의 파스텔을 발라서 색감을 조절하고 있는 모습이다. 파스텔은 가루형태이기 때문에, 도료로 착색하는 것보다 이렇게 색을 입히는 데에 적합하다. 줄기의 표면에도 약간 발라준다. 그리고 줄기를 베이스에 꽂고 접착한다.

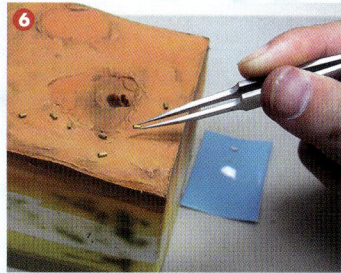

▲머신건을 발사한 후의 장면이기 때문에, 주위에 탄피를 배치한다. 탄피는 적당한 크기의 황동 파이프를 짧게 자른 것이다. 황동색을 그대로 활용했다. 발치에 굴러다니듯 퍼트리고, 크래프트 본드로 접착했다.

▲수목은 원근감을 표현해 주도록 가장 안쪽의 내려간 부분에 배치했다. 이것으로 베이스 제작이 완료됐다. 지면의 밝은 부분은 흙이 마른 듯하게 보이고, 붉은 색을 띠는 부분은 습기가 있는 듯하게 표현했다. 발의 위치에서 알 수 있듯이, 베이스의 사이즈는 자쿠가 알맞게 들어가는 정도의 크기다.

▲마지막으로 자쿠의 발치에, 지면에 맞춰서 웨더링을 넣어준다. 베이스와 잘 어울리도록, 발에 모래색의 파스텔을 문질러준다. 표면에 문질렀을 뿐이니, 정착하지 않은 것은 털어준다.

▲베이스 주변의 마스킹을 떼고, 이름표를 붙여서 비넷을 완성한다. 이름표는 P.152에서 소개한 방법으로 제작했다. 포즈는 양손으로 머신건을 잡고, 어깨너머로 앞쪽을 주시하는 상태다. 밑에서 올려다보면 이쪽을 주시하는 자쿠를 보고 있는, 콕피트 안의 아무로와 같은 기분이 들 것이다!

159

색인

가
가글 …… 076
가조립 …… 108, 121, 140, 144, 146
거친 표면 …… 089, 090
건담 마커 …… 014, 018
건담 컬러 …… 014, 026
게이트 …… 008, 040, 136
경화촉진제 …… 011, 109, 137
관절 …… 049, 052, 066, 082, 122, 133, 140
관절 부품 …… 050, 052
광택도색 …… 076, 088
구분도색 …… 024, 029, 033, 037, 080
구판 키트 …… 006, 118, 144
그라데이션 …… 027, 033, 077, 104
금속 부품 …… 063, 071
금속 줄 → 줄
금속 테이프 …… 095, 096, 101
금속판 …… 102
기포 …… 108, 109, 137
끌 …… 009, 046, 054, 058, 113, 124, 129, 138

나
나이프 …… 008, 042, 045, 054, 058, 071, 080, 100, 119, 137
날 세우기 …… 054
납땜 …… 127, 132
납땜인두 …… 102, 132
내수 사포 …… 009, 040, 090
녹인 퍼티 …… 012, 063, 072
농도 조절 …… 074
늘인 런너 …… 062, 140
니들 …… 009, 054, 074, 084
니들 스토퍼 …… 074, 084
니퍼 …… 008, 071, 101

다
대미지 표현 …… 100
더럽힘 도색 → 웨더링
더블 액션 …… 015, 074, 083
데칼 …… 036, 090
데칼 연화제 …… 016, 036
도금 부품 …… 097
도료 접시 …… 016, 026, 075
도색 부스 …… 016, 075
드라이 브러시 …… 033
드라이버 …… 058, 138
디바이더 …… 054
디자인 나이프 → 나이프
디테일 …… 032, 058, 062
디테일 업 …… 062
디테일 업 부품 …… 062, 065, 109, 123, 126, 146

라
라우터 …… 010, 100, 108, 112
락커 계열 도색 …… 014, 019, 024, 026, 032
락커 퍼티 …… 012, 042, 057, 072, 139
레귤레이터 …… 015, 074
레벨링 희석액 …… 014, 057, 089
레진 …… 070, 136
리드선 …… 064, 126, 132
리벳 …… 062, 067, 148
RG(리얼 그레이드) …… 005, 106, 112
리타더 …… 026, 085, 088

마
마스킹 …… 016, 080, 107
마스킹 졸 …… 016, 080, 141
마스킹 테이프 …… 016, 080, 084, 153
MG(마스터 그레이드) …… 005, 030, 079, 092, 098, 134, 136
마커 → 건담 마커
마크 세터 → 데칼 연화제
마크 소프터 → 데칼 연화제
먹선 넣기 …… 018, 029, 034, 035
메가 사이즈 모델 …… 006, 022
메우기 …… 048, 148
메탈 컬러 …… 095
메탈릭 도색 …… 095
멜라민 스폰지 …… 018
명암 도색 …… 077
모노아이 …… 063, 118, 127
모서리 깎기 …… 045
몰드 …… 025, 058, 067, 081, 116, 123
무발포 폴리우레탄 수지 → 레진
물 사포질 …… 040, 090
Mr.컬러 …… 014, 024, 026, 032, 074, 083, 095

바
바탕색 도색 …… 032, 072, 076, 077, 089, 096
바탕색 처리 …… 072, 088, 139
버니어 노즐 …… 045, 064, 065, 078, 082, 115, 123, 128, 146
버큠 폼 …… 147
버팀판 …… 009, 040, 043
본뜨기·복제 …… 103, 123
볼 조인트 …… 049, 052, 107, 112, 113, 122, 140
붓 …… 016, 024, 026, 032, 036, 085
붓 칠 …… 024, 026, 032, 085, 104
비넷 …… 158

사
사출색 …… 018, 028, 032
사포 …… 009, 040, 044, 088, 090
사포질 …… 009, 040, 044, 072, 088, 109, 137, 139
샤프화 가공 …… 044
서페이서 …… 015, 035, 057, 072, 077, 089, 139
손목 …… 049, 064, 070, 123
손잡이 …… 075
수성 하비 컬러 …… 014
수성도료 …… 014, 019, 032, 086
수축 …… 042
순간 접착제 …… 011, 041, 071, 102, 109, 120, 137, 140, 145
순간접착 퍼티 …… 012, 138
SD(슈퍼 데포르메) …… 006

NOMOKEN 3 INDEX

스냅 핏 …… 035, 139
스크래치 빌드 …… 144
스트레이트 빌드 …… 106, 112, 118, 127
스티로폼 …… 158
스페어 보틀 …… 016, 089
스폰지 사포 …… 009, 040, 109, 128
스프링 …… 013, 063, 106
실리콘 형틀 …… 136
실버링 …… 037
씰 …… 036

아
액션 베이스 …… 145, 152, 155
에나멜 계열 도료 …… 014, 025, 032, 035
에어 캔 …… 015, 074
에어브러시 …… 015, 074, 077, 080, 083, 089, 093, 095
에칭 부품 …… 013, 071
에칭 톱 …… 010, 047, 054, 118, 119
에폭시 접착제 …… 011, 071, 148
에폭시 퍼티 …… 012, 048, 103, 147, 148
LED …… 126, 132
LED 이식 …… 063, 126, 132
연마 …… 090
연마제 → 컴파운드
연장 …… 108, 121, 145
염화 비닐 판 …… 063, 127, 147
용제 …… 014, 034, 035, 071
웨더링 …… 018, 029, 033, 078, 085
위장도색 …… 083
U.C.HARD GRAPH …… 006, 034
EX모델 …… 006
이형제 …… 114, 137

자
자 …… 010, 062, 080
전동 공구 → 라우터
점 찍기 …… 119, 120
접착제로 접합선 수정 …… 011, 041
조각도 …… 100, 112
조립용 핀 …… 035, 046
줄 …… 009, 042, 044, 048, 107, 108, 112, 119, 145

차
철필 → 니들
초음파 커터 …… 103
촬영 …… 156
치젤 → 끌

카
캔 스프레이 …… 015, 019, 074, 090
캘리퍼스 …… 056, 119
커넥터 …… 132, 133
커터 …… 008, 102, 120
커팅 매트 …… 010, 080, 082, 084
컴파운드 …… 016, 069, 090, 093
컴프레서 …… 015, 074
클리어 부품 …… 011, 063, 069, 128, 146
클리어 뿌리기 → 클리어 코트
클리어 컬러 …… 078, 096
클리어 코트 …… 019, 038, 090, 093
키트 합치기 …… 112

타
타가네 …… 054
타미야 에나멜 도료 …… 014, 032, 035
타미야 컬러 아크릴 도료 …… 014, 032
템플릿 …… 010, 054, 056, 059
토스칸 …… 056, 119
톱 …… 010, 114, 119, 147
트리밍 …… 084

파
파스텔 …… 021, 159
패널라인 …… 055, 077, 101
패널라인 파기 …… 037, 054, 081, 116, 145, 146
FG(퍼스트 그레이드) …… 005
퍼팅라인 …… 041, 043, 138
PG(퍼펙트 그레이드) …… 006
펀치 …… 010, 082
펄 도료 …… 093, 096
펄 도색 …… 093
펜치 …… 101
포즈잡기 …… 154, 157
폭 넓히기 …… 108, 118, 121
폭 줄이기 …… 114, 119
폴리 부품 …… 049, 051, 066
폴리 퍼티 …… 012, 048, 064, 107, 114, 120, 124, 138, 148
폴리싱 …… 088
폴리캡 …… 050, 052, 064, 107, 118, 122
프라 퍼티 → 락커 퍼티
프라봉 …… 013, 064, 146
프라이머 …… 015, 051, 071, 072
프라파이프 …… 013, 107, 123, 145, 146
프라판 …… 013, 040, 048, 062, 108, 116, 120, 121, 145, 147
플라스틱 접착제 …… 011, 041, 051, 071, 101, 146
플러시 …… 136, 137
피규어 …… 006, 033, 148
P커터 …… 054
핀 바이스 …… 010, 062, 129, 138, 140, 146
핀셋 …… 009, 018, 028, 036, 042, 080, 132

하
HGUC(하이 그레이드 유니버셜 센츄리) …… 005, 060, 086, 104, 110, 112, 118, 130
핫 나이프 …… 102
헤어라인 …… 056, 107, 114, 119, 121
황동선 …… 013, 062, 063, 123, 140, 146
황동파이프 …… 013, 159
후조립 …… 046, 050, 106, 107, 122, 146
흘려 넣기 접착 …… 011, 071, 101, 108, 120, 140
희석액 …… 014, 024, 026, 074, 089, 097
히트 프레스 …… 013, 063, 127

NOMOKEN 3
건프라 완전공략 가이드

AK HOBBY BOOK

저자	노모토 켄이치
편집·커버&본문 디자인	이토 카츠히토
촬영	노모토 켄이치
	혼마츠 아키시게(스튜디오R)
	카와하시 마사타카(스튜디오R)
	스튜디오R
협력	주식회사 반다이 하비 사업부
	주식회사 GSI 크레오스 하비부
	주식회사 코토부키야
	주식회사 웨이브
	주식회사 하비 베이스 옐로 서브마린
	주식회사 타미야
편집 담당	타카하시 리진
편집 협력	하야시 텟페이
한국어판 편집	이민규, 손종근
한국어판 디자인 및 DTP	이혜미

AK HOBBY BOOK

NOMOKEN 3
건프라 완전공략 가이드

초판 1쇄 인쇄 2011년 12월 20일
초판 4쇄 발행 2017년 11월 15일

저자 : 노모토 켄이치
펴낸이 : 이동섭
㈜에이케이 커뮤니케이션즈
등록 : 1996년 7월9일 (제302-1996-00026호)
한국어판ⓒ에이케이커뮤니케이션즈 2011
주소 : 04002 서울 마포구 동교로 17안길 28, 2층
TEL : 02-702-7963~5 FAX : 02-702-7988
http://www.amusementkorea.co.kr

ISBN 978-89-6407-237-0

NOMOKEN 3 ガンプラ完全攻略ガイド
ⓒ2011 Ken-ichi Nomoto, HOBBY JAPAN
ⓒSOTSU・SUNRISE
ⓒSOTSU・SUNRISE・MBS
All rights reserved
First published in Japan 2011 by HOBBY JAPAN Co.,Ltd.
Korean translation Copyright ⓒ2011 by AK Communications,Inc
Korean translation rights arranged by HOBBY JAPAN

이 책의 한국어판 저작권은 일본 (株)HOBBY JAPAN과의 독점 계약으로
(주)에이케이커뮤니케이션즈에 있습니다.
저작권 법에 의해 보호를 받는 저작물이므로 무단 전제와 무단 복제를 금합니다.

잘못된 책은 구입처에서 무료로 교환해드립니다.